# अंतरराष्ट्रीय मुद्रा कोष

# अंतरराष्ट्रीय मुद्रा कोष

*(आई.एम.एफ.) के साथ भारत के संबंध के परिप्रेक्ष्य में*
*25 वर्ष 1991–2016*

**वी. श्रीनिवास**

*प्राक्कथन*

**वाई.वी. रेड्डी**

प्रभात प्रकाशन

विश्व मामलों की भारतीय परिषद्
www.icwa.in

प्रकाशक • **प्रभात प्रकाशन प्रा. लि.**
4/19 आसफ अली रोड,
नई दिल्ली–110002

संस्करण • 2025
मूल्य • सात सौ रुपए
मुद्रक • नरुला प्रिंटर्स, दिल्ली

**ANTARRASHTRIYA MUDRA KOSH**
(International Monetary Fund)
*by* Shri V. Srinivas ₹ 700.00
Published by Prabhat Prakashan Pvt. Ltd., 4/19 Asaf Ali Road, New Delhi-2
e-mail: prabhatbooks@gmail.com ISBN 978-93-90366-09-5

# प्राक्कथन

'अंतरराष्ट्रीय मुद्रा कोष' (आई.एम.एफ.) शब्द भारत के बहुत से लोगों के बीच एक तीव्र प्रतिक्रिया जाग्रत करता है। इसे एक ऐसी संस्था के रूप में देखा जाता है, जो भारत में सार्वजनिक नीति के संचालन में हस्तक्षेप करती है। कभी-कभी इसे एक ऐसी संस्था के रूप में देखा जाता है, जो पूँजीवादी विचारधारा और वैश्वीकरण को उन्नत अर्थव्यवस्थाओं के लाभ और भारत जैसे विकासशील देशों की रुकावट के रूप में प्रचारित करता है। इसमें कोई संदेह नहीं है कि इन प्रतिक्रियाओं में सच्चाई के कुछ तत्त्व हैं, लेकिन वास्तविकता यह है कि भारत स्वयं आई.एम.एफ. का एक महत्त्वपूर्ण सदस्य है, एक तरह से उसके मालिकों में से एक है, जो इसकी पूँजी में योगदान कर रहा है।

युद्ध के बाद की मुद्रा प्रणाली तैयार करने के उद्देश्य से 1944 में आयोजित ब्रेटन-वुड्स सम्मेलन में आई.एम.एफ. की उत्पत्ति का पता लगाया जा सकता है। भारत को भी इस बैठक में भाग लेने के लिए आमंत्रित किया गया था, हालाँकि तब तक यह स्वतंत्र भी नहीं था। इस प्रकार, भारत स्वतंत्रता से पहले ही दिसंबर 1945 में आई.एम.एफ. का संस्थापक सदस्य बन गया। हालाँकि सोवियत संघ आई.एम.एफ. में शामिल नहीं हुआ था और चीन के जनवादी गणतंत्र का आई.एम.एफ. में प्रतिनिधित्व नहीं किया गया था, इसलिए सोवियत संघ के नेतृत्ववाले समाजवादी ब्लॉक में संस्था को पूँजीवादी व्यवस्था के रूप में पहचाना गया था। 1980 के दशक में विस्तारित सदस्यता के साथ उन्हें शामिल करने से रूप में बदलाव आया।

भारत केवल एक संस्थापक सदस्य ही नहीं, बल्कि कुछ समय के लिए यह पाँचवाँ सबसे बड़ा अंशधारक भी था। इसके अलावा, यह विकासशील देशों की आवाज का नेतृत्व करता रहा है—एक ऐसी आवाज, जो अपनी मतदान शक्ति के अनुपात से काफी बड़ी रही है। हाल के वर्षों में, भारत वैश्विक अर्थव्यवस्था में एक महत्त्वपूर्ण शक्ति के रूप में उभरा और इसके फलस्वरूप आई.एम.एफ. के कामकाज में भी उभरा है ।

आई.एम.एफ. की प्रकृति एक क्लब जैसी है, जहाँ सदस्य देश अंतरराष्ट्रीय मौद्रिक

प्रणाली से संबंधित खेल के कुछ नियमों का पालन करने के लिए एकजुट होते हैं। क्लब के सदस्य जरूरत पड़ने पर संसाधनों को आकर्षित करने के भी हकदार हैं। कुछ मायनों में, अंतरराष्ट्रीय मुद्रा कोष एक प्रकार से अंतिम उपाय का ऋणदाता है। भारत कठिनाइयों के समय में आई.एम.एफ. के संसाधनों का लाभार्थी भी रहा है।

आई.एम.एफ. एक सहकारी संस्था है, जबकि सदस्यों की मतदान शक्ति नहीं के बराबर है। मतदान की शक्ति मोटे तौर पर व्यापार आदि वैश्विक आर्थिक गतिविधियों में हिस्सेदारी के संदर्भ में देश के महत्त्व को दरशाती है। संयुक्त राज्य अमेरिका के पास प्रभावी वीटो शक्ति है। इसका शासन दुनिया में सदस्य देशों की असमान आर्थिक और राजनीतिक शक्तियों का प्रतिनिधित्व करता है।

आई.एम.एफ. सरकारों की कठपुतली है। सरकारें राजनीतिक पशु हैं। ऐसी सरकारों की एक कठपुतली अलग-अलग स्तर के लिए राजनीतिक नहीं हो सकती।

आई.एम.एफ. से संबंधित प्रमुख मुद्दे हैं—(क) आई.एम.एफ. का शासन और संबंधित वैचारिक पक्षपात; (ख) इसकी निगरानी में स्थित देशों के लिए इसका असममित व्यवहार; (ग) उधार लेनेवाले देशों के बीच विभेदित सशर्तता; (घ) उधारकर्ताओं के योगदान को पहचानने में इसकी विफलता; (ङ) संप्रभु ऋण पुनर्गठन मुद्दों को हल करने में इसकी अक्षमता और अंत में (च) 1970 के दशक से अमेरिकी डॉलर को एक वास्तविक वैश्विक मुद्रा में बदलने के लिए एक प्रणाली विकसित करना।

अंतरराष्ट्रीय मुद्रा कोष के संबंध में कई विवाद रहे हैं। हालिया विवाद 2008 के वैश्विक वित्तीय संकट, लैटिन अमेरिका, पूर्वी एशिया और यूरो क्षेत्र में इसके संचालन की विफलता से संबंधित हैं। धारणा है कि आई.एम.एफ. लैटिन अमेरिका में अपनी सशर्तता में कुछ नरम रहा है। आई.एम.एफ. द्वारा एशिया में सशर्तता के माध्यम से थोपे जानेवाले कष्ट के लिए इसकी कड़ी आलोचना की गई है। यूरो जोन के संकट में इसकी भागीदारी और राजनीतिक अर्थव्यवस्थाओं के साथ उन्नत अर्थव्यवस्थाओं को संसाधन उपलब्ध कराना, शायद इसके हालिया कार्यक्रमों में सबसे अधिक विवादास्पद कार्य था। संयुक्त राज्य अमेरिका के साथ इसके वैचारिक सहयोग के लिए अंतरराष्ट्रीय मुद्रा कोष की आलोचना की गई है, हालाँकि हाल ही में इसने पूर्व-कल्पित विचारों के पालन का कमजोर प्रदर्शन किया है। यह पूँजी खाता प्रबंधन के इसके दृष्टिकोण से स्पष्ट है।

वर्ष 2008 में वैश्विक वित्तीय संकट के एक चरण में, आई.एम.एफ. के पास अपने रखरखाव का भुगतान करने के लिए भी पर्याप्त आय नहीं थी। अत्यधिक उदारता के परिणामस्वरूप, आई.एम.एफ. से संसाधनों की कोई माँग नहीं थी। एक सुझाव था कि

दुनिया को अब आई.एम.एफ. की आवश्यकता नहीं है और इसे समेटा जा सकता है, क्योंकि इसके पैसे या सेवाओं का कोई खरीदार नहीं था, हालाँकि प्रमुख विचार यह था कि आवश्यकता पड़ने पर इसका समर्थन जारी रखा जाना चाहिए। अतएव कठिनाइयों से पार पाने के लिए, आई.एम.एफ. के भंडार में रखे सोने का मुद्रीकरण किया गया। भारत इससे सोना खरीदनेवाले देशों में से एक रहा है।

वर्ष 1991 में भारत ने संकट का प्रबंधन करने के लिए सोना गिरवी रखा और आई.एम.एफ. ने भी इसका समर्थन दिया। 2008 तक भारत आई.एम.एफ. का सोना खरीदने के लिए तैयार था। इन्हें आई.एम.एफ. और भारत के बीच उत्पादक साझेदारी के उदाहरण से समझना चाहिए।

आई.एम.एफ. 2008 में गंभीर अवसाद की संभावनाओं का सामना कर रही वैश्विक अर्थव्यवस्था में वैश्विक समन्वय के लिए एक केंद्रबिंदु बन गया और भारत बहुपक्षवाद का प्रबल समर्थक रहा।

इन सभी विचार-विमर्शों में, पेशेवर आदानों सहित भारत का नेतृत्व इसकी उपस्थिति से विशिष्ट था। निष्कर्ष अपरिहार्य लगता है। लोकप्रिय मान्यताओं के विपरीत भारत और आई.एम.एफ. के बीच की साझेदारी बड़े पारस्परिक लाभों में से एक रही है।

श्री वी. श्रीनिवास ने भारत और आई.एम.एफ. के बीच की कई बातचीत में भाग लिया, जिससे अंतर्दृष्टि के विस्तार ने एक उत्कृष्ट सेवा की है। यह पुस्तक भारत और आई.एम.एफ. संबंधों का एक अद्यतन विश्लेषण और उद्देश्य का लेखा-जोखा प्रदान कर इस विषय पर मौजूद साहित्य में एक गंभीर अंतर लाती है। इसमें शिक्षाविदों, नीति-निर्माताओं और वास्तव में आम जनता की भी बहुत रुचि होनी चाहिए।

24 सितंबर, 2018

**—वाई.वी. रेड्डी**

सभापति, 14 भारतीय वित्त आयोग
गवर्नर, भारतीय रिजर्व बैंक
(2008-2013)

# प्रस्तावना

वर्ष 2002 की वार्षिक बैठकों में आई.एम.एफ. और विश्व बैंक की नीतियों के खिलाफ अभूतपूर्व बड़े पैमाने पर विरोध प्रदर्शन हुए। वैश्वीकरण विरोधी प्रदर्शनकारियों ने पेंसिल्वेनिया एवेन्यू को अवरुद्ध कर दिया। 27 सितंबर, 2002 को 'वाशिंगटन पोस्ट' ने कहा कि वैश्वीकरण का विरोध करनेवाले ब्राजील, अर्जेंटीना में आई.एम.एफ. कार्यक्रमों, अफ्रीका के लिए ऋण राहत कार्यक्रम और निजीकरण नीतियों के लिए आई.एम.एफ. के उन्मादी समर्थन के खिलाफ थे। लाखों प्रदर्शनकारियों ने कहा कि आई.एम.एफ. के कार्यक्रमों द्वारा उन्हें बेरोजगारी, गरीबी और कर्ज के गर्त में धकेल दिया गया।

वर्ष 2002 में वित्तमंत्री के निजी सचिव के रूप में मैंने अंतरराष्ट्रीय मुद्रा कोष की पहली यात्रा की थी, मैं वित्तमंत्री की अगुआई में कोष बैंक की वार्षिक बैठकों में भारतीय प्रतिनिधिमंडल का सदस्य था। भारत ने कोष में संस्थापक सदस्य और मालिक से लेकर एक उधार लेनेवाले और फिर एक लेनदार राष्ट्र के रूप में कई भूमिकाएँ निभाई हैं। आई.एम.एफ. के साथ भारत का निरंतर जुड़ाव पारस्परिक रूप से लाभप्रद रहा है। भारत के कुछ सबसे प्रतिष्ठित सिविल सेवकों, अर्थशास्त्रियों और केंद्रीय बैंकरों ने आई.एम.एफ. में भारत के कार्यकारी निदेशक के रूप में काम किया है।

यह कोष 184 सदस्य देशों के प्रतिनिधिमंडलों के साथ वार्षिक बैठकों में शानदार दिखता है, जिसमें वित्तमंत्री, केंद्रीय बैंक के गवर्नर, वित्तीय क्षेत्र के विशेषज्ञ, विकास अर्थशास्त्री और गैर-सरकारी संगठनों के प्रतिनिधि शामिल होते हैं। कोष बैंक की बैठकें बहुपक्षवाद और कार्यात्मक लोकतंत्र के सर्वोत्तम तत्त्वों का प्रतिनिधित्व करती हैं। ये बैठकें दुनिया के शीर्ष वित्तीय नेतृत्व की सबसे बड़ी सभाएँ भी हैं। कोष-बैंक की वार्षिक बैठकों के कई उपघटक हैं—जिनमें आई.एम.एफ.सी. (अंतरराष्ट्रीय मुद्रा और वित्त समिति) की बैठकें, विश्व बैंक के गवर्नर की बैठकें, प्लेनरी बैठकें, जी7 बैठकें, जी24 बैठकें, जी20 सेंट्रल बैंक के गवर्नर की बैठकें, द्विपक्षीय बैठकें, वार्षिक बैठक के अवसर पर आई.एम.एफ. के प्रबंध निदेशक और विश्व बैंक के अध्यक्ष और कुछ शीर्ष अमेरिकी विचारकों की बैठकें शामिल हैं।

वित्त मंत्रियों की दुनिया व्यापक आर्थिक स्थिरता, मुद्रास्फीति पर नियंत्रण, आर्थिक विकास और निवेश को बढ़ावा देने से प्रेरित है। 2002 में भारत का आर्थिक विकास काफी तेजी से हुआ और आर्थिक दृष्टिकोण में उछाल आया। वित्तमंत्री ने आई.एम.एफ.सी. जी20 और जी24 की बैठकों में भारत की आर्थिक प्रगति की एक आकर्षक तसवीर प्रस्तुत की। आई.एम.एफ.सी. में भारतीय वित्तमंत्री मुख्य रूप से आई.एम.एफ. की राजकोषीय अखंडता, मौद्रिक संयम और व्यापार उदारीकरण के समर्थन के साथ संरचनात्मक सुधार और विनिमय दर प्रबंधन के विषयों के क्रम पर रहे।

आई.एम.एफ. का मूल सदस्य होने के बावजूद भारत ने कभी भी आई.एम.एफ.सी. की अध्यक्षता नहीं की। आई.एम.एफ.सी. आई.एम.एफ. कार्यकारी बोर्ड के काम की देखरेख करनेवाली शीर्ष समिति है। आई.एम.एफ.सी. का नेतृत्व एक वित्तमंत्री द्वारा किया जाता है, जो अपने गृह राष्ट्र में इसके कार्यालय के लिए चुना जाता है और जब वह वित्त पोर्टफोलियो के कार्यालय का संचालन नहीं करता है, तब आई.एम.एफ.सी. की अध्यक्षता सँभालता है। यूनाइटेड किंगडम के एक्सचेकर के चांसलर के रूप में गॉर्डन ब्राउन, हाल के वर्षों में सबसे लंबे समय तक आई.एम.एफ.सी. के अध्यक्ष रहनेवालों में से एक थे। जब उन्होंने चांसलर ऑफ एक्सचेकर के साथ आई.एम.एफ.सी. के अध्यक्ष का पद छोड़ा, तब आई.एम.एफ. ने मिस्र के वित्तमंत्री और उसके बाद सिंगापुर के वित्तमंत्री और उसके बाद मैक्सिको के सेंट्रल बैंक के गवर्नर को अध्यक्ष चुना। यह आश्चर्य की बात है कि वर्तमान में दुनिया की सबसे तेजी से बढ़ती प्रमुख अर्थव्यवस्था भारत ने कभी आई.एम.एफ.सी. की अध्यक्षता क्यों नहीं की, यहाँ तक कि उभरती बाजारवाली अन्य अर्थव्यवस्थाओं ने भी इस अत्यधिक प्रभावशाली पद को धारण किया है।

मैंने 5 वर्षों तक वित्तमंत्री के निजी सचिव के रूप में और बाद में आई.एम.एफ. के कार्यकारी निदेशक (भारत) के सलाहकार की अपनी क्षमताओं में कोष-बैंक की स्प्रिंग और वार्षिक बैठकों में भाग लिया। मैंने वाशिंगटन डी.सी. में अपने कार्यकाल में, 38 महीनों में हर महीने औसतन कार्यकारी बोर्ड की 17 बैठकों में भाग लिया।

वैश्वीकरण की चुनौतियाँ एक निरंतर चर्चा का विषय थीं। कई देश चिंतित थे कि वैश्वीकरण की नीतियाँ काम नहीं कर रही थीं। वित्त के वैश्वीकरण का परिणाम उन्नत अर्थव्यवस्थाओं से विकासशील अर्थव्यवस्थाओं में पूँजी को प्रवाहित होना चाहिए था। इसकी बजाय पूँजी गरीब देशों से उन्नत देशों में चली गई। शुल्क में कमी और वैश्विक मुक्त व्यापार को विकासशील अर्थव्यवस्थाओं के लिए विकास मॉडल माना गया। इसकी बजाय उन्नत अर्थव्यवस्थाएँ भी मुक्त व्यापार से बहुत उत्साहित नहीं थीं और उन्होंने संरक्षणवादी नीतियों का सहारा लिया। वैश्वीकरण को कम मजदूरीवाले देशों में रोजगार

के अवसरों को बढ़ाना था। इसकी बजाय कई मामलों में बड़े पैमाने पर नौकरियों की कमी देखी गई थी और पार-राष्ट्रीय कंपनियों ने कम जवाबदेही के साथ पूँजी स्थानांतरित की थी।

कार्यकारी निदेशक के कार्यालय में लगातार चर्चा हो रही थी कि क्या भारत को आई.एम.एफ. से उसके हिस्से से कुछ अधिक मिला है। हमें पुणे में आर.बी.आई.-आई.एम.एफ. संस्थान के रूप में तकनीकी सहायता मिली, हमारा कोटा पूरी तरह से अर्थव्यवस्था के आकार के अनुसार नहीं था और भारत का कार्यक्रम वित्तपोषण अनुमेय कोटा मानदंडों के अनुसार किया गया था। भारत को कभी भी कोरिया या अर्जेंटीना या ब्राजील की तरह असाधारण वित्तपोषण नहीं मिला। भारत ने कई अन्य उधार लेनेवाले देशों के विपरीत आई.एम.एफ. ऋणों के भुगतान में कभी भी चूक नहीं की है। 2003 में आई.एम.एफ. की बैलेंस शीट में ब्राजील को 28 बिलियन अमेरिकी डॉलर, तुर्की को 24 बिलियन अमेरिकी डॉलर, अर्जेंटीना को 15 बिलियन अमेरिकी डॉलर और इंडोनेशिया को 10 बिलियन अमेरिकी डॉलर का बकाया कर्ज दिखाया गया था। सभी आई.एम.एफ. ऋणों को चुकाया नहीं गया है और सभी को जल्दी चुकाया भी नहीं जाता है।

कोष एक उच्च कानूनी संगठन है, जो समझौते के लेखों के कठोर अनुपालन और सशर्तता के दिशानिर्देशों द्वारा संचालित है। आई.एम.एफ. के समझौते के लेखों का आर्थिक उदारवाद और लोकतंत्र के वैचारिक दृष्टिकोण के साथ तालमेल है। अनेक भारतीयों ने आई.एम.एफ. के कर्मचारी के रूप में कार्य किया है। वे कीनेसियन मैक्रोइकोनॉमिक्स के आदर्शों में प्रतिभाशाली अर्थशास्त्री हैं। आई.एम.एफ. के पास उपलब्ध वृहद् अर्थशास्त्रियों की सामूहिक बौद्धिक मारक क्षमता दुनिया के किसी भी संगठन के पास नहीं है। अंतिम उपाय माने जानेवाले ऋणदाता और व्यापक आर्थिक नीतियों पर सदस्य देशों के गोपनीय सलाहकार के रूप में कोष के विचारों को बाहरी असंतुलन को दूर करने के कार्य को सरकारों और केंद्रीय बैंकों ने गंभीरता से लिया।

भारत को कई कर्मचारियों के विनिमय का अनूठा गौरव मिला है। भारत के कई मुख्य आर्थिक सलाहकार आई.एम.एफ. के कर्मचारी रहे हैं। अशोक लाहिड़ी, रघुराम राजन, अरविंद सुब्रमण्यम सभी आई.एम.एफ. में सेवा कर चुके हैं। भारत की शीर्ष नौकरशाही और आई.एम.एफ. स्टाफ के बीच का तालमेल 1991 के कार्यक्रम के निर्बाध कार्यान्वयन का एक प्रमुख कारण था। इनके बीच संरचनात्मक सुधारों और कोष की स्थिति पर विचारों का बौद्धिक अभिसरण था।

बहुत से भारतीयों ने आई.एम.एफ. के कर्मचारियों के रूप में काम किया था। वे एक अंतरराष्ट्रीय नौकरशाही का एक हिस्सा थे और अपनी उच्च योग्यता से अमेरिकियों

और यूरोप के लोगों के प्रभुत्ववाले संगठन में उच्च पदों पर पहुँचे थे। शैलेंद्र अंजारिया, अनूप सिंह, सिद्धार्थ तिवारी, कल्पना कोचर, रत्ना सहाय और कई अन्य लोगों ने आई.एम.एफ. में उच्च स्तर पर सेवा की। मोंटेक सिंह अहलूवालिया ने स्वतंत्र मूल्यांकन कार्यालय में निदेशक के रूप में कार्य किया था। उनमें से कुछ वित्त मंत्रालय की सेवा करने के लिए भारत लौट आए।

# आभार

किसी सेवारत सिविल सेवक के लिए पुस्तक लिखना आसान काम नहीं है। भारत और आई.एम.एफ. की जटिलता के एक विषय के लिए आई.एम.एफ. से जुड़े कई वरिष्ठ अधिकारियों के साथ अनेक शोध कार्यों और सहभागिता की आवश्यकता थी। मैं अपने शोध कार्य को समय पर पूरा करने के लिए अत्यधिक प्रेरित रहा और अंतिम लक्ष्य तक पहुँचने के लिए अथक प्रयास किया। मेरा शोध कार्य 22 मार्च, 2017 को आरंभ हुआ और 8 जुलाई, 2018 को यह संपन्न हुआ। मैंने प्रतिदिन लिखा, हर सप्ताहांत मैंने पुस्तक अनुसंधान पर 12-14 घंटे काम किया। आई.एम.एफ. सबसे बड़ी संस्था का प्रतिनिधित्व करता है, मैंने एक ऐसी वैश्विक संस्था की सेवा की, जिसके समानांतर आर्थिक उदारवाद और लोकतंत्र के आदर्शों ने मुझे हमेशा प्रेरित किया। मेरी पत्नी और बच्चों ने इस पुस्तक को लिखने के मेरे जुनून को बनाए रखा, क्योंकि मैंने लंबे समय तक अपने को अनुसंधान और प्रलेखन में डुबो दिया था। मैं उनका बहुत आभारी हूँ।

मुझे राजदूत नलिन सूरी, राजदूत भास्वती मुखर्जी और श्रीमती कल्याणी शंकर द्वारा इस कार्य को करने के लिए प्रोत्साहित किया गया। मैंने राजदूत टी.सी.ए. राघवन के साथ अपने पुस्तक अनुसंधान प्रस्ताव के विषय पर चर्चा की, जिन्होंने मुझे विदेश मंत्रालय में पहली बार सेवा करने के बाद से हमेशा अकादमिक उत्कृष्टता प्राप्त करने के लिए प्रोत्साहित किया था। राजदूत टी.सी.ए. राघवन के साथ चर्चा के बाद मैंने भारतीय विश्व मामलों की परिषद् (आई.सी.डब्ल्यू.ए.) के समक्ष 'भारत और अंतरराष्ट्रीय मुद्रा कोष' नामक एक पुस्तक में अनुसंधान प्रस्ताव प्रस्तुत करने का निर्णय लिया। राजदूत नलिन सूरी ने आई.सी.डब्ल्यू.ए. से परियोजना को मंजूरी देने की उदारता दिखाई और वे मुझे अकसर अध्ययन के तौर-तरीकों पर सलाह देते थे।

भारत : आई.एम.एफ. संबंधों पर एक पुस्तक लिखने के लिए भारत के केंद्रीय बैंकरों, वित्त अधिकारियों और मुख्य आर्थिक सलाहकारों से पर्याप्त जानकारी प्राप्त करने की आवश्यकता थी। डॉ. वाई.वी. रेड्डी ने मेरा काफी मार्गदर्शन किया और उन्होंने 1991

के आर्थिक सुधारों के समय आई.एम.एफ. के कर्मचारियों और भारत के सिविल सेवकों के बीच विचारों के अभिसरण पर बल देते हुए भारत–आई.एम.एफ. संबंधों के प्रति अपने दृष्टिकोण को रेखांकित किया। डॉ. वाई.वी. रेड्डी ने 1981 के आई.एम.एफ. कार्यक्रम को समझने के लिए मुझे डॉ. एम. नरसिम्हा से मिलने की सलाह दी। मैं डॉ. सी. रंगराजन से मिलने के लिए चेन्नई गया, उन्होंने मेरे साथ भारत के 1991 के आई.एम.एफ. कार्यक्रम पर अपने विचार साझा करने की उदारता दिखाई और बताया कि आर्थिक सुधार पूरी तरह से घरेलू थे। मैंने डॉ. एम. नरसिम्हा से प्रशासनिक स्टाफ कॉलेज हैदराबाद में भेंट की और एक घंटे तक भारत के 1981 के आई.एम.एफ. कार्यक्रम पर चर्चा की। डॉ. एम. नरसिम्हा के साथ मेरी बातचीत काफी महत्त्वपूर्ण थी और मैंने भारत के 1966 और 1981 के आई.एम.एफ. कार्यक्रमों पर एक अतिरिक्त अध्याय जोड़ा। इसके बाद मैं डॉ. दुवुरी सुब्बाराव से मिला, जिन्होंने मुझे सलाह दी कि 'भारत और आई.एम.एफ.' के अध्ययन को 'अंतरराष्ट्रीय मुद्रा प्रणाली में चीन का उदय' और 'जी20 बहुवाद का एक दशक' पर विचार करना होगा। मैंने इन दोनों विषयों पर सुझावों को बहुत सकारात्मक पाया और इन पर दो अलग–अलग अध्याय जोड़े। मैंने डॉ. बिमल जालान और डॉ. राकेश मोहन से भी भेंट की, जो भारत के आर्थिक सुधारों पर अपने विचारों में बहुत आगे थे।

मैं भारत के भूतपूर्व मुख्य आर्थिक सलाहकारों—डॉ. नितिन देसाई, डॉ. दीपक नैयर, डॉ. शंकर आचार्य, डॉ. अशोक लाहिड़ी और डॉ. अरविंद विरमानी से मिला और उनके समर्थन के लिए मैं बहुत आभारी हूँ।

मैंने आई.एम.एफ. के कार्यकारी निदेशक कार्यालय में विचारों के आदान–प्रदान और मार्गदर्शन के लिए अपने सहकर्मियों श्री भास्कर वेंकटरमानी, श्री कानागा सभापति कुप्पुस्वामी, श्री पार्थ रे और श्री कृष्णन सरनयन आदि कई सहयोगियों से भेंट की। मैंने 2008 में कोष की बदलती भूमिका को समझने के लिए कई बार आई.एम.एफ. के कार्यकारी निदेशक (भारत) डॉ. सुबीर गोकर्ण से बात की।

मुझे डॉ. मोंटेक सिंह अहलूवालिया और डॉ. राहुल खुल्लर से मिलने का अवसर मिला, जिन्होंने 1991 के भारत–आई.एम.एफ. कार्यक्रम के समय वित्तमंत्री के वित्त सचिव और निजी सचिव के रूप में कार्य किया था।

भारत–आई.एम.एफ. संबंधों का अध्ययन कई शैक्षणिक संस्थानों के लिए काफी रुचि का क्षेत्र है। कई विशिष्ट शैक्षणिक संस्थानों द्वारा मुझे भाषणों और वार्त्ताओं के लिए आमंत्रित किया गया था। मेरे द्वारा दिए गए कुछ उल्लेखनीय भाषणों में, चीनी अध्ययन के चेन्नई केंद्र, चेन्नई में अंतरराष्ट्रीय मुद्रा प्रणाली और चीन के उदय का भारत और अन्य देशों के लिए निहितार्थ, 'कोबा विश्वविद्यालय, ओसाका, जापान और थम्मासैट विश्वविद्यालय',

बैंकॉक में 'भारत और आई.एम.एफ.', भारत के अंतरराष्ट्रीय केंद्र, नई दिल्ली में 'वित्त आयोग, नीति आयोग और जी.एस.टी. परिषद्', विश्व मामलों की भारतीय परिषद्, सप्रू हाउस, नई दिल्ली में 'अंतरराष्ट्रीय मुद्रा प्रणाली में चीन का उदय', नेहरू स्मारक संग्रहालय एवं पुस्तकालय, तीन मूर्ति भवन, नई दिल्ली में 'जी20 : बहुपक्षवाद का दशक', भारत के अंतरराष्ट्रीय केंद्र में '70 में भारत-आई.एम.एफ. के साथ संबंध', सामाजिक विज्ञान संस्थान, नई दिल्ली में, 'भारत में राजकोषीय संघवाद', भारत के राष्ट्रीय अभिलेखागार में 'विश्व का आर्थिक इतिहास : प्रमुख वित्तीय संकट 1932-2017', भारतीय रिजर्व बैंक पुणे में अंतरराष्ट्रीय अभिलेखागार दिवस पर 'भारतीय रिजर्व बैंक के इतिहास का संग्रह' और लाल बसना मसूरी में 92वें फाउंडेशन कोर्स में 'भारत का आर्थिक इतिहास' शामिल हैं। आई.एम.एफ. के कार्यकारी निदेशक (भारत) ने मुझे अक्तूबर 2018 में आई.एम.एफ. मुख्यालय, वाशिंगटन डी.सी. में एक भाषण के लिए आमंत्रित किया।

मुझे आई.सी.डब्ल्यू. के पुस्तकालय स्टाफ से अपार समर्थन मिला, जहाँ मैंने 120 दिन तक सुबह 9 बजे से शाम 6 बजे तक का समय बिताया, श्री ए.ओ. खान और श्रीमती शशि रावत ने 1966 के पुराने अखबारों के संग्रह की पहचान करने में विशेष रूप से सहायता की। मैंने सार्वजनिक वित्त और नीति के राष्ट्रीय संस्थान के पुस्तकालय कक्ष में कई दिन बिताए और नेहरू स्मारक संग्रहालय एवं पुस्तकालय में ऐतिहासिक मूल्य के कई दस्तावेजों का अध्ययन किया था। मुझे अपने काम में सार्वजनिक वित्त और नीति के राष्ट्रीय संस्थान के श्री मोहम्मद आसिफ खान द्वारा दिए गए समर्थन का अवश्य उल्लेख करना चाहिए। मैं 1991 के आर्थिक सुधारों पर लोकसभा और राज्यसभा की बहसों के लिए संसद् भवन के पुस्तकालय में भी गया। पुस्तकालय सहायक श्री डी. रमेश ने 1991-1996 की अवधि में संसद् में हुई विभिन्न बहसों की पहचान करने में मेरी मदद की।

मुझे जुलाई 2017 में राजस्थान के अजमेर में राजस्व बोर्ड का अध्यक्ष और राजस्थान कर बोर्ड का अध्यक्ष नियुक्त किया गया था और मेरे कार्यालय के कर्मचारियों श्री सत्यमुनु सिंह और श्री नवीन आनंदकर ने इस अवधि में विभिन्न आदानों के साथ मुझे काम पूरा करने के लिए समर्थन दिया।

**—वी. श्रीनिवास**

राजस्थान के राजस्व बोर्ड के अध्यक्ष

और राजस्थान कर बोर्ड के अध्यक्ष

# अनुक्रम


*प्राक्कथन* 5

*प्रस्तावना* 9

*आभार* 13

1. अंतरराष्ट्रीय मुद्रा कोष 19

2. प्रमुख वित्तीय संकट : महामंदी से घोर आर्थिक मंदी तक 43

3. भारत के अंतरराष्ट्रीय मुद्रा कोष कार्यक्रम–1966 और 1981 : एक विश्लेषणात्मक समीक्षा 66

4. भारत : 1991 के आस–पास संकट के मूल 77

5. आम बजट 1991–96 94

6. आई.एम.एफ. समीक्षा : भारत की आपातकालीन व्यवस्था 110

7. भारत : आई.एम.एफ. संबंध में विकासमूलक परिवर्तन 130

8. आई.एम.एफ. का अनुच्छेद–IV परामर्श 1997–2016 145

9. वित्त सचिव, आर.बी.आई. के गवर्नर, मुख्य आर्थिक सलाहकार और कार्यकारी निदेशक 160

10. आई.एम.एफ. के साथ बीता मेरा समय 197


## भविष्य की ओर


11. जी20 : बहुपक्षवाद का एक दशक 213

12. अंतरराष्ट्रीय मुद्रा कोष में चीन का उदय 231

13. निष्कर्ष 250

*अध्याय-1*

# अंतरराष्ट्रीय मुद्रा कोष

*इस अध्याय के तहत विश्वव्यापी स्तर पर संबंधित देशों में मौद्रिक और वित्तीय स्थिरता के संबंध एवं अनुरक्षण के लिए अंतरराष्ट्रीय मुद्रा कोष के विकास का क्रमवार उल्लेख किया गया है। इस अध्याय के तहत हमें आर्थिक संकट से निपटने में अंतिम उपाय के रूप में ऋणदाता की हैसियत से अंतरराष्ट्रीय मुद्रा कोष के अधिदेशों और कार्यों के बारे में भी पता चलता है।*

अंतरराष्ट्रीय मौद्रिक कोष विश्व के सर्वाधिक पुराने वित्तीय संस्थानों में से एक है। इसमें कार्यरत सेंट्रल बैंकर्स और बड़े अर्थशास्त्री अपने कर्तव्यों के प्रति समर्पित लोग हैं। 24 सदस्यीय आई.एम.एफ. कार्यकारी बोर्ड सप्ताह में तीन दिन अर्थात् सोमवार, बुधवार और शुक्रवार को बैठक करते हैं और प्रतिदिन चार कार्यसूची पर विचार-विमर्श करते हैं। कोष का प्रबंधन, निदेशक और चार उप-प्रबंधन निदेशकों की सामूहिक जिम्मेदारी है। कार्यकारी बोर्ड कोष का मुख्य निर्णय लेनेवाला निकाय है, जो विभिन्न देशों के कार्य क्षेत्रों का प्रतिनिधित्व करते हैं। कार्यकारी बोर्ड कोष का मुख्य निर्णय लेनेवाला निकाय है, जो विभिन्न देशों के कार्य क्षेत्रों का प्रतिनिधित्व करता है। 24 कार्य निदेशकों में से प्रत्येक के साथ अनवरत सत्रों में अपनी मौजूदगी दर्ज कराता है। प्रत्येक सदस्य देश को एक कोटा दिया जाता है, जिसके तहत मतदान देने संबंधी अधिकार और ऋण लेने संबंधी सीमाओं का भी निर्धारण किया जाता है। कार्यकारी बोर्ड द्विपक्षीय और बहुपक्षीय निगरानी से संबंधित दायित्वों, स्टैंड बाई कार्यक्रमों के कार्यान्वयन, गरीबी उन्मूलन, प्रगति संबंधी सुविधाओं और तकनीकी सहायता से संबंधित कार्यक्रमों का अनुवीक्षण करता है। अंतरराष्ट्रीय मौद्रिक कोष के सापेक्ष वैश्विक कार्यसूची के साथ और अधिक प्रचलित कार्यसूची के साथ इस दिशा में संगठन के बारे में ऐसी परिकल्पना करना भी एक दुष्कर कार्य है।

भारत आई.एम.एफ. का एक सदस्य देश है। यह प्रजातांत्रिक मूल्यों और सुधार उन्मुखी नेतृत्व के साथ कोष के प्रबंधन की ओर से ही समर्थन प्राप्त करता रहा है।

भारत ने जी20 और जी24 सदस्य देशों के सदस्य की हैसियत से 1944 से लेकर अब तक आई.एम.एफ. की अध्यक्षता की है। भारत की ओर से आई.एम.एफ. को दिए जानेवाला योगदान अत्यधिक महत्त्वपूर्ण रहा है। भारत–आई.एम.एफ. बोर्ड में पी.आर. जी.एफ. कार्यक्रमों पर अफ्रीकी सदस्य देशों के प्रति जबरदस्त समर्थन देता रहा है। यह जी7 सदस्य देशों और उभरती हुई मंडी अर्थव्यवस्थाओं के बीच एक सेतु का कार्य करता रहा है। भारत सी.आई.एस. के सदस्य देशों में आर्थिक सुधारों का भी समर्थन करता रहा है। उसने समस्त दक्षिण एशियाई देशों में आर्थिक प्रगति और विकास का मार्ग प्रशस्त करने में अग्रणी भूमिका निभाई है।

1945 में भारत कोटे के हिसाब से 5वें नंबर पर था। भारत की संसद् में आई.एम.एफ. की सदस्यता के फायदे के बारे में गंभीर चिंताएँ अभिव्यक्त की गई थीं। माननीय सांसदों का कहना था कि कोटा प्रणाली के कारण संयुक्त राज्य अमेरिका को ही वर्चस्व प्राप्त होता है, जबकि भारत की आर्थिक व्यवस्था बर्बाद होती रहती है। उन्होंने यह भी कहा था कि भारत को किसी ऐसे संस्थान को समर्थन देना चाहिए, जो विनिमय दरों को स्थापित करके मुद्राओं के प्रतिस्पर्धात्मक अवमूल्यन से संबंधित विध्वंसकारी अभ्यासों को समाप्त करे। कोष में भारत की सदस्यता को 29 अक्तूबर, 1947 को विधान सभा द्वारा विधिवत् मंजूरी दी गई थी। कोटे की सातवीं समीक्षा के बाद भारत आई.एम.एस. में अपनी नामित सीट को खो बैठा, जिसके फलस्वरूप उसे चयनित सीट के जरिए ही अपना कार्य चलाना पड़ा। चयनित श्रेणी में भारत की स्थिति उस समय और गिर गई जब चीन जन गणराज्य की सरकार ने अप्रैल 1980 में कोष की पुनः सदस्यता प्राप्त कर ली। चीन का आई.एम.एफ. में कोटे के हिसाब से तीसरा बड़ा नंबर है, जबकि भारत का इसमें 8वाँ स्थान है।

## भारत में आई.एम.एफ. की प्रबंध निदेशक

आई.एम.एफ. की प्रबंध निदेशक क्रिस्टीन लगार्डे 'भारत में गुजरे कुछ लम्हे' विषय पर 16 मार्च, 2015 को लेडी श्रीराम कॉलेज के छात्रों को संबोधित करने के लिए नई दिल्ली आई थीं। उन्होंने इस अवसर पर कहा था कि—

> "भारत आपका देश है। यह भारत के लिए एक विशेष मौका है। आप जानते हैं कि इस समय विश्व के बहुत से देश आर्थिक मंदी का सामना कर रहे हैं, तथापि भारत इससे विपरीत दिशा में बढ़ रहा है। इस वर्ष के दौरान भारत के बारे में आशा है कि वह चीन से आगे बढ़ जाएगा तथा वर्ष 2030 तक भारत विश्व की जनसंख्या के मामले में चीन से भी आगे पहुँच जाएगा। यह उचित समय है कि भारत अपने जनसंख्या संसाधनों का उपयोग करते हुए वैश्विक प्रगति में महत्त्वपूर्ण भूमिका अदा

करे। हम यह भी आशा करते हैं कि भारत जी20 और आई.एम.एफ. जैसे मंचों पर वैश्विक प्रगति के लिए और अधिक सक्रिय भूमिका निभाएगा। आई.एम.एफ. एक ऐसा बहुपक्षीय संस्थान है, जहाँ भारत जैसे देश अपनी आवाज को सारगर्भित रूप में ऊँचा उठा सकते हैं। हम बिल्कुल इसी दिशा में कार्य कर रहे हैं। हम ऐसे सुधार कार्यों को कार्यान्वित कर रहे हैं, जिससे आई.एम.एफ. में भारत 10 सर्वोच्च शेयर धारकों में शामिल हो जाएगा। इस समय वातावरण भारत को वैश्विक पावर हाउस बनाने के लिए अनुकूल है। यह समय भारत का समय है। इसे मजबूती से थाम लो। चकदे इंडिया!"

डोमिनिक स्ट्रॉस कान्ह आई.एम.एफ. के सर्वाधिक करिश्माई प्रबंधन निदेशकों में से एक हैं, जिनकी आवाज आई.एम.एफ. के मंच पर बड़े प्रभावी रूप में गूँजती है। नई दिल्ली में 2010 के दौरान फिक्की में अपना भाषण देते हुए स्ट्रॉस कान्ह ने कहा था कि—

"मैं लगभग 3 वर्ष पहले भारत आया था। उस समय भारत 1930 की आर्थिक त्रासदी से लेकर अब तक विपरीत आर्थिक परिस्थितियों से जूझ रहा था, तथापि भारत ने अब इस त्रासदी का भली-भाँति सामना किया है। ऐसा इस कारण संभव हुआ है कि देश ने वृहद् आर्थिक और सारगर्भित वित्तीय नीतियाँ अपनाई हैं। इस समय भारत की आर्थिक प्रगति दर विश्व में सबसे अधिक है जिसके फलस्वरूप वह वैश्विक रिकवरी में एक प्रेरक देश की भूमिका निभा रहा है। भारत ने पिछले कुछ दशकों से बहुत सी बाधाओं को पार किया है, जिसके कारण करोड़ों लोग निर्धनता की रेखा से ऊपर उठ गए हैं। वस्तुतः भारत एक बड़ी आर्थिक शक्ति बन गया है। अब भारत, विशेष रूप से एशिया के लिए ऐसा समय आ गया है कि वह आर्थित सुशासन से संबंधित वैश्विक दायरे में अपनी महत्त्वपूर्ण भूमिका का निर्वहन करे।"

कई दशकों से भारत आई.एम.एफ. में भारत यह आवाज उठाता रहा है कि इस संस्थान के भीतर प्रजातांत्रिक और उदारवादी मूल्यों को और बढ़ावा दिया जाए। भारत ने 1944 में आयोजित ब्रेटन-वुड्स सम्मेलन में अपने शिष्टमंडल के सदस्यों के द्वारा कोष की सदस्यता के बारे में आपत्तियाँ दर्ज कराने के बावजूद उसकी सदस्यता प्राप्त की। आई.एम.एफ. एक ऐसा संस्थान है, जिसे भारत ने कायम रखने में महत्त्वपूर्ण कार्य करने के साथ-साथ उसे वैश्विक संस्थान का रूप देने में बड़ी मदद की। उसका वर्तमान रूप भारत के प्रयासों को प्रतिबिंबित करता है।

2009 में भारत ने आई.एम.एफ. में 10 मिलियन डॉलर निवेश करने की प्रतिबद्धता जताई थी। आई.एम.एफ. ने भारत द्वारा उसे 10 मिलियन अमेरिकी डॉलर की खरीद क्षमता के जरिए उसकी ऋणदात्री क्षमता में सहायता देने के प्रयोजनार्थ की गई घोषणा का स्वागत

किया। इस संबंध में कोष ने कहा था कि इस निवेश से आई.एम.एफ. को अंतरराष्ट्रीय वित्तीय व्यवस्था को सुदृढ़ करने में मदद मिलेगी। कोष ने इस संबंध में यह भी वक्तव्य दिया था कि उसकी वित्तपोषण क्षमता बढ़ने से सदस्य देशों को पर्याप्त लाभ पहुँचेगा। उन्होंने इस संबंध में भारतीय प्राधिकारियों द्वारा बहुपक्षीय सहयोग के प्रति जताई गई प्रतिबद्धता का स्वागत किया।

## आई.एम.एफ. का विकास क्रम

आई.एम.एफ. की स्थापना ब्रेटन-वुड्स सम्मेलन के बाद 1944 में की गई थी। जब से लेकर अब तक वैश्विक अर्थव्यवस्था में कई नाटकीय परिवर्तन आए। उदाहरण के लिए आई.एम.एफ. की सदस्यता 40 से बढ़कर 184 हो गई थी, जो पहले की अपेक्षा 4 गुणा से भी अधिक थी। आई.एम.एफ. अनवरत रूप में अपने सदस्य देशों की सहायता करने के साथ-साथ अंतरराष्ट्रीय व्यवस्था को भी मजबूत करता रहा है। 20वीं शताब्दी के पूर्वार्ध में राष्ट्रवाद और संरक्षणवाद की परिकल्पना से यह मंतव्य किंचित् रूप में छिन्न-भिन्न हुआ, जिसके फलस्वरूप विश्व में बड़े पैमाने पर मंदी और विषाद का दौर आया। इसी के कारण दूसरे विश्वयुद्ध का मार्ग भी प्रशस्त हुआ। आई.एम.एफ. और विश्व बैंक की स्थापना इसलिए की गई थी ताकि व्यापार और वित्तीय क्षेत्र के लिए मुक्त व्यवस्था को बहाल करते हुए युद्ध के कारण बरबाद हुए देशों की सहायता की जा सके। आई.एम.एफ. ने अपने प्रयासों से विश्व शांति और समृद्धि के एक नए युग का सूत्रपात किया। 2008 में विश्व में आई महान् मंदी के बाद आई.एम.एफ. ने वैश्विक अर्थव्यवस्था को स्थिर करने के लिए अंतरराष्ट्रीय अर्थव्यवस्था को स्थिर करने के प्रयोजनार्थ वैश्विक नीतिगत सहयोग संवाद को शुरू किया। निजी अंतरराष्ट्रीय पूँजीगत प्रवाह के उत्थान के साथ पिछले 70 वर्षों में विश्व का वित्तीय परिदृश्य नाटकीय रूप में बदल चुका था।

आई.एम.एफ. का अधिदेश यह है कि संबंधित देशों और अंतरराष्ट्रीय स्तर पर मौद्रिक अनुरक्षण और वित्तीय स्थिरता को संवर्धित किया जाए। आई.एम.एफ. ने अधिदेश को विभिन्न रूप से कार्यान्वित किया। इसके तहत आई.एम.एफ.सी. और जी24 की बैठकों के जरिए अंतरराष्ट्रीय आर्थिक सहयोग के प्रयोजनार्थ एक आदर्श व्यवस्था और कार्यतंत्र बनाया गया। दूसरा आई.एम.एफ. विश्व के देशों को वृहद् आर्थिक नीतियाँ बनाने में भी सहायता देता है, जिससे रोजगार और आमदनी के उच्च स्तरों को प्राप्त और अनुरक्षित करने का मौका मिलता है। मुक्त अर्थव्यवस्था और व्यापार का संवर्धन इन नीतियों का प्रमुख आधार है। तीसरा आई.एम.एफ. अस्थायी वित्तपोषण के द्वारा ऋणग्रस्त देशों की अदायगी संबंधी समस्याओं का समाधान करने में भी सहायता देता है।

अंतरराष्ट्रीय मुद्रा कोष एक अत्यधिक शक्तिशाली आर्थिक संगठन का प्रतिनिधित्व करता है। आई.एम.एफ. वृहद् आर्थिक नीतियों के निर्धारण में विश्व के देशों द्वारा आर्थिक संकट का सामना करने के निमित्त अनवरत रूप में उनकी ऋण संबंधी आवश्यकताओं को पूरा करता रहा है। पेरिस शांति सम्मेलन, महामंदी और दूसरा विश्वयुद्ध एक ऐसा घटनाक्रम है, जिसके कारण आई.एम.एफ. एक बहुपक्षीय और वित्तीय संस्थान के रूप में सामने आया और उसने अत्यधिक उल्लेखनीय कार्य किए। बाद के घटनाक्रम में आई.एम.एफ. ने स्वंय को बदलते हुए विश्व के साथ कदम-से-कदम मिलाकर चलने के लिए अपनी कई कार्यविधियों को बदला। सोवियत संघ और उससे संबंधित देशों की अवनति के बाद आई.एम.एफ. एक पूँजीवादी केंद्र बन गया था, जिससे उसे बड़ी मदद मिली। उसने मंडी उन्मुख अर्थव्यवस्था को स्थिर रखने में बड़ी मदद की। आई.एम.एफ. का विश्लेषण करने से यह बात सामने आती है कि वह एंग्लो सैक्शन अर्थव्यवस्था के वर्चस्व के परिप्रेक्ष्य में निर्णायक कार्य करता रहा है। उत्तर अमरीका, यूनाइटेड किंगडम और ऑस्ट्रेलिया के विद्यालय इसके कार्मिकों के प्रशिक्षण का मुख्य केंद्र रहे हैं।

पिछले वर्षों के दौरान आई.एम.एफ. ने विकास की नई यात्राएँ तय करते हुए अपनी कार्यव्यवस्था में सारगर्भित परिवर्तन किए हैं। इसकी विशेष भूमिका सदस्य देशों की आवश्यकता के अनुसार उनकी निगरानी पर निर्भर करती है। कोष वैश्विक संस्थानों की सर्वाधिक रूढ़िवादी परंपरा का प्रतिनिधित्व करता रहा है। आई.एम.एफ. द्वारा हमेशा से ही महत्त्वपूर्ण कार्यों का निर्वहन किया जाता रहा है। यह संगठन ऋणदाता के रूप में वैश्विक आधार पर अंतिम उपाय के रूप में कार्य करता है। कोष के अर्थशास्त्री एशिया प्रशांत विभाग द्वारा संचालित और भारत के सहयोग से आयोजित विभिन्न विभागों में कार्य करते हैं।

1970 में कोष के सामने कई चुनौतियाँ आईं। वैश्विक तेल संकट के कारण संकट पूर्व आर्थिक प्रगति दरों को बहाल करने के साथ-साथ सदस्य देशों की वरीयता सूची में मुद्रा स्फीति को कम करते हुए विनिमय दरों को अपेक्षित स्तर पर लाया गया। कोष द्वारा तेल आयात करनेवाले देशों के लिए मौजूदा खाता घाटों को भी वित्तपोषित करने का आह्वान किया गया। 1980 तक विश्व के अधिकांश देशों में राजकोषीय घाटा अत्यधिक बढ़ गया था। 1970 में ऋण दरें तेजी के साथ आगे बढ़ीं, जो एक प्रतिशत से बढ़कर 1980 में 6 प्रतिशत हो गई थीं। इस घटना के फलस्वरूप विश्व के अनेक देश अपना ऋण चुकाने में असमर्थ रहे। आई.एम.एफ. द्वारा विकासशील देशों को ऋण देने की मात्रा कम हो गई थी। समायोजन कार्यक्रमों की गुणवत्ता और कोष की वित्तीय स्थिति अत्यधिक दबाव में थी। निगरानी संबंधी प्रक्रिया भी कमजोर हो गई थी। कार्यकारी बोर्ड अपेक्षित कार्यविधियों को अपनाना नहीं चाहता था, जिससे सदस्य देशों की आर्थिक नीतियाँ भी प्रभावित हो रही थीं।

1982–83 का वैश्विक ऋण संकट वैश्विक अर्थव्यवस्था के लिए एक जबरदस्त झटका था। इस दौरान आर्थिक नीतियाँ संचालित करने के बारे में भी कई गंभीर गलत निर्णय लिये गए। 1982 के ऋण संकट से कोष की कार्यविधि पर्याप्त रूप में बदल चुकी थी।

वाशिंगटन द्वारा प्रतिपादित मंतव्य का अभिप्राय यह था कि सरकार के स्वामित्वाधीन नियंत्रण को कम किया जाए। वास्तविक विनिमय दर के सही स्तर का निर्धारण मॉडल संबद्धता पर आधारित था, जिसके तहत अपनाई गई विरहत आर्थिक नीतियाँ नगण्य विनिमय दरों के अनुरूप थीं। कोष ने इस तथ्य को भी स्वीकार किया कि अवसंरचनात्मक असंतुलन का समाधान करने के लिए केवल वृहद् आर्थिक समायोजन ही पर्याप्त नहीं होगा। कोष ने और अधिक मजबूत रूप से संस्थापित अर्थव्यवस्थाओं और बहुपक्षीय निगमों द्वारा विकासशील देशों की अस्थिरता और वर्चस्व की स्थिति को उजागर किए बिना सरकार के स्वामित्वाधीन नियंत्रण को कम करने की ओर ध्यान दिया। कोष के कार्यक्रम मुख्यत: राजकोषीय समेकन, मौद्रिक संयम और अवसंरचनात्मक सुधारों पर केंद्रित थे।

1980 के दशक में दुनिया के देशों से कोष के संसाधनों की माँग तेजी के साथ बढ़ी और सदस्यता रखनेवाले देशों की संख्या 73 से बढ़कर 152 हो गई। ये सभी देश वित्तीय दायित्वों से घिरे हुए थे। 22 देश स्टैंड बाई व्यवस्था करने का प्रयास कर रहे थे। पोलैंड, रोमानिया, हंगरी, मैक्सिको, अर्जेंटीना और ब्राजील ये सभी देश गंभीर ऋण संकट का सामना कर रहे थे। कोष का प्रयास यह था कि राज सहायता में कमी, करों में वृद्धि, सार्वजनिक क्षेत्रों में कमी, घरेलू ब्याज दरों में वृद्धि और क्रमिक लघु अवमूल्यन कार्य किए जाएँ । निगरानी व्यवस्था सही रूप से कार्य नहीं कर रही थी, क्योंकि अंशदाताओं के पास कोष आदानों के बारे में निगरानी तंत्र और विश्वत संसाधनों की अलग से व्यवस्था नहीं थी। सुधारों के कार्यान्वयन में विलंब होने से अंशदाताओं के बीच शंकाएँ उत्पन्न हो रही थीं। इस अनुक्रम में कई मंचों से बैंकों को ऋण देनेवाले देशों के साथ बातचीत चल रही थी। कोष के लिए सबसे बड़ी समस्या यह थी कि वह प्रत्येक देश के लिए एक जैसी कार्यनीति नहीं अपना रहा था।

अफ्रीका के देशों को स्वतंत्रता मिलने के बाद आई.एम.एफ. की सदस्यता पर्याप्त रूप से बढ़ गई थी। आई.एम.एफ. के 40 मूल सदस्यों में से तीसरा सदस्य आई.एम.एफ. से संबंध रखता था। इसमें विशेष रूप से मिस्र और दक्षिण अफ्रीका की सदस्यता उल्लेखनीय है। 1990 तक अफ्रीका के 53 देश आई.एम.एफ. की सदस्यता प्राप्त कर चुके थे। 1991 में साम्यवाद के पतन के बाद आई.एम.एफ. की सदस्यता और अधिक बढ़ गई, जिसके फलस्वरूप इसके सदस्यों की संख्या 172 हो गई। 1991 में आई.एम.एफ. के कार्यकारी बोर्ड का विस्तारण हुआ और इसके सदस्यों की संख्या 22 से बढ़कर 24 हो गई, जो अभी तक कायम है।

आई.एम.एफ. आर्थिक विचारों की एक विशेष बुनियाद पर कार्य करता है, जिसमें से आधारभूत बुनियाद कैनेशियन वृहद् आर्थिक बुनियाद है, जिसके तहत सहचक्रीय मौद्रिक और राजकोषीय नीतियों के उपयोग पर जोर दिया जाता है। दूसरी बुनियाद भुगतान को संतुलित करने के मामले में मौद्रिक व्यवस्था से संबंधित जैक्स पोलक का मॉडल है। यह व्यवस्था 1950 में स्थापित की गई थी, जिसके अनुसार यदि किसी देश के पास शेष घाटा भुगतान है तो वह देश राजकोषीय और मौद्रिक संसाधनों के द्वारा बैंकिंग प्रणाली से संबंधित घरेलू ऋण कम करके उसका समाधान कर सकता है। दूसरा महत्त्वपूर्ण मंतव्य, जो कोष की नीतियों पर वर्चस्व कायम किए हुए है, वह नम्य विनिमय दर, आपूर्ति साइट, वृहद् आर्थिक व्यवस्था और मुद्रास्फीति है।

आई.एम.एफ. के प्रयोजन और उससे संबंधित प्रचालात्मक कार्यकलाप वित्त और व्यापार क्षेत्र से जुड़े स्वस्थ राष्ट्रीय अर्थव्यवस्था के महत्त्वपूर्ण प्रयोजन से जुड़े हुए हैं ताकि एक मजबूत वैश्विक अर्थव्यवस्था कायम की जा सके। 1944 से लेकर अब तक विश्व में प्रति व्यक्ति आय बढ़कर 3 गुना से भी अधिक हो गई है। इनमें विकासशील देश, जो पर्याप्त रूप से लाभान्वित हुए हैं, वे ब्राजील, चिली, चीन, भारत, कोरिया और मैक्सिको हैं। ये देश वैश्विक व्यापार को दुगना करने, प्रति व्यक्ति आय में वृद्धि करने और करोड़ों लोगों को निर्धनता के दायरे से बाहर निकालने में सफल रहे हैं।

आई.एम.एफ. एक मुक्त और पारदर्शी संस्थान है। कोष के शासी घटकों में कार्यकारी बोर्ड, अंतरराष्ट्रीय मौद्रिक और वित्तीय समिति (आई.एम.एफ.सी) शामिल हैं, जो आई.एम.एफ. की सुधार प्रक्रियाओं को आगे बढ़ाने में उसकी प्रबंधन व्यवस्था को सहायता देते हैं।

वैश्विक वित्तीय स्थिरता के बारे में कोष का दृष्टिकोण त्रिआयामी अर्थात् (क) निगरानी (ख) वित्तीय क्षेत्र व पूँजीगत मंडियों का अनुवीक्षण और (ग) वित्त पोषण करना एवं ऋण देना है।

निगरानी व्यवस्था के तहत वैश्विक और वैयक्तिक स्तर पर आर्थिक और वित्तीय परिस्थितियों का अनुवीक्षण किया जाता है। आई.एम.एफ. मौद्रिक एवं वित्तीय स्थिरता अनुरक्षित रखने के लिए निगरानी को एक केंद्रीय संस्थान के रूप में मानता है। आई.एम.एफ. ने अपने सभी सदस्य देशों से आह्वान किया है कि वे अपनी आर्थिक नीतियों के बारे में परस्पर परामर्श करते रहें। उन्होंने यह भी कहा कि निगरानी प्रक्रिया के तहत सभी देशों की उस भूमिका के बारे में पता चलता है, जो वे वैश्विक स्थिरता कायम करने के लिए अपनाते हैं।

आई.एम.एफ. द्वारा प्रायः यह वक्तव्य जारी किया जाता रहा है कि कोष की निगरानी

का मुख्य कार्य सशक्त और बेहतर तौर पर सकेंद्रित निगरानी प्रक्रिया में निहित है। आई.एम.एफ. की निगरानी वैश्विक अर्थव्यवस्था में स्थिरता और प्रगति के संवर्धन के निमित्त सदस्य राष्ट्रों के बीच सहयोग की बुनियादों पर आधारित है। इस अनुक्रम में व्यवस्थित रूप में महत्त्वपूर्ण देशों पर विशेष ध्यान दिया जाता है। इसके अलावा आई.एम.एफ. एक वृहद् वित्तीय क्षेत्र निगरानी तंत्र भी चला आ रहा है, जिसमें वित्तीय क्षेत्र और पूँजीगत मंडियाँ शामिल हैं। आई.एम.एफ. व्यवस्थित महत्त्व के सभी देशों की प्रतिभागिता के लिए वित्तीय क्षेत्र मूल्यांकन कार्यक्रम (एफ.एस.ए.पी.) भी चलाता है।

आई.एम.एफ. अपनी ऋणदात्री योजना के तहत भुगतान समायोजन शेष राशि के साथ सदस्य देशों को सहायता देने पर अपना ध्यान केंद्रित करता है। निधियों की अस्थायी व्यवस्था के जरिए आई.एम.एफ. अपने सदस्य देशों को इतनी राहत दे देता है कि वे अपनी आर्थिक समस्याओं पर काबू पाने के लिए संबंधित नीतियों को कार्यान्वित कर सकें। निर्धनतम देशों के लिए वित्तपोषण व्यवस्था रियायती शर्तों पर उपलब्ध कराई जा सकती है, जिसमें दीर्घकालिक परिपक्वताएँ भी शामिल होती हैं। आई.एम.एफ. कोष की उपलब्धता के जरिए सदस्य देशों और अंतरराष्ट्रीय व्यवस्था में विश्वास जगाने के प्रयोजनार्थ आर्थिक समायोजन में सहायता दी जाती है।

कोष ने पूँजीगत खाता संकटों को रोकने और उनके प्रभाव को कम करने में सहायता देने के प्रयोजनार्थ वित्तपोषण और ऋण के क्षेत्र में एक पारंपरिक भूमिका निभाई है। इस भूमिका में सफलता प्राप्त करने के लिए आई.एम.एफ. केवल उन समायोजन कार्यक्रमों को सहायता देने में भूमिका निभाता है, जो संबंधित सदस्य देशों को बाह्य वरीयता के मार्ग पर ले जाने में सहायता देते हैं। मजबूत घरेलू संस्थागत व्यवस्था और कार्यक्रमों का सशक्त राष्ट्रीय स्वामित्व इस क्षेत्र में महत्त्वपूर्ण कारक हैं। इन सिद्धांतों को दृष्टिगत रखते हुए आई.एम.एफ. ने उचित परिस्थितियों और मापदंडों को दृष्टिगत रखते हुए सदस्य देशों और ऋणदाताओं के बीच सर्वसम्मति स्थापित करने के लिए भरसक प्रयास किए हैं। आई.एम.एफ. ने गंभीर ऋण समस्याओं का समाधान करने के लिए अतिरिक्त वित्तीय संसाधनों की संभाव्य आवश्यकता और मौजूदा कार्य व्यवस्था में सुधार लाने पर भी जोर दिया है।

कोष तकनीकी सहायता भी प्रदान करता है। तकनीकी सलाह और सहायता सदस्य देशों को आई.एम.एफ. की विशेषज्ञता मूल रूप से वृहद् आर्थिक और वित्तीय नीति-निर्माण के क्षेत्र में उपलब्ध कराई जाती है। मजबूत आर्थिक नीतियाँ बनाने के लिए संस्थागत और मानव क्षमता निर्माण के जरिए आई.एम.एफ. मजबूत अर्थव्यवस्था और स्थिर प्रगति के निर्माण में तकनीकी सहायता प्रदान करता है।

## आई.एम.एफ. की स्थापना—भारत, एक मूल सदस्य

जुलाई 1944 में ब्रेटन वुड्स में संयुक्त राष्ट्र संघ मौद्रिक और वित्तीय सम्मेलन में अंतरराष्ट्रीय मुद्रा कोष और विश्व बैंक के स्थापनार्थ 44 देशों के बीच सर्वसम्मति से निर्णय लिया गया था। ब्रेटन वुड्स सम्मेलन में भारत का प्रतिनिधित्व वित्तमंत्री सर्व जर्मी राईमैन, भारतीय रिजर्व बैंक के गवर्नर सर सी.डी. देशमुख और श्री ए.डी. श्रॉफ सहित एक छह सदस्यीय शिष्टमंडल ने किया था। भारतीय शिष्टमंडल ने अनुरोध किया था कि कोष की प्रबंधन व्यवस्था में भारत को पर्याप्त प्रतिनिधित्व दिया जाए। उन्होंने यह भी अनुरोध किया था कि यूनाइटेड किंगडम की सरकार के साथ एक ऐसा व्यवहार्य करार किया जाए, जिससे स्टर्लिंग पोंड की स्थिति मजबूत हो सके।

श्री ए.डी. श्रॉफ ने ब्रेटन वुड्स सम्मेलन में वक्तव्य देते हुए कहा था कि—

> "यहाँ मैं जो कुछ कहना चाह रहा हूँ, वह यह है कि हमारी शेष राशि के भुगतान में बहुपक्षीय कदम उठाया जाए। हमारे साथ हुए करार के दो उद्देश्य हैं—पहला यह है कि हमारी शेष राशि के एक उचित भाग के लिए बहुपक्षीय परिवर्तनीयता स्थापित की जाए और दूसरे एक ऐसी युक्ति इस्तेमाल की जाए, जिससे कोष के संसाधनों पर अनावश्यक प्रभाव न पड़े। हम इस सम्मेलन में बिना किसी लाग-लपेट के साथ अपना स्पष्ट मंतव्य प्रस्तुत कर रहे हैं। संभवतः ऐसा इसलिए भी है कि हम राजनीतिक आधार पर इस सम्मेलन में एक बड़ी ताकत का प्रतिनिधित्व कर रहे हैं और आप यह सोच रहे होंगे कि हम भारत जैसे देश को इतना अधिक महत्त्व नहीं दे सकते। तथापि मैं यह कहे बिना नहीं रहूँगा कि यदि आप भारत जैसे विशाल आकार के देश को उपेक्षित करेंगे, जिसकी संख्या 40 करोड़ है, जिसके पास प्रचुर प्राकृतिक संसाधन हैं और जो पूरी तरह से तो विकसित नहीं है, तथापि विश्व की बड़ी ताकतों के बीच प्राकृतिक संसाधनों के मामले में भी पीछे नहीं है। हम यह तो नहीं कह सकते कि कोष के संसाधनों को सुदृढ़ करने के लिए हम पूर्ण सहयोग देंगे, तथापि यदि आप हमारी स्थिति को स्वीकार नहीं करेंगे तो आप हमें एक ऐसी स्थिति में छोड़ जाएँगे, जिसकी तुलना में मैं एक ऐसा उदाहरण प्रस्तुत करूँगा, जैसे किसी व्यक्ति के पास बैंक में करोड़ों डॉलर हों तथापि उस समय उसकी जेब में इतने नकद पैसे न हों कि वह अपना टैक्सी का किराया अदा कर सके। यही मैं कहना चाहता हूँ कि आप हमें ऐसी स्थिति में न छोड़ें।"

संयुक्त राज्य के शिष्टमंडल ने भारत की समस्या के प्रति अपनी सहानुभूति जताई तथापि यह भी कहा कि युद्धकालिक ऋणग्रस्तता से संबंधित समस्या का समाधान संबंधित देशों द्वारा परस्पर समझ-बूझ के साथ किया जाएगा। यूनाइटेड किंगडम के शिष्टमंडल

ने कहा कि वे उन मित्र राष्ट्रों के, विशेष रूप से अपने भारतीय मित्रों के, प्रति आभारी हैं जिन्होंने बिना किसी दुविधा के अपने संसाधनों को हमारी सेवा में प्रस्तुत कर दिया। लॉर्ड जॉन मेनार्ड किनैस ने कहा कि "हम इस समस्या के प्रति सारगर्भित मैत्रीपूर्ण एवं यथार्थ वक्तव्य दिए जाने की सराहना करते हैं, जो आज श्री श्रॉफ ने आपके सामने प्रस्तुत किया है, तथापि इन ऋणों का निपटान निश्चित रूप से संबंधित राष्ट्रों का मामला है।"

स्टर्लिंग बैलेंस का समाधान न होने के बावजूद भारत कोष और विश्व बैंक के सदस्यों में शामिल हो गया। अंततः अंतरराष्ट्रीय मुद्रा कोष की सदस्यता भारत के लिए लाभकारी सिद्ध हुई। भारत ने अनुच्छेद-IV परामर्श के तहत परिचर्चा से कोष की तकनीकी सलाह से लाभ उठाया। वह अंतरराष्ट्रीय मौद्रिक परिचर्चाओं में शामिल हुआ। उसे मूल्यवान् जानकारी प्राप्त हुई तथा उसने भारतीय रिजर्व बैंक और अंतरराष्ट्रीय मुद्रा कोष की सहायता से भारत में प्रशिक्षण संस्थान स्थापित किए। दूसरे कोष की सदस्यता प्राप्त करने से भारत को यह लाभ हुआ कि वह विश्व बैंक का भी सदस्य बन गया। विश्व का कोई भी देश कोष का सदस्य बने बिना विश्व बैंक का सदस्य नहीं बन सकता। भारत ने विश्व बैंक से कई विकासगत परियोजनाओं के वित्तपोषण के लिए पर्याप्त ऋण प्राप्त किए।

ब्रेटन वुड्स में ब्रिटिश शिष्टमंडल के प्रमुख जॉन मेनार्ड कीनैस और अमरीकी शिष्टमंडल के प्रमुख सदस्य फैरी डैक्सटर वाईट द्वारा अंतरराष्ट्रीय मुद्रा कोष (आई. एम.एफ.) का अधिकार पत्र बनाया गया। अगले छह दशकों में आई.एम.एफ. विश्व का अग्रणी अंतरराष्ट्रीय वित्तीय संस्थान बन गया, जो सभी प्रमुख आर्थिक संकटों के अंतिम समाधान के रूप में विश्व के देशों को ऋण देता है।

## आई.एम.एफ. के करार से संबंधित अनुच्छेद—

अंतरराष्ट्रीय मुद्रा कोष के उद्देश्य करार अनुच्छेद में निर्धारित किए गए हैं। कोष के कार्यकारी बोर्ड में प्रायः उस समय इस बातचीत का हवाला दिया जाता है, जिसे आई.एम. एफ. के प्रबंध निदेशक सुलभ संदर्भ के लिए तत्काल उपलब्ध रखते हैं।

कोष स्थायी संस्थान के जरिए अंतरराष्ट्रीय मौद्रिक सहयोग को बढ़ावा देने के लिए अधिदेशित है, जो अंतरराष्ट्रीय मौद्रिक समस्याओं की बाबत परामर्श और सहयोग के लिए आदान उपलब्ध कराता है; अंतरराष्ट्रीय व्यापार का विस्तारण और संतुलित व्यापार का निर्धारण करता है; उच्चस्तरीय रोजगार और वास्तविक आमदनी का संवर्धन और अनुरक्षण करके उसमें उल्लेखनीय योगदान देता है; सभी सदस्य देशों के उत्पादनों के विकास का मार्ग प्रशस्त करता है; सदस्य देशों के बीच व्यवस्थित विनिमय व्यवस्था कायम रखने के लिए विनिमय स्थिरता को बढ़ावा देता है, प्रतिस्पर्धात्मक विनिमय विमूल्यन से बचाता है और

विदेशी विनिमय प्रतिबंधों को समाप्त करने में सहायता प्रदान करता है जिनसे वैश्विक व्यापार की प्रगति रुकती है। कोष पर्याप्त सावधानियों के साथ सदस्य देशों को अस्थायी रूप से कोष के संसाधन उपलब्ध कराकर उनके बीच विश्वास उत्पन्न करता है, जिसके फलस्वरूप इन देशों को अपने भुगतान संतुलन में मौजूद गलत समायोजनों को सही करने का अवसर प्राप्त होता है। उपर्युक्त के अनुसार कोष सदस्य देशों के अंतरराष्ट्रीय भुगतान शेष में असंतुलन की स्थिति को कम करने के साथ-साथ संबंधित अवधि को भी कम करता है।

कोष अपने प्रभावी प्रचालन को सुनिश्चित करने के प्रयोजनार्थ अंतरराष्ट्रीय मुद्रा प्रणाली का पर्यवेक्षण करने के लिए भी अधिदेशित है। वह प्रत्येक सदस्य देश की अनुपालना पर भी नजर रखता है। अपने कार्यों को सुचारु रूप से प्रतिपादित करने के लिए कोष विनिमय दरों पर भी वित्तीयों की भी कड़ी निगरानी रखता है तथा संबंधित देशों की नीतियों के संबंध में उन्हें मार्गदर्शन देने के लिए विशेष सिद्धांतों को अंगीकार करने के लिए भी सुझाव देता है। प्रत्येक सदस्य देश आवश्यक सूचना कोष को उपलब्ध कराता है। जब कभी कोष ऐसा अनुरोध करता है तब वे सदस्य देश की विनिमय दर पर परिचर्चा करते हैं। कोष द्वारा अंगीकृत सिद्धांत सहयोगी व्यवस्था के अनुरूप होते हैं, जिनका अनुरक्षण सदस्य देशों की मुद्रा अथवा मुद्राओं के मूल्य के परिप्रेक्ष्य में किया जाता है। इन सिद्धांतों के तहत सदस्यों की घरेलू, सामाजिक और राजनीतिक परिस्थितियों का सम्मान किया जाता है। इन सिद्धांतों पर अमल करनेवाले देशों को कोष पर्याप्त सम्मान देता है।

## कोटा सुधार

दिसंबर 2015 में यू.एस. कांग्रेस ने आई.एम.एफ. 2010 कोटे और सुशासन सुधारों को प्राधिकृत करनेवाले कानून को अंगीकार किया और उनके कार्यान्वयन की सभी शर्तों को जनवरी 2016 में पूरा किया गया। ये बहुआयामी ऐतिहासिक सुधार वैश्विक वित्तीय स्थिरता कोष सहायता देने में कोष की भूमिका के लिए निर्णायक स्थान रखते थे। कोटा सुधार कार्यान्वयन से एक और अधिक सक्रिय और आधुनिक आई.एम.एफ. का आविर्भाव हुआ जो 21वीं शताब्दी में अपने सदस्य देशों की आवश्यकताओं को पूरा करने में भली-भाँति सक्षम था। कोटा सुधारों के तहत आई.एम.एफ. कोटे के 6 प्रतिशत से भी अधिक शेयर उभरती हुई मंडी अर्थव्यवस्थाओं और विकासशील देशों को अंतरित कर दिए गए। इसके साथ-साथ इन्हें अधिक प्रतिनिधित्व करनेवाले देशों की अपेक्षा कम प्रतिनिधित्व करनेवाले देशों को दे दिया गया। चार उभरती हुई मंडी अर्थव्यवस्थाओं में ब्राजील, भारत, चीन और रूस शामिल हैं। आई.एम.एफ. के 10 सबसे बड़े सदस्य देशों में संयुक्त राज्य अमेरिका और जापान शामिल हैं। इस अनुक्रम में चार सबसे बड़े यूरोपीय देश फ्रांस, जर्मनी, इटली

और यूनाइटेड किंगडम भी हैं। आधुनिक यूरोपीय अर्थव्यवस्थाएँ संयुक्त कार्यकारी बोर्ड में अपने प्रतिनिधित्व को कम करने के लिए तैयार हैं। तदनुसार, बेल्जियम-नीदरलैंड को इसकी अध्यक्षता प्रदान की गई। इसके अलावा नार्डिक देशों की अध्यक्षता को भी कम करके उन्हें शामिल कर लिया गया। ऐसा पहली बार हुआ जब आई.एम.एफ. के कार्यकारी बोर्ड की सभी सीटों पर आई.एम.एफ. के सदस्य देशों द्वारा कार्यकारी निदेशकों का चुनाव किया गया। इससे पहले कार्यकारी बोर्ड की पाँच सीटें पाँच बड़े कोटोंवाले सदस्यों द्वारा नियुक्त निदेशकों के लिए आरक्षित होते थे। इसके अतिरिक्त 7 अथवा 7 से अधिक सदस्योंवाले बहु देशीय कार्यक्षेत्रों को भी यह अनुमति प्रदान कर दी गई कि वे एक द्वितीय वैकल्पिक कार्यकारी निदेशक की नियुक्ति करें ताकि कार्यकारी बोर्ड में उनके कार्यक्षेत्रों का बेहतर प्रतिनिधित्व हो सके।

2016 की स्थिति के अनुसार 10 सबसे बड़े सदस्यों के कोटा शेयरों का विवरण निम्मनानुसार है—

| क्र. सं. | देश का नाम | कोटा |
|---|---|---|
| 1 | अमरीका | 16.66% |
| 2 | जापान | 6.21% |
| 3 | चीन | 6.14% |
| 4 | जर्मनी | 5.37% |
| 5 | फ्रांस | 4.07% |
| 6 | यूनाइटेड किंगडम | 4.07% |
| 7 | इटली | 3.05% |
| 8 | भारत | 2.66% |
| 9 | रूस | 2.61% |
| 10 | ब्राजील | 2.24% |

## विनिमय व्यवस्था और निगरानी

आई.एम.एफ. द्वारा अंतरराष्ट्रीय मौद्रिक प्रणाली और आर्थिक एवं वित्तीय नीतियों पर नजर रखने के कार्यों को 'निगरानी' कहते हैं। कोष का निगरानी तंत्र अपने 184 सदस्यों देशों पर नजर रखता है। कोष के अनुच्छेद-IV परामर्श के अनुसार उसे द्विपक्षीय और बहुपक्षीय सभी प्रकार के निगरानी कार्य करने पड़ते हैं। बहुपक्षीय और द्विपक्षीय निगरानी परस्पर रूप

में सहायक होने के साथ-साथ एक-दूसरे को मजबूत करती हैं। इसलिए तदनुसार कानूनी तौर पर अलग-अलग होने के बावजूद इसे प्रचालनात्मक आधार पर समय के अनुरूप निष्पादित किया जाता है।

करार अनुच्छेद के तहत आई.एम.एफ. के सदस्य देश अपनी विनिमय दर व्यवस्था में किसी भी प्रकार के परिवर्तन की बाबत कोष को सूचित करेंगे। जहाँ कहीं सदस्य देश किसी विशेष मुद्रा का इस्तेमाल करना चाहता है, वहाँ उसे इस परिवर्तन के बारे में कोष को सूचित करना होगा। नम्य विनिमय व्यवस्था के मामले में सदस्य देश किसी भी विनिमय दर परिवर्तन के बारे में कोष को यह सूचित करेंगे कि वे यदि अभीष्ट संकेतकों के अनुरूप हैं या नहीं, नम्य में विनिमय व्यवस्था अनुरक्षित करनेवाले सभी सदस्यों को उस समय यह सूचित करना होगा जब कभी उसके प्राधिकारी ऐसी व्यवस्था को प्रभावित करने का कोई महत्त्वपूर्ण निर्णय लें तब उसे कोष को इसके बारे में सूचित करना होगा। पुनः उन निर्णयों के बारे में भी कोष को बताना होगा जहाँ सार्वजनिक नीतिगत वक्तव्य जारी किए गए हों। कोष के प्रबंध निदेशकों को यह अधिकार दिया गया है कि यदि सदस्य देश ऐसी सूचना न दें तो वह उस सदस्य देश से इस बारे में परिचर्चा करें और यदि बेहतर समझें तो सदस्य देश से ऐसी सूचना देने के लिए कह सकते हैं।

2008 की महान् मंदी और वैश्विक वित्तीय संकट से यह पता चल गया था कि कोष की निगरानी में बहुत कमियाँ मौजूद हैं, जिनमें तत्काल परिवर्तन किए जाने चाहिए। जुलाई 2012 में आई.एम.एफ. ने निगरानी के विधिक कार्यक्षेत्र को आधुनिक बनाने के प्रयोजनार्थ समेकित निगरानी निर्णय लिया था। इस फैसले में कहा गया था कि वैश्विक अर्थव्यवस्था में पर्याप्त परिवर्तन हुए हैं। इसलिए जरूरी है कि व्यापार, वित्तीय अंतरसंयोजन, समेकन, संभाव्य लाभों और जोखिमों के बारे में वैश्विक आधार पर प्रकाश डाला जाए। कोष ने समेकित निगरानी निर्णय अंगीकरण के जरिए द्विपक्षीय और बहुपक्षीय निगरानी का निर्णय लिया था।

कोष ने स्पष्ट किया था कि मौजूदा दायित्वों के अलावा सदस्य देशों के लिए कोई अन्य देयताएँ नहीं हैं। अनुच्छेद-IV परामर्श को द्विपक्षीय और बहुपक्षीय निगरानी के लिए उपयोग में लाया जाएगा ताकि कवरेज के कार्यक्षेत्र को बढ़ाने के साथ-साथ संबंधित विषयों की वरीयताओं को सावधानीपूर्वक शामिल किया जा सके। यह समेकन कार्य इसलिए किया गया था ताकि निगरानी कार्य में मौजूद महत्त्वपूर्ण अंतरालों को भरा जा सके। कोष ने अनुच्छेद-IV परामर्श के एक भाग के रूप में सदस्य देशों की वैयक्तिक परिस्थितियों को दृष्टिगत रखते हुए परस्पर संवाद, विचार-विमर्श, सुस्पष्टता, पारदर्शिता और ईमानदारी के प्रति अपनी प्रतिबद्धता जताई थी। आई.एम.एफ. ने निगरानी कार्य को और अधिक स्पष्ट रूप देने के प्रयोजनार्थ भुगतान शेष स्थिरता के साथ बाह्य स्थिरता को लाने का आह्वान किया

था। कोष ने कहा था कि वे सदस्य देशों की उन नीतियों पर ध्यान करेगा, जो मौजूदा अथवा भावी भुगतान शेष और घरेलू स्थिरता को पर्याप्त रूप से प्रभावित करती हों। कोष यह भी देखेगा कि क्या विनिमय दर से संबंधित नीतियों के द्वारा भुगतान शेष स्थिरता का संवर्धन हो रहा है अथवा नहीं। वह यह भी देखेगा कि क्या घरेलू नीतियों के तहत घरेलू स्थिरता का संवर्धन हो रहा है या नहीं तथा कोष इन उद्देश्यों के लिए नीतिगत आवश्यकताओं की बाबत सदस्य देशों को सलाह भी देगा ।

सितंबर 2014 में कार्यकारी बोर्ड द्वारा 2014 की त्रिवार्षिक निगरानी की समीक्षा की गई थी। कोष ने 2014-2019 की निगरानी के लिए पाँच प्रचालनात्मक वरीयताओं को चिह्नित किया था। वरीयता क्षेत्रों में जोखिम, स्पिलओवर, वृहद् वित्तीय निगरानी, वृहद् महत्त्वपूर्ण अवसंरचनात्मक नीतिगत सलाह, विशेषज्ञों की नीतिगत सलाह तथा निगरानी से संबंधित क्लाइंट सकेंद्रित प्रयास शामिल थे।

वैश्विक वित्तीय संकट कम होने के बाद भी जोखिम और स्पिलओवर कोष के लिए प्रमुख समस्या रही कि कोष ने व्यवस्थित देशों में बाह्य स्पिलओवर और स्पिलबैक का व्यवस्थित विश्लेषण किया था। कोष ने व्यवस्थित देशों में जोखिमों, स्पिलओवरों, स्पिलबैकों के प्रभाव की भी वृहद् समीक्षा की थी। उसने अनुच्छेद-IV परामर्श में वैकल्पिक जोखिम की प्रस्तुति के जरिए जानकारी प्राप्त करनेवाले देशों में जोखिमों और स्पिलओवरों पर भी गहरी नजर रखी थी। कोष ने जोखिमों के संसाधनों और अंतरण के लिए संबंधित परिस्थितियों का गहरा विश्लेषण किया था ।

कोष की वित्तीय निगरानी अवसंरचनात्मक नीतियों के साथ उसकी निगरानी के एक अभिन्न भाग के रूप में शामिल थी। कोष ने वृहद् दूरदर्शी नीतियों का विश्लेषण करने के साथ-साथ वित्तीय क्षेत्र और वास्तविक अर्थव्यवस्था के बीच तथा सूक्ष्म अर्थव्यवस्था के बीच संबंधों को वित्तीय नीतियों के अनुरूप स्थान देने का प्रयास किया था। कोष की निगरानी के तहत वृहद् महत्त्वपूर्ण अवसंरचनात्मक मामलों और उनसे संबंधित वृहद् आर्थिक महत्त्व को भी शामिल करने का आह्वान किया गया था।

नीतिगत सलाह के विशेषज्ञ के रूप में कोष ने राजकोषीय नीति, प्रगति और संधारणीय विवक्षाओं पर ध्यान देते हुए अंतरक्षेत्री संबंधों और नीतिगत आदान-प्रदानों की समझ-बूझ में सुधार लाने पर भी ध्यान केंद्रित किया था। निगरानी क्षेत्र में क्लाइंट संकेंद्रित प्रयास, प्रभावी संचार, ईमानदारी दीर्घकालिक प्रभाव रखते हैं। कोष ने संबंधित संस्थानों के साथ मौद्रिक व्यवस्था, विनिमय दर नीतियों, क्षेत्रीय अपेक्षाओं और परिचर्चाओं को शामिल करने के लिए अनुच्छेद-IV परामर्श के संदर्भ में यूरो क्षेत्र नीतियों के सापेक्ष निगरानी हेतु संबंधित सिद्धांतों को अंगीकार किया है। इसी प्रकार कोष ने मध्य अफ्रीकी आर्थिक और मौद्रिक संघीय

नीतियों, पूर्वी कैरेबियन मुद्रा संघ नीतियों, पश्चिमी अफ्रीकी आर्थिक और मौद्रिक संघीय नीतियों के मामले में भी युक्तियुक्त सिद्धांतों को अंगीकार किया है।

कोष के निगरानी तंत्र ने पूँजीगत प्रवाह और उससे संबंधित नीतियों के महत्त्व को बहुत पहले समझ लिया था। वर्ष 2008 के बाद वैश्विक अर्थव्यवस्था के प्रति जबरदस्त मंदी और अवरोधात्मक पूँजीगत बाह्य प्रवाह से वैश्विक अर्थव्यवस्था को गंभीर नीतिगत समस्याएँ पैदा हो गई थीं। कोष कई दशकों से पूँजीगत प्रवाह उदारीकरण को बढ़ावा देने संबंधी संस्थागत युक्तियों पर चल रहा था। हाल ही के वर्षों में आई.एम.एफ. की स्थिति में प्रमुख परिवर्तन 2012 में हुए थे। इस संबंध में पूँजीगत प्रवाह से संबंधित व्यापारिक उदारीकरण और प्रबंधन का संस्थागत दृष्टिकोण अपनाया गया था।

कोष ने संस्थागत दृष्टिकोण को देखते हुए यह आवश्यकता महसूस की कि उसे संबंधित देश की परिस्थितियों को दृष्टिगत रखते हुए उदारीकरण और पूँजीगत प्रवाह के प्रबंधन को मद्देनजर रखते हुए आवधिक रूप में उसकी समीक्षा करनी चाहिए। पूँजीगत प्रवाह का वित्तीय क्षेत्र में प्रतिस्पर्धा बढ़ाने, उत्पादक निवेश को सुग्राही करने और असंतुलन समायोजन को सहज करने से पर्याप्त लाभ प्राप्त होता है। पूँजीगत प्रवाह के आकार और उतार-चढ़ाव के साथ पर्याप्त जोखिम जुड़े होते हैं तथा अपरिपक्व उदारीकरण का बहुत से देशों पर विपरीत प्रभाव पड़ता है। कोष का दृष्टिकोण यह था कि पूँजीगत प्रवाह उदारीकरण पर्याप्त रूप से सुनियोजित, समयबद्ध और क्रमबद्ध होना चाहिए ताकि संभाव्य रूप में प्रतिकूल घरेलू और बहुपक्षीय नतीजों को कम किया जा सके। इसके अलावा कोष ने यह दृष्टिकोण भी अपनाया था कि कतिपय परिस्थितियों में पूँजीगत प्रवाह प्रबंधन उपाय उपयोगी और उचित हो सकते हैं। इन परिस्थितियों में वे बातें भी शामिल हैं जिसके तहत वृहद् आर्थिक नीतिगत समायोजन के लिए स्थान बहुत कम होता है अथवा उचित नीतियाँ कार्यान्वित होने में अधिक समय लगता है।

## तकनीकी और वित्तीय सेवाएँ

कोष ने उन स्थानों पर वित्तीय स्थिरता मूल्यांकन कार्य (एस.एस.ए.पी.) किए हैं, जहाँ अनुच्छेद-IV के तहत किसी सदस्य देश का वित्तीय क्षेत्र व्यवस्थित रूप से महत्त्वपूर्ण होता है। वित्तीय स्थिरता मूल्यांकन कार्यक्षेत्र स्रोतों का मूल्यांकन और संबंधित वित्तीय क्षेत्र के लिए निकट भविष्य में वृहद् वित्तीय स्थिरता पर पड़नेवाले मुख्य जोखिमों के प्रभाव की संभावना बनी रहती है। ऐसे मूल्यांकन में वित्तीय प्रणाली की अवसंरचनात्मक समीक्षा भी शामिल होती है। इस अनुक्रम में वित्तीय, गैर-वित्तीय क्षेत्रों की आवृत्ति, जोखिम अंतरण और वे समग्र नीतिगत व्यवस्थाएँ शामिल होती हैं, जिनसे वित्तीय स्थिरता जोखिमों पर प्रभाव

पड़ सकता है। इसके तहत संबंधित प्राधिकारियों द्वारा वित्तीय क्षेत्र के पर्यवेक्षण से संबंधित प्रभावकारिता का मूल्यांकन, वित्तीय स्थिरता विश्लेषण और संबंधित वित्तीय रिपोर्टों की गुणवत्ता, वित्तीय स्थिरता नीति में शामिल विभिन्न संस्थानों के बीच भूमिका तथा समन्वयन और मौद्रिक नीति की प्रभावकारिता की भी समीक्षा की जाती है।

2016 में भारत का वित्तीय क्षेत्र विश्व में नवें नंबर पर और आकार के हिसाब से 29वें नंबर पर था। अंतर संबद्धता के हिसाब से उसकी रैंक 14 नंबर पर थी। आकार के हिसाब से अमेरिका की रैंक 1 नंबर पर थी, जबकि अंतर संबद्धता के हिसाब से वह तीसरे नंबर पर था। यूनाइटेड किंगडम आकार के हिसाब से तीन नंबर पर और अंतर संबद्धता की दृष्टि से एक नंबर पर था।

आई.एम.एफ. स्थिरता जोखिमों और व्यवस्थित अनुकूल वातावरण का मूल्यांकन भी करता है। 2010 के बाद एफ.एस.ए.पी. को वैश्विक वित्तीय संकट की प्रतिक्रिया के रूप में व्यवस्थित रूप से वित्तीय क्षेत्रों के साथ संबंधित देशों के लिए अनिवार्य कर दिया गया है।

## संबंधित देशों द्वारा कोष के कार्यक्रमों का संचालन

आई.एम.एफ. उन देशों को ऋण देता है, जिन्हें बाह्य असंतुलन का सामना करना पड़ रहा है, तथापि इन देशों को उन आर्थिक नीतियों के कार्यान्वयन के प्रति अपनी प्रतिबद्धता जतानी पड़ती है, जिससे उनके यहाँ संतुलन बहाल हो। इस संबंध में कोष के दो उद्‌देश्य होते हैं—पहला उद्‌देश्य यह है कि कोष के वित्तीय संसाधन संबंधित देश के लाभार्थ निर्धारित प्रयोजनों के लिए उपयोग में लाए जाएँ, दूसरे इसके द्वारा यह भी सुनिश्चित हो कि आई.एम.एफ. सभी सदस्य देशों के लाभार्थ चक्रीय कोष के रूप में कार्य करेगा। संबंधित देश के प्राधिकारी सामान्यत: सशर्त सहायता को पसंद करते हैं, क्योंकि ये अपेक्षाकृत उन अल्पकालिक राजनीतिक अवरोधों से मुक्त होते हैं जिनसे युक्तियुक्त नीति निर्माण पर रोक लगती है। कार्यक्रम को प्रभावित करने के लिए ऋणदाता देशों की इच्छा मीमांसाकृत मंतव्य के द्वारा बढ़ सकती है, जिसमें नीतिगत वरीयता भी शामिल होती है।

कोष द्वारा राष्ट्रीय स्वामित्व की परिभाषा निम्नानुसार दी गई है।

> "ऋण लेनेवाले उस देश के प्राधिकारियों द्वारा नीतियों से संबंधित सुसहमत कार्यक्रम के लिए संबंधित दायित्वों का इच्छापूर्वक निर्वहन 'स्वामित्व' कहलाता है। जिनके पास इस समझ-बूझ पर आधारित नीतियों को बनाने और निष्पादित करने का दायित्व होता है कि वे सुनिश्चित किए संबंधित कार्यक्रम प्रापणीय होने के साथ-साथ उनके देश के हित में भी हों।

स्पष्ट रूप से स्वामित्व की स्थापना दोतरफा प्रक्रिया है, जिसमें उधारकर्ता देश के अधिकारियों तथा फंड और बाहरी लेनदारों के हिस्से में लचीलापन और जवाबदेही शामिल है। कोष के कई कार्यक्रम बाह्य वित्तपोषण समस्या समाधान और स्वामित्व संबंधी परिधि से बाहर हो गए हैं। जिसके कारण नम्यता संबंधी आवश्यकताएँ बढ़ गई हैं। कोष के पास भागीदारी और नम्यता के आधार पर अंतरराष्ट्रीय अभिकरण और संबंधित देश के बीच आदान-प्रदान संबंधी विशेष प्रक्रिया को अपनाया जाता है तथा संबंधित देश के प्राधिकारियों द्वारा आशय पत्र के साथ प्रारंभिक परिचर्चाओं और वार्ताओं का दौर आई.एम.एफ. के प्रबंध निदेशक के साथ शुरू किया जाता है। इसके बाद कोष के अनुमोदनार्थ संबंधित देश के प्राधिकारियों द्वारा पूर्ववर्ती कार्ययोजनाओं को प्रस्तुत किया जाता है। आशय पत्र के बाद कार्यक्रम बनाने हेतु कोष के साथ संवाद शुरू किया जाता है, जो बाह्य शेष के शीघ्र बहालीकरण के लिए सर्वाधिक उपयुक्त होता है।

## कोष के संसाधनों का उपयोग

आई.एम.एफ. के विभिन्न ऋण संसाधनों को भुगतान शेष की विभिन्न किस्मों में परिणत किया जाता है (वास्तविक, भावी अथवा संभाव्य; अल्पकालिक अथवा मध्यकालिक)। इसे विभिन्न सदस्यों की विशेष परिस्थितियों के अनुसार भी ढाला जाता है। कम आयवाले देश निर्धनता उन्मूलन और प्रगति न्यास के तहत उपलब्ध सुविधाओं के जरिए रियायती दरों पर ऋण ले सकते हैं। रियायती ऋणों में 2018 के अंत तक ब्याज दरें शून्य होती थीं।

रियायती ऋणों के लिए आई.एम.एफ. के संसाधन वैकल्पिक व्यवस्था (एस.बी.ए.) के तहत रखे जाते हैं। इन्हें नम्य ऋण पंक्ति (एफ.सी.एल.); सचेत एवं तरलता पंक्ति (पी. एल.एल.); मध्यावधि आवश्यकताओं, विस्तारित निधियों की सुविधाओं (ई.एफ.एफ.); भुगतान शेष की तत्काल अदायगी करनेवाले सदस्य देशों के निमित्त आपात सहायता, द्रुत वित्तपोषण संसाधन (आर.एफ.आई.) के तहत भी अनुरक्षित रखा जाता है। सभी गैर-रियायती सुविधाएँ आई.एम.एफ. की मंडी संबंधी ब्याज दरों के अध्यधीन होती हैं, जिन्हें 'प्रभार दर' के नाम से जाना जाता है। बड़े ऋणों पर (निर्धारित सीमा से ऊपर) पर अधिभार भी लगाया जाता है। प्रभार दर एस.डी.आर. ब्याज दर पर आधारित होती है, जिसे प्रमुख अंतरराष्ट्रीय निधि मंडियों में अल्पावधि ब्याज दरों पर परिवर्तन के जरिए साप्ताहिक आधार पर संशोधित किया जाता है। आई.एम.एफ. से अधिकाधिक ऋण लेने का इच्छुक देश अतिशेष सीमा से आगे जानेवाला देश कहलाता है। इसका वर्गीकरण ऋण की किस्म पर निर्भर करता है। तथापि आधारभूत रूप में किसी देश का आई.एम.एफ. संबंधी कोटा तदनुरूप समानुपातिक आधार पर बढ़ा दिया जाता है। आपवादिक परिस्थितियों में यह सीमा

आगे बढ़ाई जा सकती है। स्टैंडबाई व्यवस्था, नम्य ऋण पंक्ति और विस्तारित निधि सुविधा अतिशेष पर कोई पूर्व-निर्धारित सीमाबंदी नहीं करते हैं।

## वैकल्पिक व्यवस्था

वैकल्पिक व्यवस्था स्पष्ट रूप से कोष के करार अनुच्छेदों के अंतर्गत उपलब्ध कराई जाती है, जिन्हें अनुच्छेदों के तहत निर्धारित कार्य व्यवस्था और पर्याप्त नम्यता के साथ अनुकूलित वातावरण में विकसित किया गया है ताकि विभिन्न आवश्यकताओं को पूरा किया जा सके। वैकल्पिक व्यवस्था कोष प्रचालनों और वित्तीय सहायता से संबंधित नम्य संसाधनों की प्रमुख भूमिका होती है। वैकल्पिक व्यवस्था का महत्त्वपूर्ण प्रयोजन कोष के सदस्य देश को यह आश्वासन देना है कि वह स्वयं के द्वारा धारित कोटे की सीमा तक वित्तीय संसाधनों का उपयोग कर सकता है। वैकल्पिक व्यवस्था को कोष और सदस्य देश के बीच परामर्श होने के बाद दाखिल कर दिया जाता है। वैकल्पिक व्यवस्था के लिए एकमात्र दस्तावेज सदस्य देश द्वारा प्रस्तुत पत्र अथवा ज्ञापन होता है, जिसमें कोष के संसाधनों के उपयोग से संबंधित नीतियों का उल्लेख होता है। कोष के संसाधनों का उपयोग ऋण के तौर पर वर्गीकृत किया जाता है। इस अनुक्रम में 'ऋण' और 'भुगतान' जैसे शब्दों से सावधानीपूर्वक बचा जाता है और करार अनुच्छेदों में उनका उपयोग नहीं किया जाता। यदि कोई सदस्य देश अपनी विदेश भुगतान संबंधी समस्याओं से निपटने के लिए अपने विदेशी विनिमय संसाधनों को बढ़ाना चाहता है तो वह कोष के अन्य सदस्य देशों की मुद्रा अथवा मुद्राएँ खरीदकर उसके बदले में कोष में अपनी मुद्रा के समकक्ष राशि जमा कराएगा। कोष के संसाधनों को सभी सदस्य देशों के लाभार्थ निर्मुक्त करने के लिए सदस्य देशों को चाहिए कि वे लंबी अवधि के लिए शेष बकाया को अपने पास न रखें।

## सोपाधिकता

आई.एम.एफ. ऋण व्यवस्था से संबंधित सोपाधिकता का लक्ष्य ऋण लेनेवाले देशों में आंतरिक और बाह्य आर्थिक शेष के सम्मिश्रण को बढ़ावा देना है। अपने ऋणदात्री अभ्यासों के परिप्रेक्ष्य में कोष सदस्य देशों की इस आशय के साथ सहायता करना चाहता है ताकि वे तर्कसंगत मूल्य और विनिमय दर स्थिरता, संधारणीय स्तर और आर्थिक कार्यकलाप की प्रगति दर, बहुपक्षीय भुगतानों की उदारवादी व्यवस्था के संदर्भ में मध्यावधि भुगतान करने की स्थिति में हों।

कोष आवधिक आधार पर सोपाधिकता से संबंधित दिशानिर्देशों की समीक्षा करता है। कोष की सोपाधिकता विविध आयामों अथवा युक्तियों के आधार पर की जाती है, जो सदस्य

देशों के प्रत्यक्ष अथवा अप्रत्यक्ष नियंत्रण में होने के साथ-साथ सदस्य देश लक्ष्यों को प्राप्त करने हेतु निर्णायक भूमिका अदा करती हो। सोपाधिकता के तहत केवल उन क्षेत्रों को ही शामिल किया जाता है, जो कोष के दायित्व संबंधी क्षेत्रों का भाग है। इसमें वृहद् आर्थिक स्थिरीकरण, दर संबंधी नीतियों का आदान-प्रदान, इन नीतियों के साथ जुड़े संस्थानों की कार्यशैली से संबंधित राजकोषीय नीतियाँ और युक्तियाँ शामिल होती हैं।

आई.एम.एफ. ने 1980 और 1990 के दशक के दौरान कई प्रमुख आर्थिक संकटों का समाधान किया है। इनमें से सर्वाधिक महत्त्वपूर्ण संकट 1982 में मैक्सिको, ब्राजील और लैटिन अमेरिका के कई देशों के ऋण संबंधी संकट थे। इसके बाद 1992 में मैक्सिको का टेकिला संकट आया। 1998 में पूर्वी एशिया, कोरिया और 2002 में ब्राजील और अर्जेंटीना के संकट आए थे। तुर्की में 2003-06 के दौरान आई.एम.एफ. के बड़े कार्यक्रम चल रहे थे। निम्नलिखित अध्याय में विश्व के प्रमुख वित्तीय संकटों से संबंधित विस्तृत परिचर्चा का विवरण नीचे दिया गया है।

## कम आयवाले देशों के संबंध में कोष की भूमिका

आज का वातावरण कम आयवाले देशों (एल.आई.सी.) को प्रभावित कर रहा है। इन देशों में कोष की भूमिका निर्धनता उन्मूलन और प्रगति सुविधा (पी.आर.जी.एफ.), निर्धनता उन्मूलन कार्यनीति शोध पत्र (आर.एस.पी.) प्रक्रिया और 1990 के दशक के अंत में भारी तौर पर ऋणग्रस्त गरीब देशों (एच.आई.पी.सी.) से संबंधित पहलों के बारे में महत्त्वपूर्ण है। आहार और ईंधन के मूल्यों में वृद्धि, वृहद् आर्थिक नीतियों और विशेष रूप से एल.आई.सी. के कार्य निष्पादन के कारण ये परिस्थितियाँ उत्पन्न हुई हैं। अधिकांश एल.आई.सी. में उच्चतम प्रगति और न्यूनतम मुद्रास्फीति दरों से जो कई दशकों में उत्पन्न हुई थीं, से लाभ उठाया है। कोष ने इन उपलब्धियों के प्रति महत्त्वपूर्ण योगदान दिया था, क्योंकि उसने एल.आई.सी. के साथ सहभागिता, प्रगति और निर्धनता उन्मूलन की वृहद् आर्थिक बुनियादों पर अधिक जोर दिया था। बजट और मुद्रास्फीति लक्ष्य को वृहदतर नम्यता के साथ शुरू किया गया था। सहायता अनुदान के पूर्ण उपयोग को बढ़ावा दिया गया था तथा वृहद् ऋण राहत के परिप्रेक्ष्य में बेहतर वृहद् आर्थिक प्रबंधन को ऋण संधारणीयता का केंद्रबिंदु बनाया गया था। नीति सहायता संसाधन (पी.एस.आई.) और ऋण संधारणीयता कार्यतंत्र (डी.एस.एफ.) सहित एल.आई.सी. के सहायतार्थ संबंधित संसाधनों को भी अशोधित करते हुए नए संसाधनों को उत्पन्न किया गया था।

कोष ने कम आयवाले बहुत से देशों में वृहद् आर्थिक नीतियों और कार्य निष्पादनों में आधारभूत सुधार किए हैं तथा इसके फलस्वरूप सतत प्रगति और निर्धनता उन्मूलन की

दिशा में महत्त्वपूर्ण उपलब्धियाँ दर्ज कराई हैं। कई महत्त्वपूर्ण क्षेत्रों में कोष ने परिष्करण और वृद्धिकृत नम्यता को स्थान दिया है, जिनसे इन उपलब्धियों को सुग्राही बनाने में मदद मिली है। कोष की नीतिगत सलाह और कार्यक्रम संबंधी डिजाइन से मुद्रास्फीति और राजकोषीय लक्ष्यों में बेहतर नम्यता निर्धारित की गई है। वृद्धिकृत सहायता और ऋण राहत के संबंध में कोष ने वृहदतर राजकोषीय और बाह्य घाटों के युक्तियुक्त समायोजन की अनुमति दी है। कोष ने ऋण संधारणीयता पर अधिक जोर देते हुए वरीयता क्षेत्रों में खर्च को बढ़ाने की भी अनुमति प्रदान कर दी है। कोष ने ऋण संधारणीयता को सुनिश्चित करने और नए संधारणीय ऋण क्षेत्र से बचने के लिए भी कम आयवाले देशों की सहायता की है। वृहद् आर्थिक स्थिरता के लिए सोपाधिकता को महत्त्वपूर्ण युक्तियों में परिवर्तित करके कोष ने अपनी क्षमता पर विशेष ध्यान देते हुए संबंधित देश के स्वामित्व आधार में भी सुधार किया है।

कम आयवाले देशों में कोष ने अपने मिशन वक्तव्यों को रेखांकित किया है। इन वक्तव्यों में यह संपुष्टि की गई है कि कोष का उद्देश्य कम आयवाले देशों की इस आशय के साथ सहायता करना है, जिनसे उन्हें संधारणीय प्रगति करने के प्रयोजनार्थ वृहद् आर्थिक और वित्तीय स्थिरता प्राप्त करने में सहायता मिले। इसके अलावा इसका निर्धनता उन्मूलन पर भी कारगर प्रभाव पड़े। कोष का अधिदेश सभी सदस्य देशों के लिए एक समान है। कोष का उद्देश्य यह है कि संधारणीय प्रगति प्राप्त करने के लिए स्थिरता के मार्ग के संबंध में कम आयवाले देशों के सहायतार्थ एक संपुष्ट और संधारणीय प्रगति का मार्ग प्रशस्त किया जाए। कोष के कार्यक्षेत्र के विशेष स्रोत नीति संबंधी सलाह, क्षमता निर्माण सहायता और भुगतान शेष के लिए रियायत देना है। अन्य सदस्य देशों की भाँति कोष विशेषज्ञता के प्रमुख क्षेत्रों, वृहद् आर्थिक स्थिरीकरण, राजकोषीय, मौद्रिक, वित्तीय और विनिमय दर नीतियों, संबंधित संस्थानों और अवसंरचनात्मक नीतियों पर ध्यान केंद्रित करता है। कोष संबंधित देश के स्वामित्वाधीन विकास संबंधी कार्यनीतियों पर भी कार्य करता है। कोष की सलाह और सहायता संबंधित देशों की परिस्थितियों के अनुसार उपलब्ध कराई जाती है।

## आई.एम.एफ. की आलोचना

वर्ष 2002 तक जोजफ स्टिगलिज, एलेन मेलजर, मार्टिन फेडस्टिन, जॉन टेलर, जॉर्ज शुल्ज और सिविल सोसायटी ने आई.एम.एफ. की यह कहते हुए भारी आलोचना की थी कि आई.एम.एफ. अपने उद्देश्य में असफल हो गया है और इसे अपने उद्देश्य का स्मरण करना चाहिए। यह आलोचना आलोचकों द्वारा '50 वर्ष पहले' की गई थी। संबंधित समस्याओं का संबंध आई.एम.एफ. के पास पर्याप्त कोटा न होने और विकासशील देशों के लिए आवाज उठाने से संबंधित था, जिसके फलस्वरूप कोष द्वारा ऋण लेनेवाले देशों पर कड़ी सोपाधिकता

लगा दी गई थी, जिससे उभरती हुई मंडी व्यवस्थाओं को गंभीर समस्याओं का सामना करना पड़ रहा था।

आलोचकों ने महसूस किया कि कोष द्वारा प्रमुख समस्याओं और नीतियों पर विचार नहीं किया जा रहा है। इस अनुक्रम में जी7 देशों का उल्लेख करते हुए उन्होंने कहा कि कोष की आधी मतदान शक्ति इन देशों के पास है। उन्होंने तर्क देते हुए कहा कि अंतरराष्ट्रीय मुद्रा कोष आई.एम.एफ. के बिना बेहतर कार्य करेगा। उन्होंने कहा कि वास्तव में आई.एम.एफ. की लगाम जी7 के हाथों में है, तथापि यथार्थ यह है कि आई.एम.एफ. की अनुपस्थिति में विश्व में कोई ऐसा अन्य संगठन नहीं होगा, जो आर्थिक संकट के समय संबंधित देशों का वित्तपोषण कर सके।

आई.एम.एफ. से संबंधित स्वतंत्र मूल्यांकन कार्यालय (आई.ई.ओ.) ने पाकिस्तान, फिलीपींस और सेनेगल के मामले में कोष के संसाधनों के दीर्घकालिक उपयोग के बारे में एक महत्त्वपूर्ण अध्ययन किया है। आई.ई.ओ. ने किसी भी देश द्वारा कोष की निधियों के दीर्घकालिक उपयोग के बारे में मीमांसा करते हुए यह कहा है कि यह कोष के कार्यक्रमों में 10 वर्षों में से केवल 7 वर्षों के लिए है। आई.ई.ओ. ने कहा कि निधियों का दीर्घकालिक उपयोग इस बात का आह्वान करता है कि कोष अपनी नीतियों की समीक्षा करे। तथापि वित्तीय अवरोध और कोष कार्यक्रमों के गठन की प्रकृति के प्रति कोष के दृष्टिकोण में स्पष्टता नहीं होने के कारण कोष की नीतियाँ यथावत् जारी हैं। इसके अलावा 1990 के दशक में कोष ने रियायती वित्तपोषण संसाधनों से संबंधित कई इकाइयाँ स्थापित की थीं, जिसके कारण वित्तपोषण की उपलब्धता सीमित हो गई है। अतः इस दिशा में दीर्घकालिक प्रतिभागिता की आवश्यकता है। आई.ई.ओ. ने यह भी कहा कि वैकल्पिक व्यवस्था के बारे में व्यापार, कर राजस्व और निर्यात से संबंधित पर्याप्त आशावाद उत्पन्न हो रहा है तथा इसके साथ-साथ उन मामलों में कोष के संसाधनों का दीर्घकालिक उपयोग हो रहा है, जहाँ उपलब्धियाँ बहुत ही कम हैं। आई.ई.ओ. ने इस संबंध में निम्नलिखित वक्तव्य, देते हुए कहा था कि—

> "केस अध्ययन से पता चलता है कि आई.एम.एफ. कार्यक्रम की दीर्घकालिक अवधि के दौरान उन देशों की आर्थिक कठिनाइयों का समाधान करने में महत्त्वपूर्ण प्रगति प्राप्त हुई है। यह प्रगति फिलीपींस और सेनेगल में दर्ज की गई है। यह उपलब्धि मोरक्को में कहीं अधिक हद तक प्राप्त हुई है। यह घटनाक्रम आर्थिक नीति के क्षेत्रों में सम्मिश्रित रिकॉर्ड और आधारभूत परिकल्पना के सापेक्ष कहीं अधिक धीमी गति के बावजूद अस्तित्व में आई है। ऐसे सभी मामलों में विशेष रूप से कर प्रशासन से जुड़े संस्थागत सुधारों और वृहदतर सार्वजनिक क्षेत्रों में दीर्घकालिक उपयोग अवधि के अंत में पर्याप्त चुनौतियाँ और समस्याएँ यथावत् मौजूद रही हैं।"

आई.ई.ओ. ने कोष की सोपाधिकता के बारे में भी प्रश्नचिह्न खड़े किए। उन्होंने कहा कि इससे विकासशील देशों की रणनीति क्षमता प्रतिकूल रूप से प्रभावित हो रही है। कोष की सोपाधिकता में पूर्ववर्ती काररवाई और निष्पादन मानदंड शामिल हैं, जिन्हें कोष के संसाधनों तक पहुँचने के लिए पूरा करना प्रत्येक देश के लिए जरूरी है। इस मामले पर आई.ई.ओ. ने कहा कि सोपाधिकता से संबंधित विशेष अवसंरचना नीतिगत समायोजन के प्रति राजनीतिक प्रतिबद्धता की अपेक्षा कहीं कम महत्त्वपूर्ण है। अत्यधिक विस्तृत सोपाधिकता के जरिए यह महसूस नहीं होता है कि वह इसके सुचारु कार्यान्वयन में प्रभावी होगी। आई.ई.ओ. ने ऐसे साक्ष्य भी देखे हैं, जिनके तहत सोपाधिकता के जरिए एक बारगी काररवाई की अपेक्षा संबंधित नियमावली और प्रक्रिया पर अधिक ध्यान दिया गया है, जो अंततः अधिक प्रभावी थी। आई.ई.ओ. ने यह भी कहा कि दीर्घकालिक उपयोगकर्ताओं के लिए कोष के कार्यक्रमों में स्वामित्व और कार्यान्वयन कमजोर आधार रखते थे। इसका कारण यह है कि कार्यान्वयन के संबंध में तकनीकी और राजनीतिक सीमाओं को कम करके देखा गया और इसके बाद सफलता की गति के बारे में कहीं अधिक ही आशावाद उत्पन्न कर लिया गया। कोष निधि ऋणदाताओं को सिग्नल उपलब्ध कराने में भी इस आशय के साथ एक द्वारपाल की भूमिका निभाता है कि सदस्य देश की नीतियाँ सहायता दिए जाने के निमित्त पर्याप्त रूप से मजबूत होनी चाहिए।

## संदर्भ—


1. लेगार्ड, क्रिस्टीन, आई.एम.एफ. के प्रबंध निदेशक का भाषण 'भारत के क्षण को पकड़ना' लेडी श्री राम कॉलेज, नई दिल्ली, 16 मार्च, 2015 www.imf.org.
2. स्ट्रॉस-क्हान, डोमिनिक, आई.एम.एफ. के प्रबंध निदेशक का भाषण, 'भारत और वैश्विक वसूली : प्रमुख नीतिगत चुनौतियाँ', फेडरेशन ऑफ इंडियन चैंबर्स ऑफ कॉमर्स एंड इंडस्ट्री (फिक्की) में दिनांक 2 दिसंबर, 2010 को दिया गया, www.imf.org.
3. प्रेस विज्ञप्ति संख्या 09/300 आई.एम.एफ. के प्रबंध निदेशक डोमिनिक स्ट्रॉस-क्हान ने 10 बिलियन अमरीकी डॉलर के आई.एम.एफ. नोटों को खरीदने के लिए भारत की प्रतिबद्धता का स्वागत किया, 5 सितंबर, 2009. www.imf.org.
4. डी-राटो, रॉड्रिगो, आई.एम.एफ. के प्रबंध निदेशक का, आई.एम.एफ./बुंडेसबैंक संगोष्ठी, फ्रैंकफर्ट, फ्रैंकफर्ट में मुख्य भाषण 'एक बदलती दुनिया में आई.एम.एफ.' 8 जून, 2005. www.imf.org.
5. प्रेस विज्ञप्ति संख्या 16/91 : आई.एम.एफ. कार्यकारी बोर्ड, सम्मिलित निधि निगरानी के सिद्धांतों और रिपोर्ट संबंधी नियमों के लिए एक नए तंत्र पर चर्चा करता है। दिनांक 4 मार्च, 2016. www.imf.org.
6. 21 जुलाई, 1944 को समन्वय समिति की रिपोर्ट आर.बी.आई. अभिलेखागार, पुणे ए.सी.

सी. सं. 44784 डी.ई.ए.पी. पृष्ठ 27, 29–30, 31–32, 55–56 से ब्रेटन वुड्स सम्मेलन का उपयोग।

7. आर.एस. कपूरिया 'द इंडियन रुपी–ए स्टडी इन रेट्रोस्पेक्ट एंड प्रोस्पेक्ट', 1967 वोरा एंड कं. पब्लिशर्स प्राइवेट लिमिटेड, पृष्ठ 115–130।
8. जेम्स एम.बटन, अमेरिकन इन द शैडो : हैरी डेक्सटर व्हाइट एंड द डिजाइन ऑफ द इंटरनेशनल मॉनिटरी फंड आई.एम.एफ./06/06 जनवरी 2006. www.imf.org.
9. जेम्स एम. बटन, 'द आई.एम.एफ. एंड द फोर्स ऑफ हिस्ट्री : टेन इवेंट्स एंड टेन आइडियाज दैट हैव शेप्ड द इंस्टीच्यूशंस" आई.एम.एफ. डब्ल्यूपी/04/75; मई 2004. www.imf.org.
10. जेम्स एम. बटन, 'हू इज इन चार्ज? आई.एम.एफ. समर्थित कार्यक्रमों में स्वामित्व और सशर्तता' आई.एम.एफ.डब्ल्यू.पी. 03/191; 2003.www.imf.org.
11. रेनहार्ट, कारमेन एम और क्रिस्टोफ ट्रेबेश, 'द इंटरनेशनल मॉनिटरी फंड : 70 ईयर्स ऑफ रीइनवेंशन।' द जरनल ऑफ इकोनॉमिक पर्सपेक्टिव्स, अंक. 30, सं. 1, 2016, पृष्ठ 3–27. www.imf.org.
12. गोल्ड, जोसेफ, 'द लॉ एंड प्रैक्टिस ऑफ द इंटरनेशनल मॉनिटरी फंड विद रेसपेक्ट टू स्टैंडबाय अरेंजमेंट्स' इंटरनेशनल एंड कंपरेटिव लॉ वीकली, जनवरी 1968 www.imf.org.
13. सार्वजनिक सूचना नोटिस सं. 08/125 : आई.एम.एफ. के कार्यकारी बोर्ड ने कम आयवाले देशों में निधि की भूमिका पर चर्चा की, 26 सितंबर, 2008 www.imf.org.
14. सेलेक्टिव डिसिजंस एंड सेलेक्टेड डॉक्यूमेंट्स ऑफ द इंटरनेशनल मॉनिटरी फंड, अड़तीसवाँ अंक वाशिंगटन डी.सी., 29 फरवरी, 2016 पृष्ठ 25–26. www.imf.org.
15. दीना खटखटे, 'टर्निंग द लाइट इनवर्ड : इवेल्यूशन ऑफ आई.एम.एफ.।' इकोनॉमिक एंड पॉलिटिकल वीकली 37, सं. 46 (2002): 4627–632।
16. ईचेंग्रीन, बी. और वुड्स, एन. (2016)। द आई.एम.ए.एस. अनमेट चैलेंजेज, द जर्नल ऑफ इकोनॉमिक पर्सपेक्टिव्स, 30(1), 29–51।
17. मिलर, कैलम, 'पाथवे थ्रू फाइनेंशियल क्राइसिस : टर्की।' ग्लोबल गवर्नेंस, अंक 12, सं. 4, 2006, पृष्ठ 449–464।
18. पेट्रास, जे, एंड ब्रिल, एच. (1986) द आई.एम.एफ ऑस्टेरिटी एंड द स्टेट इन द लैटिन अमेरिका। थर्ड वर्ल्ड क्वार्टर्ली, 8 (2), 425–448।
19. औविन, जे. (1996) आई.एम.एफ. इंटरवेंशन एंड पॉलिटिकल प्रोटेस्ट इन द थर्ड वर्ल्ड : ए कन्वेंशनल विज्डम रिफाइंड। थर्ड वर्ल्ड क्वार्टर्ली, 17 (3), 377–400।
20. ड्रेहर, एक्सल, सिल्विया मारकेशी और जेम्स रेमंड व्रीलैंड। 'द पॉलिटिकल इकोनॉमी ऑफ फोरकास्ट्स।' पब्लिक च्वाइस 137, नं. 1/2 (2008): 145–71।
21. लोम्बार्डी, डी. और वुड्स, एन. (2008)। द पॉलिटिक्स ऑफ इंफ्लुएनंस : एन अनालिसिस ऑफ आई.एम.एफ. सरवाइलेंस। अंतरराष्ट्रीय राजनीतिक अर्थव्यवस्था की समीक्षा, 15 (5), 711–739।
22. ड्रेहर, एक्सल और रोलैंड वॉबेल। 'द कॉजेज एंड कान्सीक्वेंसेज ऑफ आई.एम.एफ. कंडीशनलिटी।' इमर्जिंग मार्केट्स एंड ट्रेड 40, सं. 3 (2004): 26–54।

23. कोपेलोविच, एम. (2010)। मास्टर आर सर्वेंट? कॉमन एजेंसी एंड द पॉलिटिकल इकोनॉमी ऑफ आई.एम.एफ. लैंडिंग। इंटरनेशनल स्टडीज क्वार्टर्ली, 54 (1), 49-77।

24. कॉनवे, पैट्रिक और स्टेनली फिशर।'द इंटरनेशनल मॉनीटरी फंड गल अ टाइम ऑफ क्राइसिस : अ रिव्यू ऑफ स्टैनली फिशर्स 'आई.एम.एफ. एसेज फ्रॉम अ टाइम ऑफ क्राइसिस : द इंटरनेशनल फाइनेंशियल सिस्टम, स्टेबिलाइज़ेशन एंड डेवलपमेंट।' जर्नल ऑफ इकोनॉमिक लिटरेचर, खंड 44, सं.1, 2006, पृष्ठ 115-144।

25. देवेश कपूर, 'आई.एम.एफ. : अ क्योर आर अ कर्स?' फॉरेन पॉलिसी, सं. 111 (1998):114-29।

26. मोहसिन एस. खान और सुनील शर्मा।'आई.एम.एफ. कंडिशनलिटी एंड कंट्री ओनरशिप ऑफ एडजस्टमेंट प्रोग्राम्स।' द वर्ल्ड बैंक रिसर्च ऑब्जर्वर 18, सं. 2 (2003):227-48।

27. थैकर स्ट्रोम सी. 'द हाई पॉलिटिक्स ऑफ आई.एम.एफ. लैंडिंग।' वर्ल्ड पॉलिटिक्स 52, सं. 1 (1999) : 38-75।

28. यून, II-ह्यून।'द चेंजिंग रोल ऑफ द आई.एम.एफ. : एविडेंस फ्रॉम कोरिया'ज क्राइसिस।' एशियन पर्सपेक्टिव 29 सं. 2(2005):179-201।

29. डिसीजन ऑन बाइलेटरल एंड मल्टीलेटरल सरवाइलेंस डिसीजन नं. 15203-(12.72) डेटेड 18 जुलाई, 2012। सेलेक्टेड डिसिजंस एंड सेलेक्टेड डॉक्यूमेंट्स ऑफ द इंटरनेशनल मॉनिटरी फंड, अड़तीसवाँ अंक वाशिंगटन डी.सी. 29 फरवरी, 2016, पृष्ठ 25-26, www.imf.org.

30. द एक्टिंग चेयर्स समिंग अप-द लिबरलाइजेशन एंड मैनेजमेंट ऑफ कैपिटल फ्लोज-एन इंस्टीट्यूशनल व्यू, कार्यकारी बोर्ड की बैठक 12/105 16 नवंबर, 2012. सेलेक्टेड डिसिजंस एंड सेलेक्टेड डॉक्यूमेंट्स ऑफ द इंटरनेशनल मॉनिटरी फंड, अड़तीसवाँ अंक वाशिंगटन डी.सी., 29 फरवरी, 2016, पृष्ठ 55-56, www.imf.org.

31. द चेयरमैंस समिंग अप - 2014 ट्रायेनिनल सर्वाइलेन्स रिव्यू, कार्यकारी बोर्ड की बैठक 14/90, 26 सितंबर, 2014. सेलेक्टेड डिसिजंस एंड सेलेक्टेड डॉक्यूमेंट्स ऑफ द इंटरनेशनल मॉनिटरी फंड, अड़तीसवाँ अंक वाशिंगटन डी.सी., 29 फरवरी, 2016, पृष्ठ 41-45 www.imf.org

□

*अध्याय-2*

# प्रमुख वित्तीय संकट : महामंदी से घोर आर्थिक मंदी तक

*अंतरराष्ट्रीय मुद्रा कोष को समझने के लिए उन मुख्य वित्तीय संकटों को प्रस्तुत करना आवश्यक है, जिनकी देख-रेख इस संस्था ने अपनी स्थापना के दिन से ही की थी। इस अध्याय में प्रस्तुत की गईं 9 मंदियाँ; 1932 की प्रमुख मंदी; 1956 की स्वेज मंदी; 1982 की अंतरराष्ट्रीय ऋण मंदी; 1997-2001 की पूर्वी एशिया आर्थिक मंदी; 1992-97 की रूस की आर्थिक मंदी, मैक्सिको में लैटिन अमेरिका की ऋण मंदी, 1994-2002 की ब्राजील एवं अर्जेंटीना की मंदी, 2007-09 की वैश्विक आर्थिक मंदी तथा 2010 की यूरोपीय मंदी। विश्व बैंक तथा अंतरराष्ट्रीय मुद्रा कोष के साथ मिलकर जी7 के वित्तमंत्रियों ने संकटग्रस्त देशों को उनके समष्टि आर्थिक स्थायित्व को पुनः प्राप्त करने के लिए प्रमुख नीतियाँ बनाईं।*

चालू खाता घाटे एवं राजकोषीय घाटे द्वारा प्रस्तुत विशाल समष्टि आर्थिक असंतुलन ने उभरती बाजार अर्थव्यवस्थाओं की अरक्षितता में योगदान दिया है। मंदीग्रस्त अधिकतर देशों में उभरती बाजार अर्थव्यवस्थाओं (ई.एम.ई.) ने दोनों प्रकार के घाटों को अल्पकालिक विदेशी मुद्रा ऋणों द्वारा वित्तपोषित किया। अत्यधिक ऋण वृद्धि से उत्पन्न वित्तीय संकट से पहले आमतौर पर मुद्रा संकटों, उच्च मुद्रास्फीति तथा ऋणचूककर्ताओं के कारण पूँजी का अत्यधिक बहिर्गमन हुआ। वित्तीय संकट कमजोर बैंकिंग विनियमावली, अत्यधिक निवेश को बढ़ावा देनेवाली व्यापक आर्थिक विकृतियों तथा उपयोगी वस्तुओं की कीमतों की अस्थिरता जैसे बाह्य उतार-चढ़ावों ने देश की व्यापारिक शर्तों को बिगाड़ दिया। मुख्य मंदी, स्वेज संकट, अंतरराष्ट्रीय ऋण मंदी, पूर्व एशिया मंदी, लैटिन अमेरिका की ऋण मंदी तथा प्रमुख मंदी वे घटनाएँ थीं, जिनमें कई देशों ने क्रमिक रूप से मंदी के संकट को झेला। प्रत्येक घटना में वैश्विक संकट से पहले उच्च वृद्धि दर तथा वित्तीय हलचल के बाद वर्ष के दौरान उसका नीचे गिर जाना कारण रहा।

## महामंदी

25 अक्तूबर, 1929 को न्यूयॉर्क स्टॉक एक्सचेंज ने हड़बड़ी में 13 लाख शेयरों को बिकते हुए देखा। 1920 के दौरान अमेरिका की अर्थव्यवस्था 42 प्रतिशत की दर से बढ़ी और स्टॉक मार्केट की कीमत 1922 से 1929 के दौरान 7 वर्ष तक 20 प्रतिशत की दर से 218 प्रतिशत बढ़ी। किसी भी देश ने इस प्रकार के स्टॉक मूल्यों, जिसने लाखों अमेरिकियों का ध्यान वित्तीय अनुमानों की ओर खींचा था, का कभी भी अनुभव नहीं किया था। कोई भी स्टॉक मार्केट के गिरने का अनुमान नहीं लगा पाया तथा इसके गिरने के अंत समय तक अमेरिकी इसे स्थायी खुशहाली ही मान रहे थे।

अक्तूबर 1929 में अमेरिकी बाजार में आई इस गिरावट का कोई तर्कसंगत स्पष्टीकरण नहीं था। एक दिन में लगभग 30 बिलियन अमेरिकी डॉलर का नुकसान हो गया, जिसने हजारों निवेशकों का सफाया कर दिया। अमेरिकी बाजार के गिरने के दुष्परिणामस्वरूप 1931 में बैंकों का यूरोप से घबराकर बाहर निकलना प्रारंभ हुआ, जिसने इस संक्रमण को संयुक्त राज्य अमेरिका, यूनाइटेड किंगडम, फ्रांस तक फैला दिया और अंततः पूरा विश्व ही इस महामंदी की चपेट में आ गया। यह महामंदी 1929 से 1939 तक रही तथा यह इतिहास की सबसे बड़ी आर्थिक मंदी थी। 1933 तक 15 लाख अमेरिकी लोग बेरोजगार हो चुके थे, 20,000 कंपनियाँ दिवालिया हो चुकी थीं और अधिकांश अमेरिकी बैंक इसे सँभालने में विफल रहे।

1928 के प्रारंभ में, स्टॉक मार्केट के अनुमानों को कम करने के लिए यू.एस. फेडरल रिजर्व ने मुद्रा संकुचन प्रारंभ किया। इसके साथ बैंक संपत्तियों के मूल्यों की गिरावट भी शामिल थी, जिसके परिणामस्वरूप बैंकों से बड़े पैमाने पर निकासियाँ प्रारंभ हो गईं। चूँकि अमेरिकी चलनिधि पर निर्भर थे, इसलिए जमा के माध्यम से पैसा उत्पन्न करने की बैंकिंग प्रणाली की योग्यता सीमित हो गई। अमेरिकी बैंकिंग प्रणाली को बैंकों के पुन:पूँजीकरण योजना से बचाया जा सकता था, लेकिन फेडरल रिजर्व ने इसमें हस्तक्षेप नहीं किया। इस समयावधि के दौरान अमेरिका ने बहुत ही अच्छा चालू खाता अधिशेष तथा जर्मनी ने स्थायी चालू खाते घाटे को बनाए रखा था। जर्मन नागरिकों तथा निजी क्षेत्र द्वारा उधार राशियाँ विदेशी मुद्रा में डॉलर मूल्यवर्ग के बंधपत्रों के माध्यम से तथा संयुक्त राज्य अमेरिका से साख पत्रों के द्वारा, नीदरलैंड, स्विट्जरलैंड एवं ऑस्ट्रेलिया स्थित बैंकों के माध्यम से ली गईं। संयुक्त राज्य अमेरिका का यह मुद्रा संकुचन जर्मनी में मंदी के रूप में अपने चरम पर पहुँच गया। रीच्स बैंक के सोने तथा विदेशी विनिमय की विदेशी आरक्षित निधियों में भी तेजी से गिरावट आ गई।

मई 1931 में, ऑस्ट्रेलिया का सबसे बड़ा बैंक क्रेडिटांस्टाट धराशायी हो गया।

निवेशकों को यह डर था कि उनका पैसा या तो अवरोधित हो जाएगा अथवा वे इसे खो देंगे, इस कारण यहाँ पर बड़े पैमाने पर पूँजी पलायन हो गया था। इस संकट को रोकने के लिए आवश्यक विदेशी साख पत्रों को प्राप्त करने में जर्मनी असफल रहा। पूँजी के बहिर्गमन को रोकने के लिए जर्मनी को बैंकों को बंद करना पड़ा, बाजार का अवमूल्यन करना पड़ा, स्थिर अनुबंधों पर विदेशी देनदारों के साथ बातचीत करनी पड़ी तथा विनिमय नियंत्रणों को लागू करना पड़ा। 1930–32 के समय में संयुक्त राज्य अमेरिका में पूँजी आपूर्ति में 26 प्रतिशत, जर्मनी में 27 प्रतिशत, यूनाइटेड किंगडम तथा फ्रांस में 18 प्रतिशत की कमी आई।

जर्मन मुद्रा तथा बैंकिंग संकट ने ब्रिटिश पाउंड को भी प्रभावित किया। ब्रिटिश अर्थव्यवस्था में उभरी अरक्षितताओं ने यूनाइटेड किंगडम को बड़े पैमाने पर अल्पकालिक ऋणग्रस्तता तथा सोने की आरक्षित निधियाँ प्रदान कीं। यूरोपीय बैंक, जिनकी परिसंपत्तियाँ जर्मन स्थायी अनुबंधों के कारण अवरोधित थीं, वे यूनाइटेड किंगडम से बड़े पैमाने पर धनराशि का आहरण कर रहे थे, जिसके परिणामस्वरूप पाउंड कमजोर हो रहा था। 16 सितंबर, 1931 को यूनाइटेड किंगडम ने सोने की संपरिवर्तनीयता पर रोक लगा दी और पाउंड को प्रचलन में लाने की अनुमति दे दी। बैंक ऑफ इंग्लैंड ने अपने सोने के भंडार का पुनर्मूल्यांकन किया और अपने घरेलू ऋणों का विस्तार किया, जो कि यूनाइटेड स्टेट्स तथा जर्मनी के मुकाबले तेजी से वसूली करा सके। फ्रांस ने महामंदी का अनुभव तब किया जब पाउंड फ्लोएटिंग मुद्रा बन गया और डॉलर का अवमूल्यन हो गया। 1936 में फ्रांस फ्रैंक से स्वर्ण मानक की मान्यता वापस ले ली गई।

1933 तक 35 देश सोने तथा स्वर्ण-विनिमय मानकों को छोड़ चुके थे। स्थायी मुद्राओंवाले देशों—फ्रांस, जर्मनी तथा संयुक्त राज्य अमेरिका के व्यापार में स्थायी तौर पर अवमूल्यित मुद्राओं के देशों—यूनाइटेड किंगडम तथा कनाडा के व्यापार के मुकाबले अधिक तेजी से गिरावट आई। 1932 में निर्यात की कीमत में गिरावट यूनाइटेड किंगडम के 7 प्रतिशत तथा कनाडा के 19 प्रतिशत की तुलना में फ्रांस में 35 प्रतिशत, जर्मनी में 40 प्रतिशत तथा संयुक्त राज्य अमेरिका में 33 प्रतिशत रही थी। इसे व्यापक तौर पर स्वीकार किया गया कि यदि अन्य परिस्थितियाँ अनुकूल हैं तो मुद्राह्रास किसी देश के निर्यात को प्रोत्साहित करेगा। संयुक्त राज्य अमेरिका ने टैरिफ अधिनियम की घोषणा की, जिसमें राष्ट्रपति को शुल्क की दरों को अधिकतम 50 प्रतिशत तक कम करने व बढ़ाने की शक्ति प्रदान की गई थी, जिससे कि विदेशी मुद्रा अवमूल्यन का परिणाम लाखों अमेरिकी नागरिकों के लिए उनका रोजगार खोना न हो।

1933 में संयुक्त राज्य अमेरिका इसकी भरपाई नहीं कर पाया। आर्थिक वसूली, जैसा कि औद्योगिक गतिविधि द्वारा बताई गई है, यह ब्रिटेन, फ्रांस एवं जर्मनी में देखी गई थी,

जहाँ संयुक्त राज्य अमेरिका अप्रैल तथा मई 1933 के दौरान तीव्र औद्योगिक सुधारों का गवाह बना। राष्ट्रपति फ्रैंकलिन द्वारा उपयोग में लाई गई 'न्यू डील' नामक योजना यू.एस. अर्थव्यवस्था में व्यापक सुधार लाई। इसने अमेरिकी कल्याणकारी राज्य की नीव रखी—बेरोजगारों को संघीय सहायता प्रदान की, उद्योग का सख्त नियमन निर्धारित किया, मजदूरों को कानूनी सुरक्षा प्रदान की और सामाजिक सुरक्षा कार्यक्रम की व्यवस्था की। संयुक्त राज्य अमेरिका की 'न्यू डील' योजना महामंदी से उबरने के लिए उठाया गया पहला मजबूत कदम था तथा उसके संपूर्ण 'स्वतंत्र विश्व का निर्विवाद अग्रणी अधिनायक' बनने का आरंभ था।

## स्वेज संकट

26 जुलाई, 1956 को मिस्र ने स्वेज नहर का राष्ट्रीयकरण कर दिया तथा अंतरराष्ट्रीय संघ से, जिसने कि इसका संचालन लगभग एक शताब्दी तक किया था, उससे इसका नियंत्रण अपने पास ले लिया। इस पर फ्रांस, इजराइल तथा यूनाइटेड किंगडम ने संयुक्त सैन्य काररवाई प्रारंभ की, जिसमें इजराइल ने 29 अक्तूबर, 1956 को सिनाई पर आक्रमण कर दिया। यह सैन्य काररवाई दो महीनों तक चली तथा स्वेज नहर 6 महीनों के लिए बंद हो गई, जिसके परिणामस्वरूप सभी 4 देशों के चालू खातों की शेष धनराशि प्रभावित हुई। सभी चारों देशों को इस आसन्न समष्टि आर्थिक संकट का सामना करने के लिए अंतरराष्ट्रीय मुद्रा कोष से सहायता लेनी पड़ी। इससे मिस्र की स्वतंत्रता, इजराइल की राष्ट्रीयता तथा ब्रिटिश शासन को लगे एक प्रभावशाली झटके के समान कई राजनीतिक परिणाम भी सामने आए।

सितंबर-अक्तूबर 1956 में मिस्र, इजराइल तथा फ्रांस ने अंतरराष्ट्रीय मुद्रा कोष से वित्तीय सहायता हेतु अनुरोध किया। 1956 में ब्रिटेन के पास पर्याप्त चालू खाता अधिशेष मौजूद था। पाउंड स्टर्लिंग भारी सट्टा दबाव में आ गया और यूनाइटेड किंगडम अल्पकालिक पूँजी बहिर्वाह का साक्षी बना। इंग्लैंड का बैंक, डॉलर के सापेक्ष पाउंड स्टर्लिंग के निर्धारित मूल्य को बचाने के लिए अपने अमेरिकी डॉलर आरक्षित निधि को व्यय करने पर मजबूर हो गया। दिसंबर 1956 तक मुद्रा अवमूल्यन का संकट वास्तविक हो गया था। यूनाइटेड किंगडम अंतरराष्ट्रीय मुद्रा कोष (आई.एम.एफ.) से वित्तीय सहायता पाने के लिए अर्हता नहीं कर पाया। अंतरराष्ट्रीय मुद्रा कोष (आई.एम.एफ.) के समझौता प्रावधानों ने इसे पूँजी के 'अत्यधिक व अनिरंतर' बहिर्वाह, जिसका ब्रिटेन ने सामना किया था, के लिए वित्तीय उधारी को रोक दिया। ब्रिटेन के पास बिना अंतरराष्ट्रीय मुद्रा कोष (आई.एम.एफ.) की सहायता के पूँजी की उधारी तथा इस बहिर्वाह को रोकने के पर्याप्त संसाधन उपलब्ध थे। उसने कहा कि अंतरराष्ट्रीय मुद्रा कोष (आई.एम.एफ.) ने सभी 4 देशों को वैकल्पिक आधार पर वित्तीय सहायता प्रदान की। इस भागीदारी ने अंतरराष्ट्रीय मुद्रा कोष (आई.

एम.एफ.) को अंतरराष्ट्रीय संकट प्रबंधक की भूमिका दे दी। स्वेज संकट युद्ध-पश्चात् के युग का पहला मुख्य वित्तीय संकट था।

मिस्र अंतरराष्ट्रीय मुद्रा कोष (आई.एम.एफ.) से दूसरी बार ऋण ले रहा था। यह 15 मिलियन अमेरिकी डॉलर का वित्तीय अनुरोध था तथा अंतरराष्ट्रीय मुद्रा कोष (आई. एम.एफ.) द्वारा मिस्र को वित्तीय सहायता प्रदान करने में कोई राजनीतिक दखलअंदाजी नहीं थी। संयुक्त राज्य अमेरिका ने इसके समर्थन में बयान दिया, फ्रांस ने विरोध के किसी भी कानूनी आधार की अनुपस्थिति से सहमति प्रदान की तथा ब्रिटेन और नीदरलैंड ने इससे दूरी बनाए रखी। अंतरराष्ट्रीय मुद्रा कोष (आई.एम.एफ.) के निर्णय में बताया गया कि अंतरराष्ट्रीय मुद्रा कोष (आई.एम.एफ.) वित्तीय अनुरोध के लिए अनापत्ति व्यक्त करता है।

इजराइल अंतरराष्ट्रीय मुद्रा कोष (आई.एम.एफ.) से 1954 में जुड़ा तथा यह अपनी मुद्रा के लिए एक निश्चित विनिमय दर बनाए रखने के लिए पर्याप्त रूप से स्थिर नहीं था। कई महीनों तक विरोध करने के बाद अंतरराष्ट्रीय मुद्रा कोष (आई.एम.एफ.) डॉलर के लिए 1.8 इजराइली पाउंड का सममूल्य निर्धारित करने पर सहमत हो गया। यह मान लिया गया कि अंतरराष्ट्रीय मुद्रा कोष (आई.एम.एफ.) से इजराइल द्वारा ली गई उधारी इसके विदेशी विनिमय आरक्षित निधियों के सहायक के तौर पर मदद कर सकती है तथा इजराइली मुद्रा के लिए सममूल्य निर्धारित करना इस दिशा में उठाया गया एक कदम था। इजराइल के पास 1957 में अंतरराष्ट्रीय मुद्रा कोष (आई.एम.एफ.) से प्राप्त 7.5 अमेरिकी डॉलर का कोटा था तथा सैन्य खर्च में परिणामी वृद्धि के साथ भूमध्यसागरीय विकास ने भुगतान की स्थिति के संतुलन को बिगड़ने में योगदान दिया। मिस्र से अकेले अलग रहने के साथ इजराइल के लिए अंतरराष्ट्रीय मुद्रा कोष (आई.एम.एफ.) वित्तीयन के अंतर्गत अपने हिस्से से 50 प्रतिशत प्रदान करने को 15 मई, 1957 को अनुमोदित कर दिया गया।

सितंबर 1956 में फ्रांस न्यून एवं कम होती विदेशी विनिमय आरक्षित निधियों का साक्षी रहा। फ्रेंच फ्रैंक पूँजी पलायन के अधीन था। फ्रांस ने अपने हिस्से के 263.5 मिलियन अमेरिकी डॉलरों के 50 प्रतिशत की वित्तीय सहायता की माँग की। फ्रांस अल्जीरिया में एक लड़ाई भी लड़ रहा था तथा पाले के कारण उसकी कृषि का उत्पादन भी उस वर्ष तेजी से घटा था। इन प्रतिकूल प्रभावों ने फ्रांस की संतुलित भुगतान स्थिति को बुरी तरह से बाधित कर दिया। फ्रांस की चालू खाता स्थिति 1956 में 409 मिलियन अमेरिकी डॉलर की अधिशेष राशि से 700 मिलियन अमेरिकी डॉलर के घाटे में पहुँच गई। अक्तूबर 1956 में अंतरराष्ट्रीय मुद्रा कोष (आई.एम.एफ.) ने फ्रांस के वित्तीय अनुरोध का अनुमोदन कर दिया।

ब्रिटेन के पास काफी अधिक चालू खाता अधिशेष था तथा यह अंतरराष्ट्रीय मुद्रा कोष (आई.एम.एफ.) में संयुक्त राज्य अमेरिका के बाद दूसरा सबसे बड़ा हिस्सेदार था। द बैंक

ऑफ इंग्लैंड के पास अमेरिकी डॉलर के सापेक्ष तथा दिए गए अनुमानों पर 2.80 अमेरिकी डॉलर की समानता थी और स्टर्लिंग समानता को छोड़ने का भी दबाव था। व्यापारिक उद्देश्यों के लिए उपयुक्त के तौर पर 2.80 मिलियन अमेरिकी डॉलर को पर्याप्त माना, विनिमय दर स्थायित्व को स्टर्लिंग क्षेत्र के लिए संरक्षित करने हेतु अधिमान्य व्यापारिक क्षेत्र के तौर पर संरक्षित करने तथा संरक्षित मुद्रा के तौर पर आवश्यक माना। ब्रिटेन अपने पास न्यूनतम 2 बिलियन अमेरिकी डॉलर की अधिशेष राशि संरक्षित रखना चाहता था तथा इस पायदान से गिरने को अवमूल्यन का संकेत माना गया अथवा फ्लोट पर भी गंभीरता से विचार किया गया था। चूँकि बाजार की भावनाएँ पाउंड स्टर्लिंग के विरुद्ध परिवर्तित की गई थीं, अतः ब्रिटिश प्राधिकारी जानते थे कि वे पाउंड को 2.80 प्रति अमेरिकी डॉलर पर बिना अमेरिकी राज्य की सहायता के बनाए नहीं रख सकते थे। अंतरराष्ट्रीय मुद्रा कोष (आई. एम.एफ.) की वित्तीय योजना का काम वित्तीय बाजारों पर आए राजनीतिक संकट के मनोवैज्ञानिक प्रभाव का समाधान निकालना था।

इस वित्तीय दबाव ने ब्रिटेन को युद्धविराम को स्वीकार करने तथा भूमध्यसागर से पूर्णतः पीछे हटने पर मजबूर कर दिया। स्वेज संकट अचानक समाप्त हो चुका था। युद्धविराम के बाद ब्रिटिश वित्तीय व्यवस्था के लिए अमेरिका का विरोध भी रास्ते से हट चुका था तथा अपने हिस्से के लगभग 75 प्रतिशत तक के लिए इनके वित्तीय अनुरोध को मान लिया गया था। ब्रिटेन को पाउंड के सापेक्ष अपने व्यापार को मजबूत करने के लिए 1.3 बिलियन अमेरिकी डॉलर की आवश्यकता थी। यह देखा गया कि एक बहुत बड़े व्यापारिक क्षेत्र के लिए यूनाइटेड किंगडम को एक बैंकर की भूमिका के तौर पर तथा स्टर्लिंग की एक अंतरराष्ट्रीय मुद्रा के रूप में मान्यता पर अंतरराष्ट्रीय मुद्रा कोष (आई.एम.एफ.) बड़ी एवं स्थायी पूँजी पलायन की स्थिति के लिए तैयार हो गया।

स्वेज संकट पहला अवसर था जब अंतरराष्ट्रीय मुद्रा कोष (आई.एम.एफ.) ने देशों को इस अंतरराष्ट्रीय संकट का सामना करने के लिए उनकी मदद करने में बहुत महत्त्वपूर्ण भूमिका अदा की। अंतरराष्ट्रीय मुद्रा कोष (आई.एम.एफ.) ने संकट के प्रति तुरंत प्रतिक्रिया दिखाई और वित्तीय बाजारों को प्रभावित किया तथा निवेशकों को आश्वस्त किया। ब्रिटेन को सुदृढ़ आर्थिक नीतियों के बावजूद भी स्थायी मुद्रा पर भावी क्रय-विक्रयों के हमलों का सामना करना पड़ा। ब्रिटेन 1958 तक भी विदेशी विनिमय आरक्षित निधियों के स्तर को पुनः प्राप्त करने में अक्षम रहा।

## अंतरराष्ट्रीय ऋण संकट 1982-1989

अंतरराष्ट्रीय ऋण संकट 20 अगस्त, 1982 को प्रारंभ हुआ, जब मैक्सिको के वित्तमंत्री

ने अपने निवेशकों को सूचित किया कि मैक्सिको अपने पर बकाया ऋण का भुगतान नहीं कर पाएगा। मैक्सिको के प्राधिकारियों ने अंतरराष्ट्रीय मुद्रा कोष (आई.एम.एफ.) को सूचित किया कि बिना तात्कालिक निस्तार के मैक्सिको के पास डिफॉल्ट के अलावा कोई विकल्प नहीं है। यह एक दशक लंबे अंतरराष्ट्रीय ऋण संकट का आरंभ था।

मार्च 1981 में पोलैंड ने अपने बैंक के लेनदारों को सूचित किया कि वह अपने ऋणदायित्वों का भुगतान करने में असमर्थ है। यूरोप के कई बैंकों का यह सत्य बड़े पैमाने पर उजागर हुआ कि उन्होंने पोलैंड को कर्ज दे रखा है तथा यूरोपीय सरकार के पास इसके अलावा अन्य कोई उपाय नहीं है कि वह इन बैंकों को इससे उबारे। पोलैंड ने कई अन्य देशों को भी इस संकट में डाल दिया—रोम, हंगरी तथा यूगोस्लाविया ने भी चुकौती की शर्तों को दुबारा से निर्धारित करने का अनुरोध किया। 1970-80 के दौरान अमेरिकी राज्य का मुद्रा-संकुचन अमेरिकी डॉलर के निरंतर सहायक के तौर पर परिणत हुआ। इसने पूर्वी यूरोप तथा लैटिन अमेरिका के ज्यादातर देशों के लिए डॉलर में भुगतान को कठिन बना दिया। वाणिज्यिक ऋण संकट 1982 में प्रारंभ हुआ और 1989 तक चला।

1970 के दशक में, विकासशील देशों ने स्वतंत्र रूप से तेजी से बढ़ते अंतरराष्ट्रीय क्रेडिट बाजार से कम ब्याज दर पर ऋण लिया। तेल निर्यात करनेवाले देशों के द्वारा अत्यधिक धनराशि जमा करने के कारण बैंकों के पास अथाह पैसा जमा हो गया तथा तेल आयात करनेवाले देशों पर अधिक उधारी हो गई। लिये गए ऋणों को निवेश तथा चालू खपत को बढ़ावा देने में उपयोग में लाया गया। कई विकासशील देशों का ऋण अपनी राष्ट्रीय आय के 12 प्रतिशत तक पहुँच गया, जिसके परिणामस्वरूप प्रमुख ऋण-सेवा कठिनाइयों का सामना करना पड़ा। अमेरिकी राज्य का 1979-80 के दौरान का मुद्रा संकुचन तथा दूसरा तेल संकट डॉलर का निरंतर सहायक सिद्ध हुआ। मई 1980 में वर्ल्ड इकोनॉमिक आउटलुक (डब्ल्यू.ई.ओ.) ने बताया कि तेल आयात करनेवाले विकासशील देशों के लिए यह दृष्टिकोण 'डरावना' था तथा इन देशों के लिए चालू खाता घाटा मौजूदा विकास सहायता के अंतर्गत वित्तीय सहायता प्रदान किए जाने लायक नहीं था। सबसे भारी ऋणग्रस्त देशों में संभावित समस्याओं के विषय में तात्कालिकता, गंभीरता और आग्रह, डब्ल्यू.ई.ओ. की सीमा के अधीन चिंतनीय थे।

सबसे अधिक प्रचलित विचार यह था कि ऋण का जमा होना लाभकारी था। किसी ने भी इस संकट की संभावना अथवा इससे कौन प्रभावित हो सकता है, इसके विषय में नहीं सोचा। वाणिज्यिक बैंकों का मानना था कि विकासशील देशों को संप्रभु ऋण देना एक अत्यधिक लाभदायक गतिविधि थी। इस आसन्न संकट की प्रथम अभिव्यक्तियाँ मैक्सिको तथा पोलैंड थे। मैक्सिको के तुरंत बाद लैटिन अमेरिका के अन्य अनेक देशों जैसे कि

अर्जेंटीना, ब्राजील, चिली, एक्वाडोर, पेरू तथा उरुग्वे ने ऋण-सेवा समस्याओं का सामना किया। इसके कारण अन्य महाद्वीपों में भी यह संकट प्रारंभ हो गया। 1980 के आर्थिक संकुचन नीति परिवेश के अंतर्गत स्पष्ट रूप से कई सरकारें अस्थिर आर्थिक नीतियों का अनुगमन कर रही थीं। सरकारी ऋण के साथ अफ्रीका के उप-सहारा देशों ने भी आर्थिक संकटों का सामना किया। इसकी थरथराहट एशिया में भी देखी गई, जहाँ अपने महत्त्वाकांक्षी विकास तथा सुधार योजनाओं के लिए भारत, पाकिस्तान तथा चीन ने भी निधि सहायता की माँग की। एक प्रभावशाली समायोजन तथा सुधार कार्यक्रम के द्वारा बिना किसी पुनर्गठन के कोरिया अपने कर्ज का भुगतान करने में सफल रहा।

अंतरराष्ट्रीय ऋण संकट 1981 से 1989 तक रहा। विश्वभर में इसने लगभग 20 देशों को अपनी चपेट में लिया। इससे प्रभावित होनेवाले तीन मुख्य पूर्वी यूरोपीय देश पोलैंड, रोम तथा हंगरी थे व 3 मुख्य लैटिन अमेरिकी देश अर्जेंटीना, ब्राजील और चिली थे। इनमें से प्रत्येक ने गंभीर ऋण समस्या का सामना किया था लेकिन प्रत्येक देश का इन समस्याओं के उत्पन्न होने तथा इनके आशयों का अपना-अपना अलग अनुभव था। अत्यधिक भारग्रसित ऋणयुक्त देशों को दीर्घकालिक वृद्धि के लिए विस्तृत कार्ययोजना की आवश्यकता है। ऋणग्रसित देशों के वृद्धि पहलुओं को ध्यान में रखते हुए बेकर प्लान बनाया गया, जिसके बाद ब्रैडी प्लान का निर्माण किया गया।

अधिकतर विकासशील देशों में गहन आर्थिक कुप्रबंधन ऋण अदा न कर पाने का लक्षण मात्र था। आपात-उपयोगी अनुबंध, विस्तृत निधि सुविधा तथा ब्रैडी-योजना के अधीन अंतरराष्ट्रीय मुद्रा कोष (आई.एम.एफ.) के द्वारा सुसंगत आर्थिक सुधार कार्यक्रमों की एक श्रृंखला को प्रचलन में लाया गया था। इस रणनीति ने अंतरराष्ट्रीय मुद्रा कोष (आई. एम.एफ.) को इसमें शामिल किया तथा ऋणी देशों ने सरकारी कार्यक्रमों के माध्यम से ऋण के छोटे-छोटे भागों के वित्तपोषण की परिकल्पना करना प्रारंभ किया। वाणिज्यिक बैंकों के साथ अंतरराष्ट्रीय मुद्रा कोष (आई.एम.एफ.) के संबंधों को आपसी निर्भरता के आधार पर बहुत नजदीकी माना जाता था, जहाँ बैंक निधि द्वारा संस्तुत मजबूत आर्थिक नीति कार्यक्रमों को वित्तपोषण प्रदान करते हैं। ऋण संकट के पश्चात् अंतरराष्ट्रीय मुद्रा कोष (आई.एम.एफ.) तथा वाणिज्यिक बैंकों के संबंधों में एक मुख्य बदलाव आया। अंतरराष्ट्रीय मुद्रा कोष (आई.एम.एफ.) के अधिकारीगणों ने भी वाणिज्यिक बैंकों तथा देशों के प्राधिकारियों की बैठकों में भाग लेना प्रारंभ किया। तेजी से किए जा रहे आहरणों के विरुद्ध वाणिज्यिक बैंकों को मनाने के लिए बड़े पैमाने पर आपात-उपयोगी व्यवस्था तथा विस्तृत वित्तपोषण सुविधाओं को प्रचलन में लाया गया।

1982-89 का ऋण-संकट लेनदार व देनदार दोनों के लिए ही एक खतरा था। इस

संकट को लेनदार व देनदार के आपसी सहयोग से ही हल किया जा सका। इसमें सहयोगी कोशिशों का नेतृत्व अंतरराष्ट्रीय मुद्रा कोष ने किया था। क्रमबद्ध संकट धीरे-धीरे 1983 तक दूर हो गया, हालाँकि ऋण-सेवा कठिनाइयाँ मौजूद रहीं। 1985-87 का समयकाल स्थिर विकास का काल रहा तथा विकासशील देश इस दौरान अपने सेवाऋण के भार को कम कर पाने में सफल रहे। 1989 तक बाह्य आर्थिक परिवेश का सामना करनेवाले बहुत से ऋणग्रसित देशों में एक चिह्नित सुधार देखा गया जिसने इस अंतरराष्ट्रीय ऋण संकट को समाप्त कर दिया।

## पूर्वी एशिया का संकट

वर्ष 1997 में एक बड़े आर्थिक संकट ने पूर्व एशिया की कई अर्थव्यवस्थाओं को अपनी चपेट में ले लिया था। पूर्वी एशिया की अर्थव्यवस्थाएँ, जो तेजी से बढ़ रही थी तथा जिनके जीवन स्तर में सुधार देखा जा रहा था, वे एक गंभीर वित्तीय संकट से क्षतिग्रस्त हो गईं। एक दशक लंबे अनूठे आर्थिक विकास, खुशहाली और आशा को बाधित करते हुए इस संकट ने इस क्षेत्र में आर्थिक शासन तंत्र की परनिर्भरता को उजागर किया। किसी ने भी इस बात की कल्पना नहीं की थी कि ये देश, जिनका अन्य कई देशों के लिए आर्थिक मॉडल के रूप में उल्लेख किया जाता है, वे देश अचानक लड़ाई के बाद के सबसे खतरनाक वित्तीय संकटों में से एक इस संकट में इस तरह से बर्बाद हो जाएँगे। यह संकट अत्यधिक बाह्य नुकसानों, संपत्ति तथा स्टॉक मार्केट के अनावश्यक रूप से बढ़े दामों, कमजोर मितव्ययी विनियमों, पर्यवेक्षण की कमी तथा अमेरिकी डॉलर के लिए विनिमय दर के कारण था, जिसके परिणामस्वरूप विनिमय दरों में अत्यधिक उतार-चढ़ाव ने अंतरराष्ट्रीय प्रतिस्पर्धात्मकता को अस्थिर बना दिया।

दक्षिण-पूर्व एशियाई मुद्रा का ह्रास थाइलैंड से प्रारंभ हुआ। थाइलैंड का चालू खाता घाटा तथा विदेशी देनदारियों पर ब्याज, थाइलैंड की जी.डी.पी. से 4 प्रतिशत तक बढ़ गया था। लेनदारों का मानना था कि थाइलैंड के बड़े चालू खाता घाटे ने बड़े स्तर पर व्यापार निवेश को प्रदर्शित किया था, चूँकि इसके पीछे बचत की ऊँची दरें तथा सरकारी बजट का अधिशेष का समर्थन मौजूद था। थाइलैंड ने डॉलर से संबंधित एक स्थिर विनिमय दर निर्धारित कर रखी थी। अत्यधिक ब्याज भुगतान वाले विदेशी फंड का थाइलैंड आना जारी रहा और प्रत्येक डॉलर पर विनिमय दर के लिए 25 भाट निर्धारित किया गया। लेकिन डॉलर के लिए निर्धारित की गई भाट की कीमत स्थिर न रह सकी। 1996 तथा 1997 में डॉलर के मुकाबले जापानी येन में 35 प्रतिशत की गिरावट दर्ज की गई। डॉलर/येन की विनिमय दरों में आए इस बड़े बदलाव ने इस संकट को अंतरराष्ट्रीय प्रतिस्पर्धात्मकता में

आए परिवर्तन के द्वारा सँभालने का काम किया, जो कि अस्थिर साबित हुआ। जैसे ही विदेशी निवेशकों ने भाटों को बेचना प्रारंभ किया, तो इसके मूल्य को समर्थन देने के लिए सरकार ने बीच में हस्तक्षेप किया। फिर भी मुद्रा स्थिर न रह सकी और अंततः थाई मुद्रा नीचे गिर गई।

चूँकि वित्तीय निवेशक बड़े चालू खाता घाटे के विषय में चिंतित हो गए थे। अतः इस संक्रमण ने इंडोनेशिया तथा कोरिया को भी अपनी चपेट में ले लिया। 2 जुलाई, 1997 के दिन थाई भाट जारी किया गया और इसका 15-20 प्रतिशत तक अवमूल्यन हो गया। 24 जुलाई, 2017 को पूर्वी एशिया ने इंडोनेशिया के रुपए, थाई के भाट तथा मलेशिया के रिंगिट पर जबरदस्त दबाव डालते हुए 'मुद्रा मंदी' का सामना किया। 1997 के इंडोनेशियाई आर्थिक संकट ने 30 वर्ष के अबाधित आर्थिक विकास पर रोक लगा दी और 20वीं शताब्दी में किसी भी देश द्वारा झेली गई यह सबसे गंभीर मंदी थी। इस आर्थिक संकट को राजनीतिकरण के द्वारा खराब कर दिया गया, जिसके अंतर्गत कई जगहों पर दंगे हुए तथा इसके परिणामस्वरूप नए राष्ट्रपति का चुनाव हुआ। मई 1997 में इंडोनेशिया का रुपया प्रत्येक डॉलर पर 2500 रुपए से जनवरी 1998 तक आसन्न मुद्रास्फीति संकट एवं वित्तीय मंदी के साथ 14000 रुपए प्रत्येक डॉलर तक नीचे गिर गया। 16 बैंकों के बंद होने से स्थिति भयावह हो गई। इंडोनेशिया के प्राधिकारियों ने सभी जमाकर्ताओं तथा लेनदारों के लिए प्रतिक्रिया के रूप में कदम उठाते हुए ब्लैंकेट गारंटी योजना प्रस्तुत की व इंडोनेशियाई बैंक पुनर्स्थापितीकरण एजेंसी बनाना तथा कॉरपोरेट पुनर्स्थापना को आगे ले जाने का आश्वासन देना इसमें शामिल था।

1997 में कोरिया की अर्थव्यवस्था विश्व की 11वीं सबसे बड़ी अर्थव्यवस्था थी, जिसमें मुद्रास्फीति दर 5 प्रतिशत से कम, बेरोजगारी दर 3 प्रतिशत से कम तथा जी.डी.पी. वृद्धि दर 8 प्रतिशत प्रतिवर्ष थी। कोरिया के आर्थिक संकट का कारण इसके व्यापार तथा वित्तीय संस्थानों के द्वारा लिया गया लगभग 110 बिलियन अमेरिकी डॉलर का अल्कालिक विदेशी ऋण था, जो कि इसकी कुल विदेशी विनिमय आरक्षित निधि से 3 गुना अधिक था। बड़े पैमाने पर वित्तीय बेलआउट दिए गए, क्योंकि देशों ने निजी लेनदारों का भुगतान निलंबित कर दिया था। कोरिया की मुद्रा वॉन भारी दबाव में आ गई और कोरिया ने अंतरराष्ट्रीय मुद्रा कोष (आई.एम.एफ.) से वित्तीय सहायता लेने का विकल्प चुना। कोरिया को इससे उबरने के लिए 57 बिलियन अमेरिकी डॉलर के अंतरराष्ट्रीय मुद्रा कोष (आई. एम.एफ.) सहायता की आवश्यकता थी तथा इंडोनेशिया को 40 बिलियन अमेरिकी डॉलर के अंतरराष्ट्रीय मुद्रा कोष (आई.एम.एफ.) सहायता की आवश्यकता थी।

इंडोनेशिया, थाईलैंड तथा कोरिया में अंतरराष्ट्रीय मुद्रा कोष (आई.एम.एफ.) कार्यक्रमों

की लागत बहुत अधिक थी। बड़े पैमाने पर विनिमय दरों में हुई कमी के परिणामस्वरूप इन सभी तीनों देशों में कीमतों में बहुत अधिक वृद्धि देखी गई तथा बड़े पैमाने पर नौकरियों का नुकसान भी देखा गया। खाने की कीमतें 35 प्रतिशत तक बढ़ गईं। बेरोजगारी का स्तर इंडोनेशिया में 12 प्रतिशत, कोरिया में 9 प्रतिशत तथा थाइलैंड में 8 प्रतिशत तक पहुँच गया। संकटग्रस्त 3 देशों से मात्र कोरिया के पास ही औपचारिक बेरोजगारी बीमा उपलब्ध था, अन्य देशों ने कोई सामाजिक सुरक्षा व्यवस्थाओं को प्रचलन में लाने का प्रयास नहीं किया।

पूर्वी एशिया के देशों में चलाए गए अंतरराष्ट्रीय मुद्रा कोष (आई.एम.एफ.) के कार्यक्रम लंबे समय से गिरी हुई विनिमय दरों से संबंधित समस्याओं, विवेकसम्मत नियमावली के प्रभावीकरण में कमी तथा वित्तीय प्रणालियों के अपर्याप्त पर्यवेक्षण, डेटा की उपलब्धता में कमी के कारण पारदर्शिता में कमी तथा इन्हें संचालित (शासन) करने की समस्याओं का निवारण करने में सफल रहे। पूँजी खाता उदारीकरण अंतरराष्ट्रीय मुद्रा कोष (आई.एम.एफ.) के प्रमुख उद्देश्यों में से एक बन गया था। नियत विनिमय दरों की स्थिरता के प्रति सोच में एक बहुत बड़ा बदलाव आ गया था। यह अनुभव किया गया कि अत्यधिक मुद्राह्रास को रोकने के लिए मुद्रा नीति का मजबूत होना आवश्यक है। अंतरराष्ट्रीय मुद्रा कोष (आई.एम.एफ.) के कार्यक्रमों ने वित्तीय संस्थानों की पुनर्रचना और पुनः पूँजीकरण को बढ़ावा दिया। सरकारी तथा निजी क्षेत्रों के लिए राजकीय मॉडलों को पारदर्शिता के साथ जवाबदेही को और मजबूत करते हुए उन्नत बनाया गया। अंतरराष्ट्रीय मुद्रा कोष (आई.एम.एफ.) की योजनाएँ राजकोषीय नीतियों पर केंद्रित थी, जिसने देशों के द्वारा की जानेवाली बाह्य बचतों पर निर्भरता को कम किया तथा बैंकिंग प्रणालियों के पुनर्गठन तथा पुनः पूँजीकरण की लागत को भी ध्यान में रखा।

## रूस की आर्थिक मंदी

1990 के मध्य में रूस सोवियत-पश्च समय से बाजारी अर्थव्यवस्था की ओर बढ़ रहा था। यहाँ बड़ी मात्रा में सामाजिक विस्थापन, जीवन स्तर में गिरावट, मुद्रास्फीति 300 प्रतिशत से अधिक थी। कई रूस निवासियों के पास तो जीवनयापन की मूलभूत आवश्यकताओं के लिए कोई बचत भी नहीं थी। अर्थव्यवस्था के अनेक भागों में अवरोधक सक्रिय थे तथा ऋण चुकौती अथवा कानूनी प्रवर्तनों को स्थापित किया जाना शेष था। मुद्रास्फीति का स्रोत राजकोषीय अनुशासन की कमी से होता है—सरकार ने सेंट्रल बैंक ऑफ रशिया के वित्तपोषण के माध्यम से काफी बड़े बजट घाटे को संचालित किया। इसमें बड़े पैमाने पर कर वंचन तथा अत्यधिक पूँजी का संचलन शामिल था। सक्रिय राजकोषीय प्रवर्तन 1996 के चुनावों तक नहीं आ रहा था तथा सरकार ने राजकोषीय घाटे से निपटने के

प्रति कोई सुधार नहीं दिखाया। सरकार ने उद्योग एवं ऊर्जा क्षेत्र के मुख्य करदाताओं से कर वसूल करने की प्रवर्तन शक्तियाँ खो दीं।

1995 में बजट घाटे को कम करने के लिए कमजोर कोशिशें की गईं। सरकार ने रूबल की विनिमय दर को पूर्व घोषित बंध के अनुसार डॉलर के बराबर रखते हुए मुद्रा वृद्धि को नियंत्रित करने के प्रयास किए। इस प्रकार मुद्रा वृद्धि को, विनिमय दर को नियंत्रित करने के लिए प्रयास किया गया। विनिमय दर को मुद्रा नीति के लिए एक नाममात्र स्थिरक बनाने का निर्णय लेते हुए रूस ने मुद्रा स्वातंत्र्य के बड़े भाग को अभ्यर्पित कर दिया। विनिमय दर स्थिरक द्वारा समर्थन के द्वारा मजबूत की गई मुद्रा नीति ने अल्पकालिक स्तर पर मुद्रास्फीति में अप्रत्याशित कमी उत्पन्न की तथा रूबल को मजबूती प्रदान की। मुद्रास्फीति 1996 तक 50 प्रतिशत से नीचे तक कम हो गई तथा एशियाई संकटों के हमलों में 15 प्रतिशत तक कमी आ गई। रूस अंतरराष्ट्रीय पूँजी बाजारों तक पहुँच गया तथा विदेशियों ने सरकार द्वारा जारी दस्तावेजों को अधिग्रहित कर लिया। मजबूत बाह्य चालू खाता, बढ़ते अंतरराष्ट्रीय कोष तथा विनिमय दर में आई बढ़ोतरी, उच्च ऋण सेवा लागतों की आवरणयुक्त चुनौतियों, मॉरीशस के अल्पकालिक ढाँचे तथा इस प्रभाव की विनिमय दरों में अचानक आनेवाली एक मंदी की मार देश पर पड़ सकती है।

1997 के पूर्व एशियाई संकट के साथ तेल की कीमतों में आई कमी रूस के व्यापार में तेज एवं अचानक आए ह्रास के रूप में परिणत हुई। इसके कुल आयात में 25 प्रतिशत की कमी आई तथा अंतरराष्ट्रीय पूँजी बाजार से यहाँ की ओर पूँजी का आना कम हो गया था, जिसके साथ-साथ अंतरराष्ट्रीय बाजार तक पहुँच महँगी हो गई थी। 1997-98 ने इस दौरान भुगतान परिस्थितियों के अधिशेष में कमी का सामना किया, रूस ने 20 बिलियन अमेरिकी डॉलर के अंतरराष्ट्रीय ऋण का सामना किया। रूस के सेंट्रल बैंक ऑफ रशिया ने विनिमय दर को बचाने के लिए विदेशी विनिमय आरक्षित निधियों को बेचते हुए बाजार में हस्तक्षेप किया। इससे बाजार का रुझान तेजी से गिरने लगा तथा अंतरराष्ट्रीय वित्तीय संस्थानों से ऋण लेने के बावजूद भी आरक्षित निधियों की स्थिति में एक तीव्र ह्रास देखा गया। यह स्पष्ट हो गया था कि यदि सरकार ने राजकोषीय अनुशासन को बनाए रखा होता तो रूस इतने बड़े इस विदारण से बच सकता था। संस्थानों के मध्य तारतम्यता की कमी थी, चूँकि धूमा ने अंतरराष्ट्रीय मुद्रा कोष (आई.एम.एफ.) द्वारा संस्तुत राजकोषीय योजना के मुख्य तत्त्वों की अनदेखी कर दी थी। रूस की मंदी के प्रथम छह महीनों में इससे निपटने के लिए कोई विश्वसनीय समष्टि आर्थिक नीति प्रतिक्रिया नजर नहीं आई थी। फरवरी 1999 तक रूबल डॉलर के मुकाबले अपना 70 प्रतिशत मूल्यह्रास कर चुका था तथा मुद्रास्फीति 90 प्रतिशत पहुँच गई थी। यहाँ कोई बैंकिंग संकट नहीं था। चूँकि बैंक मात्र भुगतान प्रणाली के तौर पर

कार्य कर रहे थे तथा उद्यमों के तुलन पत्र पर इस मंदी का प्रभाव अधिक नहीं था।

रूस ने सभी क्षेत्रों में ऋण-सेवा भुगतानों को निलंबित कर दिया था, जिसमें रूबल प्रभावी ऋण एवं निजी क्षेत्र बाह्य भुगतान शामिल थे। प्राधिकारियों ने विनिमय दर स्थिरकों का त्याग करते हुए तथा स्वतंत्र प्लवित विनिमय दर को अपनाया तथा शेष विदेशी विनिमय आरक्षित निधियों का संरक्षण किया। इस नीति का केंद्र भुगतान प्रणाली को प्रचालित रखना था। राष्ट्रपति तथा धूमा के मध्य 1998 में उत्पन राजनीतिक गतिरोध ने बजट संबंधी संशोधनों को असंभव बना दिया। सरकार ने कठोर नकद प्रबंधन तथा गैर-जरूरी व्यय में कटौती नीतियों को अपनाया। 1999 तक धूमा द्वारा पारित किए गए एक मितव्ययी बजट के साथ एक विश्वसनीय आर्थिक स्थायीकरण योजना को प्रचलन में लाया जा चुका था।

अप्रबंधनीय-से लगते हुए बाहरी ऋण के साये तथा अनियंत्रित होती उच्च-मुद्रास्फीति के डर ने 1999 में रूस के बजट में राजकोषीय अनुशासन का बोध करा दिया था। 1999 की तीसरी तिमाही तक तेल की कीमतों में सुधार आ चुका था जिसने रूस की आरक्षित निधियों को तेजी से भरना प्रारंभ कर दिया था। तेल तथा गैस की कीमतों में आए उछाल के कारण रूस अन्य मंदीग्रस्त देशों के मुकाबले तेजी से उभरने में सफल रहा। रूस की अर्थव्यवस्था पर तेल की ऊँची कीमतों के सकारात्मक प्रभाव को 2003 तक क्रमिक रूप से प्रचलन में रहे उनके राजकोषीय मितव्ययी बजट ने दोगुना कर दिया। नीति में किए गए इन सुधारों ने रूस को ऋण सेवा पुनर्भुगतानों के भार को पाटने में सक्षम कर दिया। बढ़ते हुए तेल राजस्व पर राजकोषीय अवरोध ने रूबल की मूल्य-वृद्धि की सराहना को कम करते हुए सरकार को अंतरराष्ट्रीय आरक्षित निधिकोष को बढ़ाने में सक्षम बना दिया। जैसे ही रूबल तथा बैंकिंग प्रणाली में विश्वास बढ़ा तो मुद्रास्फीति में क्रमिक कमी भी प्राप्त कर ली गई। रूस ने कर निर्धारण तथा विधि प्रवर्तन में बड़े स्तर पर संगठनात्मक सुधारों को अपनाया। सोवियत श्रम युग तथा भूमि कोड को ढाह दिया जा चुका था। कई अनुज्ञापित गतिविधियों को कम कर दिया गया, पेंशन सुधार, दिवालियापन के लिए कानून, कृषियोग्य भूमि कानून पारित किए गए। किसी भी प्रेक्षक की कल्पना के मुकाबले रूस ने बहुत जल्दी अपनी पूर्व आर्थिक स्थिति की पुनः प्राप्ति की।

## लैटिन अमेरिकन ऋण संकट—मैक्सिको, ब्राजील एवं अर्जेंटीना

20वीं सदी में लैटिन अमेरिका ने बड़ा संकट देखा। वर्ष 1982 में मैक्सिको डिफॉल्ट, वर्ष में 1994/95 में टकीला संकट, वर्ष 2001/02 में अर्जेंटीना डिफॉल्ट, वर्ष 1999/03 में ब्राजील संकट और 2008-09 में वैश्विक वित्तीय संकट।

फरवरी 1995 में मैक्सिको 18 महीने के कार्यक्रम हेतु 17.8 अमेरिकी डॉलर की

आपात-उपयोगी प्रबंध के लिए अंतरराष्ट्रीय मुद्रा कोष (आई.एम.एफ.) के पास पहुँचा। किसी भी सदन राष्ट्र के लिए अंतरराष्ट्रीय मुद्रा कोष (आई.एम.एफ.) द्वारा अनुमोदित किया गया यह अब तक का सबसे बड़ा वित्तीय पैकेज था। मैक्सिको के वित्तीय संकट के प्रति पर्याप्त अंतरराष्ट्रीय प्रतिक्रिया सुनिश्चित करने और अंतरराष्ट्रीय वित्तीय व्यवस्था को विश्वास दिलाने के लिए विशिष्ट काररवाई की आवश्यकता थी। मैक्सिको ने व्यापक संरचनात्मक सुधारों के आधार पर 1980 में एक उल्लेखनीय आर्थिक रूपांतरण प्राप्त कर लिया था। सरकार के कार्यक्रम के परिणामस्वरूप आर्थिक असमानता में तीव्र कमी, अर्थव्यवस्था में राज्य की भूमिका में कमी, अंतरराष्ट्रीय स्तर के निकट मुद्रास्फीति में कमी हुई। वर्ष 1994 के दौरान मैक्सिको में नाटकीय विपरीत राजनीतिक घटनाक्रम की पृष्ठभूमि के विरुद्ध चालू वित्तीय घाटे की निरंतरता के बारे में निवेशकों की चिंताएँ बढ़ने लगीं। प्राधिकारियों ने पूँजीगत बहिर्गमन को काबू में करने के लिए ब्याज दरें बढ़ा दीं और पेसो का मूल्य घटाया। इसके बावजूद भी विदेशी आरक्षित निधि को बहुत अधिक नुकसान हुआ और विदेशी विनिमय पर बहुत अधिक दबाव था तथा वित्तीय बाजारों में वित्तीय संकट आ गया। मैक्सिको के वित्तीय संकट से अन्य कई लैटिन अमेरिकन देशों में भी वित्तीय एवं विनिमय बाजारों में गंभीर दबाव बना।

पूर्वी एशियाई संकट के परिणामस्वरूप वर्ष 1998 में ब्राजील भारी दबाव में आया, क्योंकि इस संकट से अंतरराष्ट्रीय वित्तीय परिवेश में नाटकीय ढंग से विपरीत प्रभाव पड़ा। ब्राजील की सरकार ने जी.डी.पी. के 2½ प्रतिशत के बराबर राजस्व में वृद्धि एवं व्यय में कमी और घरेलू उधार दरों को 43½ तक दुगना करने जैसे आपातकालीन वित्तीय और मौद्रिक नीति उपाय किए। अगस्त 1998 तक रशियन संकट के परिणामस्वरूप पूँजीखाता गंभीर दबाव में आ गया, जिससे अतिरिक्त व्यय में कमी एवं सख्त वित्तीय काररवाई करने की आवश्यकता हुई। इन उपायों के बावजूद भी जुलाई से अक्तूबर 1998 तक तीन महीनों में विदेशी विनिमय आरक्षित निधि 70 बिलियम अमेरिकी डॉलर से होकर 45 बिलियन अमेरिकी डॉलर हो गई और ब्राजील को एक प्रमुख आर्थिक संरचनात्मक सुधार की आवश्यकता थी। ब्राजील 36 महीने के लिए 18 बिलियम अमेरिकी डॉलर के आपात-उपयोगी प्रबंध के लिए अंतरराष्ट्रीय मुद्रा कोष (आई.एम.एफ.) के पास पहुँचा। अंतरराष्ट्रीय वित्तीय बाजार में गंभीर अनिश्चितता की अवधि का सामना करने के लिए ब्राजील का सहयोग करने के उद्देश्य के साथ कार्यक्रम की प्रकृति निवारक थी।

वर्ष 2001-02 में अर्जेंटीना ने अपने इतिहास के सबसे खराब आर्थिक संकट को अनुभव किया। जी.डी.पी. 3 वर्षों में 20 प्रतिशत तक गिर गई, मुद्रास्फीति का प्रसार हुआ, अर्जेंटीना अपने प्रधान ऋण को नहीं चुका पाया, बैंकिंग व्यवस्था पंगु हो गई और अमेरिकी

डॉलर से लगी हुई अर्जेंटीना पेसो जून 2002 में अमेरिकी डॉलर के मुकाबले अर्जे 3.90 डॉलर हो गई। पूर्व में एक वर्ष से भी कम समय में अर्जेंटीना को सफल आर्थिक सुधार मॉडल के रूप में जाना जाता था, मुद्रास्फीति एकल अंक में थी, जी.डी.पी. प्रभावी थी और अर्थव्यवस्था ने टकीला संकट का सफलतापूर्वक सामना किया था अर्जेंटीना को 21वीं सदी के आर्थिक शासन के मॉडल सुधारक के रूप में जाना गया। 2002 का अर्जेंटीना संकट वृहद् वित्तीय घाटों एवं उच्च मुद्रास्फीति के द्वारा नहीं, बल्कि सार्वजनिक क्षेत्र के ऋण डाइनमिक की कमजोरी के कारण उत्पन्न हुआ था। करेंसी बोर्ड प्रबंध ने बजट घाटे के प्रत्यक्ष वित्तपोषण को रोक दिया। संकट की समयावधि में कीमतों में अपस्फीति हुई और बैंकिंग व्यवस्था सुदृढ़ एवं अच्छी तरह से कैपिटलाइज्ड हुई।

करेंसी बोर्ड प्रबंध ने अर्जेंटीना के स्टार प्रदर्शनकर्ता से संकट का देश बनने तक के परिवर्तन में प्रमुख भूमिका निभाई। आरंभ में करेंसी बोर्ड ने अवस्फीति प्राप्त करने में भूमिका निभाई। एक बार अर्जेंटीना ने मंदी में प्रवेश किया तो करेंसी बोर्ड प्रबंध ने मौद्रिक नीति को सख्त करने से रोकने के लिए अर्जेंटीना की क्षमता को सीमित कर दिया और राजकोषीय नीति शिथिल होने से सार्वजनिक ऋण डाइनमिक को खारिज कर दिया। मैक्रोइकोनॉमिक स्थायीकरण का पूरा भार राजकोषीय नीति पर था। मौद्रिक नीति क्षेत्र में अर्जेंटीना फँसा हुआ प्रतीत हुआ, जिसने नीतिगत चुनाव को बाधित किया। बढ़ते राजकोषीय घाटे, सरकार के उच्च बजट क्रियाकलापों और संघीय बजट से प्रांतों में 30 प्रतिशत से अधिक विस्तृत स्थानांतरणों एवं ब्याज भुगतानों ने अर्जेंटीना के नीतिगत विकल्पों को बुरी तरह बाधित किया। अर्जेंटीना की अर्थव्यवस्था में निर्यात का हिस्सा कम था और देश संकट का समाधान नहीं खोज सका। निर्यात कमाई का ¾ हिस्सा ऋण सेवा भुगतान ले रहे थे। नाटकीय ढंग से बढ़ते ऋण एवं मुद्रा के खुले तौर पर गिरने के बीच अर्जेंटीना सरकारी ऋण पर डिफॉल्ट हो गया और करेंसी बोर्ड भंग हो गया।

अर्जेंटीना संकट को 14 बिलियन अमेरिकी डॉलर के अंतरराष्ट्रीय मुद्रा कोष (आई. एम.एफ.) आपात उपयोगी प्रबंध और 40 बिलियन अमेरिकी डॉलर के अंतरराष्ट्रीय सहायता पैकेज की आवश्यकता थी। मैक्रोइकोनॉमिक स्थायीकरण कार्यक्रम द्वारा सार्वजनिक क्षेत्र बचत को जी.डी.पी. के ½ प्रतिशत से जी.डी.पी. के 1½ प्रतिशत तक लाने और राजकोषीय घाटे को जी.डी.पी. के (–) 6.4 प्रतिशत से 3 प्रतिशत तक कम करने का उपाय ढूँढ़ा गया। इन हस्तक्षेपों के बावजूद भी जी.डी.पी. वृद्धि में गिरावट जारी रही और वर्ष 2002 में 11 प्रतिशत तक गिरी और उच्च मुद्रास्फीति के साथ बेरोजगारी 20 प्रतिशत से अधिक बढ़ी। अर्जेंटीना ने शून्य घाटा कानून पास किया और पूर्ण नीतिगत परिवर्तन किए, क्योंकि फंडिंग विकल्प समाप्त हो गए थे।

## महामंदी

वर्ष 2008 में संयुक्त राज्य अमेरिका में गंभीर मंदी आई तथा 1930 के बाद यह यूरोपीय विश्व की अर्थव्यवस्था में सबसे बड़ी मंदी थी और युद्ध के पश्चात् पहली वार्षिक संकुचन थी। 2007 में अमेरिकी उप-प्राइम के साथ प्रारंभ हुआ यह संकट और अधिक गहरा गया और 2008 के आते-आते कठिन दौर में प्रवेश कर गया। उभरते बाजारों के साथ इसका प्रभाव विश्व भर के वित्तीय तंत्र में अनुभव किया गया। 2008 की वैश्विक आर्थिक प्रदर्शन की गिरावट वैश्विक अर्थव्यवस्था में बढ़ती और विकासशील अर्थव्यवस्थाओं के एकीकरण के साथ स्थिर विस्तृतीकरण सहित वर्षों तक जारी रही। कर विनियामक तथा समष्टि आर्थिक नीतियों ने वित्तीय, आवासीय तथा आवश्यक वस्तु बाजार के असंतुलन को सँभालने में अपना योगदान दिया। अंतरराष्ट्रीय वित्तीय प्रणाली पूरी तरह से क्षतिग्रस्त हो चुकी थी।

2008 की चौथी तिमाही में अमेरिका की जी.डी.पी यू.एस. की विशाल मार्केट सूची के साथ 4 प्रतिशत तक नीचे गिर गई, एस. एंड पी. 2007 के 45 प्रतिशत से 500 नीचे चला गया। विश्व की जी.डी.पी. वृद्धि दर 2007 के 5 प्रतिशत से 2008 में 3¾ प्रतिशत तथा 2009 में 2 प्रतिशत तक गिर गई। अंतरराष्ट्रीय मुद्रा कोष (आई.एम.एफ.) ने वैश्विक वित्तीय संस्थाओं के लगभग 1.5 ट्रिलियन अमेरिकी डॉलर के ऋण के नुकसान का अनुमान लगाया। सितंबर 2008 में लेहमैन ब्रदर्स बंद हो गई। जमा ऋण वैश्विक वित्तीय प्रणाली को ढहने की कगार पर ले आया। कमजोर होती वैश्विक माँग ने आवश्यक वस्तुओं की कीमतों को भी मंदी की चपेट में ला दिया। तेल की कीमतें 50 प्रतिशत से भी अधिक नीचे गिर गईं और इसी प्रकार खाद्य एवं अन्य वस्तुओं की कीमतें भी गिर गईं। प्रगतिशील इक्विटी मार्केट ने स्थानीय मुद्रा शर्तों में अपने मूल्य का लगभग तिहाई हिस्सा गवाँ दिया तथा अमेरिकी डॉलर निबंधन में अपने 40 प्रतिशत मूल्यों को खो दिया था। वित्तीय संकट की समस्या के मूल कारणों को दूर करने तथा माँग की पूर्ति करने के लिए व्यापक नीतिगत कारखाइयाँ की गईं। आसन्न विघटन का सामना करते हुए यू.एस. फेडरल रिजर्व तथा यूरोपियन सेंट्रल बैंक ने क्रेडिट मार्केटों को 2.5 ट्रीलियन यू.एस. डॉलरों की सहायता प्रदान की। बैंकों से संकटग्रस्त संपत्ति को खरीदने के लिए अमेरिका ने जनता के धन को उपयोग करने के लिए आर्थिक प्रोत्साहन कानून पारित किया तथा कई यूरोपीय देशों ने भी अपने वित्तीय नुकसान को सँभालने के लिए इसी प्रकार के प्रोत्साहन पैकेजों को क्रियान्वित किया था।

विश्वभर के नीति-निर्माताओं ने वित्तीय स्थितियों को स्थिर करने के चुनौतीपूर्ण लक्ष्य का सामना किया, जिसके साथ-ही-साथ अपनी आर्थिक स्थिति को धीमी गति से बढ़ाकर पोषित करते हुए मुद्रास्फीति दर को भी बनाए रखना शामिल था। इसमें बहुपक्षीय कोशिशें विशेष रूप से महत्त्वपूर्ण थीं। इस अवधि के दौरान चीन की भू-राजनीतिक स्थिति ने शानदार

प्रगति की। चूँकि जी8 के सदस्य देश इस संकट से जूझ रहे थे, इसलिए यह महत्त्वपूर्ण था कि अपने जनादेश और संपत्ति के कारण चीन को भी इस विचार-विमर्श में शामिल किया जाना था। विश्व की सबसे बड़ी 19 अर्थव्यवस्थाओं का नेतृत्व करते हुए जी20 ढाँचे तथा यूरोपियन संघ वैश्विक संकट को सँभालने के लिए समन्वयक निकाय बन गया। नीति की कारवाइयों में संकटग्रस्त आस्तियों को खरीदने के कार्यक्रम, बैंकों को पुनः पूँजीयुक्त बनाने के लिए जनता के धन का उपयोग करना तथा व्यापक गारंटियाँ उपलब्ध कराना तथा मुख्य केंद्रीय बैंकों द्वारा नीति में समन्वित कटौती करना शामिल थे। उन्नत अर्थव्यवस्थाएँ तथा उभरती हुई बाजार अर्थव्यवस्थाएँ तेजी से कम होती आर्थिक गतिविधियों के दबाव से मुद्रास्फीति के संतुलन की गवाह रही हैं। यहाँ मौद्रिक सरलता तथा राजकोषीय स्थिरता को कमजोर किए बगैर वृद्धि दर को समर्थन देने के लिए विवेकाधीन राजकोषीय प्रोत्साहन के पास क्षेत्र उपलब्ध है। विनियामक तथा पर्यवेक्षी ढाँचे के अंतर को पाटने के लिए बहुपक्षीय कोशिशें प्रारंभ की गईं, ऊर्जा संरक्षण, तेल एवं खाद्य आपूर्ति को बढ़ावा देना तथा वैश्विक संकट को उजागर करने के लिए अपनी कोशिशों में तेजी लाना शामिल है। आंतरिक माँगों को पूरा करने के लिए रेनमिनबी तथा चीन के स्थानांतरण करनेवाले संसाधनों एवं मध्य-पूर्व तेल निर्यातकों की प्रभावी सराहना की गई।

अक्तूबर 2009 तक आर्थिक वृद्धि सकारात्मक हो गई, चूँकि विस्तृत नीति हस्तक्षेप ने माँग तथा वित्तीय प्रणाली के लिए प्रणालीबद्ध जोखिम की अनिश्चितता का समर्थन किया, हालाँकि प्रतिलाभ की गति धीमी थी, लेकिन वस्तुओं की कीमतों में सकारात्मक प्रतिक्रिया, निर्माणकर्ताओं से लेने तथा उपभोक्ताओं के आत्मविश्वास का लौटना और आवासीय बाजारों में आत्मविश्वास का मजबूत होना सभी शामिल थे। इस पुनः प्राप्ति के कारण उन्नत अर्थव्यवस्थाओं की मजबूत लोक नीतियाँ तथा उभरती बाजार अर्थव्यवस्थाएँ, जिन्होंने माँग का समर्थन किया और वैश्विक मंदी के भय को समाप्त कर दिया। सेंट्रल बैंक ने असाधारण रूप से दरों में कटौती के साथ प्रतिक्रिया दिखाई तथा सरकार ने प्रमुख राजकोषीय प्रोत्साहन कार्यक्रमों को प्रारंभ किया। 2009 के समाप्त होते-होते मुख्य नीति चुनौती सहायक समष्टि आर्थिक नीतियों को वसूली के मजबूत स्तर पर रहने तक बनाए रखना था। राजकोषीय प्रोत्साहन योजनाओं को वापस लेने की प्रक्रिया ने भविष्य के लिए जोखिम उत्पन्न कर दिया तथा यह चुनौती समायोजन मौद्रिक नीति की स्थितियों को मजबूत करने के समय का पता लगाना था। दूसरी नीतिगत चुनौती मितव्ययी ढाँचे को सुधारते हुए वित्तीय क्षेत्र की भरपाई करना था। बेरोजगारी तथा गरीबी में वृद्धि से यहाँ संरचनात्मक तथा सामाजिक चुनौतियाँ भी विद्यमान थीं। इस प्रत्येक चुनौती के लिए अंतरराष्ट्रीय नीति सहकार्य तथा सहयोग की आवश्यकता थी, जिसे जी20 के द्वारा प्राप्त कर लिया गया था।

अति उदार मौद्रिक नीतियों तथा सहायक राजकोषीय नीतियों के आधार पर अप्रैल 2010 तक वैश्विक जी.डी.पी. के 4½ प्रतिशत की दर से बढ़ने का अनुमान लगाया गया था। प्रतिलाभ आशाओं से बढ़कर हुआ तथा विश्व की अर्थव्यवस्था उस स्तर पर पहुँच गई, जहाँ मौद्रिक उदारता नाममात्र विनिमय दर समर्थन के साथ सावधानी से चिंतामुक्त हो सके। कई उन्नत अर्थव्यवस्थाओं के लिए वित्तीय क्षेत्र को सुधारना व इसे ठीक करना सर्वोच्च प्राथमिकता रही। यह क्रम बाद के कई वर्षों तक जारी रहा।

## यूरोपीय मंदी

यूरोपियन मंदी 2010 में सामने आई। यूरो क्षेत्र की अर्थव्यवस्था में उथल-पुथल मची हुई थी। यूरोपियन सेंट्रल बैंक के बहुत प्रतिबंधात्मकता के मुद्रास्फीति निवारक जनादेश के साथ यूरो मुद्रा का क्षेत्र बहुत बड़ा व विच्छिन्न हो चुका था। पूरे क्षेत्र में संसाधनों को भेजने के लिए यहाँ पर कोई राजकोषीय प्रणाली विद्यमान नहीं थी। यूरोपीय उन्नयन बाजार देशों के समूह को 2008-09 के दौरान वित्तीय सहायता की आवश्यकता थी। इस समूह में जॉर्जिया, हंगरी, आइसलैंड, लात्विया, यूक्रेन, अर्मेनिया, बोस्निया तथा हरजेगोविना, रोम तथा सर्बिया शामिल थे। यूरो क्षेत्र के संकट से प्रभावित होनेवाले देश ग्रीस (2011, 2012), आयरलैंड (2010), पुर्तगाल (2011) तथा साइप्रस (2013) थे, जो यूरो क्षेत्र में जन एवं लोक तुलनपत्रों की विविधताओं के बड़े पैमाने पर चालू असंतुलनों के कारण प्रभावित हुए थे।

ग्रीस में बेघर लोग कतारों में सूप किचनों के बाहर खड़े हो गए, पेंशनर लोग आत्महत्या करने लगे, बीमार लोगों को दवाइयाँ व डॉक्टरों की प्रिस्क्रिप्सन नहीं मिलीं, दुकानें बंद हो गईं तथा कूड़ा ढूँढ़नेवाले कूड़ेदानों में खाना ढूँढ़ने लगे यह स्थिति युद्ध के बाद के यूरोप की याद दिलानेवाली स्थिति थी। हर 25 साल से कम उम्र का युवक बेरोजगार था। जनता के भारी कर्ज तथा मार्केट तक पहुँच नहीं होने के कारण ग्रीस की अर्थव्यवस्था ढहने लगी। उच्च राजकोषीय घाटे तथा विदेशी उधारी पर निर्भरता ने माँग को हवा देने का काम किया। यूरो क्षेत्र में प्रवेश ने ग्रीस को निम्न लागत ऋण, 4 प्रतिशत की दर से घरेलू माँग में एक औसत वृद्धि हेतु सक्षम बना दिया। ग्रीस ने कर में कटौती के साथ चक्रीय-समर्थित राजकोषीय नीतियों का संचालन किया, वेतन में खर्चे को बढ़ाना तथा 2000-2008 की समयावधि के दौरान राजकोषीय घाटों को 7 प्रतिशत पर संचालित किया। स्वास्थ्य तथा पेंशन की लागतें कुल जी.डी.पी. की क्रमशः 4.5 प्रतिशत व 12.5 प्रतिशत थीं, जो बहुत अधिक स्तर की थीं। इसके आगे, ग्रीस का एक कमजोर व्यापार वातावरण, यूरो क्षेत्र की औसत से काफी उच्च मुद्रास्फीति तथा कम उत्पादकता थी। शासन प्रणालियाँ कमजोर थीं, कोई अंतर्मुखी एफ.डी. आई. तथा पब्लिक क्षेत्र शायद ही अदक्ष रहा हो।

ग्रीस के प्राधिकारियों ने अरक्षितता के समाधान के लिए प्रारंभ में राजकोषीय घाटे को कम करने जैसी अस्पष्ट कोशिश की। लेकिन किए गए उपाय संतोषजनक नहीं थे और राजकोषीय स्थिरता आगे बाजार के रुख को कम करते हुए चिंताएँ गहराती चली गईं। विदेशी वित्तपोषण समाप्त हो चुका था तथा बैंकिंग प्रणाली में विश्वास का भी ह्रास हो चुका था। रेटिंग एजेंसियों में स्पष्ट पतन, अनर्जक ऋणों में तीव्र वृद्धि तथा बैंकों की व्यवहार्यता में कमी आ गई थी। ग्रीस ने विदेशी ऋण प्राप्त करने के लिए अपने गलत राजकोषीय आँकड़े प्रस्तुत किए। वर्ष 2008 के राजकोषीय घाटे को जी.डी.पी. के 5 प्रतिशत से जी.डी.पी. के 7.7 प्रतिशत तक परिशोधित किया गया था और वर्ष 2008 के राजकोषीय घाटे को जी.डी.पी. के 3.7 प्रतिशत से जी.डी.पी. के 13.6 प्रतिशत तक परिशोधित किया गया था। वर्ष 2009 के लिए लोक ऋण के आँकड़ों को जी.डी.पी. के 99.6 प्रतिशत से जी.डी.पी. के 115.1 प्रतिशत तक परिशोधित किया गया। ग्रीस को राजकोषीय घाटे को कम करने के लिए, अपने ऋण अनुपात को घटाने और अपनी परिस्थिति में सुधार करने के लिए मजबूत और दीर्घकालीन समायोजन कार्यक्रम की आवश्यकता थी। ग्रीस के लिए अंतरराष्ट्रीय मुद्राकोष की आपात–उपयोगी व्यवस्था 28 बिलियन यूरो की थी और ग्रीस के 15 सहयोगी यूरो क्षेत्र देशों द्वारा यूरोप के सेंट्रल बैंक में पूँजी में हिस्सेदारी के अनुपात में द्विपक्षीय सहयोग कार्यक्रम प्रदान किया गया। वर्ष 2012 में ग्रीस को 30 बिलियन यूरो राशि के अतिरिक्त कार्यक्रम की आवश्यकता थी। ग्रीस के कार्यक्रम का लक्ष्य पुनः बाजार पहुँच के लिए पुनः विश्वास प्राप्त करना और राजकोषीय स्थिरता, पुनः प्रतिस्पर्धा प्राप्त करना और वित्तीय क्षेत्र की स्थिरता की सुरक्षा करना था।

यूरो क्षेत्र में अभूतपूर्व मंदी ने आयरलैंड और पुर्तगाल को भी प्रभावित किया। आयरलैंड में, आयरलैंड के बैंक क्षेत्र पर वैश्विक मंदी के व्यापक प्रभाव पड़े। यह वास्तविक बाजार के टूटने के साथ संयोजित हो गया था, जिसके परिणामस्वरूप निवेश का 41 प्रतिशत डूब गया और व्यापक आर्थिक हानि हुई, जिससे उभरते हुए बैंकों की हानि हुई और थोक वित्तीयन की सुरक्षा को लेकर बैंकों की मुश्किलें बढ़ गईं। बाजार निधिबंधन पहुँच की कमी और निगमितों द्वारा थोक जमा की बड़े पैमाने पर निकासी से बैंक, बढ़ती देनदारियों को दूर करने के लिए सेंट्रल बैंक की निधियों पर निर्भर हो गए। यूरोपियन सेंट्रल बैंक से आयरलैंड का ऋण जोखिम 90 बिलियन यूरो और सेंट्रल बैंक ऑफ आयरलैंड से 150 बिलियन यूरो तक पहुँच गया था। आयरिश प्राधिकारियों से संकट के प्रति आरंभिक प्रतिक्रिया अर्थव्यवस्था को स्थिर करने के लिए अपर्याप्त थी तथा आयरलैंड को अंतरराष्ट्रीय मुद्रा कोष (आई. एम.एफ.) कार्यक्रम के लिए 22.5 बिलियन की आवश्यकता थी।

ग्रीस और आयरलैंड में मंदी की पृष्ठभूमि के विरुद्ध और यूरो क्षेत्र में संक्रमण के डर

से, पुर्तगाल ने भी वर्ष 2011 में अचानक वित्तीय गिरावट का सामना किया। पुर्तगाल जब यूरो क्षेत्र में शामिल हुआ था तब खोजकर्ता सदस्य देशों में पुर्तगाल की प्रति व्यक्ति आय न्यूनतम थी। यूरो में आसान वित्तीयन ने खर्च करने में व्यय को बढ़ा दिया और ऋण को बढ़ाया। पुर्तगाल यूनियन की स्थिरता के राजकोषीय नियमों और संहिताओं का पालन करने में असफल रहा। वर्ष 2010 तक जब वित्तीयन में मंदी आनी शुरू हुई तब पुर्तगाल को दोहरा घाटा हुआ—जी.डी.पी. के 10 प्रतिशत के चालू खाता और राजकोषीय तथा लोक एवं निजी ऋण का घाटा हुआ, जो कि यूरो क्षेत्र में सर्वाधिक था। पुर्तगाल को अंतरराष्ट्रीय मुद्रा कोष से बिलियन के वित्तीयन कार्यक्रम की आवश्यकता थी।

यूरो क्षेत्र का संकट अभूतपूर्व था, वैश्विक वित्तीय संकटों की पृष्ठभूमि के सापेक्ष आना और इसके फैलने का खतरा बहुत अधिक था। मुख्य चुनौतियों में बाजार पहुँच का अचानक नुकसान, गहन असंतुलनों के साथ देशों में क्रमिक समायोजन की आवश्यकता तथा विनिमय दर नीतियों का कोई सहारा नहीं था तथा यूरो क्षेत्र की सुरक्षा दीवार की अनुपस्थिति थी। सुरक्षा दीवार निर्माण में समय देने में स्थिरीकरण कार्यक्रम, इनका सफल होना, संकट को फैलने से रोकना तथा वृद्धि, बाजार तक पहुँच को पुनः प्राप्त करना शामिल था। पूरा यूरो क्षेत्र अंतरराष्ट्रीय मुद्रा कोष (आई.एम.एफ.), अंतरराष्ट्रीय साझेदारों एवं साथी देशों के लिए एक सामूहिक सफलता की कहानी को प्रस्तुत करने के लिए एक साथ सामने आया।

## निष्कर्ष

प्रथम विश्वयुद्ध से पूर्व, अत्यधिक विश्वसनीय स्वर्ण मानक दीर्घकालिक विनिमय दर स्थायित्व प्रदान करता था और विनिमय दर संकट को दूर करता था। अक्तूबर 1929 में, विश्वव्यापी मंदी ने संयुक्त राज्य और यूरोप में पूँजी प्रवाह को अचानक बंद कर दिया। पाउंड का अवमूल्यन होते ही, बड़े पैमाने पर पूँजी पलायन हुआ, जिसके परिणामस्वरूप प्रतिस्पर्धात्मक अवमूल्यन, विनिमय प्रतिबंध, पूँजी नियंत्रण तथा व्यापार रोध उत्पन्न हुआ। वर्ष 1944 में ब्रेटन वुड्स सम्मेलन के परिणामस्वरूप अंतरराष्ट्रीय मुद्रा कोष का निर्माण हुआ और चुनौतियों का सामना करने के लिए नियमों का सूत्रीकरण किया गया।

वर्ष 1972 तक ब्रेटन वुड्स समझौता समाप्त हो गया था तथा अस्थायी विनिमय दरों को वैध करने के लिए अंतरराष्ट्रीय मुद्रा कोष के करार की शर्तों में संशोधन किया गया। 1980, 1990 के दशक से 2000 के दशक में बहुत से देशों के उभरते बाजार, पूँजी लेखा संकट के गवाह हैं, जैसे 1982-1989 का अंतरराष्ट्रीय ऋण संकट, 1994-2003 में लैटिन अमेरिका के देश—मैक्सिको, ब्राजील और अर्जेंटीना, 1997-1998 में पूर्वी एशिया की अर्थव्यवस्थाएँ, 1998 में रूस और वर्ष 2010-2012 में यूरोप के देशों में ग्रीस, पुर्तगाल

एवं आयरलैंड। इस प्रत्येक मंदी ने बड़ी मुश्किलें पैदा कीं, विश्वव्यापी मंदी में 15 मिलियन अमेरिकी लोग बेरोजगार हो गए थे, यूरोप की मंदी के दौरान ग्रीस में 25 वर्ष से कम उम्र का प्रत्येक व्यक्ति बेरोजगार था, इससे बड़ी संख्या में लोग प्रभावित हुए। वर्ष 2008 में व्यापक आर्थिक मंदी हुई। व्यापक आर्थिक मंदी के दौरान, व्यापक विश्वव्यापी मंदी की भाँति विश्व अर्थव्यवस्था ने अस्थिर पूँजी प्रवाह, आपात आरक्षित निधि, समायोजन का विषम भार तथा मुद्रा युद्धों का सामना किया।

बढ़ते पूँजी प्रवाह के युग में, विनियामक चुनौतियों ने नीति त्रिधापाश से मुक्त किया है। पूँजी प्रवाह की मुद्रा नीति स्वायत्त व नियत दर के साथ असंगति प्रथम त्रिधापाश है। वित्तीय अस्थिरता और पूँजी की गतिशीलता के मध्य असंगति दूसरा त्रिधापाश है। राजकोषीय नीति, मुद्रा नीति एवं पूँजी गतिशीलता के मध्य अन्योन्य क्रिया तीसरा त्रिधापाश है। पूर्वी एशिया में उसकी मंदी की शुरुआत थाइलैंड में वित्तीय उदारीकरण से हुई, जब बैंकॉक अंतरराष्ट्रीय बैंकिंग सुविधा की स्थापना हुई थी, जिसने बहुत बड़ी संख्या में विदेशी बैंकों को अंतरराष्ट्रीय बैंकिंग व्यापार का संचालन करने की अनुमति प्रदान की। यह बैंक बड़ी मात्रा में विदेशी विनिमय में लाए गए, जिसे लेने के बाद वे घरेलू ऋण का प्रसार करने लगे जिसके परिणामस्वरूप बैंकिंग मंदी घटित हुई। उदारीकृत वित्तीय प्रणालियों, कमजोर होते वित्तीय संस्थानों की पृष्ठभूमि में महामंदी और यूरोप की मंदी भी शामिल थी, जिसने वित्तीय असंतुलन को खड़ा करने का अवसर प्रदान किया।

अंतरराष्ट्रीय नीति समन्वय के मामले में बढ़ते हुए बहुपक्षीयक ऋण की आवश्यकता है। ब्रिक्स तंत्र के माध्यम से सहयोग, बढ़ते हुए बहुपक्षीयकरण की ओर एक कदम है। ब्रिक्स देशों ने एक आकस्मिक भंडार व्यवस्था (सी.आर.ए.) की स्थापना की, जो वित्तीय संकटों से उनकी अर्थव्यवस्था को सुरक्षा प्रदान करने के लिए नींव का काम करेगी। चियांग माई के नेतृत्व में सीआरए संयुक्त राष्ट्र के बिना मुद्रा सहयोग स्थापित करने का प्रयास कर रही है। उन्होंने कहा, संयुक्त राष्ट्र के वित्तीय नेतृत्व का कोई विकल्प नहीं हो सकता। वित्तीय संकट में डॉलर में गिनी जानेवाली वैश्विक मुद्रा में विदेशी विनिमय भंडार और वित्तीय बुनियादी ढाँचे की आवश्यकता है। अन्यथा राष्ट्र को अंतरराष्ट्रीय मुद्रा कोष, जिसका अंतरराष्ट्रीय वित्तीय प्रणाली की आधारशिला के रूप में निर्माण किया गया था, के पास जाना पड़ता है। यद्यपि बढ़ती निजी पूँजी प्रसार के युग में अंतरराष्ट्रीय मुद्रा कोष को 1990 में स्वयं के अस्तित्वपरक संकट का सामना करना पड़ा था और परिचालन व्यवहार्यता के लिए स्वर्ण भंडारों का विक्रय करना पड़ा था। महामंदी और यूरोप की मंदी ने आसन्न वैश्विक वित्तीय संकटों का सामना करने के लिए बहुपक्षीय सहयोग को एकजुट किया। जी20 तंत्र विश्व की सबसे बड़ी 19 अर्थव्यवस्थाओं का प्रतिनिधित्व करता है तथा यूरोप संघ वैश्विक संकट का

सामना करने के लिए समन्वयक निकाय बन गया है। सामूहिक रूप से राष्ट्रों की वैश्विक मंडली सुरक्षा दीवार, मंदी पर काबू पाने और विकास बहाली तथा बाजार तक पहुँच बनाने में सफल हुई थी।

## संदर्भ—


1. विदेशी मामले, 'द एज ऑफ द ग्रेट डिप्रेशन 1929-1941' डिक्सन वेक्टर द्वारा, रॉबर्ट गेल वूलबर्ट द्वारा समीक्षित, जनवरी 1949 का अंक, www.imf.org.
2. विदेशी मामले, 'द ग्रेट डिप्रेशन' एडविन एफ. गे द्वारा, जुलाई 1932 का अंक, www.imf.org.
3. आई.एम.एफ. 'फ्रॉम स्वेज टू टकीला : द आई.एम.एफ. ऐज क्राइसिस मैनेजर" आई.एम.एफ. वर्किंग पेपर डब्ल्यू.पी./97/90 जेम्स बॉटन द्वारा, 7 अगस्त, 1997, www.imf.org.
4. आई.एम.एफ. फाइनेंस एंड डेवलपमेंट सितंबर 2001—वाज द स्वेज इन 1956 द फर्स्ट फाइनेंशियल क्राइसिस ऑफ द ट्वेंटी फर्स्ट सेंचुरी? जेम्स बॉटन द्वारा, 1 सितंबर, 2001 www.imf.org.
5. आई.एम.एफ समरी ऑफ द साइलेंट रिवोल्यूशन : द इंटरनेशनल मॉनिटरी फंड 1979-1989, जेम्स बॉटन द्वारा 1 अक्तूबर, 2001 www.imf.org.
6. आई.एम.एफ वित्त एवं विकास जून 1998, ह्वाट लेसंस डज द मैक्सिकन क्राइसिस होल्ड फॉर रिकवरी इन एशिया? गुलिर्मो आर्तिज मार्टिंज द्वारा, www.imf.org.
7. साइलेंट रिवोल्यूशन : द आई.एम.एफ. 1979-1989, अक्तूबर 2001, अध्याय 7—द मैक्सिकन क्राइसिस : नो माइंटेन टू हाई? www.imf.org.
8. आई.एम.एफ द आई.एम.एफ. एंड द चैलेंज्स ऑफ ग्लोबलाइजेशन-द फंड्स इवॉल्विंग एप्रोच टू इट्स कांस्टेंट्स मिशन : द केस ऑफ मैक्सिको-माइकल कमदेसस द्वारा वक्तव्य, 14 नवंबर, 1995, www.imf.org.
9. आई.एम.एफ ब्राजील का अभिप्राय पत्र, 13 नवंबर, 1998 www.imf.org.
10. आई.एम.एफ. का स्वतंत्र मूल्यांकन कार्यालय (आई.ई.ओ.)-आई.एम.एफ. एंड रिसेंट कैपिटल अकाउंट क्राइसिस : इंडोनेशिया, कोरिया एंड ब्राजील, 12 सितंबर, 2003, www.imf.org.
11. आई.एम.एफ. लेसंस फ्रॉम द क्राइसिस इन अर्जेंटीना, नीति विकास एवं समीक्षा विभाग द्वारा तैयार किया गया, टिमोथी गेथनर, 8 अक्तूबर, 2003, www.imf.org.
12. आई.एम.एफ. 'क्या अर्जेंटीना जैसे देशों को खुद को दिवालिया घोषित करने में सक्षम होना चाहिए? एक टिप्पणी' ऐनी क्रुएगर द्वारा, प्रथम उपप्रबंध निदेशक, आई.एम.एफ. 18 जनवरी, 2002 www.imf.org.
13. आई.एम.एफ. 'आई.एम.एफ. ने अर्जेंटीना की सहायता की' थॉमस सी. डॉसन, निदेशक बाहरी संबंध विभाग, आई.एम.एफ. द्वारा संपादक के नाम एक पत्र, 25 फरवरी, 2002, www.imf.org.

14. आई.एम.एफ. वित्त और विकास, जून 1999–लेसंस ऑफ द रशियन क्राइसिस फॉर ट्रांजिशन इकोनॉमीज येगोर गेडर, www.imf.org.

15. आई.एम.एफ. ओवरव्यू ऑफ स्ट्रक्चरल रिफार्म्स इन रशिया आफ्टर 1988 फाइनेंशियल क्राइसिस, एस.ए.वी.विलिव, 16 फरवरी, 2000, www.imf.org.

16. आई.एम.एफ. रशिया रीबाउंड्स, डेविड ओवेन और डेविड ओ रॉबिन्सन द्वारा संपादित 2003, www.imf.org.

17. आई.एम.एफ. वर्ल्ड इकोनॉमिक आउटलुक (डब्ल्यू.ई.ओ.)—फाइनेंशियल स्ट्रेस, डाउनटर्न्स एंड रिकवरीज, अक्तूबर 2008, www.imf.org.

18. विदेशी मामले, 'द ग्रेट क्रैश 2008 : ए जियोपॉलिटिकल सेटबैक फॉर द वेस्ट' रोजर सी, आल्टमैन द्वारा, जनवरी/फरवरी 2009 का अंक।

19. आई.एम.एफ वर्ल्ड इकोनॉमिक आउटलुक (डब्ल्यू.ई.ओ.)—क्राइसिस एंड रिकवरी, अप्रैल 2009, www.imf.org.

20. आई.एम.एफ वर्ल्ड इकोनॉमिक आउटलुक (डब्ल्यू.ई.ओ.)—सस्टेनिंग द रिकवरी, अक्तूबर 2009, www.imf.org.

21. आई.एम.एफ. वर्ल्ड इकोनॉमिक आउटलुक (डब्ल्यू.ई.ओ.) रीबैलेंसिंग ग्रोथ, अप्रैल 2010 www.imf.org.

22. विदेशी मामले, 'बिग बेन : बर्नानके, द फेड एंड द रियल लेसन ऑफ द क्राइसिस' एडम एस. पोसेन जनवरी/फरवरी 2015 अंक, www.imf.org.

23. आई.एम.एफ. फ्रॉम ग्रेट डिप्रेशन टू ग्रेट रेसेशन : द इलुसिव क्वेस्ट फॉर इंटरनेशनल पॉलिसी कोऑपरेशन। आतिश आर. घोष और महवश एस. कुरैशी द्वारा 2017, www.imf.org.

24. आई.एम.एफ. सर्वे : यूरोप : लर्निंग लेसंस फ्रॉम द क्राइसिस। मारेक बेल्का का विश्लेषण। 24 फरवरी, 2010 www.imf.org.

25. आई.एम.एफ. ग्रीस : एक्स-पोस्ट इवोल्यूशन ऑफ एक्सेप्शनल एक्सेस अंडर द 2010 स्टैंडबाई अरेंजमेंट। 5 जून, 2013 www.imf.org.

26. आई.एम.एफ आयरलैंड : एक्स-पोस्ट इवोल्यूशन ऑफ एक्सेप्शनल एक्सेस अंडर द 2010 स्टैंडबाई अरेंजमेंट। 29 जनवरी, 2015 www.imf.org.

27. आई.एम.एफ. पुर्तगाल : पोस्ट क्राइसिस चैलेंजेज। 15 जून, 2016 रुबिनी इकोनॉमीटर, www.imf.org.

□

*अध्याय-3*

# भारत के अंतरराष्ट्रीय मुद्रा कोष कार्यक्रम-1966 और 1981 : एक विश्लेषणात्मक समीक्षा

*भारत 1947 से 1991 तक की अवधि में विश्व की सबसे बंद अर्थव्यवस्थाओं में से एक था। भारत के राजकोषीय घाटे अधिक थे और विदेशी मुद्रा भंडार बहुत कम तथा निर्यात अप्रतिस्पर्धी थे। भारत को तीन अवसरों पर, भुगतान संतुलन (बी.ओ.पी.) संकट से उबरने के लिए अंतरराष्ट्रीय मुद्रा कोष (आई.एम.एफ.) से बाहरी सहायता लेनी पड़ी। भारत ने 1966, 1981 और 1991 में आई.एम.एफ. कार्यक्रमों पर बातचीत की। यह अध्याय 1966 और 1981 के भारत के आई.एम. एफ. कार्यक्रमों की विश्लेषणात्मक समीक्षा प्रस्तुत करता है।*

वर्ष 2017 में, भारत विश्व की सबसे तेजी से बढ़ती प्रमुख अर्थव्यवस्थाओं में से एक है। 400 अरब अमेरिकी डॉलर के विदेशी मुद्रा भंडार के साथ एक स्थिर विनिमय दर व्यवस्था और अर्थव्यवस्था के पर्याप्त वैश्विक एकीकरण के साथ, भारत आज लोकतंत्र और वैश्विक विकास का प्रतिनिधित्व करनेवाले उज्ज्वल स्थानों में से एक है। भारतीय अर्थव्यवस्था द्वारा भुगतान संतुलन (बी.ओ.पी.) के गंभीर संकट का सामना करने और बाहरी वित्तपोषणवाले काले दिन अब पुरानी स्मृति बन चुके हैं। भारतीय अर्थव्यवस्था का सुधार के पथ पर आगे बढ़ना, भारतीय रिजर्व बैंक (आर.बी.आई.) और वित्त मंत्रालय के भारतीय नीति-निर्माताओं के प्रति एक श्रद्धांजलि है।

वर्ष 1947 से, भारत ने तीन अंतरराष्ट्रीय मुद्रा कोष (आई.एम.एफ.) कार्यक्रमों का लाभ प्राप्त किया है—

1. चौथी योजना में भारत को लगा कि आयात के उदारीकरण के लिए बाहरी सहायता की आवश्यकता है। 20 अप्रैल, 1966 को, वाशिंगटन डी.सी. में योजना मंत्री अशोक मेहता और आई.एम.एफ. के प्रबंध निदेशक पियरे-पॉल श्वाइत्जर के बीच विचार-विमर्श हुआ, जिसके पश्चात् भारत ने देश के व्यापार और

भुगतान संतुलन के संकट को हल करने के लिए निर्यात की प्रतिस्पर्धात्मकता को बढ़ाने और घरेलू कीमतों को बाहरी कीमतों के अनुरूप बनाने के लिए रुपए के 36.5 प्रतिशत अवमूल्यन पर सहमति व्यक्त की। अवमूल्यन के साथ, निर्यात के बदले आयात पात्रता प्रदान करनेवाली कई विशेष निर्यात प्रोत्साहन योजनाओं और कर क्रेडिट प्रमाण-पत्र की योजनाओं को समाप्त कर दिया गया था।

2. वर्ष 1981 में, भारत ने आई.एम.एफ. के साथ विस्तारित निधि सुविधा (ई.एफ. एफ.) व्यवस्था के अंतर्गत 3 वर्ष की अवधि में 5 अरब एस.डी.आर. उधार लेने की व्यवस्था की। भुगतान संतुलन में आशा से अधिक तेज गति से सुधार हुआ था। इसने मई 1984 में, सरकार को मूल रूप से परिकल्पित 5 अरब एस.डी. आर. में से 3.9 अरब एस.डी.आर. उधार लेने के बाद आई.एम.एफ. व्यवस्था को समाप्त करने में सक्षम किया।
3. वर्ष 1991 का भुगतान संतुलन संकट भारत के आर्थिक इतिहास की सबसे बड़ी चुनौतियों में से एक था। 1 जुलाई और 3 जुलाई, 1991 को दो चरणों में रुपए का अवमूल्यन किया गया और प्रमुख मुद्राओं की तुलना में संचयी अवमूल्यन लगभग 18 प्रतिशत था। विनिमय दर के समायोजन के साथ, भारत की व्यापार नीति में महत्त्वपूर्ण संरचनात्मक सुधार प्रस्तुत किए गए थे। औद्योगिक लाइसेंसिंग, सार्वजनिक क्षेत्र की भूमिका, एम.आर.टी.पी. अधिनियम और विदेशी प्रत्यक्ष निवेश तथा विदेशी प्रौद्योगिकी समझौतों की रूपरेखा में प्रस्तुत किए गए परिवर्तन तीसरा प्रमुख सुधार था। इन उपायों को जुलाई 1991 में आई.एम.एफ. ऋण के साथ स्वीकृत शर्तों के हिस्से के रूप में स्वीकार किया गया था।

इस अध्याय में 1966 से 1968 तक और 1981 से 1983 तक के सुधार कार्यक्रमों को आवृत्त किया गया है। वर्ष 1981 से 1983 तक के कार्यक्रम को कोष में कम या सशर्त अवधि के बिना उस समय लागू किया गया था जब कोष तेल का उत्पादन न करनेवाले सदस्य देशों के वित्तपोषण के अनुरोध को पूरा करने के लिए उत्सुक था और सशर्तता उतनी मजबूत या प्रभावी नहीं थी जितनी बाद में बनी।

## 1966 का कार्यक्रम

भारतीय आर्थिक परिदृश्य 1965-1966 से 1967-1968 तक काफी विकट रहा। वर्ष 1965 में भारत को पाकिस्तान के साथ युद्ध और एक बड़े सूखे का सामना करना पड़ा। वर्ष 1965 में भारत की भुगतान संतुलन स्थिति पर दबाव था और 1966 में भी इसे कठिनाइयों का सामना करना पड़ा, प्रतिबंधों के काफी सख्त होने के बावजूद कोषीय संसाधनों के एक

बड़े उपयोग की आवश्यकता थी। वर्ष 1965 आरंभ होने के साथ, घरेलू उत्पादन में कमी और निर्यात से आय के प्रत्यावर्तन में देरी के कारण खाद्य आदानों के लिए भुगतान में वृद्धि से विनिमय भंडार पहले ही निम्न स्तर पर आ चुका था। मार्च में कोष द्वारा 200 मिलियन अमेरिकी डॉलर की तैयार व्यवस्था को स्वीकृति दी गई थी।

वर्ष 1965–1966 में मुद्रास्फीति की दर 12 प्रतिशत और वर्ष 1966–1967 में 15 प्रतिशत थी। उच्च मुद्रास्फीति दर के बावजूद, ब्याज की दरें कम थीं। लेकिन 1966–1967 में निर्यात और आयात दोनों में लगभग 12 प्रतिशत की गिरावट आने के कारण इससे मदद नहीं मिली। सार्वजनिक व्यय 1966–1967 में 5 प्रतिशत और 1967–1968 में 11 प्रतिशत कम हुआ।

मौद्रिक विस्तार को धीमा करने के लिए, सरकार ने 1 अप्रैल, 1965 से शुरू होनेवाले वित्तीय वर्ष के लिए विस्तारित बजट दर को 6 प्रतिशत तक कम करने सहित कई कदम उठाए और सबसे जरूरी आयात को छोड़कर सभी आयातों पर 10 प्रतिशत अधिभार लगाया। अगस्त में अतिरिक्त घरेलू कराधान और आयात शुल्क के सरलीकरण और युक्तिकरण सहित एक अनुपूरक बजट को अपनाया गया, जिसका प्रभाव अधिकांश आयातों पर अधिभारों को और बढ़ाने के रूप में पड़ा, हालाँकि अप्रत्याशित रूप से मौद्रिक विस्तार की गति निरंतर जारी रही, क्योंकि अप्रत्याशित घटनाक्रमों ने केंद्र सरकार की बजटीय स्थिति को प्रभावित किया और राज्य सरकारों के बजट में कमी आई।

वर्ष 1965 में निर्यात में वृद्धि नहीं हुई। दूसरी ओर, ऋण सेवा भुगतान में वृद्धि जारी रही। वर्ष 1965 के उत्तरार्ध में, निर्यात आय के प्रत्यावर्तन में पहले हुई देरी के कारण, बैंकिंग पूँजी के कुछ प्रवाह और तंग आयात प्रतिबंधों के समाप्त होने के कारण विनिमय भंडार में लगातार वृद्धि हुई—हालाँकि यह जल्द ही घरेलू औद्योगिक उत्पादन को प्रतिकूल रूप से प्रभावित करने लगी। इसके अतिरिक्त, वर्ष के अंत तक, बाहरी सहायता के प्रवाह में एक ठहराव और घरेलू सूखे की अभूतपूर्व गंभीरता के कारण आयातित खाद्यान्न की आवश्यकताओं में तेजी से वृद्धि होने से बुनियादी भुगतान की स्थिति की गंभीरता बढ़ी। सूखे के भुगतान संतुलन को पूरा करने के लिए, मार्च 1966 में आई.एम.एफ. से 187.5 मिलियन अमेरिकी डॉलर का उधार लिया गया था। इसे और प्रेषण योजना दरशाते हुए, 1966 के 5 महीनों में विदेशी मुद्रा भंडार में पर्याप्त वृद्धि हुई। नवंबर 1965 से मई 1966 तक संचालित प्रेषण योजना ने हस्तांतरणीय प्रमाण-पत्र जारी करने की व्यवस्था प्रदान करने से आवक प्रेषण के लिए अधिक मूल्यह्रास विनिमय दर प्रभावित हुई, जिसके बदले में प्रेषण के मूल्य के 60 प्रतिशत तक आयात लाइसेंस जारी किया जा सकता था।

सरकार के पास कोष की व्यवस्था और मुद्रा अवमूल्यन के अलावा कोई विकल्प नहीं

था। 6 जून, 1966 को निर्यात की प्रतिस्पर्धा बढ़ाने और देश के व्यापार और भुगतान संतुलन की समस्याओं को दूर करने के लिए घरेलू कीमतों को बाहरी कीमतों के अनुरूप बनाने के लिए रुपए का 36.5 प्रतिशत अवमूल्यन किया गया था। अमेरिकी डॉलर, जो 4.75 रुपए के बराबर था, अब बढ़कर 7.50 रुपए हो गया और पाउंड स्टर्लिंग 13.33 रुपए से बढ़कर 21 रुपए के समान हो गया। उसी दिन व्यापारिक सुधारों के भाग के रूप में विशेष निर्यात प्रोत्साहन योजनाओं को समाप्त कर दिया गया। रुपए के अवमूल्यन को भारत के पश्चिमी दबाव के समक्ष घुटने टेकने के रूप में देखा गया था। सरकार ने योजना अवकाश घोषित किया। दो वार्षिक सूखों, दो युद्धों और रुपए के अवमूल्यन के कारण अर्थव्यवस्था में आए व्यवधान को देखते हुए तीन वार्षिक योजनाओं के पक्ष में चौथी पंचवर्षीय योजना को निरस्त कर दिया गया था। वार्षिक योजनाओं ने निर्यात को प्रोत्साहित करने और औद्योगिक संपत्तियों के कुशल उपयोग की खोज पर तत्काल ध्यान देने के साथ विकास को निर्देशित किया।

संयुक्त राज्य अमेरिका ने पी.एल. 480 के अंतर्गत 900 हजार टन अनाज का आवंटन किया, जिससे भारत को लगातार 3 वर्ष के सूखे के कारण बिहार में पड़े अकाल से लड़ने में मदद मिली। राष्ट्रपति लिंडन जॉनसन ने 20 अप्रैल, 1966 को कांग्रेस के एक प्रस्ताव पर हस्ताक्षर किए और कहा कि भारत सरकार विदेशी सहायता से प्राप्त समय का उपयोग देश के कृषि उत्पादन को बढ़ाने के लिए एक निर्धारित और प्रभावी अभियान चलाने के लिए करेगी।

सरकार पर अत्यधिक राजनीतिक दबाव था। प्रधानमंत्री ने राष्ट्र को आश्वस्त करने का प्रयास किया कि भारत की आर्थिक नीति पश्चिमी दबाव के कारण नहीं बनाई गई थी या भारतीय अर्थव्यवस्था पर विदेशी पूँजी का प्रभुत्व होने की संभावना नहीं है। अर्थव्यवस्था की उल्लेखनीय उपलब्धियाँ हमेशा सार्वजनिक क्षेत्र में रहेंगी। प्रधानमंत्री ने दोहराया कि सरकार समाजवादी और लोकतांत्रिक समाज के उद्देश्य के प्रति पूरी तरह से प्रतिबद्ध है, लेकिन यह किसी भी हठधर्मिता के लिए प्रतिबद्ध नहीं थी। इसके अलावा, यह भी दोहराया गया कि भारतीय समाजवाद देश की जरूरतों और आकांक्षाओं एवं भारतीय स्थिति की वास्तविकता से संबंधित था।

विश्व बैंक और आई.एम.एफ. ने इस निर्णय की सराहना की। 6 जून, 1966 को वित्तमंत्री सचिंद्र चौधरी ने उन सुझावों को दृढ़ता से नकार दिया, जिनमें कहा गया था कि भारत सरकार बाहरी दबाव में होने के कारण रुपए का अवमूल्यन करने पर सहमत हुई है। वित्तमंत्री ने कहा कि सरकार ने इस पर लंबे समय तक विचार किया कि क्या रुपए का अवमूल्यन करने के अलावा कोई अन्य विकल्प है और आखिरकार, यह निर्णय लिया गया कि किसी भी अन्य उपाय का इस उपाय से अच्छा परिणाम नहीं होगा। भारतीय रिजर्व बैंक (आर.बी.आई.) के गवर्नर पी.सी. भट्टाचार्य ने कहा कि अवमूल्यन सभी बुराइयों के लिए

रामबाण नहीं था, यह देश को आगे के विकास को बढ़ावा देने में सक्षम करने के लिए केवल एक शुरुआत थी और मुद्रास्फीति के दबावों और आंतरिक अनुशासन को बढ़ावा देने के लिए सभी प्रयास किए जाएँगे। आई.एम.एफ. ने कहा कि उसने अमेरिकी डॉलर को 7.50 रुपए के बराबर करने के लिए भारतीय रुपए के अवमूल्यन के लिए सहमति जताई थी। आई.एम.एफ. को आशा थी कि रुपए के अवमूल्यन से भारतीय निर्यात में पर्याप्त वृद्धि होगी, जो तब तक बहुत कम दर से बढ़ा था। आई.एम.एफ. ने कहा कि बहुत कुछ उस उद्देश्य के लिए जुटाई जा रही विदेशी आर्थिक सहायता पर निर्भर करेगा।

भारतीय रिजर्व बैंक का इतिहास बताता है कि जून 1966 में घोषित नीतिगत उपायों के संकुल के बावजूद, सहायता प्रतिबद्धताएँ कभी भी उन स्तरों पर नहीं पहुँचीं, जिनके बारे में भारत सरकार को यह समझाया गया था, वह विश्व बैंक और संघ के अन्य सदस्यों से आशा कर सकता था। भारत और विश्व बैंक के बीच अवमूल्यन के बाद 3 वर्ष तक 300 मिलियन अमेरिकी डॉलर की परियोजना सहायता के अलावा प्रतिवर्ष 900 मिलियन अमेरिकी डॉलर की गैर-परियोजना सहायता की आवश्यकता पर सहमति व्यक्त की गई और विश्व बैंक ने बाद में इस राशि को बढ़ाने की प्रतिबद्धता स्वीकार की। पहला 900 मिलियन अमेरिकी डॉलर आने की गति धीमी रही और यह राशि नवंबर 1966 में प्राप्त हुई थी। इसके बाद आई.डी.ए. पुनःपूर्ति में देरी के परिणामस्वरूप दूसरे वर्ष के लिए प्रतिबद्ध धन जारी करने में लंबी देरी हुई। भारत को 1967-1968 में 295 मिलियन अमेरिकी डॉलर और 1968-1969 में 642 मिलियन अमेरिकी डॉलर मिले। अवमूल्यन के साथ 1966-1967 में कीमतों में तेज वृद्धि हुई और औद्योगिक उत्पादन में तेजी से गिरावट आई। आयात के उदारीकरण के उपायों के साथ अवमूल्यन किया गया था, लेकिन ये उपाय आयात में सुधार करने में विफल रहे। अवमूल्यन की विफलता के परिणामस्वरूप सुधारों की गति धीमी हो गई और विकास लक्ष्यों में कमी आई।

लेकिन यह स्पष्ट था कि भारत को विदेशी सहायता देने के लिए एड इंडिया कंसोर्टियम ने रुपए के अवमूल्यन का जो बड़ा कदम उठाया था, वह अपने उद्देश्यों को पूरा नहीं करता था। उस समय रिजर्व बैंक के स्पष्टीकरण के अनुसार, 'अपेक्षित मूल्य, लागत और निवेश के तरीके में समायोजन' आवश्यक अवमूल्यन 'गंभीर सूखे के कारण' और भी मुश्किल साबित हुआ, जिसने भारतीय अर्थव्यवस्था को दूसरे वर्ष भी प्रभावित किया। जिस विदेशी सहायता का वादा किया गया, उसे पूरा नहीं किया गया। अवमूल्यन का विस्तार और मुद्रास्फीति लानेवाला था, विशेष रूप से लगातार दो बार सूखे के प्रभाव के कारण खाद्य की कीमतें और बढ़ीं। गैर-खाद्य सहायता संवितरण में भारी गिरावट आई, क्योंकि एड इंडिया कंसोर्टियम द्वारा वादा किए जानेवाले अधिकांश पैसे नहीं मिले। निर्यात प्रतिस्पर्धी नहीं हुआ और रुपए के कमजोर हो जाने के कारण आयात में गिरावट आई।

गंभीर सूखे के समय खाद्य अनुदान में कटौती करना कठिन था। अनुदान में कटौती संभव न होने के कारण सार्वजनिक व्यय में बड़े पैमाने पर व्यय का संकुचन हुआ। निजी निवेशों में भी गिरावट देखी गई।

समाचार-पत्रों ने सरकार का काफी समर्थन किया। 'द हिंदू' ने कहा कि चीनी और पाकिस्तानी आक्रमण और पिछले वर्ष के गंभीर सूखे के बाद भुगतान संतुलन की स्थिति पर दबाव बढ़ गया है। निर्यात में सुस्ती और विदेशी सहायता में कमी के कारण, आयातित कच्चे माल या घटकों पर निर्भर भारतीय उद्योग अपनी क्षमता से कम काम कर रहे थे। अवमूल्यन के निर्णय को इस पृष्ठभूमि के साथ देखा जाना चाहिए। इससे केवल तभी बचा जा सकता था, अगर एड इंडिया कंसोर्टियम ने भारत-पाकिस्तान युद्ध और विदेशी सहायता के निलंबन के परिणामस्वरूप एक बहुत मुश्किल मोड़ लेनेवाली भारतीय स्थिति के बारे में अधिक सहानुभूति और समझदारी दिखाई होती। विदेशी मुद्रा के उच्च अनुपातवाली परियोजनाओं को तत्कालीन समय के लिए छोड़ दिया जाना चाहिए। मीडिया ने यह भी कहा कि उपलब्ध आंतरिक और बाह्य संसाधनों के आधार पर एक मामूली योजना बनाना और ऐसी कई योजनाओं को तैयार रखना, जो अतिरिक्त संसाधन उपलब्ध होने पर लागू की जा सकें, एक बेहतर विकल्प हो सकता था।

हालाँकि निर्यात की मात्रा में अवमूल्यन के बाद के 2 वर्षों में कुछ गिरावट आई, जो मुख्य रूप से सूखे के कारण थी। इस कारक को सुधारने से निर्यात में मामूली सुधार हुआ। आयात प्रतिस्थापन किसी भी तरह से नगण्य नहीं था। फिर भी आयात में 19 प्रतिशत की कमी आई। सूखे के कारण कीमतों में भारी वृद्धि के बावजूद, इस बात के बहुत कम सबूत थे कि मुद्रास्फीति अवमूल्यन के कारण हुई थी। अवमूल्यन के कारण अर्थव्यवस्था का संकुचन हुआ। इसने घरेलू आर्थिक गतिविधियों को कम किया, निजी निवेश को कम कर दिया और अर्थव्यवस्था पर इसका दीर्घकालिक नकारात्मक प्रभाव पड़ा। इस अनुभव की पृष्ठभूमि में, कई विद्वानों ने भारत के भविष्य के अवमूल्यन या मूल्यह्रास पर स्थगन की सिफारिश की थी। आई.एम.एफ. से लिये गए उधार को वापस करने में भारत को और 5 वर्ष लग गए।

वर्ष 1971-1972 का केंद्रीय बजट (अंतरिम) प्रस्तुत करते हुए, वित्तमंत्री वाई.बी. चव्हाण (1971) ने कहा कि भारत 1966 और 1967 के वर्षों में लिए गए आई.एम.एफ. के सभी बकाया ऋणों को चुकाएगा। इसके अलावा भारत ने आई.एम.एफ. कोटे में 750 मिलियन से 940 मिलियन डॉलर तक की वृद्धि से संबंधित दायित्वों को भी चुका दिया गया। 1970 के दशक में भारत की विदेशी मुद्रा स्थिति में समग्र सुधार हुआ, फिर भी भुगतान संतुलन के संबंध में संतुष्टि का कोई कारण नहीं था। सरकार ने भविष्य के नीतिगत विकल्पों पर विचार किया तथा लागत तथा कीमतों पर मजबूती से लगाम लगाने

की आवश्यकता महसूस की और खपत को विनियमित करने के लिए राजकोषीय साधन तैनात किए। निवेश की प्राथमिकताओं को बी.ओ.पी. की आवश्यकताओं के अनुसार निर्देशित किया जाना था।

## 1981 का कार्यक्रम

वर्ष 1979 में तेल की कीमत में दूसरी बार वृद्धि के बाद, 1972 और 1978 के बीच भारत के भुगतान संतुलन की स्थिति में सुधार नहीं हुआ था, जो चिंता का विषय बन गया था। कृषि विकास के कम होने और बिजली, कोयला, सीमेंट की कमी और श्रम संबंधों की गिरावट, बंदरगाहों और रेलवे परिवहन में कठिनाइयों के कारण उभरीं औद्योगिक अड़चनों से वर्ष 1979-1980 में भुगतान संतुलन की स्थिति में नाटकीय बदलाव आया। बुनियादी ढाँचे की अपर्याप्तता अर्थव्यवस्था को प्रभावित कर रही थी और जल विद्युत उत्पादन को प्रभावित करनेवाले एक कमजोर मानसून ने इसे और बढ़ाया। मुद्रास्फीति की दर 1978-1979 के 3 प्रतिशत से बढ़कर 1979-1980 में 22 प्रतिशत हो गई। आयातित पेट्रोलियम और उर्वरकों की ऊँची कीमतों के कारण व्यापार की बाहरी शर्तें काफी बिगड़ गईं। व्यापार घाटा तेज हुआ। सरकार ने व्यापार, वाणिज्य और उद्योग के लिए ऋण विस्तारित कर एक अभूतपूर्व पैमाने पर घाटे का वित्तपोषण किया। खाद्य और गैर-खाद्य दोनों क्षेत्रों के लिए बैंक ऋण देने से वाणिज्यिक क्षेत्र में ऋण में वृद्धि हुई।

आरंभ में भारत के दूसरे आई.एम.एफ. ऋण का वित्तमंत्री आर. वेंकटरमण या वित्त सचिव आर. एन. मल्होत्रा, किसी ने भी समर्थन नहीं किया था। यह भारत के कार्यकारी निदेशक द्वारा आई.एम.एफ. को भेजा गया था। डॉ. एम. नरसिम्हा विश्व बैंक में भारत के कार्यकारी निदेशक थे, उन्होंने प्रधानमंत्री को आश्वस्त किया कि भारत को आई.एम.एफ. ऋण मिलना चाहिए, क्योंकि तेल की कीमतों में वृद्धि के कारण भुगतान संतुलन का दृष्टिकोण अच्छा नहीं था। विश्व बैंक से प्रधानमंत्री और भारत के कार्यकारी निदेशक की चर्चा के बाद वित्तमंत्री और वित्त सचिव आई.एम.एफ. के साथ चर्चा के लिए वाशिंगटन डी.सी. गए।

क्या आई.एम.एफ. से ऋण लेना आवश्यक था ? अमेरिका ने आई.एम.एफ. में 5 अरब एस.डी.आर. की भारत की ऋण वार्ता का विरोध किया था। आई.एम.एफ. का सबसे बड़ा अंशधारक, अमेरिका भुगतान संतुलन की जरूरत के बारे में आश्वस्त नहीं था। अमेरिका ने महसूस किया कि आई.एम.एफ. भुगतान संतुलन संकट के लिए एक कोष संसाधन के उपयोग के अपने सिद्धांत के विपरीत एक निवेश वित्तपोषण में शामिल हो रहा था। सरकार ने कहा था कि विनिमय दरों पर भारत की नीति इसके भुगतान संतुलन द्वारा निर्देशित होगी। यह स्पष्ट था कि भारत द्वारा कोष का उपयोग 1966 की तरह बैसाखी के रूप में नहीं किया गया था।

यह एक जाँच के लिए किसी क्लिनिक में जाने जैसा था। कोष की व्यवस्था पर आई.एम.एफ. प्रबंधन के साथ काफी बातचीत हुई, प्रबंध निदेशक ने सुझाया कि भारत इसका प्रयोग आवश्यक होने पर तैयार व्यवस्था के लिए करेगा, जो छोटी अवधि का था जबकि भारतीय अधिकारियों ने ई.एफ.एफ. की माँग की थी। आई.एम.एफ. के कार्यक्रम का भारत में उग्र विरोध हुआ। 1981 में पश्चिम बंगाल के वित्तमंत्री अशोक मित्रा द्वारा 'द आई.एम.एफ. लोन : फैक्ट्स एंड इश्यूज' नामक श्वेत पत्र में तेईस अर्थशास्त्रियों के एक संयुक्त बयान में सरकार के आई.एम.एफ. सहायता के दृष्टिकोण की निंदा की गई। संसद् में भी काफी विरोध हुआ और वित्तमंत्री ने लोकसभा को आश्वासन दिया कि आई.एम.एफ. के साथ अपनी बातचीत में सरकार ऐसा कुछ नहीं करेगी जो देश के स्वाभिमान या राष्ट्र के हित के लिए अपमानजनक हो। आई.एम.एफ. में अमेरिकी कार्यकारी निदेशक ने सलाहकार निदेशक (भारत) को अवगत कराया कि समायोजन कार्यक्रम में विशिष्टता की कमी होने के कारण अमेरिका ई.एफ.एफ. कार्यक्रम का समर्थन नहीं कर सकता। अमरीकियों को चिंता थी कि इस पैसे का इस्तेमाल मिराज विमान खरीदने के लिए किया जानेवाला था।

काफी बातचीत के बाद, आई.एम.एफ. कार्यकारी बोर्ड द्वारा भारत के 5 अरब एस.डी.आर. के ई.एफ.एफ. ऋण को अनुमोदित किया गया था। समायोजन प्रयास का केंद्रबिंदु चालू खाते में जी.डी.पी. के 2 प्रतिशत का घाटा था। कार्यक्रम में शामिल अन्य मात्रात्मक प्रदर्शन मानदंड बाहरी वाणिज्यिक उधार की सीमा तय करना था। कार्यकारी बोर्ड ने पूरे दिन के लिए भारत के ई.एफ.एफ. कार्यक्रम पर चर्चा की। अमेरिका के इससे अलग रहने के साथ इस लंबी बहस का समापन हुआ। कार्यक्रम की अवधि (नवंबर 1981 से फरवरी 1983) में, आर.बी.आई. ने कई मुद्राओं के समक्ष रुपए के क्रमिक अवमूल्यन की नीति का पालन किया। भारत ने सभी प्रदर्शन मानदंडों को पूरा किया और हर किश्त समय पर प्राप्त की।

अल्पकालिक चक्रीय असंतुलन को पूरा करने के लिए, भारत ने आई.एम.एफ. से प्रतिपूरक वित्तपोषण सुविधा (सी.एफ.एफ.) के अंतर्गत 266 मिलियन एस.डी.आर. प्राप्त किए, लेकिन इसके बावजूद देश का अंतरराष्ट्रीय भंडार आयात के साढ़े तीन महीने तक चलने भर रह गया। स्पष्ट रूप से यह एक कम शर्तोंवाला कार्यक्रम था, जिसमें एक बार में पर्याप्त अवमूल्यन की आवश्यकता नहीं थी। सरकार ने रुपए के क्रमिक अवमूल्यन के साथ आई.एम.एफ. कार्यक्रम पर सफलतापूर्वक बातचीत की थी। 1966 के अनुभव ने सरकार को सिखाया था कि बड़े पैमाने पर अवमूल्यन नहीं किया जाना चाहिए। 3 वर्ष बाद भारत ने 5 अरब एस.डी.आर. में से 3.9 अरब एस.डी.आर. को छोड़ दिया था, जिससे 1.1 अरब एस.डी.आर. को चौथे वर्ष के कार्यक्रम की बातचीत के बाद लिया जाना था।

नवंबर 1991 में एक दिलचस्प पुष्टि की गई थी कि ऋण के अनुदान पर आई.एम.

एफ. द्वारा निर्धारित नियम और शर्तें भारत की छठी पंचवर्षीय योजना की रणनीति और जोर से अलग नहीं थीं। वास्तव में आई.एम.एफ. के लिए यह आवश्यक था कि योजना को स्वयं भारत द्वारा लागू किया जाए और भारतीय अधिकारियों द्वारा आवश्यक अनुशासन का पालन किया जाए। इसलिए आई.एम.एफ. की शर्तों को लागू नहीं माना जाना चाहिए। वे आई.एम.एफ. और भारत में ग्राहकों को नियंत्रित करनेवालों के बीच परिणामों और हितों के अभिसरण का प्रतिनिधित्व करती थीं।

वर्ष 1982–1983 के वित्तमंत्री के बजट भाषण में उल्लेख किया गया है कि मुख्य रूप से आयात, खासकर तेल और तेल उत्पादों की कीमतों में तेज वृद्धि के कारण 1979–1980 के बाद से हमारे भुगतान संतुलन में काफी कमी आई है। इन विकासों को देखते हुए, सरकार ने अपने ई.एफ.एफ. के अंतर्गत आई.एम.एफ. से 5 अरब एस.डी.आर. के ऋण के लिए समय पर बातचीत करने की व्यवस्था की। यह आवश्यक आयात के लिए भारतीय अर्थव्यवस्था में आनेवाले व्यवधान से बचने और नई स्थिति के लिए पुनर्मूल्यांकन हेतु समय प्राप्त करने के लिए आवश्यक था। योजनाबद्ध विकास की हमारी रणनीति से तैयार समायोजन कार्यक्रम का समर्थन करने के लिए ऋण को स्वीकार किया गया। यह हमारे लोगों और संसद् द्वारा स्वीकृत और अनुमोदित नीतियों को लागू करने में मदद करेगा।

आगामी वर्षों में भुगतान संतुलन की व्यवहार्यता को बहाल करने के लिए सरकार की रणनीति के मुख्य तत्त्वों में पहला और सबसे महत्त्वपूर्ण तत्त्व पेट्रोलियम और पेट्रोलियम उत्पादों, उर्वरक, इस्पात, खाद्य तेलों और अलौह धातुओं के घरेलू उत्पादन में वृद्धि करना रहा। कुल आयात में इनका हिस्सा लगभग 60 प्रतिशत था। सरकार ने इनमें और अन्य महत्त्वपूर्ण क्षेत्रों में उत्पादन और निवेश को बढ़ाने के लिए आवश्यक काररवाई की। वित्तीय वर्ष के पहले 8 महीनों में निर्यात में 15.4 प्रतिशत की वृद्धि हुई, जो उत्साहजनक है, हालाँकि कई क्षेत्रों, विशेष रूप से कपड़ा, जूट और चाय जैसे पारंपरिक निर्यात में भारत का विश्व बाजार की प्रतिकूल स्थितियों का सामना करना जारी रहा। भारत को उपरोक्त और अन्य पारंपरिक वस्तुओं के निर्यात को बनाए रखकर इन निर्यातों के विस्तार के लिए अधिक से अधिक प्रयास की आवश्यकता थी, जिनके लिए विश्व बाजार बढ़ रहे थे।

आर.बी.आई. के इतिहास में कहा गया है कि भारत का ई.एफ.एफ. प्रयोग अपनी अर्थव्यवस्था को एक परिवर्तित संरचनात्मक परिदृश्य में समायोजित करने के लिए देश की तत्परता को स्वीकार करने का एक अनूठा मामला था और इसका उद्देश्य समस्या के मूल कारण से निपटना था। इसे सदस्य देशों के स्वामित्व में सशर्त और समायोजन कार्यक्रमों का अग्रदूत माना जा सकता है।

कई अर्थशास्त्रियों को 1981 के कार्यक्रम पर क्रमिकता के शासन से आश्चर्य हुआ।

भारत बिना प्रमुख सुधारों के 1981 आई.एम.एफ. कार्यक्रम से गुजरा। 1981–1984 की अवधि में सरकार ने बदलाव शुरू किया, उदाहरण के लिए, निर्यात उन्मुख इकाइयों और एस.ई.जेड. की स्थापना की गई। लेकिन सुधारों की गति धीमी रही। 1984 के चुनावों के बाद भी सुधार जारी रहा। लेकिन कोई बड़ा सुधार नहीं हुआ। वामपंथियों ने विभिन्न आशंकाएँ व्यक्त कीं कि औद्योगिक लाइसेंसिंग, एम.आर.टी.पी. अधिनियम और राजकोषीय कटौती जैसे नियमों का निराकरण किया जाएगा। सरकार पर आयात को उदार बनाने, अवमूल्यन नहीं करने और सामाजिक क्षेत्र के खर्च में कटौती न करने के लिए अत्यधिक राजनीतिक दबाव था। वास्तव में यही हुआ। उदारीकरण निजी पूँजी और बाजार तंत्र जैसी आई.एम.एफ. कार्यक्रम की आवश्यक विशेषताओं का अनुसरण नहीं किया गया था।

वित्तमंत्री प्रणब मुखर्जी (1984) ने 1984–1985 का बजट प्रस्तुत करते हुए कहा : "1979–1980 में हुई तेज गिरावट के बाद भुगतान संतुलन को नियंत्रण में लाने की हमारी रणनीति ने समृद्ध लाभांश प्रदान किया है।" हमारे भुगतान की स्थिति में सुधार को देखते हुए, सरकार ने स्वेच्छा से आई.एम.एफ. के ई.एफ.एफ. के अंतर्गत 1.1 अरब एस.डी.आर. की बकाया राशि का लाभ नहीं उठाने का फैसला किया है। दिसंबर 1981 में सदन में आई.एम.एफ. ऋण पर चल रही बहस में हस्तक्षेप करते हुए, प्रधानमंत्री ने जो कहा था, मैं उसे उद्धृत कर रहा हूँ—

यह हमें उधार लेने के लिए मजबूर नहीं करता और हम तब तक उधार नहीं लेते हैं, जब तक कि यह राष्ट्रीय हित में न हो। ऐसे किसी भी कार्यक्रम को स्वीकार करने का कोई सवाल ही नहीं है, जो संसद् द्वारा घोषित और स्वीकार की गई हमारी नीति से असंगत हो। यह समझ से बाहर है कि किसी को यह सोचना चाहिए कि हमें ऐसी किसी भी बाहरी एजेंसी से सहायता लेनी चाहिए, जो ऐसी शर्तें निर्धारित करती है, जो हमारी नीतियों के अनुरूप नहीं हैं।

यह तब भी सच था और अब भी सच है। अपनी शैली की व्यवस्थाओं की भविष्यवाणियों को ध्यान में रखते हुए, हमारे द्वारा किए गए समायोजन प्रयासों के परिणामस्वरूप अर्थव्यवस्था मजबूत हुई है। इसका ऐसा कोई भयानक परिणाम नहीं है जिसकी हमें चेतावनी दी गई थी। हमने सब्सिडी में कटौती नहीं की है। हमने मजदूरी में कटौती नहीं की है। हमने योजना पर कोई समझौता नहीं किया है। हम कर्ज के संकट में नहीं फँसे हैं। हमने अपने लोगों के कल्याण के लिए गरीबी–विरोधी कार्यक्रमों के प्रति अपनी प्रतिबद्धता में कोई कमी नहीं की है। हमने अपनी आँखें खोलकर इस ऋण व्यवस्था में प्रवेश किया। हम अपना सिर उठाकर इससे बाहर आए।

हमें आशा है कि आई.एम.एफ. ऋण के अंतर्गत हमारे पास उपलब्ध शेष राशि को वापस करने के हमारे निर्णय से आई.एम.एफ. को अन्य विकासशील देशों को अधिक–से–अधिक सहायता प्रदान करने में मदद मिलेगी। मैं पूरी सद्भाव व्यवस्था के दौरान आई.एम.

एफ. के साथ हमारे संबंधों को चिह्नित करनेवाली सद्भावना और आपसी समझ के लिए अपनी प्रशंसा व्यक्त करता हूँ।

वर्ष 1966 और 1981 के आई.एम.एफ. कार्यक्रमों से उस समय की उच्च मुद्रास्फीति और कठिन भुगतान संतुलन स्थिति का सामना करने में सहायता मिली। कहा गया है कि वे भारतीय अर्थव्यवस्था में आर्थिक सुधार लाने में मामूली रूप से सफल रहे। 1979-1981 की अवधि में आई.एम.एफ. स्वयं गैर-तेल उत्पादक देशों के लिए कम शर्तों की अवधि में था और प्रमुख संरचनात्मक सुधारों या प्रदर्शन मानदंडों के लिए दबाव नहीं डालता था। बॉम्बे हाई में तेल भंडार की खोज से तेल आयात में संभावित कमी और राजकोषीय और भुगतान संतुलन की स्थिति में सुधार हुआ, हालाँकि 1966 के बाद रुपए का कोई अवमूल्यन नहीं हुआ था, विनिमय दर नीति का उद्देश्य निर्यात क्षेत्र की मूल्य प्रतिस्पर्धा बनाए रखने के लिए रुपए का क्रमिक मूल्यह्रास करना था। 1980 के दशक में विस्तारवादी राजकोषीय नीति जारी रही और तदर्थ ट्रेजरी बिलों को जारी करके बजटीय घाटे के स्वत: विमुद्रीकरण ने क्रेडिट नीति को बढ़ाया। भारत ने अर्थव्यवस्था में संरचनात्मक कठोरता और असंतुलन के साथ 1990 के दशक में प्रवेश किया, 5 प्रतिशत की महत्त्वपूर्ण विकास दर के बावजूद मैक्रो-आर्थिक असंतुलन की बात की। 1991 के भुगतान संतुलन संकट में कई प्रतिकूल घरेलू और बाहरी विकास हुए। इस संकट से, आई.एम.एफ. कार्यक्रम द्वारा समर्थित एक व्यापक सुधार एजेंडा सामने आया, जिसे प्रभावी ढंग से लागू किया गया।

**संदर्भ—**

1. वाई.बी. चव्हाण (24 मार्च, 1971)। वित्तमंत्री, वर्ष 1971-72 का अंतरिम बजट प्रस्तुत करते हुए।
2. पी. मुखर्जी (29 फरवरी, 1984)। वित्तमंत्री, वर्ष 1984-85 का बजट प्रस्तुत करते हुए (लोकसभा बहस)।
3. पी. सेन (26 जुलाई, 1986) द 1966 डीवेल्यूएशन इन इंडिया : अ रीअपेराइजल। द इकोनॉमिक एंड पॉलिटिकल वीकली, XXI (30), 1323-1328।
4. द हिंदू (7 जून, 1966)। रुपए का अवमूल्यन किया गया : अमरीकी डॉलर की कीमत 7.50 रुपए (पृष्ठ 6) (21 अप्रैल, 1966)।
5. इंडिया सीक्स रुपी 5000 करोर एड फ्राम कंसोर्टियम (पृष्ठ 1) (25 अप्रैल, 1966)।
6. वेस्टर्न एड विल नॉट ऑल्टर बेसिक पॉलिसी (पृष्ठ 1)।

□

*अध्याय-4*

# भारत : 1991 के आस-पास संकट के मूल

*यह अध्याय विदेशी मुद्रा भंडार में कमी और विदेशी उधारों के बढ़ते संसाधनों द्वारा वित्तपोषित बड़े व्यापार और चालू खाते के घाटे से उत्पन्न आर्थिक संकट की चर्चा करता है। राजकोषीय असंतुलन मुद्रास्फीति और भुगतान की स्थिति के कठिन संतुलन की जुड़वाँ समस्याओं का मूल कारण था। आई.एम.एफ. कार्यक्रम के शुरुआती महीने प्रभावी नहीं थे। उसके बाद विपरीत प्रभाव हुआ।*

वर्ष 1985-86 की दीर्घकालिक राजकोषीय नीति (एल.टी.एफ.पी.) सरकार द्वारा केंद्रीय बजट 1985-86 के हिस्से के रूप में की गई प्रतिबद्धता के अनुसरण में तैयार की गई थी। दीर्घकालिक राजकोषीय नीति को वार्षिक बजट को एक निश्चित दिशा और सुसंगतता प्रदान करना था, दूसरे यह नियम आधारित राजकोषीय और वित्तीय नीतियों को स्थानांतरित करने और भौतिक नियंत्रण के विवेकाधीन अलग-अलग मामलों में प्रशासन पर कम निर्भरता की परिकल्पना थी। इसमें आर्थिक नीति के विभिन्न आयामों—राजकोषीय नीति, मौद्रिक नीति, औद्योगिक नीति और व्यापार नीति के प्रभावी समन्वय की भी परिकल्पना की गई थी। एल.टी.एफ.पी. को सातवीं योजना के राजकोषीय और वित्तीय उद्देश्यों के बीच परिचालन संबंधों को मजबूत करने के लिए एक प्रभावी वाहन बनना था। दीर्घकालिक राजकोषीय नीति गरीबी उन्मूलन पर केंद्रित थी।

दीर्घकालिक राजकोषीय नीति में सातवीं योजना अवधि के लिए केंद्र के संसाधनों को जी.डी.पी. के 10.1 प्रतिशत में परिकल्पित किया गया था, जिसमें से 1.4 प्रतिशत का वित्तपोषण विदेशों से शुद्ध पूँजी प्रवाह द्वारा, 5.1 प्रतिशत को घरेलू उधारों द्वारा और 3.6 प्रतिशत को सार्वजनिक बचत द्वारा किया जाना था। एल.टी.एफ.पी. के अंतर्गत जी.डी.पी. के प्रतिशत के रूप में बजटीय घाटा 1.3 प्रतिशत से घटकर 1.1 प्रतिशत हो गया। लगातार सूखे और कृषि संकट के कारण, एल.टी.एफ.पी. के अनुमानों को स्थायी नहीं रखा जा सका। 5 वर्ष तक बजटीय घाटे तो लक्ष्य से काफी दूर रहे, व्यय में एक उछाल था और

कर संग्रह लक्ष्य से काफी दूर थे, हालाँकि आर्थिक सर्वेक्षण यह सुनिश्चित करता रहा कि मुद्रास्फीति कम करने के लिए भविष्य में राजकोषीय प्रबंधन को इन असंतुलनों को दूर करने का लक्ष्य रखना होगा, इसमें भुगतान का दबाव होगा, पर नीतिगत घोषणाएँ प्रभावी कार्यान्वयन में परिवर्तित नहीं हुईं।

***तालिका 2 : केंद्र और केंद्रशासित प्रदेशों की योजना के वित्तपोषण के लिए अनुमान ( 1984-85 की कीमतों पर जी.डी.पी. के प्रतिशत के रूप में )***

| | 1985-86 | 1986-87 | 1987-88 | 1988-89 | 1989-90 | सातवीं योजना की अवधि |
|---|---|---|---|---|---|---|
| योजना के लिए केंद्र के संसाधन द्वारा वित्तपोषित | 10.2 | 10.1 | 10.1 | 10.1 | 10.1 | 10.1 |
| विदेशों से शुद्ध पूँजी प्रवाह | 1.2 | 1.3 | 1.4 | 1.5 | 1.6 | 1.4 |
| घरेलू उधार | 6.4 | 5.6 | 5.0 | 4.4 | 4.2 | 5.1 |
| सार्वजनिक बचत | 2.5 | 3.2 | 3.7 | 4.3 | 4.3 | 3.6 |

स्रोत : तालिका 3, दीर्घकालिक राजकोषीय नीति वित्त मंत्रालय (आर्थिक मामलों का विभाग) दिसंबर 1985 पृष्ठ 11

## वर्ष 1988-89 के आर्थिक सर्वेक्षण में कहा गया

"हालाँकि इसकी सराहना नहीं की गई है, लेकिन यह स्वीकार किया जाना चाहिए कि राजकोषीय घाटे का उच्च स्तर भुगतान की शेष राशि में फैलने और चालू खाते के घाटे में योगदान करता है। भुगतान शेष के चालू खाते में सुधार के लिए अर्थव्यवस्था के समग्र बचत-निवेश अंतर में कमी करने की आवश्यकता होती है। हमारी जैसी स्थिति में, जहाँ हाल ही में बचत-निवेश के अंतर का व्यापक विस्तार काफी हद तक बजटीय प्रदर्शन में गिरावट के लिए जिम्मेदार है, भुगतान शेष में निरंतर सुधार की दिशा में महत्त्वपूर्ण योगदान करेगा।"

## वर्ष 1989-90 के आर्थिक सर्वेक्षण[1] में कहा गया है

"निर्यात में उछाल के रुझान और आयात की वृद्धि में मंदी के बावजूद 1989-90 के दौरान भुगतान की स्थिति में भारत का संतुलन काफी दबाव में रहा है। सातवीं योजना अवधि के दौरान, घरेलू तेल उत्पादन के वृद्धि की घोषणा के

1. आर्थिक सर्वेक्षण 1989-90 पृष्ठ 7-8

साथ आई.एम.एफ. और अन्य स्रोतों के लिए वापस भुगतान में कमी, रियायती सहायता की सीमित उपलब्धता और बाहरी ऋण पर ऋण सेवा में वृद्धि जैसे कई प्रतिकूल कारकों के कारण हमारे भुगतान की स्थिति के संतुलन में गिरावट आई है। हमारे भुगतान संतुलन पर जारी तनाव हमारे विदेशी मुद्रा भंडार की स्थिर गिरावट में परिलक्षित होता है, जो जनवरी 1990 के अंत में 5531 करोड़ रुपए रह गया था।"

प्रो. मधु दंडवते ने वर्ष 1990-91 के लिए केंद्रीय बजट प्रस्तुत किया। परिदृश्य इससे अधिक गंभीर नहीं हो सकता था। वित्तमंत्री ने लोकसभा के समक्ष उस अवधि की वास्तविकताओं को प्रस्तुत किया। 1 दिसंबर, 1989 को केंद्र सरकार का बजटीय घाटा 13,790 करोड़ रुपए था, जो 1989-90 के बजट में पूरे वर्ष के लिए अनुमानित घाटे का लगभग दोगुना था। वित्तीय वर्ष के आरंभ से थोक कीमतों में 6.6 प्रतिशत की वृद्धि हुई थी। भुगतान का संतुलन तनावपूर्ण था और विदेशी मुद्रा भंडार (सोने और एस.डी.आर. को छोड़कर) लगभग 5000 करोड़ रुपए नीचे थे। खाद्यान्न का भंडार गिरकर 11 मिलियन टन रह गया था। जी.डी.पी. वृद्धि 4-4.5 प्रतिशत, औद्योगिक उत्पादन वृद्धि 6 प्रतिशत और कृषि उत्पादन वृद्धि 1 प्रतिशत का अनुमान लगाया गया। मूल्य वृद्धि और मुद्रास्फीति के दबाव ने राजकोषीय संतुलन को प्रभावित किया। अनुमानित बजट घाटे के 7337 करोड़ रुपए से काफी अधिक होने की आशा थी और 1989-90 में कुल मौद्रिक संसाधनों की वृद्धि दर 16.5 प्रतिशत थी।

व्यापार प्रदर्शन बहुत उत्साहजनक नहीं था। हालाँकि 1990-91 के पहले नौ महीनों में रुपए के संदर्भ में निर्यात में 38 प्रतिशत और आयात में 21 प्रतिशत की वृद्धि हुई, विदेशी मुद्रा भंडार पर दबाव जारी रहा और ऋण-सेवा दायित्वों में वृद्धि को रोकने के लिए व्यापार खाते में पर्याप्त सुधार नहीं हुआ था। व्यापार और चालू खाते के घाटे को विदेशी मुद्रा भंडार में कमी और विदेशी उधारों के लिए बढ़ते संसाधनों के माध्यम से वित्तपोषित किया गया था। भुगतान संतुलन पर बने दबावों का मुकाबला करने और आठवीं योजना अवधि में एक व्यवहार्य स्थिति सुनिश्चित करने के लिए, निर्यात को सर्वोच्च प्राथमिकता दी गई। माना गया कि आवश्यक आयात आवश्यकताओं को पूरा करने के लिए उच्च विदेशी उधार के विकल्प में भारत की कठिन आर्थिक स्वतंत्रता को गिरवी रखने का जोखिम है, जो अस्वीकार्य था। वित्तमंत्री ने उच्च शुद्ध विदेशी मुद्रा अर्जित करने के लिए निर्यात उत्पादन को बढ़ावा देनेवाले राजकोषीय उपायों की रूपरेखा तैयार की।

## तालिका 4

### केंद्रीय राजस्व प्राप्ति तथा सातवीं योजना अवधि में गैर-योजना राजस्व व्यय का अनुमान ( 1984-85 की कीमतों पर सकल घरेलू उत्पाद का प्रतिशत )

| | 1985-86 | 1986-87 | 1987-88 | 1988-89 | 1989-90 |
|---|---|---|---|---|---|
| कर राजस्व (एल.टी.एफ. पी. में अनुमानित) | 7.8 | 8.2 | 8.7 | 9.2 | 9.4 |
| कर राजस्व (वास्तविक) | 8.1 | 8.3 | 8.4 | 8.4 | 8.9 |
| कुल चालू व्यय (एल. टी.एफ.पी. में अनुमानित) | 11.1 | 11.3 | 11.5 | 11.6 | 11.9 |
| कुल चालू व्यय (वास्तविक) | 13.2 | 14.4 | 14.3 | 14.2 | 14.2 |
| बजट घाटा (एल.टी.एफ.पी. में अनुमानित) | 1.3 | 1.2 | 1.1 | 1.0 | 0.9 |
| बजट घाटा (वास्तविक) | 1.3 | 3.1 | 1.7 | 2.3 | 1.9 |

स्रोत : तालिका 4 दीर्घकालिक राजकोषीय नीति दिसंबर 1985 पृष्ठ 13 और तालिका 6.2 आर्थिक सर्वेक्षण 1989-90 पृष्ठ 77

बजट में स्वीकार किया गया कि थोक वस्तुओं के आयात की कीमत तेजी से बढ़ रही थी। तेल की खपत लगभग 8 प्रतिशत बढ़ रही थी, जिसके परिणामस्वरूप इसके खाते में विदेशी मुद्रा का भारी प्रवाह हो रहा था। भारत का विदेशी ऋण 1985-90 की अवधि में दोगुना हो गया था, जिससे इसकी भेद्यता बढ़ रही थी। सरकार ने भारत की आर्थिक स्वतंत्रता और आत्मनिर्भरता की भावना को बनाए रखने के लिए लोगों से चुनौतियों का सामना करने और त्याग करने का आह्वान किया। सरकार ने अतिरिक्त विदेशी उधार से बचने के लिए राष्ट्र को संयम और कठोरता की अवधि के लिए तैयार किया।

राजकोषीय असंतुलन मुद्रास्फीति और भुगतान की स्थिति के कठिन संतुलन की जुड़वाँ समस्याओं का मूल कारण था। सरकार ने कहा कि घाटे के प्रबंधन के लिए व्यय वृद्धि को रोकना आवश्यक है। व्यय को संयमित करने के लिए सार्वजनिक व्यय के क्षेत्रों में स्पष्ट और निहित सब्सिडी पर ध्यान देना आवश्यक है। राजस्व के पक्ष में कर अनुपालन प्रमुख चुनौती थी। कर चोरी बहुत बड़ी थी, जिससे अर्थव्यवस्था पर गंभीर प्रतिकूल प्रभाव के साथ काले धन का सृजन हो रहा था, जो मुद्रास्फीति और विशिष्ट खपत को कम कर रही थी। कृत्रिम रूप से तैयार की गई कीमतों और विस्तृत भौतिक नियंत्रणों से भी काले धन की वृद्धि

हुई। सार्वजनिक व्यय कार्यक्रमों के रिसाव से समाज की आर्थिक और सामाजिक संरचना में गंभीर विकृतियाँ भी उत्पन्न हुईं।

भारतीय रिजर्व बैंक के इतिहास में कहा गया है कि राजकोषीय घाटे के विमुद्रीकरण से पिछले वर्षों में लिये गए ऋण की अधिकता और उसके बाद धन की आपूर्ति पर परिणामी विस्तारक प्रभाव के कारण ऋण अधिक बढ़ा। कुछ हद तक 1989-90 के केंद्रीय बजट ने राजस्व और व्यय के बीच बढ़ते असंतुलन को ठीक करने की माँग की, हालाँकि परिणाम बहुत बुरा निकला, क्योंकि असंतुलन सरकारी राजस्व जुटाने में किसी भी प्रकार की बाधा नहीं था, बल्कि यह सरकारी व्यय में वृद्धि के कारण था, जिसे बड़े उधार और बजट घाटे द्वारा वित्तपोषित किया जाता था। 1989-90 में (रिजर्व बैंक रिकॉर्ड के अनुसार) केंद्र का बजट घाटा बजट राशि से लगभग 30 प्रतिशत अधिक था। इसी प्रकार 1989-90 में केंद्र सरकार को रिजर्व बैंक का उधार 1988-89 के वास्तविक उधार से दोगुने से भी अधिक था। चालू खाते के घाटे में राजकोषीय घाटे का फैलाव दिखाई दे रहा था। अर्थव्यवस्था में सकल अवशोषण घरेलू रूप से उत्पादित वस्तुओं और सेवाओं से अधिक था। कुल मिलाकर माँग और आपूर्ति के बीच असंतुलन अंततः भुगतान संतुलन में फैल गया और अंतर को या तो कमी करने अथवा बढ़ते ऋण से पूरा करना पड़ा। राजकोषीय घाटे का पालन-पोषण ट्रेजरी बिलों को जारी करने के बदले केंद्र सरकार को रिजर्व बैंक के शुद्ध उधार में एक बड़े विस्तार से किया गया था, जो घाटे का स्वचालित विमुद्रीकरण था।

## वर्ष 1991-92 के आर्थिक सर्वेक्षण[2] में कहा गया था

"खाड़ी युद्ध के कारण तेल की कीमतों में तेज गिरावट आने से मौजूदा भुगतान संकट के पूर्व संकेत 1990-91 की दूसरी छमाही में स्पष्ट हो गए थे। सितंबर 1990 से विदेशी मुद्रा भंडार घटने लगा। 16 जनवरी, 1991 को वह 1990 के अगस्त के अंत के 5480 करोड़ रुपए (3.11 अरब अमेरिकी डॉलर) के स्तर से गिरकर 1666 करोड़ रुपए (896 मिलियन अमेरिकी डॉलर) हो गया। सरकार ने जुलाई-सितंबर 1990 के दौरान आरक्षित किश्त से 1177 करोड़ रुपए (60 मिलियन अमेरिकी डॉलर) का आहरण कर आई.एम.एफ. का सहारा लिया। पुनः जनवरी 1991 में, सरकार ने प्रतिपूरक और आकस्मिक वित्तपोषण सुविधा (सी.सी.एफ.एफ.) के अंतर्गत 1884 करोड़ रुपए (1.025 अरब अमेरिकी डॉलर) उधार लिये और पहली किश्त की व्यवस्था (एफ.सी.टी.) के अंतर्गत 1450 करोड़ रुपए (789 मिलियन अमेरिकी डॉलर) उधार लिये गए। जनवरी 1991 में अंतरराष्ट्रीय मुद्रा कोष से

2. आर्थिक सर्वेक्षण 1991-92 पृष्ठ 4-17

खरीदी 3334 करोड़ रुपए (1.814 अरब अमेरिकी डॉलर) हुई। फिर भी भंडार में गिरावट बेरोक-टोक जारी रही।"

भंडार के तेजी से ह्रास ने सरकार को 1990-91 की दूसरी छमाही में कई निरोधक उपाय करने के लिए प्रेरित किया था। अक्तूबर 1990 में भारतीय रिजर्व बैंक ने पूँजीगत वस्तुओं के अलावा अन्य आयातों पर 50 प्रतिशत का नकद लाभ लगाया। पूँजीगत वस्तुओं के आयात को केवल विदेशी स्रोतों के बदले करने की अनुमति दी गई थी। दिसंबर 1990 में सरकार ने घरेलू गैस को छोड़कर पेट्रोलियम के अन्य उत्पादों की कीमतों पर 25 प्रतिशत का अधिभार लगाया। भारतीय रिजर्व बैंक ने आयात के लिए बैंक ऋण के ब्याज पर 25 प्रतिशत अधिभार लगाया। इन कड़े उपायों के प्रभाव से आयात का काफी हद तक संकुचन हुआ। 1991 की अप्रैल से जून की तिमाही में तेल के अलावा अन्य आयात 23.1 प्रतिशत घट गया।

सरकार ने कर अनुपालन और सरल कर कानूनों में सुधार करके काले धन के प्रसार के खिलाफ एक निरंतर और बहुस्तरीय अभियान चलाया। सरकार ने अघोषित आय और कर की एक निर्धारित दर पर छिपी हुई धनराशि की घोषणा करने की अनुमति देनेवाली समयबद्ध योजना का प्रस्ताव रखा। सरकार ने स्वर्ण नियंत्रण कानून को खत्म करने का प्रस्ताव रखा। प्रत्यक्ष करों के मोर्चे पर, सरकार ने व्यक्तिगत आयकर के लिए छूट की सीमा 18000 रुपए से बढ़ाकर 22000 रुपए कर दी। सरकार द्वारा राजस्व की पर्याप्त हानि और कर आधार को सीमित करने की छूट की सीमा को बढ़ाने के निर्णय का इस आधार पर बचाव किया गया था कि यह राष्ट्रीय मोर्चा सरकार के घोषणापत्र का हिस्सा था। सरकार ने अप्रत्यक्ष कर में भी कई रियायतें दीं। गंभीर वित्तीय संकट के इस समय में केंद्रीय बजट 1990-91 का प्रत्याशित परिणाम नहीं मिला।

**तालिका 5**

**विदेशी मुद्रा भंडार में परिवर्तन (रुपए करोड़ में)**

| वर्ष | वर्ष के अंत में विदेशी मुद्रा भंडार @ | विदेशी मुद्रा भंडार में परिवर्तन | अंतरराष्ट्रीय मुद्रा कोष पर शुद्ध आहरण |
|---|---|---|---|
| 1979-80 | 5934 | 113 | -55* |
| 1980-81 | 5544 | -390 | 814** |
| 1981-82 | 4024 | -1520 | 637 |
| 1982-83 | 4782 | 758 | 1893 |

| | | | |
|---|---|---|---|
| 1983- 84 | 5972 | 1190 | 1342 |
| 1984-85 | 7243 | 1271 | 63 |
| 1985-86 | 7820 | 577 | -327* |
| 1986-87 | 8151 | 331 | -840* |
| 1987-88 | 7687 | -464 | -1388* |
| 1988-89 | 7040 | -647 | -1749* |
| 1989-90 | 6251 | -789 | -1688* |
| 1990-91 | 11416** | 5165** | -2043* |
| 1991-92 | 19392*** | 7976*** | 2169 |

*ट्रस्ट फंड ऋण लेना और चुकौती/** प्रभावी 17 अक्तूबर, 1990 शामिल है, जिसमें हर महीने के अंत में सोने की कीमत अंतरराष्ट्रीय बाजार मूल्य के करीब पुनः निर्धारित की गई थी। पहले की अवधियों के लिए सोने का मूल्य आधिकारिक तौर पर 84.39 रुपए प्रति 10 ग्राम/*** है, जिसमें 23 दिसंबर, 1991 और 7 जनवरी, 1991 को भारत सरकार से 494 करोड़ रुपए और 191 मिलियन अमेरिकी डॉलर के सोने की खरीद आर.बी.आई. की मुद्रा आस्तियाँ, आर.बी.आई. की सोने की होल्डिंग, सरकार की एस.डी.आर. होल्डिंग शामिल हैं।

1988-1990 के मुख्य आर्थिक सलाहकार डॉ. नितिन देसाई कहते हैं—

वर्ष 1988-89 की अवधि में, वित्त मंत्रालय को प्रधानमंत्री कार्यालय द्वारा चलाया जाता था। बजट बैठकें पीएमओ में आयोजित की गई थीं। प्रधानमंत्री अकसर वित्तमंत्री के साथ बैठकों की अध्यक्षता करते थे। मोंटेक सिंह अहलूवालिया प्रधानमंत्री के अर्थशास्त्री थे।

क्या हमें 1988 में आई.एम.एफ. में जाना चाहिए था या आई.एम.एफ. में नहीं गए थे? 1988 में आई.एम.एफ. में जाना कुछ जल्दी में लिया गया निर्णय था। इसका उल्लेख किया गया था, लेकिन इस विषय पर कोई गंभीर विचार नहीं किया गया था। विकास दर में वृद्धि हुई थी और यद्यपि भुगतान संतुलन और राजकोषीय स्थिति ठीक नहीं चल रही थी, लेकिन 1989 में उपभोग्य वस्तुओं के लिए सोवियत संघ के साथ रुपए के व्यापार के गिरने तक प्रमुख समस्याएँ नहीं आई थीं।

प्रधानमंत्री 1988 में आई.एम.एफ. में जाने के बारे में चिंतित नहीं थे। आई.एम.एफ. में जाने में कोई वैचारिक समस्या नहीं थी। आई.एम.एफ. भारत में एक तेज राजकोषीय सुधार चाहता था। राजनीतिक निर्णय था—"हम इसे अभी नहीं कर सकते, शायद चुनाव के बाद करें।"

वर्ष 1989 में चुनावों के बाद, नई सरकार के साथ आई.एम.एफ. के कार्यक्रम के लिए एक वैचारिक विरोध था। आई.एम.एफ. कार्यक्रम की चर्चा अधिक सक्रिय थी, क्योंकि हम शोधन-क्षमता में कमी की स्थिति का सामना कर रहे थे। आई.एम.एफ. कार्यक्रम का पालन नहीं किया गया, क्योंकि सरकार को आशंका थी कि इससे पूँजीवादी स्थितियाँ लागू होंगी। नई सरकार का राजनीतिक आधार काफी हद तक समाज के पिछड़े वर्गों पर था। 1991 में संकट आया। एक पश्च दृष्टि से अगर हम 1989 में अंतरराष्ट्रीय मुद्रा कोष गए होते, तो 1991 के संकट से हमारा बचाव हुआ होता और सोना गिरवी रखने जैसे कुछ फैसलों को टाला जा सकता था। हम इस बात को लेकर भी चिंतित थे कि हम पर बाहरी अनुशासन लागू होगा। आई.एम.एफ. की सार्वजनिक छवि निर्मम स्थिति लगानेवाले की थी, क्योंकि इससे सामाजिक व्यय कम हो सकता था।

उन दिनों, मुख्य आर्थिक सलाहकार (सी.ई.ए.) को वित्त मंत्रालय में परिचालनात्मक कर्तव्यों का पालन करना होता था और वे सरकार के एक स्वतंत्र सलाहकार नहीं होते थे। मुख्य आर्थिक सलाहकार के रूप में, मैंने आर्थिक सर्वेक्षण में अधिक संयमित रुख अपनाया था। 1988-89 का हमारा आर्थिक सर्वेक्षण आसन्न संकट को सूक्ष्म तरीके से सामने ले आया था। आर.बी.आई. के साथ सरकार के औपचारिक संचार सीमित थे, क्योंकि सचिव डी.ई.ए. को आर.बी.आई. का गवर्नर नियुक्त किए जाने के साथ हम एक अनौपचारिक संबंध रखते थे। यद्यपि आसन्न संकट पर आर.बी.आई. से संचार हुआ था, पर सरकार की ओर से कोई औपचारिक प्रतिक्रिया नहीं दी गई थी।

भारत 1980 के दशक में बाहरी वाणिज्यिक उधारी में काफी सक्रिय था। हमने कर्ज के भुगतान पर कभी रोक नहीं लगाई थी। हमारी शोधन क्षमता ऋण देनेवाली एजेंसियों के लिए एक बड़ी समस्या थी। कर्ज इतना नहीं था, पर असंतुलित चालू खाते के घाटे से समस्या बढ़ गई थी। बॉम्बे हाई तेल क्षेत्र में तेल की खोजों द्वारा हमें शालीनता से प्रभावित किया गया था। 1980 के दशक के मध्य में घरेलू तेल का उत्पादन बढ़ने से तेल आयात के व्यय में गिरावट देखी गई थी। इसलिए निर्यात प्रोत्साहन में संतुष्टि आई थी। हम उस समय उदारीकरण में और कुछ कर सकते थे। हम सार्वजनिक क्षेत्र पर निर्भर देश रहे।

अगर मैं पीछे मुड़कर देखूँ और 1991 के संकट के कारणों को बताऊँ, तो वे चार गुना हो जाएँगे :

1. बॉम्बे हाई में तेल की खोजों की वजह से संतुष्टि

2. निर्यात प्रतिस्पर्धा में कमी
3. सार्वजनिक क्षेत्र पर अत्यधिक निर्भरता
4. सोवियत संघ के विघटन के बाद रुपया–रूबल व्यापार का पतन हो गया था, जो मोटे तौर पर वस्तु विनिमय प्रणाली थी, क्योंकि रुपया एक महत्त्वपूर्ण घटक था।

क्या इसे रोका जा सकता था? हाँ। पश्च दृष्टि से, 1988–89 में किया गया एक आई.एम.एफ. कार्यक्रम हमें 1991 में हताशा में किए गए उपायों से बचाने में मदद कर सकता था। सुधार भी हुए होते। मानसिकता ठीक थी, लेकिन वे 1989 के चुनाव तक इंतजार करना चाहते थे। हम घोषणाओं को 1989 के केंद्रीय बजट की दौड़ में देख रहे थे, जो बाजारों को उत्साहित करते, व्यापार नीति को उदार बना सकते थे। व्यापार नीति में सुधार, औद्योगिक नीति में सुधार के लिए व्यापक सहमति थी, लेकिन धीरे-धीरे सुधार करने का विचार था। हमने वित्तीय क्षेत्र में सुधार के लिए भी कुछ कदम उठाए थे। सेबी की स्थापना की गई, नेशनल स्टॉक एक्सचेंज की स्थापना की गई और अप्रकटीकरण की शुरुआत की गई। निजी पक्षों के लिए म्यूचुअल फंड उद्योग को खोलना एक और कदम था। सुधार के वर्षों में वित्तीय क्षेत्र को खोलने से उल्लेखनीय लाभ हुए थे।

वर्ष 1991 में सुधार परिदृश्य की पूरी शृंखला देखी गई, जो आई.एम.एफ. कार्यक्रम के बिना संभव नहीं था, हालाँकि 1980 के दशक के सुधारों को कम करके नहीं आँका जा सकता। 1990 के दशक में निजी क्षेत्र के निवेश में उछाल, 1980 के दशक के वित्तीय क्षेत्र सुधारों से ही संभव हुआ था। कई अन्य विकासशील देशों की तरह, हमने भी ई.एम.एफ. में जाने में बहुत देर कर दी। हमें जो सुधार मिले, वे काफी कट्टरपंथी थे। आई.एम.एफ. कार्यक्रम के हिस्से के रूप में सुधार करनेवाली सरकार काफी महत्त्वपूर्ण थी और कोई बड़ा विरोध नहीं हुआ था। इसका एक कारण यह था कि आई.एम.एफ. कार्यक्रम में भारतीय स्थिति बहुत खराब नहीं थी। राजकोषीय समायोजन मामूली था और हम परिस्थितियों का सामना कर सकते थे। सुरक्षित रूप से यह कहा जा सकता है कि आई.एम.एफ. कार्यक्रम के बिना हमारी अर्थव्यवस्था में एक बड़ा व्यवधान रहा होता। आई.एम.एफ. कार्यक्रम ने हमें एक सहज संक्रमण में जाने दिया। प्रबंध निदेशक आई.एम.एफ. के रूप में, कैमडेस की इच्छा थी कि भारत में फंड कार्यक्रम सफल हो।

आज आई.एम.एफ. पुराने वैश्विक वित्तीय संस्थानों का हिस्सा है। चीन के

उद्भव और जी20 के उदय के साथ परिदृश्य में काफी बदलाव हुआ है।

वित्तमंत्री यशवंत सिन्हा ने 27 दिसंबर, 1990 को भारतीय अर्थव्यवस्था के प्रबंधन में रणनीतिक मुद्दों पर वर्तमान राजकोषीय स्थिति के संबंध में राज्यसभा में एक बयान दिया। इस परिदृश्य ने बड़े राजकोषीय असंतुलन, भुगतान के गंभीर संतुलन और मूल्य स्तर पर मुद्रास्फीति के काफी दबावों को जारी रखा। वित्तमंत्री ने कहा कि 1980 के दशक की दूसरी छमाही में विकास दर के संदर्भ में अर्थव्यवस्था का प्रदर्शन प्रभावशाली था, लेकिन यह वृहद् आर्थिक असंतुलन के उद्भव से जुड़ा था। आय और व्यय के बीच की चौड़ी खाई ने बढ़ते बजट घाटे को जन्म दिया। राजकोषीय घाटे के बोझ को उधारी के जरिए पूरा किया गया। कर्ज चुकाने का बोझ उस पर हावी हो गया। 1990-91 में केवल ब्याज का भुगतान केंद्र सरकार के कुल खर्च का 20 प्रतिशत और सकल घरेलू उत्पाद का 4 प्रतिशत था, जबकि यह कुल खर्च का 10 प्रतिशत और 1980-81 के सकल घरेलू उत्पाद का 2 प्रतिशत था। भुगतान की स्थिति का संतुलन भी काफी तनावग्रस्त था। छठी योजना अवधि में सकल घरेलू उत्पाद के 1.3 प्रतिशत की तुलना में चालू खाता घाटा सकल घरेलू उत्पाद का 2.2 प्रतिशत था। चालू खाते के घाटे को उधार द्वारा वित्तपोषित किया गया था। वित्तमंत्री ने सदन को सूचित किया कि यह स्पष्ट था कि भारतीय अर्थव्यवस्था गंभीर वित्तीय संकट का सामना कर रही थी और भुगतान की स्थिति का संतुलन बहुत मुश्किल था। खाड़ी संकट और घरेलू कच्चे तेल के उत्पादन में कमी के कारण राजकोषीय स्थिति में और गिरावट आई।

वित्तमंत्री ने कहा कि आसान विकल्प समाप्त हो गए हैं और आवश्यक मैक्रो-आर्थिक समायोजन शुरू करना आवश्यक है। अतिरिक्त कराधान उपायों को 25 प्रतिशत के मूल अधिभार और निगम कर पर 7 प्रतिशत के अतिरिक्त अधिभार के रूप में प्रस्तुत किया गया था। अप्रत्यक्ष करों में सहायक सीमा शुल्क लागू किए गए थे। व्यय नियंत्रण और अनुदान का युक्तिकरण प्रस्तावित किया गया ताकि व्यय को बेहतर ढंग से गरीबों की तरफ निर्देशित किया जा सके। दिसंबर 1990 में भी वित्तमंत्री ने कहा था कि सरकार संकट को दूर करने और आर्थिक कठिनाइयों का प्रबंधन करने की स्थिति में होगी।

सोने को गिरवी रखने के बारे में डॉ. सी. रंगराजन का कहना है—

वर्ष 1990 के अंत तक भारत की भुगतान स्थिति का संतुलन बिगड़ गया था। यहाँ तक कि बहुपक्षीय संस्थानों से सामान्य और असाधारण धन प्राप्त करने के प्रयास किए जा रहे थे, निजी बैंकों और बाजार के अन्य पक्षों से भी संपर्क किया जा रहा था। सरकार में लगातार बदलाव के साथ, आर.बी.आई. की जिम्मेदारी बढ़

गई थी। गवर्नर वेंकटरमन इतने सक्रिय थे कि एक आर्थिक दैनिक द्वारा उन्हें 'लोन (ऋण) रेंजर' के रूप में वर्णित किया गया था।

बाजार के विभिन्न पक्षों के साथ बात करने के दौरान एक प्रश्न अकसर सामने आया, वह प्रश्न था : 'भारत अपने संकट से बाहर आने के लिए क्या कर रहा था?' निहितार्थ सरल था। भारत के पास सोने का एक बड़ा भंडार था। भारत इसका उपयोग क्यों नहीं कर सका? यह आर.बी.आई. के विचार के बाहर भी नहीं था। बैंकों की सोने की धारिता को सक्रिय करने के लिए कई कदम उठाए जा रहे थे। पहला कदम बाजार मूल्य पर सोने की होल्डिंग को रद्द करना था। अक्तूबर 1990 में सरकार द्वारा एक अध्यादेश के माध्यम से यह किया गया था, जिसे अधिनियम का हिस्सा बनाने के लिए बाद में संसद् द्वारा अनुमोदित किया गया। जनवरी 1991 में स्टेट बैंक सरकार द्वारा रखे गए सोने को गिरवी रखकर विदेशी मुद्रा जुटाने के लिए एक प्रस्ताव लाया गया था। अप्रैल 1991 में सरकार विदेशी मुद्रा जुटाने के लिए जब्त किए गए 20 टन सोने का उपयोग करने के प्रस्ताव पर सहमत हो गई और मई 1991 में चार खेपों में सोना भेज दिया गया। वास्तव में पुनर्खरीद के विकल्प के साथ इसकी बिक्री निष्पादित की गई थी। इस व्यवस्था में भारतीय रिजर्व बैंक पूरी तरह से शामिल था। यह पर्याप्त नहीं था। भारतीय रिजर्व बैंक संकट पर काबू पाने के लिए अपने निजी सोने का उपयोग करने के बारे में सोच रहा था।

भारतीय रिजर्व बैंक के सोने का उपयोग करने में तीन तरह के मुद्दों का सामना करना पड़ा और उन्हें मंजूरी दे दी गई। सबसे पहले नीति स्तर पर निर्णय करने की आवश्यकता थी। सोने के प्रति भावनात्मक लगाव को देखते हुए, आरंभ से ही यह महसूस किया गया कि सोने की एकमुश्त बिक्री एकमात्र विकल्प नहीं था। सोना गिरवी रखना और विदेशी मुद्रा ऋण जुटाना एक ही बात थी। दूसरा जो कुछ भी किया जाना था, वह आर.बी.आई. अधिनियम के प्रावधानों के अनुरूप होना था। अधिनियम के अंतर्गत, आर.बी.आई. केवल अन्य मुद्रा अधिकारियों से उधार ले सकता है। तीसरा सोने के चयन, पैकिंग और भेजने के भौतिक कार्य से जुड़े मुद्दे थे। इसने कई समस्याओं से छुटकारा दिलाया।

सरकार ने विदेशी मुद्रा ऋण को बढ़ाने के लिए सोना गिरवी रखने की आर.बी.आई. की सलाह को स्वीकार कर लिया। यह एक ऐसी सरकार द्वारा लिया गया एक साहसिक निर्णय था, जो उस समय केवल एक कार्यवाहक सरकार थी।

गवर्नर वेंकटरमन और मैंने कई केंद्रीय बैंकों का दौरा किया ताकि यह पता चल सके कि वे कितने उपयोगी होंगे। बैंक फॉर इंटरनेशनल सेटलमेंट्स (बी.

आई.एस.) को खारिज करना पड़ा, क्योंकि यह सख्ती से 'मुद्रा प्राधिकरण' नहीं था। यह पता चला कि बैंक ऑफ इंग्लैंड और बैंक ऑफ जापान दो केंद्रीय बैंक थे, जो ऐसा करने के इच्छुक होंगे। लेकिन दोनों संस्थानों ने जोर देकर कहा कि भारत के आई.एम.एफ. के अंतर्गत एक डिपॉजिटरी देश होने के बावजूद, गिरवीवाले सोने को भारत से बाहर रखा जाना चाहिए। भारतीय रिजर्व बैंक अधिनियम कुछ प्रतिबंधों के साथ भारत के बाहर सोना रखने की अनुमति देता है। उधार के संबंध में अधिनियम के प्रावधानों के अनुरूप, आर.बी.आई. को परिसंपत्ति निर्गम विभाग से बैंकिंग विभाग को हस्तांतरित करनी होती और सोना भेजने से पहले यह किया गया था। चूँकि भारतीय रिजर्व बैंक को केवल एक महीने के लिए उधार लेने की अनुमति है, इसलिए उधार को हर महीने अग्रेषित किया जाना चाहिए था।

सोने को भेजने से संबंधित मुद्दों का तीसरा समूह आशा से अधिक कठिन हो गया। चूँकि गिरवी रखे जानेवाले सोने की मात्रा लगभग 50 टन थी, इसलिए मुंबई में जो सोना था, उसका उपयोग करने का निर्णय लिया गया। जो सोना स्टॉक में था, वह विभिन्न रूपों में था। उनमें सभी सुंदरता और वजन के मामले में लंदन गुड डिलिवरी (एल.जी.डी.) विनिर्देशों को संतुष्ट नहीं कर पाए। शुद्ध सोने की सलाखों को, जिस स्थिति में थी, उसी में भेजने का निर्णय लिया गया और बैंक ऑफ इंग्लैंड को गैर-एल.जी.डी. सलाखों को एल.जी.डी. सलाखों में परिवर्तित करने की जिम्मेदारी सौंपी गई थी। पैकिंग, बीमा और अंततः एयरलाइंस के माध्यम से सोना भेजने का काम बहुत कम समय में किया गया था ताकि ज्यादा ध्यान आकर्षित न हो। यह एक ऐसा ऑपरेशन था जिसमें आर.बी.आई. के बाहरी निवेश और संचालन (डी.ई.आई.ओ.), जारीकरण, बैंकिंग संचालन और कानूनी जैसे विभिन्न विभागों को मिलकर कार्य करना था।

बाहरी निवेश और परिचालन विभाग के प्रमुख श्री पी. बी. कुलकर्णी और उनके समर्पित सहयोगियों ने बहुत बड़ा काम किया। कुल मिलाकर, 4 जुलाई से शुरू होनेवाली चार खेपों में 46.91 टन सोना भेजा गया। दूसरी खेप सबसे बड़ी थी जिसे एक चार्टर्ड कॅरियर के माध्यम से ले जाया जाना पड़ा। यह ध्यान रखना दिलचस्प है कि वास्तविक प्रेषण श्री नरसिम्हा राव और डॉ. मनमोहन सिंह की नई सरकार के सत्ता सँभालने के बाद हुआ। नए वित्तमंत्री ने कोई आपत्ति नहीं जताई और उन्होंने संसद् में इस काररवाई का बचाव किया। सोने को गिरवी रखकर लिया गया कर्ज नवंबर 1991 तक चुका दिया गया था, हालाँकि उस सोने को वापस नहीं लाया गया, बल्कि उसे विदेश में ही रखा गया।

पूरा प्रकरण नाटकीय है। उदाहरण के लिए, जब किसी भी उपभोग्य को देश से बाहर भेजा जाता है, तो उपभोग्य की प्रकृति को घोषित करना होता है। मैंने सीमा शुल्क आयुक्त से बात की और बिना ऐसी घोषणा के सोना भेजने के लिए वित्त मंत्रालय से एक विशेष प्राधिकरण प्राप्त किया गया था। एक खेप को बीच में रोका जाना था, अचानक संदेह पैदा हुआ कि क्या इसे बीमा द्वारा आवृत्त किया गया था। रविवार को मैंने नीति की जाँच के लिए कार्यालय खोला था और यह पता लगाकर राहत मिली थी कि इसमें 'वॉल्ट-टू-वॉल्ट' बीमा शामिल था। अंत में जब सोने को बॉम्बे कार्यालय की तिजोरी से हवाई अड्डे के लिए स्थानांतरित किया गया था, तब सड़क पर हो रहे आवागमन की बारीकी से निगरानी की गई थी। यह एक बड़ी खेप के मामले में हुआ, काफिले में एक कार के टायर फटने के कारण बुलियन वैन को रोकना पड़ा। सौभाग्य से बहुत हंगामा होने से पहले, काफिला फिर से चल पड़ा था।

सोने को गिरवी रखकर लिया गया कुल ऋण 405 मिलियन अमेरिकी डॉलर था। आज की गणना में यह छोटा लग सकता है। लेकिन बकाए में चूक को रोकने के लिए यह राशि उस समय महत्त्वपूर्ण थी। आर.बी.आई. या सरकार की ओर से इस लेन-देन को जनता से छिपाने का कोई इरादा नहीं था। आर.बी.आई. ऑपरेशन खत्म होने के बाद इसे सार्वजनिक करना चाहता था। अन्यथा कुछ परिचालन जोखिम था। सोने की खेप ने सभी को संकट से उबारा और सुधारों का मार्ग प्रशस्त किया।

जून 1991 तक यह स्पष्ट हो गया था कि भुगतान संतुलन के प्रबंधन के एक उपकरण के रूप में आयात संकुचन विपरीत परिणाम उत्पादक साबित हो रहा है। 1991-92 के दौरान औद्योगिक उत्पादन के सूचकांक पर आयात संकुचन के प्रतिकूल प्रभाव को महसूस किया गया था। आगे के संपीड़न से औद्योगिक उत्पादन में भारी गिरावट, परिवहन में व्यवधान और निर्यात में गिरावट के रूप में आदानों के आयात में कमी आई है। आयात संकुचन ऐसे चरण में पहुँच गया, जहाँ इससे उत्पादन और रोजगार को व्यापक नुकसान का खतरा था और बड़े पैमाने पर आर्थिक अराजकता आरंभ हुई।

भुगतान संकट का संतुलन आत्मविश्वास अर्थात् भुगतान संतुलन को प्रबंधित करने की सरकार की क्षमता में विश्वास पर एक बड़ा संकट बन गया था। विश्वास की कमी ने सरकार की बाहरी ऋण के लिए सभी सहारों को बंद करके संकट से निपटने की क्षमता को कम कर दिया था। भारत के इतिहास में पहली बार भुगतानों में होने जा रही एक चूक जून 1991 में एक गंभीर संभावना बन गई थी।

भुगतानों में चूक से बचने के लिए सरकार ने भारतीय स्टेट बैंक को अपने स्टॉक में से 20 टन सोना पट्टे पर दिया और इसे छह महीने के अंत में पुनर्खरीद करने के विकल्प के साथ विदेशों में सोना बेचने में सक्षम किया। सरकार ने भारतीय रिजर्व बैंक को जुलाई में इंग्लैंड के बैंक को 47 टन सोना भेजने की अनुमति दी। इससे 600 मिलियन अमेरिकी डॉलर जुटाने में मदद मिली। रुपए की विनिमय दर को जुलाई 1991 में एक विश्वसनीय स्तर पर लाने के लिए समायोजित किया गया था, जिससे इसका बचाव किया जा सकता था। सरकार राजकोषीय सुधार के एक कार्यक्रम को लागू करने के लिए शीघ्रता से आगे बढ़ी। इसके साथ ही व्यापार नीति, औद्योगिक नीति और सार्वजनिक क्षेत्र की नीतियों में संरचनात्मक सुधारों का एक कार्यक्रम भी शुरू किया गया।

वर्ष 1991 में आई.एम.एफ. ने एक सप्ताह पहले भारत के पहले ऋण अंतराल के अंतर्गत 777 मिलियन अमेरिकी डॉलर और 1009 मिलियन अमेरिकी डॉलर के मुआवजे और आकस्मिक वित्तपोषण सुविधा के अंतर्गत भारत को 1786 मिलियन अमेरिकी डॉलर का ऋण दिया था।

"भारत सरकार वित्तीय वर्ष 1991-92 के अप्रैल में समायोजन प्रक्रिया को जारी रखने के लिए प्रतिबद्ध है।" आई.एम.एफ. को सरकार द्वारा यह आश्वासन भी दिया गया था कि वह भारतीय अर्थव्यवस्था की दक्षता और प्रतिस्पर्धा में सुधार के लिए कई प्रकार की नीतियों को लागू करना चाहती है। 'द इकोनॉमिक एंड पॉलिटिकल वीकली' ने कहा कि यह भारतीय अर्थव्यवस्था के साथ आई.एम.एफ. की सक्रिय भागीदारी की शुरुआत है, जो अगले कई वर्षों तक चलनेवाली है। अगले वित्तीय वर्ष के लिए अपने बजट को तैयार करते समय आई.एम.एफ. की संतुष्टि पर सरकार को विशेष रूप से विचार करना होगा।

रुपए के अवमूल्यन पर डॉ. सी. रंगराजन निम्नलिखित को याद करते हैं—

> जुलाई 1991 में 'रुपए के अधोमुखी समायोजन' (अवमूल्यन के लिए एक व्यंजनापूर्ण अभिव्यक्ति) पर ध्यान और उत्साह आकर्षित होना जारी रहा। अवमूल्यन पर पिछले निर्णयों के विपरीत, जुलाई 1991 के निर्णय की घोषणा सरकार द्वारा नहीं की गई थी। यह आर.बी.आई. द्वारा किए जानेवाले विनिमय दर के दैनिक समायोजन के हिस्से के रूप में किया गया था। किसी ने इसकी आशा नहीं की थी और एक महत्त्वपूर्ण कहानी वहीं अटक गई।

वर्ष 1990 और 1991 में भारत के भुगतान संतुलन में गिरावट की बात अच्छी तरह से प्रलेखित है। 1990 के मध्य में खाड़ी संकट के परिणामस्वरूप कच्चे तेल की कीमतों में तेज वृद्धि ने भारत की पहले से ही भुगतान की तनावग्रस्त स्थिति को

गंभीर झटका दिया था। भारत का चालू खाता घाटा 1988-89 में भी जी.डी.पी. का 2.7 प्रतिशत था। 1990 के मध्य से चालू खाता घाटे का वित्तपोषण एक कठिन कार्य बन गया। वित्तपोषण के पारंपरिक स्रोत सूखने लगे। अल्पकालिक वित्तपोषण पर काम करना मुश्किल हो गया था। अनिवासी जमा ने चालू खाते के घाटे को पाटने में उल्लेखनीय योगदान दिया था। आई.एम.एफ. के साथ गंभीर बातचीत दिसंबर 1990 में शुरू हुई थी, हालाँकि एक विस्तृत पत्र में आर.बी.आई. ने अगस्त 1990 की शुरुआत में सरकार से आई.एम.एफ. से संपर्क करने का आग्रह किया था। अगर हमने ऐसा किया होता, तो वार्त्ता की प्रक्रिया बहुत अधिक सहज होती। जब हम आई.एम.एफ. में गए, तब तक स्थिति इतनी बिगड़ चुकी थी कि हम राहत पाने के लिए हाँफ रहे थे। दिसंबर 1990 के अंत तक विदेशी मुद्रा भंडार केवल तीन सप्ताह के आयात के लिए पर्याप्त रह गया था। वार्त्ता शुरू करने के लिए दीपक नय्यर और मैं वाशिंगटन गए। आरंभ में केवल अनुपूरक और आकस्मिक वित्त पोषण सुविधा से संबंधित बातचीत हुई। बाद में अन्य प्रकार की सुविधाओं को शामिल करने के लिए इसे बढ़ाया गया। धन जुटाने के अन्य प्रयास भी हुए। इस प्रकार कुछ मदद भी आई, हालाँकि स्थिति गंभीर बनी रही।

नई सरकार ने जून 1991 के अंत तक स्थिति को भुनाने पर गंभीरता से विचार किया। नई सरकार की लगभग पहली निर्णायक कारवाई विनिमय दर के संबंध में हुई थी। वित्त मंत्रालय और आर.बी.आई. के बीच उच्चतम स्तर पर विचार-विमर्श हुआ। जहाँ तक मुझे याद है, वास्तव में इस कदम का कोई विरोध नहीं हुआ था। स्थिति इतनी बिगड़ गई थी कि यह अपरिहार्य हो गया था। चर्चा समायोजन और इसकी सीमा के आस-पास केंद्रित थी। वास्तव में एक स्थिर स्थिति से दैनिक समायोजन के लिए, मार्च 1990 और मार्च 1991 के बीच डॉलर के मुकाबले रुपए में 10.8 प्रतिशत की गिरावट आई थी। स्थिति को देखते हुए, तेज और एक बार के समायोजन की आवश्यकता थी। निस्संदेह रूप से, मुद्रा का 'अवमूल्यन' करने के हर निर्णय का एक राजनीतिक अर्थ है। डॉ. मनमोहन सिंह ने वित्तमंत्री के रूप में प्रधानमंत्री और राष्ट्रपति को समझाने का काम किया।

यह निर्णय एक अधोमुखी समायोजन को प्रभावित करने का था, जिसे दो से तीन दिनों के अंतराल के साथ दो चरणों में किया जाना था। जैसा कि पहले ही संकेत दिया गया है, इसे आर.बी.आई. द्वारा विनिमय दर के दैनिक निर्धारण के दौरान किया जाना था। तकनीकी रूप से, किसी निर्धारित हाशिये के भीतर कई प्रकार की मुद्राओं के मूल्य के संबंध में दर तय की जानी थी। हाशिए से बाहर जाने से पहले हमारे पास

बहुत समय था। एक तेज अधोमुखी समायोजन इसे सीमा से बाहर भी ले जाएगा। चूँकि समायोजन दो चरणों में किया जाना था, इसलिए अभ्यास का कोड नाम 'हॉप, स्किप एंड जंप' था। दो चरण में क्यों ? यह आंशिक रूप से प्रारंभिक समायोजन के साथ बाजार का परीक्षण करने और फिर इसका अनुसरण करने के लिए था। एक तरह से, पहली घोषणा बाजार को तैयार करेगी। राजनीतिक मंजूरी के बाद गवर्नर वेंकटरमण द्वारा और मुझे आगे बढ़ने के लिए संकेत दिया गया था। उस समय मैं विनिमय दर समायोजन का प्रभारी था।

मैंने 1 जुलाई, 1991 को पहला बदलाव किया। इस कदम का स्वागत करते हुए विदेशी मुद्रा बाजार थोड़ा हिल गया था। प्रतिभागियों को इसे स्वीकारने में समय लगा। लेकिन फिर अटकलें शुरू हो गईं कि यह प्रक्रिया कहाँ समाप्त होगी। हमारे मन में चल रहे अवमूल्यन के बारे में संपादकीय टिप्पणियाँ लिखी गई थीं। तब हमने तारीख को पहले लाने और बहुत अधिक अंतराल न देने का फैसला किया। इसलिए अगला समायोजन योजना के अनुसार 3 जुलाई को किया गया था। मूल्यह्रास हस्तक्षेप ने मुद्रा पाउंड स्टर्लिंग के खिलाफ 17.3 8 प्रतिशत तक कम किया। क्या बीच के समय में सरकार की ओर से कोई पुनर्विचार किया गया था ? मुझे निश्चित रूप से इसका कोई पता नहीं था। किसी भी तरह, 'अवमूल्यन' को हमेशा 'अर्ध' राजनीतिक निर्णय माना जाता है। नई सरकार, जो मात्र कुछ सप्ताह पुरानी थी, हो सकता है कि वह विभिन्न दबावों के अधीन हो। मैंने वित्तमंत्री से कुछ नहीं सुना, हालाँकि 3 जुलाई को, मुझे सुबह लगभग 9.30 बजे डॉ. मनमोहन सिंह का फोन आया। उन्होंने मुझसे स्थिति के बारे में एक तटस्थ प्रश्न किया और मैंने बस इतना कहा कि 'मैं कूद चुका हूँ'। उन्होंने कहा 'ठीक है' और यह उस प्रसंग का अंत था। डॉ. मनमोहन सिंह ने साक्षात्कार देने के साथ-साथ संसद् में भी इस पर बात की कि अवमूल्यन का निर्णय क्यों लेना पड़ा। 3 जुलाई, 1991 को घोषणा के बाद बाजार को आश्वस्त करना था कि आगे कोई तेज अधोमुखी समायोजन नहीं होगा। निर्यातकों को रसीदें लाने या अनिवासी भारतीयों को जमा भेजना स्थगित करने से रोकने के लिए यह आवश्यक था। रुपए के मूल्य के समायोजन के संदर्भ में अगले एक सप्ताह में हमारी कारवाई ने बाजार को आश्वस्त किया। वास्तव में 2 अगस्त, 1991 को मैंने बॉम्बे में एक सभा को संबोधित किया, जिसमें रुपए के मूल्य में समायोजन के पीछे के कारणों का एक विस्तृत विवरण दिया गया और दोहराया गया कि आगे कोई तेज बदलाव नहीं होगा। बाद में 'हाल में किए गए विनिमय दर समायोजन : कारण और परिणाम' नामक व्याख्यान सितंबर 1991 में आर.बी.आई. बुलेटिन में प्रकाशित हुआ।

अधोमुखी समायोजन का निर्णय एक साहसिक निर्णय था। इसके लिए बहुत साहस चाहिए था। लेकिन पहले भी अवमूल्यन किए गए हैं। वास्तव में सामान्य और विशेष रूप से बाहरी क्षेत्र में सुधारों की शुरुआत अधिक साहसिक निर्णय था। आयात पर मात्रात्मक नियंत्रण का निराकरण, आयात शुल्क में कमी, एक्जिम स्क्रिप्स की शुरुआत, दोहरी विनिमय दर को अपनाना और अंत में बाजार निर्धारित विनिमय दर प्रणाली की ओर बढ़ना—यह सब अठारह महीनों की छोटी अवधि में हुआ और बाहरी क्षेत्र के प्रशासन को परिवर्तित कर दिया। 1994 में भारतीय मुद्रा चालू खाते पर परिवर्तनीय हो गई। भारत का बाहरी क्षेत्र उतना मजबूत कभी नहीं रहा जितना यह 1991–92 के बाद से है।

## संदर्भ—

1. दीर्घकालिक राजकोषीय नीति, दिसंबर 1985, वित्त मंत्रालय (आर्थिक मामलों का विभाग)।
2. प्रोफेसर मधु दंडवते, वित्तमंत्री, 'बजट स्पीच फॉर द ईयर 1990–91'
3. यशवंत सिन्हा, 'वित्तमंत्री द्वारा वर्तमान राजकोषीय स्थिति पर वक्तव्य' राज्यसभा, 27 दिसंबर, 1990।
4. अरुण घोष, 'आई.एम.एफ. बारोइंग्स : सम मिथ्स एक्सपोज्ड' इकोनॉमिक एंड पॉलिटिकल वीकली, 20 जुलाई, 1991।
5. डॉ. नितिन देसाई के साथ साक्षात्कार।
6. डॉ. सी. रंगराजन के साथ साक्षात्कार।

□

*अध्याय-5*

# आम बजट 1991-96

*भारत सरकार ने 18 महीने की अवधि में राजकोषीय समेकन और ढाँचागत सुधार की नीति अपनाई। इस आम बजट में भारतीय अर्थव्यवस्था को खोलने के नीतिगत उपाय परिलक्षित होते हैं। इस अध्याय में 1991-96 तक किए गए आर्थिक सुधारों को रेखांकित किया गया है।*

वर्ष 1991-92 के आम बजट को 24 जुलाई, 1991 को प्रस्तुत किया गया था। वित्तमंत्री डॉ. मनमोहन सिंह का बजट भाषण भारत के आर्थिक इतिहास में यह एक उम्दा भाषण है। इस बजट ने दूरगामी समष्टि आर्थिक नीति बदलावों और सुधारों की आधारशिला तैयार की। रुपए के अवमूल्यन और निर्यात सब्सिडी को समाप्त करने के साथ व्यापार सुधार, खाद्यान्न, उर्वरक और पेट्रोलियम क्षेत्रों में सब्सिडी संबंधी सुधारों के साथ प्रत्यक्ष विदेशी निवेश अनुमति के साथ औद्योगिक सुधारों और विदेशी निवेश संवर्धन बोर्ड का गठन, कर वंचन को कम करने के प्रयास और कर अनुपालन में सुधार आम बजट 1990-91 के मुख्य संघटक थे। बजट भाषण में "संसार भर को यह स्पष्ट संदेश है कि भारत अब जाग गया है। हम आगे बढ़ेंगे। हम सफल होंगे" जो 1990-91 में राष्ट्र की मानसिक दशा को बतलाता है।

समष्टि आर्थिक स्थिति के संदर्भ में नई सरकार को विरासत में गंभीर आर्थिक संकट प्राप्त हुआ था। भुगतान संतुलन की स्थिति बहुत ही दयनीय थी। वाणिज्यिक उधार और अनिवासी भारतीय नागरिकों के माध्यम से, निक्षेप के माध्यम से पूँजी प्रवाह में तीव्र गिरावट आई थी। इसके परिणामस्वरूप जुलाई 1990 और जनवरी 1991 में अंतरराष्ट्रीय मुद्रा कोष से बहुत अधिक उधार लेने के बावजूद विदेशी मुद्रा भंडार में बहुत तीव्र गिरावट थी। विदेशी विनिमय संकट ने विकास प्रक्रिया की धारणीयता और विकास संबंधी कार्यक्रमों के व्यवस्थित कार्यान्वयन के लिए गंभीर खतरा पैदा कर दिया। कुल मिलाकर अर्थव्यवस्था में संकट बहुत गंभीर था। राष्ट्र को स्वतंत्र भारत के इतिहास में इस प्रकार का कोई अनुभव नहीं था।

राजकोषीय प्रणाली में इस संकट ने एक गंभीर चिंता पैदा कर दी। जी.डी.पी. में राजकोषीय घाटा 1980 की शुरुआत में 6 प्रतिशत और 1970 के मध्य में 4 प्रतिशत की तुलना में 1990-91 में अनुमानित 8 प्रतिशत से अधिक हो गया। राजकोषीय घाटे को निवल ऋण से पूरा किया जाना था। केंद्र सरकार का आंतरिक सार्वजनिक ऋण जी.डी.पी. का 55 प्रतिशत हो गया था। इस ऋण को चुकाने का भार बहुत अधिक हो गया और केवल ब्याज भुगतान जी.डी.पी. का 4 प्रतिशत था, जो केंद्र सरकार के कुल व्यय का 20 प्रतिशत था।

वित्तमंत्री ने कहा कि भुगतान संतुलन की स्थिति बहुत कठिन है। वर्ष 1990-91 में चालू खाता घाटा जी.डी.पी. का 2.5 प्रतिशत हो गया था। विदेश से प्राप्त उधार द्वारा वित्तपोषित घाटे के कारण 1990-91 के अंत में बाहरी ऋण में सतत बढ़ोतरी हुई और अनुमानत: जी.डी.पी. के 23 प्रतिशत तक पहुँच गया। इसके परिणामस्वरूप ऋण सेवा भार वर्ष 1990-91 में चालू खाता प्राप्तियों का अनुमानत: 21 प्रतिशत हो गया था। खाड़ी संकट के कारण यह दशा और लंबे समय तक चल गई और अंतिम बिंदु तक पहुँच गई। भुगतान संतुलन दिसंबर 1990 से एक नकदी संकट से दूसरे नकदी संकट तक पहुँच गया। केवल 2500 करोड़ रुपए की विदेशी मुद्रा केवल पंद्रह दिनों तक आयात के वित्तपोषण के लिए ही बची थी।

मूल्य स्थिति ने एक गंभीर समस्या खड़ी की और मुद्रास्फीति ने दहाई के आँकड़े को छू लिया था। थोक मूल्य सूचकांक में 12.1 प्रतिशत की बढ़ोतरी दर्ज हुई और उपभोक्ता मूल्य सूचकांक में 13.6 प्रतिशत की बढ़ोतरी दर्ज हुई। 1990-91 में महँगाई अनिवार्य उपभोक्ता वस्तुओं तक संकेंद्रित थी।

समष्टि आर्थिक समायोजन, जो लंबे समय से लंबित था, को और अधिक समय तक टाला नहीं जा सकता था, क्योंकि इससे भुगतान संतुलन की स्थिति को सँभालना कठिन हो जाता और महँगाई सहन सीमा को पार कर जाती। भारत की रणनीति के केंद्र में विश्वसनीय राजकोषीय समायोजन और अगले तीन वर्षों में सतत राजकोषीय समेकन के साथ समष्टि आर्थिक स्थिति को लाना था। अर्थव्यवस्था के समष्टि प्रबंधन में मध्यावधि में उल्लिखित कदम राजकोषीय घाटे को उत्तरोत्तर कम करना और राजस्व घाटे में महत्त्वपूर्ण कमी के लिए आगे काररवाई करना तथा भुगतान संतुलन में चालू खाता घाटे को कम करना था। सरकार ने समायोजन प्रक्रिया के अभिन्न भाग के रूप में आर्थिक नीति और आर्थिक समायोजन में अनिवार्य सुधार लाने के लिए प्रतिबद्धता जाहिर की। सुधार प्रक्रिया का जोर औद्योगिक उत्पादन की अंतरराष्ट्रीय प्रतिस्पर्धा को बढ़ाना, निवेश की उत्पादकता को बढ़ाना तथा यह सुनिश्चित करना था कि भारत का वित्तीय क्षेत्र तेजी से आधुनिकीकृत हो।

औद्योगिक विकास की नीतियाँ व्यापार संबंधी नीतियों से संबद्ध होती हैं। भारतीय

उद्योग को चरणबद्ध तरीके से विदेशी की प्रतिस्पर्धा के लिए तैयार करने हेतु सरकार ने आयात-निर्यात नीति में बदलाव को शुरू किया जिसका लक्ष्य आयात संबंधी लाइसेंस में कमी, निर्यात को जोर-शोर से बढ़ावा देना और इष्टतम निर्यात संपीडन था। 1 और 3 जुलाई, 1991 को विनिमय दर समायोजन के साथ व्यापार नीति सुधार की दिशा में दो प्रमुख शुरुआती कदम उठाए गए।

सरकार ने उद्योग में प्रत्यक्ष विदेशी निवेश व्यवस्था को उदार बनाने का निर्णय लिया। 51 प्रतिशत तक विदेशी इक्विटी की सीमा को बढ़ाने के साथ विनिर्दिष्ट उच्च प्राथमिकतावाले उद्योगों में प्रत्यक्ष विदेशी निवेश, दूसरा व्यापार कंपनियों में 51 प्रतिशत तक विदेशी इक्विटी विकल्प को अनुमति प्रदान किया जाना और तीसरा बड़े अंतरराष्ट्रीय फर्मों के साथ समझौता करने व चयनित क्षेत्रों में प्रत्यक्ष विदेशी निवेश को अनुमोदन प्रदान करने के लिए एक विशेष बोर्ड का गठन किया गया। इस प्रकार, विदेशी निवेश संवर्धन बोर्ड की उत्पत्ति हुई।

इसके अतिरिक्त सरकार ने सरकारी क्षेत्र में और कामगारों के लिए म्यूचुअल फंड और निवेश संस्थाओं के लिए चयनित सरकारी क्षेत्र के उपक्रमों में 20 प्रतिशत सरकारी इक्विटी को विनिवेश करने का निर्णय लिया। सरकारी उपक्रम, जो लंबे समय से रुग्ण थे, उन्हें औद्योगिक और वित्तीय पुनर्गठन बोर्ड (बाइफर) के पास भेजा जाना था।

बैंकिंग क्षेत्र और वित्तीय संस्थाओं को सुदृढ़ बनाने के उपायों को शुरू किया गया। भारतीय रिजर्व बैंक को शक्ति प्रदान करने के साथ ब्याज दर ढाँचों में अधिक लचीलापन लाया गया। उसी प्रकार प्रतिभूति संविदा (विनियमन) अधिनियम तथा कंपनी अधिनियम के तहत सभी सांविधिक शक्तियाँ पूँजी निर्गम नियंत्रण के माध्यम से भारतीय प्रतिभूति और विनिमय बोर्ड को हस्तांतरित किया गया। मूल्य निर्धारण हेतु पारदर्शी तंत्र को स्थापित करने के लिए प्रशुल्क आयोग की स्थापना की गई। सरकार ने उर्वरक सब्सिडी को पूर्ण विनियंत्रित करने के लिए भी कदम उठाए, चीनी व पेट्रोलियम उत्पादों के मूल्यों में बढ़ोतरी की। कराधान के लिए बेहतर कर अनुपालन को सुनिश्चित करने और अतिरिक्त कर आरोपण के जरिए राजस्व जुटाने पर जोर था।

लोकसभा ने 31 जुलाई, 1991 को बजट पर सामान्य चर्चा के लिए लिया। वित्तमंत्री ने संसद् के कई सदस्यों का हमला झेला कि भारत की आर्थिक संप्रभुता विनष्ट हो गई है।

इस पर वित्तमंत्री ने उत्तर दिया—

> “मैं मानता हूँ कि इस राष्ट्र की आर्थिक संप्रभुता के बारे में बहुत चिंता जाहिर की गई है। यह कहा गया है कि इस बजट से इस राष्ट्र की आर्थिक संप्रभुता बर्बाद हो जाएगी कि इसे आई.एम.एफ. के कहने पर तैयार किया गया है। मैं मानता हूँ

कि एक माननीय सदस्य ने यहाँ तक कह दिया कि मैं विश्व बैंक का एक कर्मचारी हूँ। मैं यह कहना चाहूँगा कि हम असहमत हो सकते हैं, किंतु हम झगड़ालू न बनें। मैं इस सदन से निवेदन करता हूँ कि मैं कभी विश्व बैंक का कर्मचारी नहीं रहा हूँ, मुझे कोई अंतरराष्ट्रीय पेंशन नहीं मिल रही है। मुझे केवल भारत सरकार से 2000 रुपए की पेंशन प्राप्त होती है। इसलिए यह बात, जिसका मैंने यहाँ उल्लेख किया कि मैं आई.एम.एफ. का पेंशनर हूँ कि मैं आई.एम.एफ. या विश्व बैंक का एक कर्मचारी रहा हूँ, यह एकदम असत्य है और इस सदन में इसका कोई महत्त्व नहीं है कि ऐसे आरोप लगाए जाएँ। अब मैं यह पूछना चाहूँगा कि आप किसी राष्ट्र की आर्थिक संप्रभुता की रक्षा किस प्रकार करते हैं, जो राष्ट्र दिवालिया होनेवाला है? इस राष्ट्र की आर्थिक संप्रभुता की रक्षा करने का एक तरीका है कि उन कारणों से निपटा जाए, जिनके कारण यह राष्ट्र दिवालियापन के कगार पर है।''' विश्व ताकत का सम्मान करता है, कमजोर की कोई परवाह नहीं करता है। हम आज जिस हालत में हैं, 850 मिलियन जनसंख्यावाले इस देश में विदेशी मुद्रा भंडार केवल दो हफ्तों के लिए है, यदि आप मुझे कहें कि आपके पास आयात पर और लगाम लगाकर आयात नियंत्रण पर और अधिक कर लगाकर इस राष्ट्र की आर्थिक संप्रभुता की रक्षा का कोई तंत्र है तो मुझे खेद है कि आपने इस स्थिति की गंभीरता को नहीं समझा है।'''इसलिए मैं इस आरोप को नकारता हूँ कि इस बजट को भारत के बाहर किसी व्यक्ति के कहने पर तैयार किया गया है। इस बजट को हमने तैयार किया है, यह उस स्थिति का प्रत्युत्तर है, जिसका भारत के लोग सामना कर रहे हैं और यदि हम इस राजकोषीय विकृति को सही करने के लिए मजबूत सुधारात्मक उपाय नहीं करें तो मैं मानता हूँ कि हम एक प्रभावी सरकार के रूप में अपनी जिम्मेदारी से भाग रहे हैं और मैं मानता हूँ कि ये कुछ ऐसी बातें होंगी, जिसके लिए भावी पीढ़ी हमें कभी क्षमा नहीं करेगी।"

सरकार की नीतियों को आई.एम.एफ. के कार्य-पत्रों में व्यापक समर्थन प्राप्त हुआ। 1991 के आई.एम.एफ. कार्य-पत्र ने भारत में सरकारी कर्ज की जाँच की और यह निष्कर्ष निकाला कि इस घाटे को कम करने के लिए कदम उठाए जाएँ, सरकारी क्रियाकलापों के कार्यक्षेत्र को छोटा करने, सरकारी नौकरी को रोकने और सब्सिडी में कमी करने की आवश्यकता थी। इसके अतिरिक्त यह भी कहा गया कि सरकार को सरकारी उपक्रमों का निजीकरण करना चाहिए और घाटे में चल रहे सरकारी क्षेत्र के उपक्रमों को या तो बंद कर देना चाहिए अथवा बेच देना चाहिए। 1993 का आई.एम.एफ. का कार्य-पत्र, जिसका शीर्षक था—'1991 के मध्य में भारत में अनुप्रयोग के साथ राजकोषीय धारणीयता और

बाह्य अर्थक्षमता के मूल्यवान् की रूपरेखा' में कहा गया कि सरकार ने एक व्यापक समष्टि आर्थिक स्थिरता और ढाँचागत समायोजन का कार्य शुरू किया।

लोकसभा ने 7 अगस्त, 1991 को अल्पावधि चर्चा में औद्योगिक नीति को लिया। संसद् सदस्यों द्वारा इसका तीव्र विरोध किया गया। इस चर्चा में भाग लेते हुए संसद् सदस्य एम.एस. गुरुपदस्वामी और यशवंत सिन्हा ने कहा कि सरकार का औद्योगिक नीति संकल्प जल्दबाजी भरा है तथा राजकोषीय मोर्चे से जुड़ी समस्याओं पर काबू पाया जा सकता है।

गुरुपदस्वामी ने निम्न प्रकार से वित्तमंत्री जी पर हमला किया—

> "वे घड़ी की सूई को वापस ले जा रहे हैं और इस मजबूत आर्थिक विकास को कम करके आँक रहे हैं, जिसे हमने विकसित किया है। उन्होंने स्वयं को विश्व, विश्व बैंक और अंतरराष्ट्रीय मुद्रा कोष के समक्ष एक याचक, एक असहाय परिंदे के रूप में प्रस्तुत किया है। उन्होंने इसे अस्वीकार्य कर दिया है कि वे विश्व बैंक और अंतरराष्ट्रीय मुद्रा कोष के कहने पर कार्य कर रहे हैं। काश कि मैं इस बात का विश्वास कर सकता। इसलिए इसमें पाखंड की बू आ रही है। उन्हें यह स्पष्ट रूप से कहना चाहिए कि हमारी अर्थव्यवस्था के बारे में विश्व बैंक और अंतरराष्ट्रीय मुद्रा कोष द्वारा अध्ययन कराया गया है, मैं इन निष्कर्षों से सहमत हूँ, मैं भी उनकी सलाह का अनुसरण करता हूँ।"

यशवंत सिन्हा ने कहा—

> "औद्योगिक नीति एक दुष्टतापूर्ण षड्यंत्र है, जिसे निहित स्वार्थों द्वारा हमारे ऊपर थोपा गया है। इसलिए मैं सरकार सहित प्रत्येक व्यक्ति को सतर्क करना चाहूँगा कि हमें बहुत-बहुत सावधान करना होगा।''' मैं यह कहना चाहूँगा कि यह नीति उतनी अच्छी नहीं है जितना कि पत्र में लिखा गया है। यह एक निराशाजनक दस्तावेज है। यह शर्तनामा दस्तावेज है। यह स्वयं को सौंप देने का दस्तावेज है। मुझे नहीं मालूम कि क्या इसके पीछे आई.एम.एफ. है या नहीं। मुझे नहीं पता कि इसके पीछे विश्व बैंक है या नहीं, किंतु मैं निश्चय ही यह जानता हूँ कि यह एक पैक्स अमेरिकन उत्पाद है और भगवान् के लिए इसे त्याग दें।"

जनवरी 1991 के एक लेख 'अर्थव्यवस्था प्रबंधन और आई.एम.एफ. सापेक्षिकताएँ' में दी इकोनॉमिक एंड पॉलिटिकल वीकली ने कहा कि भारत सरकार पर आई.एम.एफ. द्वारा लादी गई शर्तें, विशेषकर जिन्हें आई.एम.एफ. के साथ हस्ताक्षरित समझौता ज्ञापन

के पैरा 28 से 33 में निर्धारित किया गया है, जिन्हें वित्तमंत्री द्वारा संसद् के समक्ष प्रस्तुत किया गया, ऊपरी वित्तांश आपातोपयोगी ऋण के लिए आई.एम.एफ. द्वारा सामान्य रूप से अधिरोपित शर्तों से आगे जाती हैं। इन शर्तों के पालन से देश बाहरी सहायता की दलदल में फँस जाएगा। इस लेख में कहा गया कि मुद्रा का अवमूल्यन और अपस्फीति भुगतान संतुलन कठिनाइयोंवाले देशों के लिए मानक आई.एम.एफ. नुस्खा हैं। जो मुद्दे सबसे विवादित थे, उनमें पूँजी वस्तुओं के आयात पर लगाए सभी नियंत्रणों की समीक्षा और ढील देने का वादा, आयात को नियंत्रण मुक्त किया जाना और सभी रुग्ण सरकारी उपक्रमों को बाइफर के पास भेजना शामिल थे। अन्य विवादित खंड वित्तीय प्रणाली में सुधार करना था। द इकोनॉमिक एंड पॉलिटिकल वीकली ने कहा कि आई.एम.एफ. द्वारा बनाए गए कार्यक्रम भारत के लोगों के लिए अस्वीकार्य होने चाहिए।

आई.जी. पटेल ने द इकोनॉमिक एंड पॉलिटिकल वीकली में लिखते हुए कहा कि नई आर्थिक नीतियों के बारे में उत्साह का भाव और विवाद का बादल इतना बड़ा था कि एक अर्थशास्त्री के लिए यह जवाबदेही थी कि वह इस नई आर्थिक नीति पर वृहद् चर्चा के संबंध में जहाँ खड़ा है, वहाँ से साफ बच के निकल जाए।

आई.जी. पटेल का उन दिनों इस राजकोषीय नीति की कटु आलोचना निम्नलिखित शब्दों से परिलक्षित होती है—

> "यदि स्वतंत्रता के बाद जिस संकट का हमने सामना किया है, वह सबसे बड़ा संकट है, तो यह इसलिए क्योंकि 1980 में आई सरकार ने अल्पावधि पक्षपाती राजनीतिक लाभ एवं केवल निराशावाद के लिए राष्ट्र के प्रति अपनी जिम्मेदारी को छोड़ने का रास्ता चुना। वर्ष 1986 तक यह स्पष्ट हो गया था कि हम एक आंतरिक ऋण के जंजाल में फँस चुके थे, जो जल्द ही हमें एक बाह्य ऋण जाल में लपेटनेवाला था। कोई उपचारात्मक काररवाई करने के स्थान पर हम इसे टालते रहे और देश में ही और अधिक ऋण लेते रहे एवं अल्पावधि के लिए बाहर से ऋण प्राप्त करते रहे। कई वर्षों तक के लिए सरकारी और रियायती पूँजी का माहौल और भी प्रतिकूल हो गया, जहाँ से वापस नहीं लौटा जा सकता था। अल्पावधि के लिए ऋण लेने का अर्थ है कि अचानक मृत्यु को आमंत्रित करना—जो आत्मविश्वास में हलकी प्रतिकूल स्थिति के साथ था, इन ऋणों को नवीकृत नहीं किया जाएगा और हम नकदी संकट का तत्काल सामना करेंगे। फिर भी इसे सही करने के लिए कुछ नहीं किया गया अथवा उदाहरण के लिए आई.एम.एफ. के पास जाकर समय नहीं लिया गया। यह स्पष्टत: 1988 और 1989 में राजनीतिक असुविधा थी जब चुनाव जीतना ही एकमात्र चिंता थी। वी.पी. सिंह की नई सरकार इससे अनभिज्ञ नहीं हो

सकती थी। किंतु उसने भी केवल आग में घी डालने का कार्य किया, ऋण माफी और आरक्षण का भुलावा। इसे निर्बल चंद्रशेखर सरकार पर छोड़ दिया गया कि वह कोष के साथ गंभीर समझौता करे, जब बहुत देर हो गई थी।"

आई.जी. पटेल आई.एम.एफ. कार्यक्रम का कट्टर समर्थक था, सहायता के रूप में यह कार्यक्रम आई.एम.एफ. से अपेक्षाकृत अधिक बड़ा आहरण था, जिसका इस्तेमाल मुद्रा भंडार को बनाने और अल्पावधि ऋण को कम करना था। उन्होंने महसूस किया कि आई.एम.एफ. की शर्तों से भयभीत होने की कोई आवश्यकता नहीं है, क्योंकि आई.एम.एफ. का तर्क बहुत अच्छा है और हम इसका अनुकरण करते हैं। आई.जी. पटेल ने यह भी नोट किया कि व्यापक अवांछित निजीकरण अथवा आयात के अविचारी उदारीकरण अथवा विदेशी निजी निवेशकों के लिए समय पूर्व अथवा अत्यधिक खुलेपन के लिए कोष पर अमेरिकियों, जर्मनों और जापानियों से कुछ दबाव होगा। इसका अर्थ है कि भारत के बाहरी कर्ज को कम करना 21वीं सदी का एक एजेंडा है।

वित्तमंत्री डॉ. मनमोहन सिंह ने 29 फरवरी, 1992 को अपना दूसरा बजट पेश किया। उन्होंने कहा कि सरकार को विरासत में ऐसी अर्थव्यवस्था मिली, जो ध्वस्त होने के कगार पर थी, जहाँ मुद्रास्फीति में तेज बढ़ोतरी हो रही थी, भुगतान संतुलन गंभीर स्थिति में था और विदेशी मुद्रा भंडार इतना ही था, जिससे केवल दो हफ्ते तक आयात किया जा सके। इसके अतिरिक्त विदेशी वाणिज्यिक बैंकों ने भारत को कर्ज देना बंद कर दिया था, अनिवासी भारतीय अपनी जमाराशि वापस ले रहे थे तथा विदेशी मुद्रा की कमी के कारण आयात को बहुत करना कम पड़ा, जिसने शुरुआती वर्षों के तेज औद्योगिक विकास को रोक दिया और मई 1991 के बाद से विकास की दर नकारात्मक हो गई। इस भयंकर स्थिति के बाद से सरकार ने इस अर्थव्यवस्था में समष्टि आर्थिक संतुलन को पुनर्बहाल करने, मुद्रास्फीति को रोकने और भुगतान संतुलन घाटे को नियंत्रणीय स्तर तक लाने के लिए कदम उठाए थे। यह मध्यावधि उद्देश्य यह था कि अर्थव्यवस्था को उच्च स्तर पर और धारणीय विकास के पथ पर वापस रखा जाए।

वित्तमंत्री ने इन उद्देश्यों को पूरा करने के लिए सरकार की पहलों के बारे में विस्तार से बताया। बाहरी भुगतान में चूक को रोकने के लिए आपातकालीन उपाय किए गए, जो चूक अत्यधिक बाधाकारी रही थी। राजकोषीय घाटा, जो पिछले वर्ष बहुत अधिक बढ़ गया था, को कम करने के लिए समष्टि आर्थिक संतुलन के पुनर्बहाल की प्रक्रिया शुरू की गई। सरकार ने व्यापार संबंधी नीति व औद्योगिक नीति में नई पहलों, जिसका लक्ष्य भारतीय उद्योग की कार्यकुशलता, उत्पादकता और अंतरराष्ट्रीय प्रतिस्पर्धा में सुधार करना था, सहित ढाँचागत सुधार के मध्यावधि कार्यक्रम को शुरू किया। आर्थिक संकटवाले वर्ष में उत्पादन

में कमी होनी थी और यह 1991-92 में हुआ। कृषि उत्पादन खरीफ के मौसम में लक्ष्य से कम रहा, किंतु रबी फसल की प्रत्याशा अच्छी थी। औद्योगिक उत्पादन में गंभीर आयात दबाव और कठोर ऋण शर्तों के कारण कमी आई, तथापि अवसंरचना क्षेत्र, जो आधार है, जिस पर भावी औद्योगिक विकास निर्भर करता है, ने अच्छा कार्य किया है। 1991-92 में जी.डी.पी. विकास दर 2.5 प्रतिशत थी। वित्तमंत्री ने 1992-93 में कुछ सुधार और सुधार के रास्ते पर सतत रूप से चलते हुए 1993-94 में अधिक विकास दर पर लौटने की आशा की।

वित्तमंत्री ने अपने बजट भाषण में भारतीय आर्थिक नीति निर्धारण में आई.एम.एफ. और विश्व बैंक की भूमिका को स्पष्ट किया। उन्होंने कहा—

> "कुछ लोगों द्वारा यह आरोप लगाया गया है कि यह सुधार कार्यक्रम आई.एम.एफ. और विश्व बैंक द्वारा लादा गया है। हम इन दो संस्थाओं के संस्थापक सदस्य हैं और हमारे कार्यक्रमों की सहायता में हमें जब भी सहयोग की आवश्यकता होगी तो इनसे उधार लेना हमारा अधिकार है। ऋणदाता के रूप में वे ऋण चुकाने की हमारी क्षमता के बारे में संतुष्ट होना चाहेंगे और यही शर्त की बात होती है। उधार लेनेवाले सभी देश इन संस्थाओं से उन कार्यक्रमों की अर्थक्षमता के संबंध में चर्चा करते हैं, जिसके लिए सहायता की माँग की गई है। हमने भी ऐसी ही चर्चाएँ की हैं। शर्त की सीमा राशि और जिस प्रकार की सहायता माँगी गई है, उस पर निर्भर करती है, तथापि मैं स्पष्ट रूप से यह कहना चाहता हूँ कि जिन शर्तों को हमने स्वीकार किया है, उनमें आई.एम.एफ. और विश्व बैंक को भेजे गए मेरे आशय पत्रों में यथा रेखांकित सुधार कार्यक्रम के कार्यान्वयन से अधिक और कुछ परिलक्षित नहीं होता और यह हमारे राष्ट्रीय हितों के पूर्णत: संगत हैं। पूरा सुधार कार्यक्रम हमारी पार्टी के चुनावी घोषणा-पत्र पर आधारित है। हमारी सरकार द्वारा हमारी संप्रभुता की बात तो दूर है, हमारे राष्ट्रीय हितों के साथ समझौता करने का कोई प्रश्न नहीं है।"

आपातोपयोगी व्यवस्था के कार्यान्वयन के 8 महीने के बाद भारत का विदेशी मुद्रा भंडार पुन: बढ़कर 11,000 करोड़ रुपए हो गया। अब अनिवासी भारतीय अपनी जमाराशि आहरित नहीं कर रहे थे। भारत ने बहुपक्षीय वित्तीय संस्थाओं यथा आई.एम.एफ. विश्व बैंक और एशियाई विकास बैंक के साथ चालू वित्त वर्ष में भुगतान संतुलन सहायता हेतु तत्काल वितरण निधि प्राप्त करने की व्यवस्था को सफलतापूर्वक पूरा कर लिया था।

वर्ष 1992 में भी मुद्रास्फीति एक कठिन समस्या बनी रही, यद्यपि यह 1991 में 16.7 प्रतिशत से घटकर 1992 में लगभग 12 प्रतिशत हो गई थी। अधिक विदेशी मुद्रा भंडार के साथ सरकार आयात पर प्रतिबंधों में ढील देने की स्थिति में थी। भारत को ईंधन की बढ़ती मात्रा और अन्य औद्योगिक आगतों तथा आधुनिक प्रौद्योगिकी वाली पूँजीगत वस्तुओं को

आयात करने की आवश्यकता थी। सरकार चालू खाते के संबंध में रुपए की परिवर्तनीयता की ओर आगे बढ़ी। इस नई प्रणाली को भारत के निर्यात को आगे बढ़ाने एवं प्रभावी आयात विकल्प के लिए एक शक्तिवर्धक प्रोत्साहन के लिए डिजाइन किया गया था। वित्तमंत्री ने व्यापार नीति में महत्त्वपूर्ण सरलीकरण को प्राप्त कर लिया था।

दीपक नैयर, पूर्व मुख्य आर्थिक सलाहकार, ने कहा कि भारत की स्थिरता की धारणीयता के बारे में कुछ चिंताएँ हैं, जो मुख्यतः महँगाई एवं भुगतान संतुलन की स्थिति के संबंध में उधार पर निर्भर है। उनका विचार था कि मुद्रास्फीति की दर में कमी उतनी नहीं है, जितनी कि बताई गई और यह कमी अच्छे मानसून और कृषि वस्तुओं के मूल्य पर पड़े प्रभाव के कारण है। कठोर मौद्रिक नीति के साथ पर्याप्त राजकोषीय समायोजन के कारण कुल माँग में संकुचन आया और इस प्रकार माँगजन्य मुद्रास्फीति और गहरी हो गई। इसका तात्पर्य यह था कि जब उर्वरकों पर सब्सिडी में कटौती की जाती है, पेट्रोलियम उत्पादों के लिए प्रशासनिक मूल्यों में बढ़ोतरी की जाती है अथवा रेलवे, माल भाड़ा और बिजली जैसी जन–सुविधाओं के लिए प्रशुल्कों में बढ़ोतरी की जाती है तो राजकोषीय समायोजन की प्रकृति स्वयं ही ईंधन लागतजनित मुद्रास्फीति की ओर अभिमुख हो जाती है। भुगतान संतुलन की स्थिति बहुत दयनीय दशा में नहीं थी और विदेशी मुद्रा भंडार का स्तर भी मार्च 1991 के अंत के नगण्य 2.2 बिलियन अमेरिकी डॉलर से बढ़कर मार्च 1992 में 5.6 बिलियन अमेरिकी डॉलर हो गया था और उसके बाद उसी स्तर पर बना रहा। विदेशी मुद्रा भंडार में यह बढ़ोतरी आयात दबाव उपायों, आई.एम.एफ. विश्व बैंक, ए.डी.बी. जापान और जर्मनी से बहुपक्षीय/द्विपक्षीय सहायता तथा बॉण्डों और विप्रेषणों के माध्यम से अनिवासियों से उधार के रूप में 1991–92 के बजट में की गई छूट की घोषणा के कारण थी।

वित्तमंत्री डॉ. मनमोहन सिंह ने 27 फरवरी, 1993 को अपना तीसरा बजट पेश किया। आम बजट पेश करने के लिए उठते हुए वित्तमंत्री ने कहा—

> "हमारी सरकार को सत्ता में आए अब बीस महीने हो गए हैं : बीस घटनापूर्ण महीने, जिसमें हमने विरासत में मिली बहुत ही कठिन आर्थिक स्थिति से निपटने के लिए निरंतर कार्य किया है। जून 1991 में अर्थव्यवस्था अभूतपूर्व भुगतान संतुलन संकट में थी। आयात पर निष्ठुर अंकुश लगाया गया था; अंतरराष्ट्रीय विश्वास धराशायी हो गया था; औद्योगिक उत्पादन गिर रहा था और महँगाई बढ़ रही थी। संकट का भय अब पीछे छूट गया है। हमने अपने बाह्य भुगतान को सामान्य बनाने के लिए उपाय किए हैं।"

वार्षिक मुद्रास्फीति की दर अगस्त 1991 के शीर्ष 17 प्रतिशत से घटकर 7 प्रतिशत हो गई थी। आर्थिक विकास दर, जो 1991-92 में 1.2 प्रतिशत थी, उसके 1992-93 में 4 प्रतिशत होने की आशा थी। भारत की आर्थिक रणनीति, जो राजकोषीय अनुशासन और ढाँचागत सुधार के दो स्तंभों पर खड़ी थी, में निर्णायक उर्ध्व दिशा की ओर चल चुकी थी। सरकार ने 1990-91 में राजकोषीय घाटे को जी.डी.पी. 8.4 प्रतिशत से कम कर 1993-94 में लगभग 5 प्रतिशत तक लाने में प्रगति की थी। व्यापार और औद्योगिक नीतियों का पुनर्गठन किया गया था, विदेशी निवेश मानदंडों में सहूलियत दी गई थी और भारत वैश्विक अर्थव्यवस्था के साथ जुड़ने में समर्थ हो गया था।

वित्तमंत्री ने कहा कि इन सुधारों के बिना भारत ने 21वीं सदी में प्रवेश करने में कतिपय कठिनाइयों का सामना किया जैसे कि यह एशिया का सबसे गरीब देश है। मुद्रास्फीति कम हुई और उत्पादन में सुधार होना शुरू हुआ। 1992-93 में आयात लाइसेंस को आभासी रूप से समाप्त किए जाने के बावजूद 1992-93 में अमेरिकी डॉलर में कुल आयात 1990-91 की अपेक्षा कम था। यद्यपि अधिकांश चालू खाता संव्यवहार के लिए रुपए के मूल्य में उतार-चढ़ाव हो रहा है, किंतु बाजार विनिमय दर अपेक्षाकृत स्थिर रही है। निवेश के माहौल में बहुत अधिक सुधार आया। राजकोषीय असंतुलन अभी भी बहुत अधिक था। सरकारी क्षेत्र के उपक्रमों की कार्यक्षमता और संसाधन सृजन क्षमता एकदम अपर्याप्त थी। यदि राजकोषीय अनुशासन में ढील दी जाती तो स्फीतीय अनुमान अधिक हो सकता था और इसमें बढ़ोतरी हो सकती थी। अभी भी अर्थव्यवस्था बाहरी झटकों और विश्वास खोने के प्रति सुभेद्य थी।

1993-94 के लिए सरकार ने राजकोषीय सुधार को जारी रखते हुए, गरीबी उन्मूलन, औद्योगिक सुधार, कर सुधार, कृषि और निर्यात सुधार को ध्यान में रखते हुए आर्थिक नीति हेतु प्राथमिकताओं का निर्धारण किया। अप्रैल 1992 के प्रतिभूति घोटाले की पृष्ठभूमि में सरकार ने वित्तीय क्षेत्र सुधार संबंधी नरसिम्हा समिति की सिफारिशों को अपनाया। इन उपायों में अशोध्य ऋणों हेतु प्रावधान करना, बासेल मानकों की तर्ज पर पूँजी पर्याप्तता आवश्यकताओं का निर्धारण और आय पहचान हेतु नए नियम का निर्धारण शामिल था। सरकार ने आरक्षित निधि के प्रवर्तन के लिए बैंकों द्वारा कानूनी काररवाई में तेजी लाने के लिए विशेष अधिकरणों का गठन किया। भारतीय रिजर्व बैंक से कहा गया कि वह एक पृथक् वित्तीय निरीक्षण बोर्ड की स्थापना कर बैंकों की पर्यवेक्षी व्यवस्थाओं में सुधार करे। भारतीय प्रतिभूति और विनिमय बोर्ड को पूँजी बाजार में सुधार लाने का कार्य सौंपा गया। सरकार ने बीमा उद्योग में सुधार कार्य को शुरू किया, जिसका लक्ष्य उपयुक्त विनिमय और पर्यवेक्षण के अध्यधीन अधिक प्रतिस्पर्धी माहौल का सृजन करना था।

वित्तमंत्री डॉ. मनमोहन सिंह ने 28 फरवरी, 1994 को अपना चौथा बजट पेश किया। उन्होंने कहा कि भारत जैसे जटिल देश में आर्थिक पुनर्गठन कार्य को पूरा करने के लिए तीन वर्ष काफी नहीं हैं। इसका तात्पर्य था कि आर्थिक स्थिति में पर्याप्त सुधार दिखा है। बाह्य मोर्चे पर प्रगति नाटकीय रही है और विदेशी मुद्रा भंडार, जो जून 1991 में केवल 1 बिलियन डॉलर से थोड़ा अधिक था, अब वह 1 बिलियन डॉलर के आस-पास है। भारत का सोना, जिसे पूर्व में विदेश में गिरवी रखा गया था, उसे भारत में वापस लाया गया। 1993-94 के प्रथम दस महीने में भारत के निर्यात में डॉलर में उल्लेखनीय रूप से 21 प्रतिशत की बढ़ोतरी हुई, जबकि इसकी तुलना में 1991-92 में इसमें 3 प्रतिशत की गिरावट थी और 1992-93 में 2 प्रतिशत की बढ़ोतरी हुई थी। उदारीकरण से आयात में भारी बढ़ोतरी नहीं हुई। अप्रैल-जनवरी 1993-94 के दौरान भारतीय आयात का डॉलर मूल्य 1992-93 के तदनुरूपी अवधि के दौरान आयात के एक प्रतिशत से कम था। वर्ष 1993-94 के दौरान हमारे भुगतान संतुलन में चालू खाता घाटा 1990-91 में 3 प्रतिशत और 1992-93 में 2 प्रतिशत की तुलना में जी.डी.पी. के प्रतिशत का आधा था। रुपए की विनिमय दर एकीकरण और व्यापार नियंत्रण को समाप्त करने के बावजूद उल्लेखनीय रूप से नियमित रही है। विनिमय दर पूर्व के हवाला लेन-देन के माध्यम के बदले पूर्ण मात्रा में कानूनी रूप से जारी थी। विदेशी प्रत्यक्ष और पोर्टफोलियो निवेश, जो 1991-92 में 150 मिलियन डॉलर था, उसके 1993-94 में लगभग 3 बिलियन डॉलर होने की संभावना है।

वित्तमंत्री ने कहा कि घरेलू अर्थव्यवस्था संबंधी खबरें उत्साहवर्धक थीं। मुद्रास्फीति में अगस्त 1991 के शीर्ष 17 प्रतिशत में कमी आई और वह वर्तमान में लगभग आधी हो गई। कृषि कार्य-निष्पादन मजबूत था। सात वर्षों में खाद्य भंडार अपने शीर्ष पर था और किसी भी संभावित फसल खराबी के लिए बहुमूल्य भरोसा किया। औद्योगिक विकास में भी सुधार हो रहा था, और समग्र आर्थिक विकास के लगातार दूसरे वर्ष भी लगभग 4 प्रतिशत तक रहने की संभावना थी। यह डर कि इस सुधार कार्यक्रम से बेरोजगारी में होनेवाली संभावित बढ़ोतरी हो सकती है, निराधार सिद्ध हुई।

तथापि यह संभव नहीं था कि जिस स्तर पर मूल रूप से सरकार ने राजकोषीय घाटे का लक्ष्य रखा था, उसी सतर पर उसे बनाए रखा जाए। 1993-94 में औद्योगिक पुनर्लाभ की मध्यम गति के कारण राजस्व में कमी आई और विभिन्न खर्चों ने बजट अनुमान में बढ़ोतरी की। वर्ष 1993-94 में राजकोषीय घाटे में चूक उतनी हानिकारक नहीं थी, जितना कि सामान्य मामले में हो सकती है, क्योंकि काफी बड़ा अप्रयुक्त औद्योगिक क्षमता का निम्न निवेश स्तर विद्यमान था।

27 नवंबर, 1993 के इकोनॉमिक एंड पोलिटिकल वीकली में प्रकाशित 'स्ट्रक्चरल

रिफॉर्म इन इंडिया 1991-93 एक्सपीरियंस एंड एजेंडा' शीर्षक के एक लेख में कौशिक बासु ने जुलाई 1991 से फरवरी 1993 तक संरचनात्मक सुधार कार्यक्रम को एक विहंगम दृष्टि से प्रस्तुत किया। भारत का ऋण सेवा अनुपात बढ़कर 30 प्रतिशत हो गया और अल्पावधि ऋण संघटक गैर-आनुपातिक रूप से बढ़ा। व्यापार निष्पादन खराब था। जिस प्रतिज्ञा के साथ भारत अंतरराष्ट्रीय मोर्चे पर सदा खतरनाक तरीके से रहा, किंतु 1980 में कोई त्वरित कमी नहीं थी, वह नियंत्रण योग्य है। इस सुधार कार्यक्रम को दो मोर्चे पर शुरू किया गया : एक व्यापार नीति के मोर्चे पर और दूसरा विनिमय दर की नीति पर। वित्तमंत्री ने पहली बार आयात प्रशुल्क को कम करने के बारे में बोला और 1992 के बजट में हैंड बैगेज और शराब को छोड़कर सभी वस्तुओं के लिए 110 प्रतिशत की उच्चतम सीमा को निर्धारित किया। 27 फरवरी, 1993 को प्रस्तुत बजट में इस उच्चतम सीमा को कम कर 85 प्रतिशत कर दिया गया। फरवरी 1992 तक लागू आंशिक परिवर्तनीयता योजना में लोगों के लिए अपने रुपए को डॉलर, स्टर्लिंग या येन में परिवर्तित करना आसान नहीं था। किंतु विपरीत परिवर्तनीयता सहज थी। रुग्ण सरकारी कंपनियों से बाहर निकलने की योजना में बहुत धीमी प्रगति हो रही थी। सरकार ने निर्णय लिया था कि सभी रुग्ण सरकारी उपक्रमों को औद्योगिक और वित्तीय पुनर्गठन बोर्ड के पास भेजा जाए। विभिन्न कार्यक्रमों के रूप में इक्विटी हेतु हस्तक्षेप में बहुत अधिक औद्योगिक और संगठनात्मक पुनर्गठन की आवश्यकता थी।

वित्तमंत्री ने 1994-95 के बजट के लिए छह प्रमुख कार्यों को रेखांकित किया (क) सुधार में तेजी लाना और हमारी कर प्रणाली का आधुनिकीकरण, जिसे हमने दो वर्ष पहले शुरू किया था; (ख) राजकोषीय घाटे में फिसलन को सुधारना; (ग) बाहरी क्षेत्र में पहले से प्राप्त प्रदर्शन योग्य सुधार पर निर्माण, जहाँ मजबूत निष्पादन ने विश्व अर्थव्यवस्था के साथ चरणबद्ध समालन से भारत की रणनीति को न्याय संगत सिद्ध किया है; (घ) इस बजट में मजबूत औद्योगिक पुनर्लाभ, विशेषकर निवेश और पूँजी वस्तु उत्पादन हेतु एक बड़ा प्रोत्साहन दिया जाए; (ङ) भारत की विकास नीतियों और कार्यक्रमों का पुनर्विन्यास, ताकि गरीबी, बेरोजगारी और सामाजिक अभाव की समस्याओं को और प्रभावी तरीके से दूर किया जा सके और (च) हमारी बैंकिंग प्रणाली में मजबूती लाने में जितनी प्रगति हमने हासिल की है, उसे और समेकित करना।

भारत एकीकृत, बाजार निर्धारित विनिमय दर प्रणाली में लगातार प्रगति करता रहा और चालू खाते में परिवर्तनीयता की ओर आगे बढ़ा। चालू खाता परिवर्तनीयता का लक्ष्य पर्याप्त रूप से सभी चालू कारोबारी लेन-देन के लिए विदेशी विनिमय तक पहुँच को उदार बनाना एवं ऐसे लेन-देन के लिए गैर-कानूनी माध्यमों पर भरोसे को समाप्त करना था। इसके

अतिरिक्त, सरकार ने महत्त्वपूर्ण अवसंरचना क्षेत्रों के लिए प्रत्यक्ष निवेशों को अनुमोदित किया और कई निवेशक देशों के साथ द्विपक्षीय निवेश संधि की।

वित्तमंत्री ने कहा कि भारत की ऋण स्थिति हमारे विदेशी मुद्रा भंडार में तीव्र वृद्धि से ऑफसेट से अधिक है। भारत के ऋण जाल में फँसने का कोई सवाल ही नहीं है।

उन्होंने यह भी कहा कि—

"माननीय सदस्य इससे अवगत हैं कि हमारे कतिपय बाहरी ऋण के लिए हम आई.एम.एफ. के आभारी हैं। हमने कठिन दौर में कोष से संपर्क किया था। अब यह कि हमारी भुगतान स्थिति में बहुत अधिक सुधार हो गया है और विदेशी मुद्रा भंडार का स्तर भी अब बेहतर हो गया है, इसलिए हम समय से पहले ही कोष को पुनर्भुगतान करने की स्थिति में हैं। 1.4 बिलियन डॉलर की मूलधन और ब्याज राशि का पुनर्भुगतान 1994–95 में किया जाना है। भुगतान की नियमित अनुसूची का अनुसरण करने के बदले हमारा इरादा इस वर्ष की शुरुआत में समग्र राशि का पुनर्भुगतान करने का है। पुनर्भुगतान करने के इस निर्णय से कोष के साथ हमारे उत्कृष्ट संबंध में किसी भी तरह की कोई कमी नहीं होगी, जिसने हमें आवश्यकता के समय बहुत मदद की है। यदि स्थिति अनुकूल रही तो हम पुनः वित्तीय सहायता लेने में संकोच नहीं करेंगे।"

वित्तमंत्री डॉ. मनमोहन सिंह ने 15 मार्च, 1995 को अपना 5वाँ बजट पेश किया। उन्होंने संसद् सदस्यों को बताया कि भारत 1991 के उन बुरे दिनों से कितना आगे निकल आया है—

"हमारी अर्थव्यवस्था की विकास दर 1991–92 में गिरकर एक प्रतिशत से भी कम हो गई थी। हम उसके बाद दो वर्षों में विकास दर को 4.3 प्रतिशत तक वापस लाए और 1994–95 में यह बढ़कर 5.3 प्रतिशत हो गया। कुछ ही देश इस गहरे आर्थिक संकट से इतनी जल्दी और सुचारु पुनर्लाभ का दावा कर सकते हैं। 1991–92 में औद्योगिक विकास दर सिमट कर लगभग आधा प्रतिशत हो गई थी। आज भारतीय उद्योग अप्रैल–नवंबर 1994 में 8.7 प्रतिशत के विकास दर के साथ एक जीवंत, व्यापक पुनर्लाभ प्राप्त कर रहा है। विनिर्माण क्षेत्र 9.2 प्रतिशत की तेज गति से आगे बढ़ रहा है और पूँजी वस्तु क्षेत्र 24.7 प्रतिशत की गति से बढ़ रहा है।

1991–92 में खाद्यान्न उत्पादन गिरकर 168 मिलियन टन हो गया था। इस वर्ष यह 185 मिलियन टन के रिकॉर्ड को हासिल करेगा। हमारे किसानों को लाभकारी

मूल्योंवाली नीति से स्पष्ट लाभ हो रहा है और वे मजबूत उत्पादन निष्पादन कर रहे हैं। खाद्यान्नों का सरकारी स्टॉक तीन वर्ष पूर्व घटकर 14.7 मिलियन टन हो गया था। इसे 1 जनवरी, 1995 को 31 मिलियन टन के रिकॉर्ड स्तर तक ले आया गया है। विकास के कारण हमारे लोगों हेतु नए रोजगारों का सृजन हुआ है। 1991-92 में कुल रोजगार केवल 3 मिलियन ही बढ़ा। उसके बाद दो वर्षों में से प्रत्येक वर्ष में रोजगार में दोगुनी बढ़ोतरी हुई और प्रत्येक वर्ष छह मिलियन नए रोजगार आए। 1994-95 में इसके और भी बढ़ने की संभावना है।

संकट के समय हमारा विदेशी ऋण एक वर्ष में 8 बिलियन डॉलर की दर से बढ़ रहा था। 1993-94 में विदेशी ऋण में बढ़ोतरी घटकर एक बिलियन डॉलर से भी कम हो गया। 1994-95 के प्रथम भाग में हमारा विदेशी ऋण स्टॉक वास्तव में घटकर लगभग 300 मिलियन डॉलर हो गया। हमारा विदेशी मुद्रा भंडार जून 1991 में गिरकर मुश्किल से एक बिलियन डॉलर हो गया था। 10 मार्च, 1995 को यह मुद्रा भंडार 20 बिलियन डॉलर से अधिक है।"

1995-96 के आर्थिक सर्वेक्षण में यह कहा गया कि आर्थिक सुधारों के कारण 1991 के संकट के बाद से बाह्य क्षेत्र के निष्पादन में अनुकूल परिवर्तन आया। निर्यात निष्पादन में मजबूत और धारणी बढ़ोतरी हुई, इस दशक की समाप्ति पर आयात की अपेक्षा निर्यात के अनुपात में बढ़ोतरी हुई। 1990-91 में 3.2 प्रतिशत के धारणीय स्तर से जी.डी.पी. का अनुपात और 1991-92 के बाद से विदेशी प्रत्यक्ष निवेश में मजबूत बढ़ोतरी एवं 1993-94 के बाद से विदेशी पोर्टफोलियो निवेश में तथा मार्च 1991 के 2.2 बिलियन अमेरिकी डॉलर के विदेशी मुद्रा भंडार के मार्च 1995 में 20 बिलियन अमेरिकी डॉलर की बढ़ोतरी हुई और इस कारण चालू खाता घाटे में भी पर्याप्त कमी आई।

2016 में 1991 के सुधार की 25वीं वर्षगाँठ पर डॉ. मोंटेक सिंह अहलूवालिया ने इकोनॉमिक एंड पोलिटिकल वीकली में एक लेख में इन मुद्दों की जाँच की कि क्या यह सुधार घरेलू था या अंतरराष्ट्रीय मुद्रा कोष द्वारा वित्तीय सहायता के बदले एक असहाय सरकार पर लादा गया था। व्यापक तौर से यह आरोप लगता रहा कि यह सुधार कार्यक्रम आई.एम.एफ. द्वारा लादा गया था जबकि जब यह सुधार लागू किया गया तो वह इससे लगातार दूर रहा। इसमें इस तथ्य को पूर्णत: नजरअंदाज किया गया कि आर्थिक नीति पर पुनर्विचार की एक घरेलू प्रक्रिया थी, जो चल रही थी और कई बदलावों की ओर इशारा कर रही थी। ये बदलाव निश्चय ही आई.एम.एफ. सहायता की गोपनीयता का हिस्सा थे, क्योंकि आई.एम.एफ. से केवल उन परिस्थितियों में उधार देने की आशा होती है, जहाँ सरकार के

पास विश्वसनीय समायोजन कार्यक्रम होता है। आई.एम.एफ. ने स्पष्टत: उस संदर्भ में इन सुधारों को अनुमोदित किया, किंतु यह वही बात नहीं है जिसे विषयवस्तु में कहा गया है।

भारत ने आई.एम.एफ. के एक कार्यक्रमवाले देश के रूप में बहुत लंबी दूरी तय कर ली है। जो कुछ चुनौतियाँ रह गई हैं, वे इनकी अपनी हैं, जिन्हें राष्ट्र के सौजन्य से आगे ले जाना है।

**संदर्भ—**


1. डॉ. मनमोहन सिंह वित्तमंत्री, 'वर्ष 1991-92 के लिए बजट भाषण' 24 जुलाई 1991।
2. केंद्रीय बजट 1991-92 पर आम चर्चा, जुलाई 1991 में लोकसभा वाद-विवाद।
3. चेलैह, राजा जे. 'भारतीय सार्वजनिक ऋण की वृद्धि-समस्या और सुधारात्मक उपायों के आयाम', आई.एम.एफ. वर्किंग पेपर नंबर 91/72, 1 जुलाई, 1991।
4. पार्कर, करेन एलीबेथ, केस्तनर, स्टीफन, 'भारत के लिए एक आवेदन के साथ राजकोषीय स्थिरता और बाहरी व्यवहार्यता के आकलन के लिए एक रूपरेखा', आई.एम.एफ. वर्किंग पेपर नंबर 93/78, 1 अक्तूबर, 1993
5. डॉ. मनमोहन सिंह वित्तमंत्री, 'वर्ष 1992-93 के लिए बजट भाषण' दिनांक 29 फरवरी, 1992।
6. डॉ. मनमोहन सिंह वित्तमंत्री, 'वर्ष 1993-94 के लिए बजट भाषण' दिनांक 27 फरवरी, 1993।
7. दीपक नैयर, 'इंडियन इकोनॉमी एट द क्रॉसरोड-इल्यूशन्स एंड रियल्टीज', 25 फरवरी, 1993 को इंडियन इंस्टीट्यूट ऑफ साइंस बैंगलोर में फ्रंटियर लेक्चर सीरीज में एक सार्वजनिक व्याख्यान का पाठ। इकोनॉमिक एंड पॉलिटिकल वीकली में प्रकाशित, 10 अप्रैल, 1993।
8. डॉ. मनमोहन सिंह वित्तमंत्री, 'वर्ष 1994-95 के लिए बजट भाषण' 28 फरवरी, 1994।
9. डॉ. मनमोहन सिंह वित्तमंत्री, 'वर्ष 1995-96 के लिए बजट भाषण' दिनांक 15 मार्च, 1995।
10. 1992-93, 1993-94, 1994-95, 1995-96 के संघीय बजट पर सामान्य चर्चा, लोकसभा बहस।
11. वित्तमंत्री के 'वर्तमान राजकोषीय स्थिति' वक्तव्य पर राज्य सभा में चर्चा, राज्य सभा वाद-विवाद, दिनांक 4 जनवरी, 1991।
12. विदेशी मुद्रा विनियमन संशोधन अध्यादेश 1993 की अस्वीकृति की माँग करने वाले वैधानिक प्रस्ताव पर राज्यसभा चर्चा, 24 मार्च, 1993 को राज्यसभा में वाद-विवाद।
13. 'देश में मूल्य स्थिति' पर राज्यसभा की लघु अवधि चर्चा, 10 जनवरी, 1991 को राज्यसभा वाद-विवाद।
14. 'उद्योग मंत्रालय के कामकाज' पर राज्यसभा में लघु अवधि की चर्चा, 13 मई, 1993 को राज्यसभा वाद-विवाद।
15. राज्यसभा लघु अवधि चर्चा 'डंकल ड्राफ्ट पर चर्चा' पर राज्यसभा में लघु अवधि की चर्चा, 7

दिसंबर, 1993 को राज्यसभा वाद-विवाद।

16. तत्काल सार्वजनिक महत्त्व के एक मामले 'रुपए के मूल्य में भारी गिरावट और देश की अर्थव्यवस्था पर इसका प्रभाव' विषय पर ध्यान देने के लिए राज्य सभा का आह्वान। 4 दिसंबर, 1995 को राज्यसभा वाद-विवाद।

17. आर्थिक सर्वेक्षण 1995-96 एक अद्यतन।

18. 'रुपए के मूल्य' पर राज्यसभा में लघु अवधि चर्चा, दिनांक 17 जून, 1996 को राज्यसभा वाद-विवाद।

19. के. बसु (1993), भारत में संरचनात्मक सुधार, 1991-93 : अनुभव और एजेंडा। इकोनॉमिक एंड पॉलिटिकल वीकली, 28 (48), 2599-2605।

20. एस. सेन (1994), भारत के बाहरी आर्थिक संकट के आयाम। इकोनॉमिक एंड पॉलिटिकल वीकली, 29 (14), 805-812।

21. शंकर आचार्य, 'भारत की मध्यम अवधि विकास संभावनाएँ।' इकोनॉमिक एंड पॉलिटिकल वीकली, अंक 3, सं. 28, 2002, पृष्ठ 2897-2906।

22. बिमल जालान, '21वीं सदी में भारत की अर्थव्यवस्था : एक नई शुरुआत या एक झूठी भोर ?' इंडिया इंटरनेशनल सेंटर क्वार्टर्ली, खंड 38, सं. 3/4, 2011, पृष्ठ 230-247।

23. आई.जी. पटेल, नई आर्थिक नीतियाँ : एक ऐतिहासिक परिप्रेक्ष्य, इकोनॉमिक एंड पॉलिटिकल वीकली, 4-9 जनवरी, 1992 पृष्ठ 41-46।

□

*अध्याय-6*

# आई.एम.एफ. समीक्षा भारत की आपातकालीन व्यवस्था

*भारत के साथ आई.एम.एफ. की आपातकालीन व्यवस्था कठोर स्थिति और विनिमय दर के अवमूल्यन के कारण की गई। जुलाई 1991 में विनिमय दर अवमूल्यन और ब्याज दर में वृद्धि को अपनाया गया और आरंभ में इससे उल्लेखनीय सफलता मिली। 1990-91 में केंद्र सरकार के सकल घरेलू उत्पाद के 9 प्रतिशत के घाटे को काफी कम कर 1992-93 में इसे सकल घरेलू उत्पाद के 5 प्रतिशत पर लाना और हस्तक्षेपवादी औद्योगिक, व्यापार और वित्तीय नीतियों के निराकरण में उल्लेखनीय प्रगति कोष कार्यक्रम के दो केंद्रीय तत्त्व थे। पेट्रोल की कीमतों में बढ़ोतरी, उर्वरक की कीमतों में गिरावट और राजस्व के संतोषजनक प्रदर्शन के द्वारा बजट घाटे को कम किया गया। 1992 के अंत तक आई.एम.एफ. ने भारत को अनुच्छेद-IV की निगरानी के एक मानक 12 महीने के परामर्श चक्र में स्थानांतरित कर दिया।*

ह्यूबर्ट नीस के नेतृत्ववाली आई.एम.एफ. की टीमों ने 1-16 अगस्त, 1991 तक पूर्व वित्तमंत्री यशवंत सिन्हा और वर्तमान वित्तमंत्री डॉ. मनमोहन सिंह से चर्चा की। आई.एम.एफ. की टीम ने वित्त सचिव शुक्ला, मुख्य आर्थिक सलाहकार दीपक नय्यर आर.बी. आई. गवर्नर वेंकटरमन और डिप्टी गवर्नर डॉ. रंगराजन से भी भेंट की। आई.एम.एफ. में भारत के कार्यकारी निदेशक गोपी अरोड़ा ने सभी प्रमुख नीतिगत बैठकों में भाग लिया।

आई.एम.एफ. इतिहास कहता है—

> आई.एम.एफ. से उधार लेने की राजनीति हमेशा जटिल होती है, लेकिन भारत में यह विशेष रूप से जटिल थी। एक तरफ राजनेताओं ने लंबे समय से आई.एम.एफ. की स्थिति को कुछ तिरस्कार सहित देखा था। जैसे ही यह पता चला कि सरकार एक आपातकालीन व्यवस्था के लिए आवेदन कर रही थी, उसके नेताओं पर हितों को विदेशी प्रभुत्व के अधीन करने के लिए संसद् और प्रेस पर हमला किया

गया। दूसरी ओर देश के अधिकांश आर्थिक और वित्तीय अधिकारियों के आई.एम. एफ. के साथ अच्छे संबंध थे और पिछले कुछ वर्षों में दोनों पक्षों में असामान्य रूप से उच्च स्तर का विश्वास बना था।

कार्य संबंध कुछ असामान्य था, जिसमें अधिकारियों को अच्छी तरह से पता था कि कोष की स्वीकृति और वित्तीय सहायता हेतु अर्हता प्राप्त करने के लिए उन्हें क्या करना है। उदाहरण के लिए, अवमूल्यन करने का निर्णय कोष के आग्रह पर नहीं, बल्कि इस समझ पर किया गया था कि कोष इसे स्वीकृति देगा और दोनों पक्षों का मानना था कि यह आवश्यक और भारत के हित में था। ये चर्चाएँ सौहार्दपूर्ण थीं, जो 1981 की वार्त्ताओं के लिए सही था।

भारतीय रिजर्व बैंक के इतिहास का कहना है कि वित्तीय अर्थ में, अंतरराष्ट्रीय मुद्रा कोष की सहायता संकट के आयामों की तुलना में कम थी। 1991-92 में, आई.एम.एफ. से निकासी 1990-91 के अंत में भारत के 6.0 अरब अमेरिकी डॉलर के अल्पावधि ऋण की तुलना में 1.2 अरब अमेरिकी डॉलर थी, जो अंतरराष्ट्रीय पूँजी बाजार में रातोंरात 2.0 अरब अमेरिकी डॉलर के उधार के साथ थी। भारत ने अंतरराष्ट्रीय मुद्रा कोष से सहायता प्राप्त करने का निर्णय शायद देर से लिया था। 1989 के अंत और 1990 के आरंभ में गवर्नर के पत्र में बहुराष्ट्रीय संस्थानों से संपर्क करने की संभावना को स्पष्ट रूप से संकेतित किया गया था, हालाँकि शायद नवंबर में होनेवाले चुनावों के कारण, वार्त्ताकार तब तक प्रतिबद्धता नहीं कर सके।

## सरकार ने आई.एम.एफ. आपातकालीन व्यवस्था की माँग की

वित्तमंत्री ने 27 अगस्त, 1991 को एस.डी.आर. 5656 मिलियन के बराबर राशि के लिए 18 महीने की आपातकालीन व्यवस्था करने के लिए आई.एम.एफ. के प्रबंध निदेशक से संपर्क किया। 1991/92 और 1992/93 की अवधि के लिए भारत सरकार के आर्थिक कार्यक्रम तैयार करनेवाली आर्थिक नीतियों का एक ज्ञापन भी प्रस्तुत किया गया था। सरकार ने वर्ष 1991 के लिए तेल आयात लागतों में किसी भी अतिरिक्त शेष या माल और प्रेषण आय में कमी के संबंध में प्रतिपूरक और आकस्मिक वित्तपोषण सुविधा (सी.सी.आर. एफ.) के अंतर्गत एक अतिरिक्त खरीद के लिए भी अनुरोध किया। सरकार ने विस्तारित कोष सुविधा के अंतर्गत एक व्यवस्था द्वारा समर्थित एक व्यापक संरचनात्मक समायोजन कार्यक्रम में प्रवेश करने की अपनी इच्छा का संकेत दिया।

सरकार ने केंद्र सरकार की समग्र उधार आवश्यकताओं पर सीमा, आर.बी.आई. की शुद्ध घरेलू संपत्ति पर सीमा, सरकार के लिए आर.बी.आई. क्रेडिट पर एक उपसीमा और शुद्ध आधिकारिक अंतरराष्ट्रीय भंडार पर हद के साथ 1991-92 के त्रैमासिक प्रदर्शन मानदंड पर सहमति व्यक्त की। सरकार 31 मार्च, 1992, 30 सितंबर, 1992 और 31 मार्च, 1993 को कार्यक्रम कार्यान्वयन की 3 समीक्षाओं के लिए सहमत हुई। सरकार ने कर सुधार के लिए एक व्यापक कार्यक्रम तैयार करने और तिमाही व्यय समीक्षा की एक विस्तृत जाँच प्रणाली शुरू करने पर सहमति व्यक्त की।

अंतरराष्ट्रीय मुद्रा कोष की 1991 की स्टाफ रिपोर्ट के अनुच्छेद-IV में कहा गया है कि भारत की बाहरी कठिनाइयों के मूल कारणों में अत्यधिक राजकोषीय घाटे शामिल थे, जो बचत का एक बड़ा हिस्सा और संरचनात्मक संरचनाओं में गहराई से शामिल संसाधन के अकुशल उपयोग के लिए अग्रणी थे। सरकार ने इन कठिनाइयों को दूर करने के लिए एक आशाजनक शुरुआत की है, साथ ही तात्कालिक कठिनाइयों से निपटने के लिए स्थिरीकरण उपायों को भी लागू किया है। इन समायोजन प्रयासों के लिए बहुपक्षीय और द्विपक्षीय दाताओं द्वारा पर्याप्त वित्तीय समर्थन किया गया है। फिर भी बाहरी भंडार की स्थिति बहुत खराब है और आंतरिक और बाहरी आत्मविश्वास अभी पूरी तरह से पुनर्स्थापित नहीं हुआ है। इस के आलोक में और अगले कई वर्षों के दौरान बाह्य वित्तपोषण के अंतराल को जारी रखने के लिए, प्रस्तावित आपातकालीन व्यवस्था कोष के लिए एक जोखिम उत्पन्न करती है, लेकिन यह एक ऐसा जोखिम है, जो समायोजन कार्यक्रम की ताकत और भारत के सहयोग के रिकॉर्ड को देखते हुए स्वीकार्य होनी चाहिए।

### तालिका-1
### भारत : आपातकालीन प्रबंध की अवधि के दौरान खरीद की अनुसूची, अक्तूबर 1991, मार्च 1993

| आहरण की अनुमानित तिथि | जाँच/समीक्षा | खरीद की राशि ( एस. डी.आर. लाख में ) |
|---|---|---|
| 31 अक्तूबर, 1991 | कार्यकारी बोर्ड की स्वीकृति | 85 |
| 15 दिसंबर, 1991 | अक्तूबर के अंत में प्रदर्शन मानदंड | 185 |
| 15 मार्च, 1992 | दिसंबर के अंत में प्रदर्शन मानदंड और पहली समीक्षा का समापन | 461 |

| | | |
|---|---|---|
| 15 मई, 1992 | मार्च के अंत में प्रदर्शन मानदंड और दूसरी समीक्षा का समापन | 185 |
| 15 सितंबर, 1992 | जून के अंत में प्रदर्शन मानदंड और दूसरी समीक्षा का समापन | 185 |
| 15 नवंबर, 1992 | सितंबर के अंत में प्रदर्शन मानदंड | 185 |
| 15 मार्च, 1993 | दिसंबर के अंत में प्रदर्शन मानदंड और तीसरी समीक्षा का समापन | 185 |
| 15 मई, 1993 | मार्च के अंत में प्रदर्शन मानदंड | 185 |

स्रोत : भारत 1991 अनुच्छेद-IV परामर्श की स्टाफ रिपोर्ट, 8 अक्तूबर, 1991

जुलाई 1991 में अपनाई गई समायोजन रणनीति के लिए कुछ तत्काल स्थिरीकरण उपाय किए गए, जिन्हें विनिमय दर के 18.7 प्रतिशत मूल्यह्रास और ब्याज दरों में वृद्धि सहित मौद्रिक नीति को और कड़ा करने, विश्वास को पुनर्स्थापित करने और अल्पकालिक पूँजी बहिर्वाह के लिए तैयार किया गया था। आई.एम.एफ. स्टाफ रिपोर्ट में कहा गया है कि कार्यान्वयन अंतिम रूप से 1991-92 के बजट के साथ शुरू हुआ, जो कि राजकोषीय समेकन के जुड़वाँ स्तंभों के आस-पास बने एक व्यापक कार्यक्रम और अतीत की नीतियों से दूर जाने के लिए एक कट्टर संरचनात्मक सुधार था। भारत ने अर्थव्यवस्था में बड़े व्यवधान से बचने एवं आयात के न्यूनतम स्तर को बनाए रखने के लिए पर्याप्त असामान्य वित्तपोषण जुटाने की प्रतिबद्धता भी स्वीकार की थी। प्रारंभिक स्थिरीकरण संकुल एक विशेष काररवाई के साथ भंडार को एक न्यूनतम कार्य स्तर पर बनाए रखने के लिए था, जिसमें स्वर्ण समर्थित बाहरी उधार, कोष से खरीदारी और विश्व बैंक, एशियाई विकास बैंक और कई द्विपक्षीय दाताओं से त्वरित वितरण सहायता का प्रावधान शामिल था।

## समायोजन रणनीति और 1991-92 तथा 1992-93 के लिए कार्यक्रम

कोष ने सिफारिश की कि कार्यक्रम के प्रमुख वृहद् आर्थिक उद्देश्यों में भुगतान की स्थिति को आसान बनाना और 1992-93 के अंत तक 1½ महीने में सकल अंतरराष्ट्रीय भंडार का पुनर्निर्माण शामिल है। 1991-92 में 3-3½ प्रतिशत की आर्थिक वृद्धि के बाद 1992-93 में धीरे-धीरे स्थिति सुधरी और 1992-93 के अंत तक मुद्रास्फीति में 6 प्रतिशत की कमी हुई। 1991-92 और 1992-93 में चालू खाता घाटा सकल घरेलू उत्पाद का लगभग 2½ प्रतिशत था।

औद्योगिक नीति, व्यापार उदारीकरण, घरेलू मूल्य निर्धारण नीतियों, सार्वजनिक उद्यमों में सुधार, वित्तीय क्षेत्र में सुधार, कर सुधार और व्यय नियंत्रण कार्यक्रम की संरचनात्मक उपलब्धियाँ थीं। संकट प्रबंधन उपायों में विदेशी मुद्रा संसाधनों को बढ़ाने के लिए सोने का उपयोग, सोने के आयात के लिए नीति में उदारीकरण, भारत विकास बॉण्ड और अनिवासी जमा, आयात लाइसेंसिंग का उदारीकरण, शुल्कों का उदारीकरण, औद्योगिक नियंत्रण, विदेशी निवेश नीति और महत्त्वपूर्ण विनिमय दर नीति में उल्लेखनीय कदम उठाना शामिल है। कई अर्थों में 1991-92 के आई.एम.एफ. कार्यक्रम ने वैश्विक अर्थव्यवस्था में भारत का एकीकरण सुनिश्चित किया।

## राजकोषीय समेकन

बाहरी खातों पर दबाव कम करने और निजी क्षेत्र को संसाधन जारी करने के लिए सार्वजनिक क्षेत्र के समग्र घाटे में निरंतर एक बड़ी कमी का समायोजन रणनीति के केंद्र में था। मध्यम अवधि का उद्देश्य 1990 के दशक में सार्वजनिक क्षेत्र के घाटे को सकल घरेलू उत्पाद के 12½ प्रतिशत से घटाकर 1990 के मध्य तक 7 प्रतिशत करना था। 1992-93 तक इस कमी के सकल घरेलू उत्पाद के 8½ प्रतिशत तक कम होने के साथ कार्यक्रम की अवधि में कटौती की मात्रा में भारी कमी की जानी थी। समेकन मुख्य रूप से केंद्र सरकार के कम घाटे को दरशाता है, हालाँकि राज्यों और सार्वजनिक उद्यम क्षेत्र को समायोजन का बोझ भी साझा करना था, क्योंकि उनके बजट की कमी को केंद्र सरकार से कम हस्तांतरण और वित्तपोषण के अन्य स्रोतों, विशेष रूप से वित्तीय प्रणाली के माध्यम से उधार लेनेवाले राज्यों तक उनकी पहुँच पर प्रतिबंध लगाने के द्वारा कठोर किया गया।

समझौता ज्ञापन में भारत द्वारा सामना किए जानेवाले राजकोषीय असंतुलन को संबोधित करने के लिए एक राजकोषीय समेकन पथ था।

**तालिका-2**

**भारत : 1990-91 और 1992-93 के मैक्रो-इकोनॉमिक फ्रेमवर्क और प्रमुख उद्देश्य ( जब तक अन्यथा संकेतित नहीं किया जाए, प्रतिशत में )**

| | 1990/91 | 1991/92 | 1992/93 |
|---|---|---|---|
| सकल घरेलू उत्पाद की वास्तविक विकास दर | 5 | 3-3½ | 4 |
| मुद्रास्फीति | 12.1 | 9 | 6 |
| बाहरी चालू खाता/सकल घरेलू उत्पाद | 3.4 | 2.7 | 2.6 |

| | | | |
|---|---|---|---|
| असाधारण वित्तीय आवश्यकता (अरब अमेरिकी डॉलर) | 1.8 | 4.0 | 2.8 |
| सकल सरकारी भंडार (आयात के महीनों में) | 1.3 | 1.3 | 1.7 |
| आधिकारिक विदेशी मुद्रा भंडार (अरब अमेरिकी डॉलर) | 2.2 | 2.2 | 3.2 |

स्रोत : भारत 1991 अनुच्छेद–IV परामर्श और कोष संसाधनों के उपयोग के लिए स्टाफ रिपोर्ट, 8 अक्तूबर, 1991

राजस्व में कॉरपोरेट करों में 5 प्रतिशत वृद्धि, मूल्यह्रास भत्ते में कमी, उच्च उत्पाद शुल्क जैसे प्रमुख कर उपायों के माध्यम से सकल घरेलू उत्पाद में ½ प्रतिशत की वृद्धि की जानी थी। सार्वजनिक क्षेत्र के उद्यमों की बिक्री से 25 अरब (सकल घरेलू उत्पाद का 0.4 प्रतिशत) राजस्व प्राप्त करने की परिकल्पना की गई थी। ओ.सी.सी. खातों के अवमूल्यन के प्रभाव को बेअसर करने के लिए पेट्रोलियम उत्पाद की कीमतों में औसतन 7 प्रतिशत की वृद्धि की जानी थी। कर अनुपालन में सुधार के लिए विशिष्ट कदम उठाए जाने थे।

प्रमुख व्यय प्रस्तावों में अनुदान, विशेषकर नकद निर्यात अनुदान, उर्वरक की कीमतों में 30 प्रतिशत की वृद्धि और चीनी अनुदान को समाप्त करने जैसी भारी कटौती की परिकल्पना की गई है। रक्षा खर्च पर सख्त बाधाएँ प्रस्तुत की गई थीं, जिसे 1990–91 के सकल घरेलू उत्पाद के 3.1 प्रतिशत से घटाकर 1991–92 में सकल घरेलू उत्पाद का 2.8 प्रतिशत करना था। सार्वजनिक क्षेत्र के उपक्रमों को हस्तांतरण 1990–91 के सकल घरेलू उत्पाद के 1.5 प्रतिशत से घटाकर, 1991–92 में सकल घरेलू उत्पाद का 1.2 प्रतिशत करना चरणबद्ध कमी के पहले चरण का प्रतिनिधित्व करता है। पूँजीगत व्यय सहित अन्य सभी व्यय मदों पर कठोर संयम लागू किया जाना था। 1992–93 के लिए राजकोषीय कार्यक्रम ने निरंतर कर कटौती की परिकल्पना की, जबकि इसके साथ-साथ कर में प्रमुख सुधार की शुरुआत की जानी थी। आई.एम.एफ. ने यह भी संकेत दिया कि आगे के व्यय में कटौती करने की आवश्यकता होगी, विचाराधीन वस्तुओं में सरकारी वेतन बिल में कटौती, रक्षा खर्च में एक और कटौती, सार्वजनिक उद्यमों को हस्तांतरण में लगातार कमी और मूल्य वृद्धि और बेहतर लक्ष्यीकरण द्वारा उर्वरक और खाद्य अनुदान में अतिरिक्त कमी करना शामिल था।

आई.एम.एफ. ने कहा कि भारत की कर प्रणाली में आयात शुल्क पर अत्यधिक निर्भरता, राजस्व में कम लोच, छूट और कर प्राथमिकताओं पर पैवंद लगाना, प्रत्यक्ष करों से उत्पन्न राजस्व का अपेक्षाकृत कम अनुपात और स्थानिक कर चोरी सहित कई गंभीर कमियाँ हैं। आई.एम.एफ. ने उल्लेख किया कि सरकार ने इन कमियों को मापने के लिए

एक मौलिक कर सुधार करने के साथ-साथ अतिरिक्त राजस्व जुटाकर शुल्क में कमी से राजस्व नुकसान की भरपाई करने और तैयार किए गए राजकोषीय समायोजन का समर्थन करने की प्रतिबद्धता स्वीकार की थी। रिपोर्ट में आगे कहा गया है कि सरकार ने पहले चरण के सुधारों के लिए एक कर सुधार समिति का गठन किया था, जिसे 1992-93 के बजट में पेश किया जा सकता है। इसके लिए कोष से तकनीकी सहायता देने का अनुरोध भी किया गया था।

राज्यों के ऋणों पर केंद्र सरकार का नियंत्रण नहीं था, इसलिए वाणिज्यिक बैंकों पर एक सांविधिक तरलता अनुपात लगाया गया था, ताकि यह सुनिश्चित किया जा सके कि केंद्र सरकार द्वारा कम उधार लेने के परिणामस्वरूप राज्य सरकारों द्वारा लिये गए उधार में वृद्धि नहीं होती है। छोटी बचत योजनाओं पर ब्याज दरों को गहन समीक्षा के अंतर्गत रखा गया था ताकि यह सुनिश्चित किया जा सके कि ये योजनाएँ वाणिज्यिक जमा राशि से विधिवत् निधि प्राप्त नहीं करती हैं।

स्टाफ रिपोर्ट में कहा गया है कि कुप्रबंधन और अकुशलता के कारण 250 केंद्रीय सार्वजनिक उद्यमों के प्रदर्शन को कम लाभ देने और बजटीय समर्थन की आवश्यकता से ग्रस्त बनाया गया है। पेट्रोलियम क्षेत्र के उद्यमों को उनका एकाधिकार दिया गया था, जबकि अन्य गैर-पेट्रोलियम उद्यमों का प्रदर्शन कमजोर था। केंद्रीय सार्वजनिक उद्यमों के घाटे को 1990-91 में सकल घरेलू उत्पाद के 3½ प्रतिशत से घटाकर 1991-92 में सकल घरेलू उत्पाद के 3 प्रतिशत करने का लक्ष्य रखा गया था, यह आंशिक रूप से कम पूँजीगत व्यय के परिणामस्वरूप होना था[3]।

## मौद्रिक नीति

भारतीय रिजर्व बैंक के गवर्नर आर.एन. मल्होत्रा ने 1988-89 में रिजर्व बैंक द्वारा पेश की गई नीतिगत दुविधाओं को इस प्रकार प्रस्तुत किया था—

> "मौद्रिक नीति को उचित मूल्य स्थिरता बनाए रखने और उत्पादन की वृद्धि का समर्थन करने के लिए आवश्यक वास्तविक ऋण आवश्यकताओं को पूरा करना है। बड़े और आवर्ती बजट घाटे ने मजबूत मौद्रिक विस्तार में योगदान दिया है और समय के साथ मौद्रिक साधनों का गंभीर क्षरण हुआ है।"

बाह्य तरलता संकट की प्रतिक्रिया और मुद्रास्फीतिक दबाव में निर्माण के लिए

---

3. आर.बी.आई. के इतिहास के चतुर्थ संस्करण, भाग क पृष्ठ 459 में कहा गया है कि मध्यम अवधि का उद्देश्य सार्वजनिक क्षेत्र के घाटे को 1990-91 में सकल घरेलू उत्पाद के अनुमानित 12.5 प्रतिशत से 1992-93 तक सकल घरेलू उत्पाद के 8.5 प्रतिशत और 1990 के दशक के मध्य तक आगे 7.0 प्रतिशत तक कम करना था।

मौद्रिक नीति कड़ी कर दी गई। यह सख्ती बैंक के ऋणों और ब्याज दरों को प्रभावित करनेवाले (एक विशेष 10 प्रतिशत वृद्धिशील नकद आरक्षित अनुपात और प्रशासित ब्याज दरों में कई वृद्धियों की शुरुआत) अप्रत्यक्ष साधनों के संयोजन और अधिक प्रत्यक्ष साधनों (जमा करने के अनुपात से वृद्धिशील ऋण में कमी और विभिन्न निर्देशित ऋणों और पुनर्वित्त सुविधाओं को कठोर करने) के माध्यम से प्राप्त की गई थी। इसके अलावा, क्रेडिट के आयात पत्रों पर उच्च नकद लाभ आवश्यकताओं को लागू करने से घरेलू ऋण की शर्तों को कम करने में भी लाभ मिला।

आई.एम.एफ. ने कहा कि मौद्रिक नीति से बाहरी भंडार की स्थिति का बचाव करने में प्राथमिक भूमिका निभाने की आशा थी और सरकार ने मौद्रिक नीति को कड़ा करने के लिए एक स्पष्ट प्रतिबद्धता व्यक्त की है, जिससे अंतरराष्ट्रीय भंडार लक्षित सीमा से नीचे पहुँचना चाहिए। कार्यक्रम के उत्पादन और मुद्रास्फीति के लक्ष्य के अनुरूप मुद्रास्फीति को 1991-92 के 13.5 प्रतिशत से घटाकर 1992-93 में 11-12 प्रतिशत करने का लक्ष्य रखा गया था। जुलाई 1991 में ब्याज दरों को उदार बनाया गया था और विकास बैंकों द्वारा लगाई गई दीर्घकालिक ऋण दरों पर सीमा और निजी संस्थाओं के ऋण की ब्याज दरों पर प्रतिबंध दोनों समाप्त कर दिए गए थे। सार्वजनिक क्षेत्र के उद्यमों की उधार लागतों को बाजार दरों के करीब लाने के लिए ऐसा किया गया था। जमा और पसंदीदा क्षेत्र क्रेडिट पर ब्याज दरें (लगभग कुल क्रेडिट) नियंत्रण के अधीन रहीं। जुलाई 1991 में जमा दरों में 1 प्रतिशत की वृद्धि की गई थी, लेकिन वास्तव में दरें नकारात्मक रहीं। इस प्रकार कठोर मौद्रिक नीति को लागू करने के लिए, जमा पर ब्याज दरों में और वृद्धि की बजाय क्रेडिट को चयनात्मक रूप से कसने पर जोर दिया गया था। आई.एम.एफ. ने तर्क दिया कि घरेलू जमा दरों का स्तर बाहरी खातों पर उल्लेखनीय प्रभाव डाल सकता है। इसलिए दर स्थिरता को विश्वसनीय बनाने और मौद्रिक जकड़न के बोझ को अधिमान्य ऋण तक पहुँच न होनेवाले क्षेत्रों पर गिरने से बचाने के लिए सभी ब्याज दरों पर समयबद्ध और निर्णायक काररवाई अपनाने की तत्परता को वित्तीय रणनीति का एक महत्त्वपूर्ण तत्त्व होना चाहिए।

डॉ. सी. रंगराजन कहते हैं—

> यह अवश्य कहा जाना चाहिए कि भारत के नीति-निर्माताओं को उनके द्वारा 1950 और 1960 के दशक में लिये गए निर्णयों के लिए दोषी नहीं ठहराया जा सकता। उस समय विकासशील देशों में तेजी लाने के लिए कोई स्पष्ट मॉडल उपलब्ध नहीं था। व्यापक पैमाने पर राज्य का हस्तक्षेप उचित प्रतीत हुआ, हालाँकि 1970 के दशक के प्रारंभ तक यह स्पष्ट हो रहा था कि हमने जो मॉडल चुना था, वह परिणाम नहीं दे रहा था और इसे बदलना आवश्यक था। लेकिन हमारे नीति-

निर्माताओं ने इसे पहचानने से इनकार कर दिया। उसी समय चीन ने एक बड़ा बदलाव किया था।

नई आर्थिक नीति ने राज्य की भूमिका को फिर से परिभाषित किया, कुछ क्षेत्रों में इसका विस्तार किया, जबकि अन्य क्षेत्रों में इसे कम किया गया। जुलाई 1991 से शुरू किए गए सभी उपायों के माध्यम से एक सामान्य व्यवस्था चल रही है। इसका सहज उद्देश्य था : प्रणाली की दक्षता में सुधार करना। नियंत्रण के बहुविधतावाले नियामक तंत्र की क्षमता खंडित थी और निजी क्षेत्र में भी प्रतिस्पर्धा कम हो गई थी। नई आर्थिक नीति का जोर अर्थव्यवस्था में प्रणाली की उत्पादकता में सुधार के साधन के रूप में अधिक प्रतिस्पर्धी माहौल बनाने की ओर था। प्रवेश की बाधाओं के साथ-साथ फर्मों के विकास पर प्रतिबंधों को हटाकर इसे प्राप्त करना था। औद्योगिक नीति ने घरेलू स्तर पर अधिक प्रतिस्पर्धी माहौल बनाने की कोशिश की, जबकि व्यापार नीति ने अंतरराष्ट्रीय प्रतिस्पर्धा में सुधार करने की माँग की, जो उन शुल्कों द्वारा प्रस्तावित संरक्षण के अधीन थे और स्वयं नीचे आ रहे थे। निजी क्षेत्र को संचालन के लिए एक बड़ा स्थान दिया जा रहा था, कुछ क्षेत्र, जो पहले विशेष रूप से केवल सार्वजनिक क्षेत्र के लिए आरक्षित थे, अब उनमें निजी क्षेत्र को भी प्रवेश करने की अनुमति दी गई थी। सार्वजनिक क्षेत्र के एक प्रमुख भूमिका निभाने के बावजूद इन क्षेत्रों में, सार्वजनिक क्षेत्र को निजी क्षेत्र से प्रतिस्पर्धा करनी थी। विभिन्न संस्थाओं की दक्षता में सुधार करने की माँग की गई थी, चाहे वह निजी या सार्वजनिक क्षेत्र में हो।

परिवर्तनों के महत्त्व को समझने के लिए हमें 1990 की भारतीय अर्थव्यवस्था की स्थिति पर वापस जाना होगा। 1990 के मध्य में खाड़ी संकट के परिणामस्वरूप कच्चे तेल की कीमतों में हुई तेज वृद्धि ने भारत की पहले से ही तनावग्रस्त भुगतान की स्थिति को गंभीर झटका दिया। 1988-89 में भी भारत का चालू खाता घाटा सकल घरेलू उत्पाद का 2.7 प्रतिशत था। 1990 के मध्य से चालू खाता घाटे का वित्तपोषण एक कठिन कार्य बन गया। वित्तपोषण के पारंपरिक स्रोत सूखने लगे। अल्पकालिक वित्तपोषण पर निर्भर रहना कठिन हो गया। भुगतान न कर पाने का खतरा आसन्न था। चालू खाते के घाटे के साथ-साथ राजकोषीय घाटा भी बहुत अधिक था। केंद्र का घाटा कई वर्षों तक सकल घरेलू उत्पाद के 7 प्रतिशत के आस-पास बना रहा था। 1980 के दशक की वृद्धि को उच्च राजकोषीय और चालू खाता घाटे का समर्थन प्राप्त था। यह अस्थिर हो गया था और सुधार ही इसका एकमात्र उत्तर था।

सुधारों की उत्पत्ति पर, कुछ प्रश्नों का उत्तर देना आवश्यक है। क्या 1991

में किए गए सुधार 1980 के दशक में आरंभ हो चुकी एक प्रक्रिया की निरंतरता में थे या उन्होंने वास्तव में कोई विराम लगाया था? परिवर्तन पर आई.एम.एफ. और अन्य बहुपक्षीय संस्थानों का कितना प्रभाव पड़ा? भुगतान न कर पाने की संभावना से, यह स्पष्ट हो गया कि 'हमेशा की तरह व्यापार' काम नहीं करेगा। हमें तेजी से आगे बढ़ना था और अपनी आर्थिक नीति में मूलभूत परिवर्तन करना था। यह सच है कि उस समय हम आई.एम.एफ. और अन्य बहुपक्षीय संस्थानों के साथ बातचीत कर रहे थे। स्पष्ट है कि उनके अपने पूर्वग्रह थे। वे न्यूनतम नियंत्रण के साथ एक प्रतिस्पर्धी अर्थव्यवस्था के पक्ष में थे। लेकिन हमने सुधारों को लागू करने का जो निर्णय लिया, वह पूरी तरह से हमारा अपना था। इसका श्रेय हमारे नेतृत्व को जाता है।

उद्योग का पोर्टफोलियो भी प्रधानमंत्री के पास था, जो औद्योगिक क्षेत्र से संबंधित विभिन्न प्रकार के नियंत्रणों और लाइसेंसों के विघटन के कारण हुए परिवर्तनों को आरंभ करने के लिए सीधे जिम्मेदार थे। आठवीं पंचवर्षीय योजना ने सुधारों के औचित्य पर विस्तार से बताया, इसे लिखने में मेरी भी एक भूमिका थी। प्रधानमंत्री ने योजना आयोग के अध्यक्ष के रूप में इसके मसौदे को पढ़ा था और इसे पूरी तरह से स्वीकृति दी थी, हालाँकि रणनीति के एक मामले के रूप में, उन्होंने उन सुधारों में ऐसी भाषा शामिल की, जो उनकी अपनी पार्टी के 'पुराने गार्ड' के लिए अपील करे। उन्होंने एक सरकार की अध्यक्षता करते हुए 'मध्य मार्ग' के रूप में अभिव्यक्तियों का उपयोग किया, जिसने सुधारों तक पहुँचने की पहल की। इसमें कोई संदेह नहीं है कि सुधार उनके समर्थन और दृढ़ विश्वास के बिना आगे नहीं बढ़ सकते थे। 1990 के दशक के सुधार 1980 के दशक की सुधार यात्रा की निरंतरता में नहीं थे। वे अतीत से एक विराम थे। संकट की व्यापकता ऐसी थी कि हमेशा की तरह व्यापार करना काम नहीं कर सकता था।

अंतरराष्ट्रीय मुद्रा कोष का रवैया सहानुभूतिपूर्ण था। वे भारत की मदद के लिए आगे आए। इसके साथ ही आई.एम.एफ. भारतीय अर्थव्यवस्था की मूलभूत विशेषताओं से चिंतित था और परिवर्तन चाहता था। आई.एम.एफ. सुविधाओं के उपलब्ध प्रकारों पर विचार किया गया था। तेल की कीमतों में बढ़ोतरी से सी.एफ.एफ. (आकस्मिक वित्तपोषण सुविधा) सामने आया। सी.एफ.एफ. पर्याप्त नहीं था। हमें और अधिक वित्तपोषण की आवश्यकता थी। इसलिए आपातकालीन व्यवस्था की गई। मुझे अच्छी तरह से याद है कि प्रभाग प्रमुख, श्री नीस एक मिलनसार व्यक्ति थे, आई.एम.एफ. के एशिया-प्रशांत विभाग के निदेशक, प्रभाकर नार्वेकर भी बहुत

अच्छे थे। अंतरराष्ट्रीय मुद्रा कोष के मुक्त व्यापार का एक सिद्धांत था और कर्मचारी अंतरराष्ट्रीय मुद्रा कोष के सिद्धांत के प्रति प्रतिबद्ध थे। अंतरराष्ट्रीय मुद्रा कोष के कर्मचारियों ने सभी वार्त्ताओं में, मुक्त व्यापार के अंतरराष्ट्रीय मुद्रा कोष के सिद्धांत को आगे रखा। क्या यह हम पर थोपा गया या इसे हमारे द्वारा अपनाया गया था? हम आपस में सहमत थे कि ये उपाय किए जाएँगे। आई.एम.एफ. सुधारों की गति से बहुत प्रभावित हुआ। अंतरराष्ट्रीय मुद्रा कोष ने स्वीकार किया कि वृहत् अर्थव्यवस्था के क्षेत्र में भारत की बौद्धिक शक्तियाँ बहुत अधिक थीं। कई निर्णय ऐसे थे, जो आई.एम.एफ. कार्यक्रम का हिस्सा नहीं थे। उदाहरण के लिए, औद्योगिक लाइसेंस को हटाना आई.एम.एफ. की शर्त नहीं थी। इसका निर्णय उद्योग मंत्रालय द्वारा लिया गया था।

प्रतिपूरक वित्तीय सुविधा से जुड़ी स्थिति बहुत बुरी नहीं थी। भारतीय नीति-निर्माता उसी दिशा में आगे बढ़ रहे थे, जो आई.एम.एफ. सोच रहा था। आर.बी.आई. ने 1990 में सरकार को यह भी लिखा था कि आई.एम.एफ. जिन शर्तों को लागू कर रहा है, उनमें से अधिकांश शर्तें ऐसी हैं, जिन्हें हम स्वयं लागू करेंगे। हम 1980 के दशक के उत्तरार्ध में एक ही दिशा में बढ़ रहे थे, लेकिन यह पर्याप्त नहीं था। भारत प्रतिस्पर्धी नहीं रहा था। चरम आयात प्रतिबंध नीति सहायक नहीं थी। आयात प्रतिबंध हटा दिए जाने के बाद हम दुनिया में और अधिक प्रतिस्पर्धी हो सकते हैं।

आपातकालीन व्यवस्था के बाद स्थिति में तेजी से बदलाव आया। शेष भुगतान की स्थिति में एक त्वरित बदलाव किया गया था। हम गिरवी रखे सोने को वापस पाने की स्थिति में थे। भारत का आई.एम.एफ. भुगतान भी समय पर किया गया था।

हमने जो विनिमय दरें बनाईं, वे बहुत साहसिक थीं। 1993 तक, हम बाजार चालित विनिमय दरों को स्थानांतरित कर चुके थे—आवश्यक होने पर आर.बी.आई. ने हस्तक्षेप किया। विनिमय दर प्रबंधन एक बड़ी सफलता थी। हमने लंबी अवधि के लिए इसे प्रति डॉलर 31.37 रुपए के हिसाब से ठोस किया था। नरसिम्हा समिति की रिपोर्ट में पूँजी पर्याप्तता अनुपात और विवेकपूर्ण मानदंडों के संबंध में बैंकिंग प्रणाली में कार्यान्वित किए जा रहे सुधार बहुत दूरगामी थे। जबकि कई परिवर्तन प्रकृति में विनियामक थे, जिन्हें कार्यकारी निर्णय लेने के माध्यम से लागू किया जा सकता है, बैंक राष्ट्रीयकरण अधिनियम का संशोधन एक महत्त्वपूर्ण विधायी उपाय था, जिसे स्वामित्व को 51 प्रतिशत तक करने के लिए सरकार द्वारा अपनाया गया था। वाम दलों ने हमारी चर्चाओं में पूछा कि जब सरकार गारंटर है तो पूँजी पर्याप्तता क्यों?

हमारा जवाब था कि हर संस्थान को अपने आप में मजबूत होना होगा।

हमने आगे के मार्ग पर स्पष्ट विचार किया था, जबकि आर्थिक सुधारों के मार्ग के सभी विवरण ज्ञात नहीं थे। हम सहमत थे कि सुधार पथ पर क्रमिकता की आवश्यकता थी। सुधारों के हिस्से के रूप में परस्पर विरोधी उद्देश्यों का प्रबंधन चुनौती उत्पन्न कर रहा था। 1990 के दशक के भारतीय सुधार कार्यक्रम की बड़ी योग्यता यह थी कि यह बिना किसी व्यवधान के किया गया था। हमने अतीत के साथ एक अलगाव बनाया और क्रमिकता के साथ उसका पालन किया।

भारत ने जो आर्थिक सुधार किए हैं, वे सही रास्ते पर हैं। यह सुधारों के शुभारंभ के बाद से अर्थव्यवस्था के प्रदर्शन से प्रेरित है। सुधार के बाद की अवधि में अर्थव्यवस्था की औसत वृद्धि दर 6.8 प्रतिशत प्रतिवर्ष हो गई है, जो सुधार से पहले की अवधि में एक महत्त्वपूर्ण सुधार है। 2008-09 के संकट प्रभावित वर्ष होने के बावजूद 2005-06 से शुरू हुई दस वर्ष की अवधि में आर्थिक वृद्धि औसतन 7.7 प्रतिशत थी। 2005-06 और 2007-08 के बीच, अर्थव्यवस्था 9.4 प्रतिशत की वार्षिक दर से बढ़ी। 2012-13 से आर्थिक विकास धीमा हो गया, हालाँकि सी.एस.ओ. द्वारा अपनाई गई नई पद्धति के अनुसार, 2013-14 में भी विकास दर में उछाल था। पिछले कुछ वर्षों से, विकास दर लगभग 7 प्रतिशत रही है, हालाँकि संख्या के बारे में संदेह जारी है। यह स्पष्ट है कि 2005-06 के बाद के वर्षों में हमने उच्च विकास दर हासिल की। यह एक अपरिहार्य तथ्य है कि सुधार के बाद की अवधि में विकास दर स्पष्ट रूप से अधिक रही है। यह बताना आवश्यक है कि 2013 में एक चूक को छोड़कर भुगतान की स्थिति का संतुलन नियंत्रण में था।

भारत सरकार ने आई.एम.एफ. से अपने बेदाग भुगतान रिकॉर्ड को बनाए रखने की प्रतिबद्धता की दृढ़ता से पुष्टि की। बाहरी क्षेत्र में, आई.एम.एफ. कार्यक्रम ने बेहतर विनिमय दर मूल्यह्रास की परिकल्पना की, जो नकदी निर्यात सब्सिडी को खत्म करने और अधिक समान निर्यात को प्रोत्साहन देने; विश्व अर्थव्यवस्था के साथ भारत को अधिक घनिष्ठ रूप से एकीकृत करने के लिए मूलभूत सुधारों की शुरुआत और कई विशेष आयात संपीडन उपायों के अस्थायी कार्यान्वयन के लिए तैयार किया गया था ।

आई.एम.एफ. ने महसूस किया कि कठोर वित्तीय नीतियाँ प्रतिस्पर्धा बनाए रखने का प्राथमिक साधन थीं। प्रशासित मूल्य वृद्धि और विनिमय दर मूल्यह्रास के प्रभावों के परिणामस्वरूप मुद्रास्फीति के उच्च स्तर पर होने की आशा थी। यह महसूस किया गया था कि

आंतरिक और बाहरी आत्मविश्वास को बहाल करने और मुद्रास्फीति को कम करने के लिए नाममात्र विनिमय दर स्थिरता रणनीति का एक महत्त्वपूर्ण हिस्सा होगी। इसे निर्णायक वित्तीय नीतियों और विशेष रूप से ब्याज दर नीति के सक्रिय उपयोग द्वारा समर्थित किया जाना था।

निर्यात के आठ प्रतिशत तक निर्यात सब्सिडी थी। आई.एम.एफ. कार्यक्रम के अंतर्गत निर्यात सब्सिडी समाप्त कर दी गई। इसे निरंतर व्यापार उदारीकरण उपायों द्वारा समर्थित किया गया था। आयात संपीडन उपायों में पूँजीगत वस्तुओं के अलावा अन्य आयातों के लिए भुगतान पर बड़े नकदी लाभ की आवश्यकताओं में तेज वृद्धि, निर्दिष्ट मात्रा से ऊपर आयात भुगतान की पूर्व स्वीकृति के साथ-साथ विदेशी मुद्रा की बिक्री और पूँजीगत वस्तुओं के आयात के लिए विदेशी मुद्रा की बिक्री पर प्रतिबंध शामिल थे। आई.एम.एफ. के समझौते के आलेख के अनुच्छेद VIII के अंतर्गत ये प्रतिबंध अस्थायी आधार पर बाहरी नकदी प्रवाह की स्थिति को कम करने के लिए लगाए गए थे।

आई.एम.एफ. कार्यक्रम ने सरकार के हस्तक्षेप को कम करके, घरेलू प्रतिस्पर्धा को बढ़ाने और विश्व की अर्थव्यवस्था में भारत के एकीकरण को तेज करके आर्थिक विकास को बढ़ावा देने के लिए महत्त्वपूर्ण संरचनात्मक सुधारों की परिकल्पना की थी। विशिष्ट नीतिगत काररवाइयाँ औद्योगिक ढाँचा, व्यापार नीति, सार्वजनिक उद्यम सुधार और वित्तीय क्षेत्र सुधार को आवृत्त करती हैं। पहलों में सबसे प्रमुख औद्योगिक लाइसेंसिंग की जटिल प्रणाली का आभासी उन्मूलन था, जो 18 उद्योगों के लिए फर्मों के प्रवेश, विस्तार और विविधीकरण को नियंत्रित करता था। दूसरा निजी क्षेत्र और सार्वजनिक उद्यमों के बीच प्रतिस्पर्धा को बढ़ाने के उपाय थे, जहाँ एकाधिकार शक्ति और नरम बजट की कमी अक्षमता का मूल कारण रही है। सार्वजनिक क्षेत्र के लिए आरक्षित उद्योगों की संख्या को 8 तक अर्थात् रक्षा उत्पादन, परमाणु ऊर्जा, खनिज और रेलवे तक सीमित कर दिया गया था। सार्वजनिक उद्यमों की निगरानी की प्रणाली को मजबूत किया गया था, उद्यमों द्वारा सामना की जानेवाली बजट की कमी को यूनियन बजट से हस्तांतरण और सब्सिडी में कमी के द्वारा कठोर किया गया था। सरकार ने 1991-92 में चयनित सार्वजनिक उद्यमों में 20 प्रतिशत तक के म्यूचुअल फंड को बेचने की अपनी इच्छा की घोषणा की।

आई.एम.एफ. ने माना कि संरचनात्मक सुधार उपायों ने एक महत्त्वपूर्ण शुरुआत को चिह्नित किया। पहली समीक्षा के लिए एक महत्त्वपूर्ण मानक था अविभाज्य सार्वजनिक क्षेत्र के उद्यमों की एक सूची तैयार करना, जिनके लिए बंद या पुनर्गठन और विनिवेश विकल्पों की व्यापक सूची संदर्भित की जानी थी। विदेशी प्रत्यक्ष निवेश को अलग-अलग मामलों के आधार पर (और 40 प्रतिशत तक विदेशी इक्विटी के साथ) स्वतः अनुमोदन से काफी उदार बनाया गया था।

आई.एम.एफ. कार्यक्रम ने भारत के व्यापार प्रशासन में नाममात्र शुल्क और व्यापक बिना शुल्क बाधाओं की विशेषतावाले प्रमुख व्यापार सुधारों को आरंभ किया। लाइसेंसिंग की एक जटिल प्रणाली थी, एक वास्तविक उपयोगकर्ता नीति, जो बिचौलियों द्वारा आयात को प्रतिबंधित करती थी, सार्वजनिक क्षेत्र के निर्यात और आयात को जोड़ती थी। विनिर्माण कार्यक्रमों को चरणबद्ध करती थी, जो घरेलू उत्पादकों के लिए प्रगतिशील आयात प्रतिस्थापन और सरकारी खरीद प्राथमिकताओं को अनिवार्य करती थी। आई.एम.एफ. स्टाफ ने देखा कि भारतीय अधिकारी अगले 3–5 वर्षों में इस प्रणाली को काफी हद तक खत्म करने की मंशा रखते हैं ताकि घरेलू उद्योग के लिए उदार संरक्षण के साथ पारदर्शी मूल्य-आधारित प्रणाली की ओर बढ़ा जा सके। 1991 में नकद निर्यात सब्सिडी को समाप्त कर दिया गया, शुल्क की उच्च दरों को कम किया गया और चरणबद्ध विनिर्माण कार्यक्रमों को रोक दिया गया। विश्व बैंक के संरचनात्मक समायोजन कार्यक्रम का उद्देश्य मात्रात्मक प्रतिबंधों और शुल्कों को कम करना है।

वित्तीय क्षेत्र के सुधारों में आई.एम.एफ. कार्यक्रम ने बैंकों के पूँजी आधार और पर्यवेक्षण प्रक्रियाओं को मजबूत करने के लिए एक विस्तृत कार्यक्रम की परिकल्पना की। इसने ब्याज दर उदारीकरण और संस्थानों के सावधि ऋण सहित पूँजी बाजारों के सुदृढ़ीकरण की भी परिकल्पना की।

कार्यक्रम के राजकोषीय उद्देश्यों में केंद्र सरकार की समग्र उधार आवश्यकता पर प्रदर्शन मानदंड के साथ-साथ संघ सरकार और सामान्य सरकारी क्षेत्र के लिए कुल बैंक ऋण पर सांकेतिक मानदंड के माध्यम से निगरानी करना शामिल था। दिसंबर 1991 के लिए 20 अरब रुपए के अतिरिक्त राजस्व और व्यय उपायों का कार्यान्वयन प्रदर्शन का एक मानदंड था। कार्यक्रम के मौद्रिक उद्देश्य केंद्र सरकार को आर.बी.आई. की क्रेडिट पर सीमा तय करने के साथ आर.बी.आई. की शुद्ध घरेलू परिसंपत्तियों पर प्रदर्शन मानदंड के माध्यम से निगरानी करना था। बाहरी उद्देश्य थे भारतीय रिजर्व बैंक के शुद्ध अंतरराष्ट्रीय भंडारों के त्रैमासिक स्तरों और विनिमय और व्यापार प्रणाली के प्रदर्शन की कसौटी पर नजर रखना। कार्यक्रम में औद्योगिक नीति, व्यापार उदारीकरण, घरेलू मूल्य निर्धारण नीतियों, सार्वजनिक उद्यम सुधार, वित्तीय क्षेत्र में सुधार, कर सुधार और व्यय नियंत्रण पर 3 समीक्षाओं और संरचनात्मक मानकों की परिकल्पना की गई।

आई.एम.एफ. ने कार्यक्रम के अंतर्गत 2.8 अरब अमेरिकी डॉलर की असाधारण वित्तपोषण जरूरत का अनुमान लगाया। इसमें से आई.एम.एफ. द्वारा आपातकालीन व्यवस्था के अंतर्गत खरीद की व्यवस्था के लिए 1 अरब अमेरिकी डॉलर प्रदान किए जाने थे और शेष जरूरत को अन्य बहुपक्षीय और द्विपक्षीय दाताओं द्वारा वित्तपोषित किया जाना था।

आई.एम.एफ. ने अनुमान लगाया कि राजकोषीय समेकन और निरंतर संरचनात्मक सुधार जारी रहने के परिणामस्वरूप धीरे-धीरे आधिकारिक भंडार का निर्माण होगा और वित्तीय अंतराल में प्रतिवर्ष 2 अरब अमेरिकी डॉलर की कमी आएगी। आशा की जा रही थी कि भारत 1996-97 तक एक स्थायी ऋण मार्ग पर आ जाएगा।

कोष का विचार था कि 1994-95 तक प्रस्तावित आपातकालीन व्यवस्था में जोखिम और वित्तपोषण अंतराल की सीमा बढ़ जाएगी तथा भारत के निरंतर समायोजन प्रयासों को वर्तमान आपातकालीन व्यवस्था से परे कोष से अतिरिक्त समर्थन की आवश्यकता होगी। आई.एम.एफ. ने यह भी महसूस किया कि मध्यम अवधि में सकल अंतरराष्ट्रीय भंडार और आयात के सापेक्ष भंडार ऐतिहासिक मानकों से और ऋण सेवा भुगतान के संबंध में कम रहेंगे।

इस प्रकार 12 सितंबर, 1991 को एस.डी.आर. 468.9 मिलियन की आकस्मिक वित्तपोषण सुविधा के साथ, भारत का 1991 आई.एम.एफ. कार्यक्रम शुरू हुआ, जो कोटा का 22.1 प्रतिशत और एस.डी.आर. 551.925 मिलियन के ऋण का हिस्सा था, जो कोटे का 25 प्रतिशत था।

वर्ष 1992 में आई.एम.एफ. के अनुच्छेद-IV स्टाफ रिपोर्ट[4] में कहा गया कि राजकोषीय समेकन और संरचनात्मक सुधार की रणनीति ने पिछले वर्ष की तुलना में कुछ महत्त्वपूर्ण सफलताएँ प्राप्त की हैं। अंतरराष्ट्रीय समुदाय से समय पर असाधारण वित्तीय सहायता के प्रावधान और पूँजी में एक चिह्नित उलटफेर की मदद से बाहरी तरलता संकट को दूर किया गया है। मुद्रास्फीति में गिरावट आई है, एक प्रमुख उत्पादन हानि से बचा गया और औद्योगिक उत्पादन और निजी निवेश में एक मध्यम वसूली चल रही है। लंबी अवधि के विकास की कुछ सबसे प्रबल संरचनात्मक बाधाओं को हटा दिया गया है। 1991 के मध्य में भारत के सामने आए संकट की भयावहता को देखते हुए और उस समय तक अर्थव्यवस्था के अति-विनियमन के कारण ये प्रभावशाली विकास थे।

वित्तीय वर्ष 1990-91 में सकल घरेलू उत्पाद के 9 प्रतिशत के सरकारी घाटे में पर्याप्त कमी कर, 1992-93 में उसे लक्षित 5 प्रतिशत करना और औद्योगिक, व्यापार और वित्तीय नीतियों के महत्त्वपूर्ण निराकरण से भारत को दुनिया की सबसे विनियमित अर्थव्यवस्थाओं में से एक बनाना कार्यक्रम के दो केंद्रीय तत्त्व थे। 1992 की स्टाफ रिपोर्ट में कहा गया है कि कोष समर्थित कार्यक्रम मोटे तौर पर सही मार्ग पर था, जून 1992 के अंत में केंद्र सरकार की समग्र उधार आवश्यकता और लघु अवधि के लिए बाहरी ऋण छोटे लाभ से अधिक थे,

4. मध्य एशिया विभाग द्वारा तैयार की गई आपातकालीन व्यवस्था के अंतर्गत 1992 के अनुच्छेद-IV परामर्श और दूसरी समीक्षा की स्टाफ रिपोर्ट

लेकिन सितंबर 1992 की समीक्षा के लिए सभी प्रदर्शन मानदंडों को पूरा किया गया था और सभी संरचनात्मक मानकों पर विचार किया गया था। आई.एम.एफ. स्टाफ रिपोर्ट में पाया गया कि शेयर बाजार घोटाले के बावजूद, सुधार एजेंडे ने उर्वरक सब्सिडी और पेट्रोलियम उत्पाद की कीमतों पर काररवाई के माध्यम से गति बनाए रखी, अकुशल फर्मों के निकास की सुविधा के लिए एक सामाजिक सुरक्षा जाल की स्थापना और वित्तीय क्षेत्र में आगे सुधार के एक ढाँचे के लिए कैबिनेट की स्वीकृति मिली।

वर्ष 1992 तक, वास्तविक अर्थव्यवस्था 1991 में भुगतान संतुलन के संकट से निकल चुकी थी। 1992 में एक अच्छे मानसून से लाभान्वित कृषि क्षेत्र बाहरी संकट से काफी हद तक अछूता था। 1992-93 में औद्योगिक क्षेत्र की वृद्धि 4.5 प्रतिशत तक पहुँच गई, संकट के दौरान बचत और ब्याज दरों में गिरावट मूल रूप से अनुमान से कम गंभीर थी। प्रशासित कीमतों में वृद्धि के बावजूद, अगस्त 1991 में मुद्रास्फीति 16 प्रतिशत से घटकर, अक्तूबर 1992 में 9 प्रतिशत पर आ गई।

अंतरराष्ट्रीय मुद्रा कोष ने भारत की घरेलू वित्तीय नीतियों का समर्थन करना जारी रखा। सार्वजनिक क्षेत्र के कुल घाटे में सकल घरेलू उत्पाद के 10 प्रतिशत से सकल घरेलू उत्पाद के 2½ प्रतिशत अंकों की कमी लगभग पूरी तरह से केंद्र सरकार के कम घाटे के परिणामस्वरूप हुई थी। राष्ट्र ने सब्सिडी और रक्षा बजट में कटौती के साथ-साथ पूँजीगत व्यय में भी संयम बरता है। 1992-93 के कार्यक्रम ने सार्वजनिक क्षेत्र के घाटे में 1½ प्रतिशत की कमी का लक्ष्य रखा। राज्यों और सार्वजनिक क्षेत्र के उद्यमों को हस्तांतरण में और कटौती की गई। सार्वजनिक क्षेत्र के 54 उद्यमों की कालानुक्रमिक बीमारी से ग्रस्त होने के रूप में पहचान की गई थी, जिनमें से 40 के औद्योगिक और वित्तीय पुनर्गठन के लिए ठोस पुनर्गठन योजनाएँ प्रस्तुत की गई थीं। इनमें राष्ट्रीय कपड़ा निगम सबसे महत्त्वपूर्ण था, जिसमें 34 मिलें बंद कर दी गईं और 86000 श्रमिकों को निकाल दिया गया। आई.एम.एफ. ने भी कोष से तकनीकी सहायता के साथ मध्यम और लंबी अवधि की सरकारी प्रतिभूतियों के लिए एक बाजार विकसित करने का प्रस्ताव रखा। शेयर बाजार घोटाले की पृष्ठभूमि में बैंकिंग प्रणाली पर अतिरिक्त सुरक्षा उपाय प्रस्तुत किए जाने थे।

सी.आई.एस. देशों को किए जानेवाले निर्यात के गिरने के बावजूद 1992-93 के पहले 5 महीनों में भारतीय निर्यात में अमेरिकी डॉलर के संबंध में 11 प्रतिशत की वृद्धि देखी गई। उच्च तेल आयात का मतलब आयात का भी बढ़ना था। कई विदेशी स्वामित्ववाले बैंक अपने घरेलू बैंकिंग कार्यों का समर्थन करने के लिए पूँजी प्रवाह में विदेशी मुद्रा ले आए थे। अधिकांश चालू और पूँजी लेन-देन के लिए बाजार की निर्धारित विनिमय दर और कुछ प्रमुख आयातों, मुख्य रूप से कुछ पेट्रोलियम उत्पादों और उर्वरक के लिए अधिक सराही

गई आधिकारिक दर के साथ दोहरी विनिमय दर प्रणाली जारी रही। दोनों दरों के बीच का अंतराल केवल 18 प्रतिशत था। पूर्व सोवियत संघ के पास 11 अरब रूबल का बकाया ऋण भी था, जो 13 अरब अमेरिकी डॉलर के बराबर था। इस ऋण को परिवर्तित करने के लिए विनिमय दर पर बातचीत शुरू की गई थी। भारत ने विदेश यात्रा के लिए विदेशी मुद्रा पर लगनेवाले 15 प्रतिशत कर को समाप्त कर दिया।

हालाँकि आई.एम.एफ. के कर्मचारियों ने एक मध्यम अवधि की राजकोषीय रणनीति के लिए कड़ी मेहनत की, लेकिन भारतीय अधिकारी अभी तक विशिष्ट वित्तीय लक्ष्य के लिए प्रतिबद्ध होने की स्थिति में नहीं थे। एक संभावित परिदृश्य का अनुमान लगाया गया था कि 1992–93 में कुल राजकोषीय घाटा सकल घरेलू उत्पाद के 8½ प्रतिशत से घटकर 1995–96 में सकल घरेलू उत्पाद के 6 प्रतिशत हो जाएगा और वर्तमान व्यय में अतिरिक्त कटौती के माध्यम से केंद्र सरकार के घाटे को सकल घरेलू उत्पाद के 5 प्रतिशत से घटाकर सकल घरेलू उत्पाद के 2½ प्रतिशत के लगभग किया जाएगा। दो वर्ष के तीव्र राजकोषीय संयम के बाद, भारत आवश्यक अवसंरचना निवेश और मुख्य सामाजिक क्षेत्र के कार्यक्रमों पर आवंटन बढ़ाना चाहता था, जिससे राजकोषीय समायोजन कठिन हो गया। आई.एम.एफ. स्टाफ को लगा कि 1992–93 के बजट में सकल घरेलू उत्पाद के 1.2 प्रतिशत पर रही सब्सिडी में व्यय में कमी के लिए अतिरिक्त स्थान है, सेना और सार्वजनिक उद्यमों को हस्तांतरण के साथ-साथ कर्मियों और अन्य प्रशासनिक व्यय में कमी की जा सकती है। उन्होंने महसूस किया कि अतिरिक्त राजस्व जुटाने की भी गुंजाइश थी।

आई.एम.एफ. की टीमों ने 20 अक्तूबर से 2 नवंबर, 1994 तक भारत का दौरा किया। डॉ. सी. रंगराजन आर.बी.आई. के गवर्नर थे, डॉ. मोंटेक सिंह अहलूवालिया डी.ई.ए. सचिव और वित्त सचिव थे। 1994 में आई.एम.एफ. की अनुच्छेद-IV स्टाफ रिपोर्ट में कहा गया था कि 1991–92/1992–93 के दौरान राजकोषीय समेकन और संरचनात्मक सुधार भारत के प्रति बाहरी विश्वास को बहाल करने, मुद्रास्फीति को कम करने और भुगतान संकट के प्रारंभिक संतुलन की एक गंभीर स्थिति में आर्थिक मंदी को सीमित करने में प्रभावी रहे थे। निर्यात ने बेहतर प्रोत्साहनों का उत्तर दिया, निजी पूँजी के प्रवाह में एक बड़ा विस्तार हुआ और बाहरी भंडार को फिर से एक सुविधाजनक स्थिति में लाया गया है। इसके अलावा आर्थिक पुनर्गठन की प्रक्रिया ने लंबे समय से चली आ रही विकृतियों और कठोरता में अतिक्रमण करना शुरू कर दिया था। फिर भी यह सुनिश्चित करने के लिए बहुत कुछ किया जा रहा है कि हाल ही में प्राप्त स्थिरीकरण के लाभ विपरीत दिशा में न जाएँ और भारत अधिक गतिशील विकास पथ पर आगे बढ़े, जिसे लंबे समय तक बनाए रखा जा सके।

कार्यक्रम की 2 वर्ष की अवधि में केंद्र सरकार के घाटे में 3 प्रतिशत अंकों की कमी

के साथ इसे सकल घरेलू उत्पाद के 5½ प्रतिशत पर लाना एक बड़ी उपलब्धि थी। अभी भी यह कार्यक्रम के 5 प्रतिशत के लक्ष्य से कुछ ऊपर था। 1992–93 में सार्वजनिक क्षेत्र का घाटा भी सकल घरेलू उत्पाद के 8½ प्रतिशत तक कम हो गया था। इसे काफी हद तक व्यय में कटौती, निर्यात सब्सिडी के एक आभासी उन्मूलन, कम रक्षा परिव्यय और गैर-मजदूरी व्यय में बड़े पैमाने पर कटौती के माध्यम से हासिल किया गया था। खर्च में कटौती ने विनिर्माण क्षेत्र के कुछ हिस्सों, विशेषकर इस्पात, सीमेंट और निर्माण क्षेत्र की मंदी में योगदान दिया। कुल मिलाकर सकल घरेलू उत्पाद की वृद्धि को एक अनुकूल मानसून और कृषि उत्पादन में वृद्धि द्वारा ऊपर उठाया गया था। विनिमय दर स्थिर थी और दोहरी विनिमय दर प्रणाली एकीकृत की गई थी। 1992–93 के अंत तक मुद्रास्फीति कम होकर 7 प्रतिशत तक रह गई। 1994 तक, भारत ने नियामक और आर्थिक वातावरण में परिवर्तन लाने में महत्त्वपूर्ण प्रगति की थी। औद्योगिक लाइसेंसिंग की जटिल प्रणाली का उन्मूलन किया गया और सार्वजनिक क्षेत्रों को निजी निवेश के लिए खोला गया था। भारत ने प्रशासित कीमतों में गिरावट, वित्तीय और कर सुधारों के पहले चरण, विदेशी निवेश के मुक्त होने और व्यापार व भुगतान प्रणालियों के उदारीकरण में प्रगति की थी।

वर्ष 1994 में भुगतान की स्थिति के संतुलन की अप्रत्याशित ताकत के परिणामस्वरूप राजकोषीय फिसलन के साथ 1993–94 में राजकोषीय घाटा सकल घरेलू उत्पाद के 6½ प्रतिशत से अधिक हो गया। यह 4¾ प्रतिशत के बजटीय लक्ष्य से बहुत अधिक था और मोटे तौर पर सीमा शुल्क में कमी और शुल्क में कटौती से राजस्व हानि के अनुमान से अधिक होने के कारण था। खाद्य और उर्वरक सब्सिडी में बड़े पैमाने पर अधिक व्यय हुआ था और रक्षा खर्च में भी कुछ वृद्धि हुई। सार्वजनिक क्षेत्र घाटे का 1992–93 के 8¾ प्रतिशत से बढ़कर 1993–94 तक 10½ प्रतिशत होने का अनुमान किया गया। ये राजकोषीय घाटे बहुत बड़े थे। आई.एम.एफ. ने दोहराया कि भुगतान संतुलन की स्थिति में सुधार से राजकोषीय मोर्चे पर संतुष्टि का कोई कारण नहीं था। आई.एम.एफ. ने महसूस किया कि अगर वृहत् अर्थशास्त्र असंतुलन को बनाए रखने की अनुमति दी गई तो बाहरी स्थिति बिगड़ सकती है। आई.एम.एफ. स्टाफ ने सिफारिश की थी कि मध्यम अवधि के राजकोषीय समेकन के मार्ग पर एक ठोस संकेत देने के लिए 1994–95 में केंद्र सरकार के घाटे में पर्याप्त समायोजन की आवश्यकता होगी। उन्होंने बताया कि राजकोषीय सुधार को प्रभावी बनाने के लिए केंद्र और राज्य सरकार के बजट में व्याप्त बुनियादी संरचनात्मक कमजोरियों को दूर करना होगा। संरचनात्मक कमजोरियों में अक्षम कर प्रणाली, खर्च का उच्च स्तर और अकुशल सार्वजनिक उद्यमों को अत्यधिक वित्तीय सहायता शामिल थी। मौद्रिक नीति में राजकोषीय फिसलन को समायोजित किया गया और कम मुद्रास्फीति के बावजूद, आई.एम.एफ. टीम

द्वारा सार्वजनिक क्षेत्र को बड़े ऋण देने के कारण वित्तीय क्षेत्र में सुधार पर अनिश्चितताएँ व्यक्त की गईं। मार्च 1993 से रुपए की विनिमय दर मोटे तौर पर स्थिर थी और आर.बी.आई. ने अल्पावधि ऋण चुकाया तथा विदेशी मुद्रा भंडार का निर्माण किया। आई.एम.एफ. ने अल्पावधि ऋण के पुनर्भुगतान पर आर.बी.आई. के दृष्टिकोण से सहमति व्यक्त की।

वर्ष 1995 में, आई.एम.एफ. की स्टाफ रिपोर्ट के अनुच्छेद-IV में कहा गया कि आर्थिक सुधार अच्छी तरह से आरोपित किया गया था और पिछले एक वर्ष में भारत का प्रदर्शन उत्साहजनक था। निजी निवेश की निरंतर वसूली और तेजी से जारी निर्यात वृद्धि 1991 में शुरू किए गए सुधारों की एक गतिशील प्रतिक्रिया का प्रमाण है। बाहरी स्थिति को और मजबूत किया गया है, भारतीय अधिकारियों ने पूँजी प्रवाह में बड़े पैमाने पर वृद्धि का कई तरह के उपायों से जवाब दिया है, जो मुद्रास्फीति को हाथ से निकलने या प्रतिस्पर्धा का एक महत्त्वपूर्ण क्षरण होने से रोकता है। संरचनात्मक मोर्चे पर भी प्रगति हुई। आई.एम.एफ. कर्मचारी पूँजी प्रवाह पर भारत के सतर्क दृष्टिकोण से सहमत थे और सरकार के मुद्रास्फीति-विरोधी प्रयासों का समर्थन किया। 1995 तक भारतीय अधिकारियों के दृष्टिकोण और आई.एम.एफ. के कर्मचारियों की सिफारिशों के बीच शायद ही कोई अंतर रहा था और आई.एम.एफ. ने भारत में 1991 से चले आ रहे नीतिगत सुधारों का समर्थन और सराहना की।

1996 में, आई.एम.एफ. स्टाफ रिपोर्ट के अनुच्छेद-IV में कहा गया कि सशक्त सुधारों, मामूली मुद्रास्फीति और स्थिर बाहरी दृष्टिकोणों से मजबूत आर्थिक विकास दिखाई दे रहे थे। भारत का आर्थिक प्रदर्शन प्रभावशाली था। वैट उच्च राजकोषीय घाटे और चुनावी वर्ष में श्रम सुधारों, कृषि सुधारों और शिक्षा, स्वास्थ्य देखभाल तथा खाद्य वितरण में वितरण प्रणालियों के बेहतर लक्ष्यीकरण जैसे क्षेत्रों में सुधारों को आगे बढ़ाने की आर्थिक चुनौतियाँ थीं। कोष और भारतीय अधिकारियों के बीच नीति पर स्पष्ट सहमति थी, जो अगले 2 दशकों तक जारी रही।

## संदर्भ—


1. एच. नीस एवं टी. लेडी, 'इंडिया-स्टाफ रिपोर्ट फॉर द 1991 आर्टिकल IV कंसल्टेशन एंड यूज ऑफ फंड रिसोर्सेज-रिक्वेस्ट फॉर स्टैंड बाई अरेंजमेंट', इंटरनेशनल मॉनिटरी फंड, 8 अक्तूबर, 1991।
2. एच. नीस एवं टी. लेडी, 'इंडिया-स्टाफ रिपोर्ट फॉर द 1992 आर्टिकल IV कंसल्टेशन एंड द सेकेंड रिव्यू अंडर द स्टैंड बाई अरेंजमेंट', इंटरनेशनल मॉनिटरी फंड, नवंबर 1992।
3. बी.बी. अघेवली एवं अनुपम बसु, 'इंडिया-स्टाफ रिपोर्ट फॉर द 1993 आर्टिकल IV कंसल्टेशन', इंटरनेशनल मॉनिटरी फंड, 3 फरवरी, 1994।

4. एच. नीस एवं टी. लेडी, 'इंडिया-स्टाफ रिपोर्ट फॉर द 1995 आर्टिकल IV कंसल्टेशन', इंटरनेशनल मानिटरी फंड, 16 जून, 1995।
5. अजय चोपड़ा, चार्ल्स कोलिन्स, हेमिंग रिचर्ड एवं अन्य, 'इंडिया इकोनॉमिक रिफॉर्म एंड ग्रोथ', अकेजनल पेपर नं. 134, 1 जून, 1995।
6. आई.एम.एफ. कंट्री रिपोर्ट नंबर 95/87, 'इंडिया बैकग्राउंड पेपर्स' 14 सितंबर, 1995।
7. डॉ. सी. रंगराजन से साक्षात्कार।
8. आई.एम.एफ. स्टाफ कंट्री रिपोर्ट नंबर 85/86। 'इंडिया-रिसेंट इकोनॉमिक डेवलपमेंट्स', 14 सितंबर, 1995।
9. डी. गोल्डस्बर्ग और टी. लिडी, 'इंडिया-स्टाफ रिपोर्ट फॉर द 1996 आर्टिकल IV कंसल्टेशन', अंतरराष्ट्रीय मुद्रा कोष, 11 सितंबर, 1996।
10. मिशेल कैमडेसस, प्रबंध निदेशक, आई.एम.एफ. द्वारा प्रेस कॉन्फ्रेंस, 26/9/1996।
11. आई.एम.एफ. कंट्री रिपोर्ट नं. 96/131 'भारत-हालिया आर्थिक विकास', 23 जनवरी, 1997।
12. आई.एम.एफ. स्टाफ कंट्री रिपोर्ट नं. 96/132 'भारत-चयनित मुद्दे', 23 जनवरी, 1997।
13. प्रेस सूचना नोटिस : आई.एम.एफ. ने भारत के साथ अनुच्छेद-IV परामर्श पूरा किया, 16 जून, 1997।

□

*अध्याय-7*

# भारत : आई.एम.एफ. संबंध में विकासमूलक परिवर्तन

*इस अध्याय में प्रतिवर्ष अक्तूबर में होनेवाली वार्षिक फंड-बैंक की बैठकों में वित्तमंत्रियों द्वारा दिए गए वक्तव्यों की मुख्य बातें दी गई हैं। इस फंड-बैंक की अप्रैल स्प्रिंग में होनेवाली बैठकों में केवल सीमित सदस्य ही भाग लेते हैं, जो आई.एम.एफ. के पीठासीन अधिकारी होते हैं और इस प्रकार इसका महत्त्व उस स्तर का नहीं होता है, जो महत्त्व वार्षिक तौर पर अक्तूबर में होनेवाली बैठकों का होता है।*

गैर-कार्यक्रम वर्षों के दौरान आई.एम.एफ.सी. की स्प्रिंग और वार्षिक बैठकों में भारतीय वित्तमंत्रियों और भारतीय रिजर्व बैंक के गवर्नरों द्वारा उठाए गए मुख्य मुद्दों से आई.एम.एफ. के साथ भारत के विकासपरक संबंध में बड़ी अंतर्दृष्टि प्रदान करते हैं। भारत ने बढ़ती अनिश्चितताओं के इस जटिल विश्व में वैश्विक आर्थिक स्थिरता और वैश्विक वित्तीय प्रणाली के जोखिमों के प्रहरी के रूप में आई.एम.एफ. की महत्त्वपूर्ण भूमिका को लगातार उद्धृत किया है। भारत ने वैश्विक वित्तीय स्थिरता को बनाए रखने में अपने अधिदेश को बरकरार रखने के लिए इस कोष की शीर्ष क्षमता में बढ़ोतरी की आवश्यकता को उद्धृत किया है। इसके अतिरिक्त, भारत ने इस पर भी जोर दिया है कि आई.एम.एफ. को वर्तमान वैश्विक आर्थिक सच्चाई को परिलक्षित करने के लिए कोटा हिस्सेदारी को संरेखित करने की आवश्यकता है। भारत ने यह भी कहा है कि यह देखते हुए इस कोष को मजबूत किया जाना चाहिए कि हाल के वित्तीय संकट से कोष की निगरानी में कई कमियाँ उजागर हुई हैं।

वैश्विक आर्थिक सहयोग की रूपरेखा पर भारत के विचारों को फंड-बैंक की वार्षिक और स्प्रिंग बैठकों, जी20 बैठकों और जी24 बैठकों में प्रस्तुत किया गया है। भारत के पाँच वित्तमंत्रियों ने वर्ष 1997-2017 की अवधि में आई.एम.एफ.सी. के गवर्नरों के रूप में सेवा दी और अंतरराष्ट्रीय नीति समन्वय प्रयासों में अपेक्षित मजबूत स्थिति में अपनी बात रखी।

वर्ष 2010 में विश्व अर्थव्यवस्था की गतिशीलता की वास्तविकता को परिलक्षित करते हुए कोटा बढ़ाने के प्रस्ताव को विधिवत् रूप से अनुमोदित किया।

## आई.एम.एफ.सी

आई.एम.एफ.सी, आई.एम.एफ. के समक्ष आ रहे मुख्य नीतिगत मुद्दों पर विचार-विमर्श करती है। आई.एम.एफ.सी. के सेवामुक्त होनेवाले अध्यक्ष अगुस्टेन कारस्टेन हैं, जो सेंट्रल बैंक ऑफ मैक्सिको के गवर्नर हैं। उनसे पूर्व सिंगापुर के वित्तमंत्री थर्मन शनमुगारत्नम, मिस्र के वित्तमंत्री योसेफ बुतरस घाली और यूनाइटेड किंगडम के एक्सचेकर चांसलर गार्डेन ब्राउन इसके अध्यक्ष रहे हैं। आई.एम.एफ.सी वर्ल्ड इकोनॉमिक आउटलुक और ग्लोबल फाइनेंशियल स्टेब्लिटी रिपोर्टों तथा मुख्य नीतिगत क्षेत्रों में हुई प्रगति के बारे में प्रबंध निदेशक द्वारा प्रस्तुत कार्ययोजना पर विचार करती है। मुख्य नीतिगत क्षेत्रों में शासन व्यवस्था में सुधार, आई.एम.एफ. की प्रमुख आपातोपयोगी व्यवस्थाएँ, गरीबी उन्मूलन व विकास संबंधी सुविधा, सापेक्षता शामिल हैं। आई.एम.एफ.सी. की बैठक से पूर्व 20 देशों की अंतरसरकारी, जिसमें वित्तमंत्री और केंद्रीय बैंकों के गवर्नर शामिल होते हैं, की सुबह की बैठक होती है, जिसमें वैश्विक अर्थव्यवस्था और वित्तीय स्थिति पर चर्चा होती है। आई.एम.एफ.सी. के इतर 24 देशों के अंतरसरकारी समूह की बैठक होती है। भारत इस जी20 और जी24 समूह का सदस्य है तथा आई.एम.एफ.सी. के लिए भारतीय शिष्टमंडल इन बैठकों में भाग लेता है।

भारत के लिए वार्षिक फंड-बैंक की बैठकों का मुख्य अंश आई.एम.एफ.सी. में भारत के गवर्नर के रूप में भारतीय वित्तमंत्री का वक्तव्य, है। आई.एम.एफ. में भारत के वैकल्पिक गवर्नर के रूप में आर.बी.आई. गवर्नर वित्तमंत्री की अनुपस्थिति में भारतीय शिष्टमंडल की अगुआई करते हैं। आई.एम.एफ.सी. वक्तव्य, भारत के वित्तमंत्रियों और आर.बी.आई. के गवर्नरों को अंतरराष्ट्रीय नीति समन्वयन में भारत की भूमिका को प्रस्तुत करने का एक अद्वितीय अवसर प्रदान करता है। यह वक्तव्य, वित्तमंत्रियों के लिए महत्त्वपूर्ण मील का पत्थर है।

पूर्वी एशियाई देशों में संकट की पृष्ठभूमि में वर्ष 1997 में हांगकांग में आई.एम.एफ.सी. की वार्षिक बैठक में डॉ. सी. रंगराजन ने भारतीय शिष्टमंडल की अगुआई की थी। भारत ने श्रृंखलाबद्ध राहत पैकेज प्रदान करने के लिए आई.एम.एफ. की सराहना की, जिससे अन्य देशों में इस संकट के प्लवन प्रभाव को नियंत्रित करने में सहायता मिली। डॉ. रंगराजन ने एस.डी.आर. के एकमुश्त आवंटन के साथ अंतरराष्ट्रीय संस्थाओं को मजबूत करने तथा आई.एम.एफ. में विकासशील देशों की हिस्सेदारी में बढ़ोतरी करने का आह्वान

किया। घरेलू मोर्चे पर भारत ने आर्थिक सुधारों के ढाँचागत कार्यक्रम तथा समष्टि आर्थिक स्थिरता के लिए प्रतिबद्धता पर अपनी प्रसन्नता जाहिर की, जिससे राजस्व घाटे के 4.5 प्रतिशत तक कम होने और विदेशी मुद्रा की आरक्षित निधियों में 25.5 बिलियन अमेरिकी डॉलर की बढ़ोतरी के साथ पर्याप्त प्रतिफल की प्राप्ति हुई। भारत की विनिमय दर बाजार द्वारा निर्धारित थीं और भुगतान संतुलन के चालू खाते पर प्रतिबंधों को समाप्त कर दिया गया। भारत ने आई.एम.एफ.सी. को बताया कि उसे प्रतिवर्ष 7 प्रतिशत विकास दर को बनाए रखने की आशा है, जिससे गरीबी कम होगी और सामाजिक-आर्थिक विकास के लिए संसाधन प्राप्त होंगे।

वर्ष 1998 से लेकर 2002 तक आई.एम.एफ.सी. में भारतीय शिष्टमंडल की अगुआई करनेवाले वित्तमंत्री यशवंत सिन्हा और जसवंत सिंह थे। वर्ष 2003 और 2004 में भारतीय शिष्टमंडल की अगुआई भारतीय रिजर्व बैंक के गवर्नर डॉ. वाई.वी. रेड्डी ने की। इस अवधि में भारत ने विकासशील देशों की कोटा हिस्सेदारी को बढ़ाकर तथा निधि सुविधाओं में समाशोधन गृह और नवोन्मेष के लिए आई.एम.एफ. सुधार का आग्रह किया। इसके अतिरिक्त, भारत ने यह सुनिश्चित करने के लिए निधि सोपाधिकता को युक्तियुक्त बनाने का आह्वान किया कि यह उस योजना के अंतर्निहित उद्देश्य के संगत है। भारत ने विस्तारित निधि सुविधा की निरंतरता का आह्वान किया ताकि लंबी समयावधि में ढाँचागत सुधारों को लागू किया जा सके। भारत ने एच.आई.पी.सी. पहल तथा गरीबी में कमी लाने एवं विकास संबंधी रणनीतियों में हुई प्रगति का स्वागत किया।

वित्तमंत्री यशवंत सिन्हा ने वर्ष 2001 की आई.एम.एफ.सी. बैठकों में सुझाव दिया कि 21वीं सदी की प्रथम बैठक वैश्विक जनसंख्या के जीवन स्तर में एक अर्थपूर्ण योगदान दे सकती है, जहाँ विकास पर वैश्विक वार्त्ता हो सकती है। भारत ने असाधारण बाह्य झटकों को बर्दाश्त करने के लिए तेल आयातक विकासशील देशों को सहायता देने में कोष सुविधाओं को विस्तारित करने के लिए इस कोष का आह्वान किया।

गवर्नर डॉ. वाई.वी. रेड्डी के 2003 आई.एम.एफ.सी. में दिए गए विवरण में तीव्र वैश्विक पुनर्लाभ और सतत वैश्विक असंतुलन को दूर करने का आह्वान किया। कई उभरती हुई अर्थव्यवस्थाएँ चालू खाता अधिशेष और मूल्यांकन हेतु विनिमय दर संबंधी दबाव की बढ़ती चुनौतियों के साथ संघर्ष कर रही हैं। इन चुनौतियों को दूर करने के लिए उभरती अर्थव्यवस्थाओं ने विनिमय दर प्रबंधन के लिए आवश्यक लचीलापन देते हुए विशाल विदेशी मुद्रा भंडार को जमा कर लिया। वैश्विक पुनर्लाभ की गति की तुलना में राजकोषीय समायोजन का ध्यानपूर्वक मूल्यांकन किया जाना होता है। भारत ने समतुल्य निगरानी के लिए इस कोष की सराहना की और राष्ट्रीय सरकारों के गोपनीय सलाहकार के रूप में इस

कोष की भूमिका पर जोर दिया। भारत ने गरीबी कम करने के कोष के प्रयासों तथा पी.आर.एस.पी. व एच.आई.पी.सी. पहल के साथ कम आयवाले देशों में सतत आर्थिक वृद्धि की मजबूती का समर्थन किया।

इस अवधि में आई.एम.एफ. में भारतीय उपमहाद्वीप के दो सदस्य देशों श्रीलंका और बांग्लादेश ने निधि कार्यक्रम का लाभ उठाया और वहाँ निधि सापेक्षता को स्वीकार करने के बाद तीव्र आर्थिक वृद्धि हुई।

वित्तमंत्री पी. चिदंबरम ने 2004 में आई.एम.एफ.सी को संबोधित किया और उनके भाषण में सकारात्मक आर्थिक संभावना एवं नीतिगत पूर्वानुमानों की झलकियाँ मिलीं, क्योंकि 30 वर्षों में विश्व आर्थिक विकास के शीर्ष पर पहुँचने की उम्मीद थी। एकमात्र जोखिम भू-राजनीति और तेल बाजार की अनिश्चितता था, और भारत ने तेल संसाधनों के उत्खनन में संवर्धित निवेश की माँग की। भारत ने कम आयवाले देशों के लिए ऋण धारणीयता रूपरेखा हेतु इस कोष की पहल तथा राष्ट्रीय सरकारों के लिए एक गोपनीय सलाहकार के रूप में उनकी भूमिका पर जोर देते हुए बहुपक्षीय व द्विपक्षीय निगरानी प्रक्रियाओं को युक्तिसंगत बनाने के प्रयासों का स्वागत किया। इस अवधि में एच.आई.पी.सी. पहल ऋण धारणीयता को बढ़ावा देने के लिए एक महत्त्वपूर्ण जरिया बनकर उभरा। भारत ने कम आयवाले देशों हेतु अंतरराष्ट्रीय सहायता में बढ़ोतरी देने के लिए आई.एम.एफ. पहल का समर्थन किया। भारत ने निश्चयपूर्वक यह कहा कि निम्न आय देशों हेतु निधि सहायता मुख्य रूप से विशेषज्ञता क्षेत्रों में होनी चाहिए यथा समष्टि आर्थिक और वित्तीय स्थिरता में। भारत ने एच.आई.पी.सी. ऋण राहत के वित्तपोषण के लिए इस कोष के स्वर्ण स्टॉक के इस्तेमाल का समर्थन नहीं किया और महसूस किया कि ऋण राहत प्रमुख दानदाता देशों की अतिरिक्त वित्तपोषण वचनबद्धता से ही मिलनी चाहिए। वित्तमंत्री ने विकासशील देशों की आवाज और उनके प्रतिनिधियों को मजबूत करने की आवश्यकता पर जोर दिया, तथापि कोटा और आवाज सुनने के मुद्दों पर कम ही प्रगति हुई।

अप्रैल 2005 तक इस कोष की वित्तीय अर्थक्षमता पर गंभीर चिंता व्यक्त की गई। वित्तमंत्री ने 2005 के आई.एम.एफ.सी. के अपने वक्तव्य, में कहा कि इस कोष की वित्तीय स्थिति में नए मुद्दे उभरे हैं। ये नए मुद्दे कोष पोर्टफोलियो के अल्पावधि ऋण से दीर्घावधि ऋण में धीरे-धीरे बदलने के प्रभाव से संबंधित थे, जिसके परिणामस्वरूप अपेक्षाकृत छोटे देशों के समूह ढाँचागत सुधार और ऋण संकट संकल्प में समर्थ हो सकें; विकसित देशों द्वारा निजी वित्तपोषण तक आसान पहुँच को देखते हुए कोष के सदस्यों को ऋणकर्ता और ऋणदाता समूहों में बाँटने से संबंधित मुद्दे; और कोष के बकाया संसाधनों के उच्च डिग्री संकेंद्रण के साथ आकस्मिकता जोखिम का प्रबंधन। इसके अतिरिक्त, भारत ने दृढ़ता से

कहा कि इस कोष के संसाधनों से तीन शीर्ष ऋणकर्ताओं में वृद्धि हुई है, जिसके फलस्वरूप कुछ देशों में विकास संबंधी अपना प्रकटन बढ़ा है, जिससे संभाव्य जोखिमों में वृद्धि हुई।

सितंबर 2005 में हुई आई.एम.एफ.सी. की बैठक में अफ्रीका के सभी एच.आई.पी.सी. देशों के ऋण स्टॉक को निरस्त करने के लिए जी8 के एच.आई.पी.सी. ऋण राहत प्रस्तावों का दबदबा था। भारत ने एशिया, लैटिन अमेरिका और यूरोप सहित केवल आई.डी.ए. के सभी पी.आर.जी.एफ. सदस्यों के लिए आवाज बुलंद की। आई.एम.एफ. ने मध्यावधि रणनीति और मध्यावधिमाध्यवधि बजटीय ढाँचा तैयार किया। निधि संसाधनों को केवल मुख्य सामर्थ्यता के क्षेत्रों के लिए निर्देशित किया जाना था। मध्यावधि रणनीति का फोकस क्षेत्रीय रूप से और व्यवस्थित रूप से महत्त्वपूर्ण अर्थव्यवस्थाओं पर मजबूत निगरानी पर था। इस कोष ने मौद्रिक नीति के मूलभूत लक्ष्य के रूप में मूल्य स्थिरता के व्यापक संदर्भ में केंद्रीय बैंकों द्वारा अपनाए जानेवाले महँगाई लक्ष्य हेतु आवाज बुलंद की।

## महँगाई लक्ष्य के साथ आई.एम.एफ. का अनुभव

सन् 1980 के दौरान वैश्विक मौद्रिक नीतियाँ व्यापक रूप से मूल्य स्थिरता और अधिक रोजगार के प्रति समर्पित थीं। 1997 में स्वीडिश अर्थशास्त्री लार्स स्वेन्सन ने महँगाई पूर्वानुमान के सिद्धांत को विकसित किया, जिसका लक्ष्य लचीली महँगाई लक्ष्य के सिद्धांत को लागू करने के लिए एक प्रणालीगत तरीका प्रदान करना है। मध्य 2000 तक केंद्रीय बैंकों की मौद्रिक नीतियों का इस्तेमाल सुनिश्चित मुद्रास्फीति लक्ष्यों के लिए प्रयोग किया गया ताकि मौद्रिक नीति को व्यवस्थित किया जा सके, इसमें न्यूजीलैंड और कनाडा अग्रणी रहे। अमेरिकी फेडरल रिजर्व ने धीरे-धीरे मूल्यों को स्थिर रखने तथा रोजगार को अधिकतम करने के अपने दोहरे अधिदेश के तहत महँगाई संबंधी लक्ष्य दृष्टिकोण को अपनाया।

सबसे विकसित अर्थव्यवस्थाओं ने 2 प्रतिशत के महँगाई लक्ष्य को अपनाया है और अन्यों ने 2 से 4 प्रतिशत के बीच के लक्ष्य को अपनाया है। महँगाई लक्ष्य को अपनाने से पूर्व केंद्रीय बैंक की नीतियों के लिए मामूली सहारा या तो कम महँगाई मुद्रा की तुलना में नियत विनिमय दर था या लक्षित विकास दर। उभरती बाजार अर्थव्यवस्थाओं ने प्राय: 'व्यवस्थित प्लवन' को अंगीकार किया, जिसमें विनिमय दर को स्थिर रखने को प्राथमिकता प्रदान की गई। विकसित अर्थव्यवस्थाओं में नीतिगत लिखत के रूप में अल्पावधि दरों की आदृढ़न कुंजी का इस्तेमाल किया गया। छोटी खुली अर्थव्यवस्थाओं में उत्पादन और महँगाई को प्रभावित करने के लिए व्यवस्थित लिखत के रूप में विनिमय दर का इस्तेमाल किया गया। महँगाई

लक्ष्य पूर्वानुमान पद्धति को अपनाने के साथ-साथ केंद्रीय बैंकों के परिचालन में अपेक्षित पारदर्शिता, समष्टि अर्थव्यवस्था मॉडलिंग और पूर्वानुमान में कौशल सहित अर्थशास्त्रियों के दल की तैनाती, मुख्य समष्टि अर्थव्यवस्था मॉडल और एक अद्यतन समष्टि अर्थव्यवस्था डाटाबेस का विकास हुआ।

समष्टि अर्थव्यवस्था मॉडल एक नीतिगत ब्याज दर पर आधारित था, जो मुद्रास्फीति की दर को मध्यावधि क्षितिज लक्ष्य पर वापस लाने के लिए व्यवस्थित रूप से उत्तरदायी होता है। मुद्रास्फीति और उत्पादन वृद्धि के बीच सदा अल्पावधि समंजन हुआ। इस दृष्टिकोण ने इन लक्ष्यों के अनुसार मुद्रास्फीति को कम किया। आई.एम.एफ. ने यह तर्क दिया कि एक नियम के अनुसार मौद्रिक नीति को एक लक्षित महँगाई तक सीमित रहना चाहिए, जिसके लिए इसका एक मजबूत तुलनात्मक लाभ होता है तथा वित्तीय स्थिरता संबंधी मुद्दों से निपटने के लिए विवेकपूर्ण नीतिगत लिखतों का इस्तेमाल किया जाना चाहिए। केंद्रीय बैंकों की मौद्रिक नीति प्रचालन में उन्नत संप्रेषण प्रेस सम्मेलनों, मौद्रिक नीति और वित्तीय स्थिरता संबंधी रिपोर्टों तथा पूर्वानुमान नीतिगत तरीके के परिणामी विवरण होते हैं।

चार देशों—कनाडा, चेक रिपब्लिक, भारत और अमेरिका, जो भिन्न अर्थव्यवस्थाएँ हैं, के हाल के अध्ययन ने महँगाई पूर्वानुमान लक्ष्य व्यवस्था की वैश्विक प्रयोज्यता को प्रस्तुत किया है। कनाडा, चेक रिपब्लिक और भारत में अस्थिर महँगाई है और व्यापक संशयवाद ने महँगाई नियंत्रण के अंकीय लक्ष्यों की शुरुआती घोषणाओं का स्वागत किया। अमेरिका ने दीर्घावधि महँगाई अपेक्षाओं के निम्न स्तर पर पहुँचने के बाद स्पष्ट अंकीय उद्देश्य को स्वीकार किया।

कनाडा ने 1991 में महँगाई लक्ष्य को अपनाया, बैंक ऑफ कनाडा के अधिदेश में उत्पादन और महँगाई को स्थिर रखने के उद्देश्य शामिल हैं। बैंक ऑफ कनाडा ने एक मॉडल क्यू.पी.एम. को बनाया, जो महँगाई लक्ष्य के अनुकूल था, जिसने एक प्रभावी पूर्वानुमान और नीतिगत विश्लेषण प्रणाली का आधार प्रदान किया। दीर्घावधि मुद्रास्फीति अनुमान 1-3 प्रतिशत था। 1995 में मुद्रास्फीति की दर 2 प्रतिशत तक स्थिर थी और 2017 में कनाडाई मौद्रिक ढाँचा बेहतर तरीके के जाँचा-परखा है और किसी संदेह के बिना यह 2 प्रतिशत की मुद्रास्फीति की दर के साथ मजबूत साबित हुआ। कनाडा ने महँगाई लक्ष्य और संभावित उत्पादन से व्यतिक्रम पर भारी जुरमाने के साथ एक जोखिम बचाव नीति को अपनाया।

चेक रिपब्लिक में राष्ट्र संचालित प्रणाली से लेकर बाजार आधारित प्रणाली तक एक बदलाव का दौर आए। बैंककारी विनियमन और पर्यवेक्षण मूलभूत स्तर

पर थे और 1997 में आया बैंकिंग संकट ने नियंत्रित विनिमय दर को छोड़ने के लिए बाध्य किया। चेक नेशनल बैंक ने मामूली सहारे के लिए मुद्रास्फीति लक्ष्य के पक्ष में निर्णय लिया। देश में मुद्रास्फीति के इतिहास को देखते हुए व्यापक संशयवाद के लिए घोषणा की गई। चेक नेशनल बैंक ने आई.एम.एफ. तकनीकी सहायता के साथ पूर्वानुमान और नीति संबंधी विश्लेषण प्रणाली की स्थापना की और इसे कायम रखते हुए एक खुली संचार नीति की शुरुआत की कि मुद्रास्फीति लक्ष्य संबंधी नीति उत्पादन संबंधी निहितार्थों को ध्यान में रखते हुए किसी बाधा के बिना लक्ष्य तक महँगाई को वापस लाया जाए। इस प्रणाली ने बेहतर तरीके से कार्य किया और चेक नेशनल बैंक केंद्रीय बैंक पारदर्शिता में एक अग्रणी बैंक बन गया है।

भारत में सरकार और भारतीय रिजर्व बैंक ने वर्ष 2016 में महँगाई दर लक्ष्य को 2-6 प्रतिशत तक रखने की घोषणा की। भारत की मौद्रिक नीति संबंधी दृष्टिकोण, जो बहुसंकेतक दृष्टिकोण पर आधारित था, 1990 से 2010 के 20 वर्षों में महँगाई दर को 5 से 16 प्रतिशत के बीच और 2010 से 2015 के बीच 5 वर्षों में 8 और 13 प्रतिशत तक रखने में असफल रहा। भारतीय रिजर्व बैंक के समक्ष बैंक ऑफ कनाडा और चेक नेशनल बैंक की तुलना में मुद्रास्फीति अनुमानों की एक कठिन विरासत का सामना करना पड़ा। खाद्य मूल्यों ने उपभोक्ता मूल्य सूचकांक को शामिल करते हुए तथा मुद्रास्फीति की दर के संबंध में मौद्रिक नीति के प्रभाव को समझने के लिए नीति-निर्माताओं के लिए इसे कठिन बनाते हुए वस्तुओं के 50 प्रतिशत तक का योगदान दिया। भारतीय रिजर्व बैंक ने कई विशिष्ट विशेषताओं को शामिल करते हुए समष्टि आर्थिक मॉडल विकसित किया तथा मुद्रास्फीति पूर्वानुमान लक्ष्य के शुरुआती वर्षों में भारत का अनुभव सकारात्मक प्रतीत होता है।

यूनाइटेड स्टेट फेडरेल रिजर्व ने औपचारिक रूप से महँगाई संबंधी लक्ष्य को नहीं अपनाया है, किंतु मूल्य स्थिरता और अधिकतम रोजगार हेतु दोहरे अधिदेश संबंधी फेडरल ओपन मार्केट समिति (एफ.ओ.एम.सी.) का 2012 का स्पष्टीकरण महँगाई संबंधी अनुमान लक्ष्य संबंधी विवरण के समान है। एफ.ओ.एम.सी. ने 2 प्रतिशत महँगाई दर तथा अधिकतम रोजगार के लिए गैर-परिणात्मक प्रतिबद्धता की घोषणा की। फेडरल रिजर्व ने भी संघीय निधि दर और परिणामी सहजता संबंधी भावी मार्गदर्शी मुद्दों को उठाया है।

इसके अतिरिक्त आई.एम.एफ. ने नीतिगत दर के पूर्वानुमान सहित भावी कर्मचारियों से सभी समष्टि अर्थशास्त्र परिवर्तनशील वस्तुओं के प्रकाशन सहित केंद्रीय बैंक परिचालन में पारदर्शिता के लिए और कदम उठाने का आह्वान किया

है। निधिकर्मियों ने कार्यान्वयन के सफल अनुभव को देखते हुए आनेवाले वर्षों में आई.एम.एफ. की तकनीकी सहायता के साथ महँगाई पूर्वानुमान लक्ष्य संबंधी दृष्टिकोण को अपनाते हुए कई कम आयवाले देशों के मामले को आगे बढ़ाया है। इसके अतिरिक्त आई.एम.एफ. कहता है कि कोई भी वैकल्पिक मौद्रिक व्यवस्था उतनी सफल अथवा उतनी टिकाऊ नहीं होती है जितना कि महँगाई लक्ष्य पूर्वानुमान, जिसे मौद्रिक नीति के लिए आधुनिक माना जा सकता है।

गवर्नर डॉ. वाई.वी. रेड्डी ने अप्रैल 2006 में आई.एम.एफ.सी. में भारतीय शिष्टमंडल की अगुआई की। वर्ष 2006 तक तेल की कीमत के साथ महँगाई का दबाव उभरकर आया जो उर्ध्व दिशा की ओर था। सीमित अतिरिक्त क्षमता और सतत भू-राजनीतिक चिंताओं को देखते हुए अंतरराष्ट्रीय तेल की बढ़ती कीमत गंभीर चिंता का विषय था। यद्यपि वैश्विक वित्तीय दशाएँ पूर्ण रूप से अनुकूल रहीं, किंतु वैश्विक आर्थिक संभावनाएँ वैश्विक असंतुलन और राष्ट्रों के बीच उनके बदलते वितरण का प्रभाव पड़ा। यूरो क्षेत्र और जापान में मौद्रिक नीतिगत दशाएँ अनुकूल रहीं। कॉरपोरेट घरानों के तुलनपत्रों में मजबूत सुधार दिखा।

वित्तमंत्री ने सितंबर 2006 में आई.एम.एफ.सी. में भारतीय शिष्टमंडल की अगुआई की। वैश्विक असंतुलन, जो वैश्विक विकास और स्थिरता के लिए एक प्रमुख जोखिम साबित हो रहा था, के और गहरे होने पर आई.एम.एफ.सी. में वित्तमंत्री के वक्तव्य, में चिंता व्यक्त की गई थी। भारत ने कहा कि यह असंतुलन अमेरिका के चालू खाता घाटे में संकेंद्रित है और चीन व मध्य पूर्व के चालू खाता अधिशेष में प्रतिबिंबित होता है और जैसा कि अमेरिका की निवल विदेशी देयताओं की स्थिति में क्षरण हो तो बाजारों से प्रतिकूल प्रतिक्रिया की संभावना को न्यून करने के लिए इस घाटे को कम करना आवश्यक था। भारत ने इस पर चिंता जताई कि अमेरिका के हाउसिंग बाजार में आए अचानक बदलाव से न केवल अमेरिकी विकास दर में कमी आ सकती है, बल्कि वैश्विक विकास दर में भी कमी आ सकती है। आई.एम.एफ. की मध्यावधि रणनीति-अंश और आवाज, निगरानी, उभरते बाजारवाले देशों में आई.एम.एफ. की भूमिका संबंधी मुद्दों पर भारत ने शीघ्र सुधार पर जोर डाला।

अप्रैल 2007 तक आई.एम.एफ. का सतत वित्तपोषण आई.एम.एफ.सी. के विचारण के लिए एक महत्त्वपूर्ण मुद्दा बन गया। भारतीय शिष्टमंडल की अगुआई कर रहे वित्तमंत्री ने इस कोष के सतत वित्तपोषण के संबंध में प्रमुख लोगों की इस रिपोर्ट का स्वागत किया, और कहा कि कोटे में से निवेश और सोने की आंशिक बिक्री के लिए इसमें निहित प्रस्ताव दूरगामी थे। भारत ने तकनीकी सहायता को प्रभारित करने के प्रस्ताव का समर्थन नहीं किया,

क्योंकि इससे कई जरूरतमंद देश हतोत्साहित होंगे।

वर्ष 2008 में नए आय मॉडल और मध्यावधि बजट पर कोष में निरंतर रूप से चर्चा होती रही। क्रोकेट समिति ने एक नए आय मॉडल की सिफारिश की, जिसमें द्वितीय स्वर्ण संशोधन के बाद की बिक्री और वृत्ति सृजन शामिल था। भारत ने कहा कि एक विस्तारित निवेश प्राधिकार को लागू करने में इस कोष को मजबूत नीतियाँ और पारदर्शी प्रक्रियाएँ स्थापित करनी चाहिए तथा संभावित हित टकराव की किसी भी अनुभूति से बचना चाहिए। भारत का विचार यह था कि विशेष सूचना तक अपेक्षित पहुँच के साथ सदस्य राष्ट्रों को गोपनीय सलाहकार के रूप में इस कोष की अद्वितीय भूमिका को अक्षुण्ण रखा जाना चाहिए। भारत ने आई.एम.एफ. की मध्यावधि रणनीति के भाग के रूप में प्रबंध निदेशक द्वारा प्रस्तावित पर्याप्त व्यय कटौती का भी स्वागत किया ताकि यह सुनिश्चित हो कि इसका फोकस इसके मुख्य अधिदेश पर है तथा यह भावी वित्तीय संकट को दूर करता है।

अप्रैल 2008 में इस कोष ने कोटे की सामान्य समीक्षा को पूरा किया था। भारत ने कहा कि आई.एम.एफ. व्यवस्था में विश्वसनीयता के अंश और वोट के पुनर्गठन को निस्संदेह पुनर्बहाल कर दिया गया था। भारत ने साधारण और पारदर्शी कोटा सूत्र का समर्थन किया, जिसमें पर्याप्त रूप से विश्व के देशों के अपेक्षाकृत बदलते आर्थिक भारों को पर्याप्त रूप से कब्जे में ले लिया है।

यू.पी.ए. दो सरकार 2009 से 2014 के बीच सत्ता में थी। इस अवधि के दौरान वित्तमंत्री प्रणब मुखर्जी ने वर्ष 2009, 2010 और 2011 में क्रमश: 20वीं, 22वीं और 24वीं आई.एम.एफ.सी. वार्षिक बैठकों में भाग लिया। वित्तमंत्री पी. चिदंबरम ने वर्ष 2012 और 2013 में क्रमश: 26वीं और 28वीं आई.एम.एफ.सी. वार्षिक बैठकों में भाग लिया। लंदन में हुई जी20 बैठक के बाद इस अवधि में आई.एम.एफ. की प्रकृति में तब मूलभूत परिवर्तन आया जब इसके सदस्य देश उभरते बाजार अर्थव्यवस्थाओं के पक्ष में कोटा हिस्सेदारी में 5 प्रतिशत के बदलाव पर सहमत हुए। इसके अतिरिक्त, जी20 उधार संबंधी नए समझौतों पर भी सहमत हुए, क्योंकि कोष को 2008 के वैश्विक आर्थिक संकट से जूझने के लिए संसाधनों की आवश्यकता थी। इस अवधि में बहुपक्षीय और द्विपक्षीय निगरानी हेतु कोष के दृष्टिकोण में महत्त्वपूर्ण बदलाव आया।

अप्रैल 2009 में आई.एम.एफ.सी. की बैठक असाधारण जटिल और चुनौतीपूर्ण समय में हुई। अमेरिका में उप मुख्य संकट के साथ शुरू हुए 2008 के उत्तरार्ध के बाद एक वैश्विक बैंकिंग संकट, वैश्विक वित्तीय संकट और वैश्विक आर्थिक संकट आया था। अमेरिकी आस्तियों में 2.8 ट्रिलियन अमेरिकी डॉलर तथा यूरोप और जापान में 1.4 ट्रिलियन अमेरिकी डॉलर का अनुमानित घाटा हुआ था। 2008 की अंतिम तिमाही में वैश्विक आर्थिक

गतिविधि में 6 प्रतिशत का संकुचन और 2009 की प्रथम तिमाही में अन्य 6 प्रतिशत का संकुचन आया था। वैश्विक अर्थव्यवस्था और वित्तीय स्थिति में तीव्र क्षय ने नवंबर 2008 में वाशिंगटन डी.सी. में जी20 देशों के नेताओं के सम्मेलन के साथ एक अभूतपूर्व प्रतिक्रिया का आह्वान किया, जिसमें संस्थाओं को शामिल करते हुए एक व्यापक बहुपक्षीय प्रतिक्रिया हुई और इसमें कोष की अग्रणी भूमिका थी।

आई.एम.एफ.सी. में भारतीय शिष्टमंडल का नेतृत्व करते हुए गवर्नर डॉ. धुबुरी सुब्बाराव ने एक बुनियादी वक्तव्य दिया, जो आई.एम.एफ.सी. में भारतीय शिष्टमंडल प्रमुख द्वारा दिए गए वक्तव्य में से एक था—उनका वक्तव्य कोष की निगरानी, कोष की अग्रणी भूमिका, आई.एम.एफ. संसाधनों और शासन प्रणाली को बढ़ाने पर केंद्रित था। निगरानी के संबंध में भारत ने द्विपक्षीय और बहुपक्षीय निगरानी के बीच अंतर को कम करते हुए व्यवस्थित रूप से महत्त्वपूर्ण देशों पर अधिक ध्यान केंद्रित करने की आवश्यकता को दुहराया। भारत ने वित्तीय क्षेत्र मूल्यांकन कार्यक्रमों को अधिक फोकस और दूरदर्शी तथा द्विपक्षीय निगरानी में समेकित करने के साथ आई.एम.एफ. निगरानी में समष्टि वित्तीय क्षेत्र मुद्दों पर अधिक ध्यान केंद्रित करने की आवश्यकता पर बल दिया। भारत ने प्रणालीगत जोखिमों की पहचान करने और उन्हें कम करने के लिए शीघ्र चेतावनी प्रणाली हेतु एक ढाँचा विकसित करने की आवश्यकता पर बल दिया। आई.एम.एफ. की अग्रणी भूमिका के संबंध में भारत ने दो नए लिखतों का स्वागत किया, जिन्हें समयबद्ध और प्रगतिशील कदम के रूप में सृजित किया गया था—लचीली ऋण शृंखला (एफ.सी.एल.) और उच्च पहुँच निवारक अतिरिक्त व्यवस्था (एच.ए.पी.ए.)। भारत ने कम आयवाले देशों के लिए बहिर्जात संक्षोभ सुविधा (ई.एस.एफ.) के तहत पहुँच को दुगना करने का भी समर्थन किया।

जहाँ तक कोष के संसाधनों को बढ़ाने का संबंध है, भारत ने कोटा संसाधनों को दोगुना करने के लक्ष्य के साथ जनवरी 2011 से जनवरी 2013 तक 14वीं सामान्य कोटा समीक्षा को आगे बढ़ाते हुए और अमेरिका द्वारा अप्रैल 2008 के कोटा और अधिकार संबंधी सुधार पर शीघ्र काररवाई करने का आह्वान किया। कोटा आवंटन की व्यवस्था क्रम भंग की अवधि में भारत ने व्यापक रूप से कोटा हिस्सेदारी के आधार पर उधार के माध्यम से वैकल्पिक संसाधनों को सुनिश्चित करने के लिए कोष के प्रयासों का समर्थन किया। भारत ने 250 बिलियन अमेरिकी डॉलर मूल्य के एस.डी.आर. के फ्रंट लोडिंग का आह्वान किया, जो राशि कोष के वर्तमान कोटा आकार की तीन-चौथाई होगी, जिसमें विकासशील देशों को 100 बिलियन अमेरिकी डॉलर और कम आयवाले देशों को 19 बिलियन अमेरिकी डॉलर की तरलता दी गई। भारत ने कोष के वरिष्ठ प्रबंधन में राष्ट्रीयता के निरपेक्ष चयन आधार पर गुण

को लागू कर आंतरिक अभिशासन सुधारों द्वारा कोष की वैधता, विश्वसनीयता और प्रभाव में सुधारों का भी आह्वान किया।

वित्तमंत्री प्रणब मुखर्जी ने अक्तूबर 2009 में इस्तांबुल में आयोजित आई.एम.एफ.सी. की बैठकों में भारतीय शिष्टमंडल की अगुआई की। वित्तमंत्री ने कहा कि 2008 के वैश्विक आर्थिक संकट से आर्थिक अंतर्निर्भरता का खुलासा होता है और यह बताया कि समेकन से संक्रमण शुरू हो सकता है तथा अंततोगत्वा अंतरराष्ट्रीय सहयोग को मजबूती मिल सकती है। इस संकट का मुख्य सबक यह है कि राजनीतिक एकमत द्वारा सहयोग से देश के अपने हितों को प्रभावी तरीके से एक मजबूत और लचीली वैश्विक प्रतिक्रिया से परिवर्तित किया जा सकता है। भारत ने एक मजबूत और धारणीय विकास को पुनः आरंभ करने के लिए आवश्यक वैश्विक वित्तीय स्थिरता को अक्षुण्ण बनाए रखने हेतु सदस्य राष्ट्रों की सामूहिक समस्याओं की अगुआई करने में केंद्रीय भूमिका अदा करने के लिए कोष का आह्वान किया।

गवर्नर डॉ. दुव्वुरी सुब्बाराव ने अप्रैल 2010 में आई.एम.एफ.सी. की स्प्रिंग बैठक में भारतीय शिष्टमंडल का नेतृत्व किया। आई.एम.एफ.सी. में दिए गए भारतीय वक्तव्य में कहा गया कि 2008 का वैश्विक आर्थिक संकट पूँजी नियंत्रण के संबंध में वैश्विक दृष्टिकोण में एक क्रांतिकारी परिवर्तन रहा है। इस संकट में पूँजी खाते के खुलेपन और इस संकट के प्रतिकूल प्रभाव के बीच एक कठोर सहसंबंध दिखा। फरवरी 2010 में आई.एम.एफ. के नीति संबंधी नोट में कतिपय परिस्थितियों का संदर्भ दिया गया, जिसमें पूँजी नियंत्रणों को पूँजी प्रवाह में बढ़ोतरी के लिए नीतिगत प्रतिक्रिया का वैधानिक संघटक हो सकता है। निगरानी के संबंध में भारत का विचार था कि बहुपक्षीय निगरानी को प्लवन रिपोर्टों, बहुपक्षीय परामर्शों और क्षेत्रीय/देश समूहों के साथ वर्धित सहसंबंध जैसे नवोन्मेषी लिखतों द्वारा मजबूत किया जाना चाहिए। भारत ने पक्षपात और मजबूत द्विपक्षीय निगरानी तथा द्विपक्षीय और बहुपक्षीय निगरानी प्रक्रियाओं के बीच पर्याप्त अभिक्रिया पर भी बल दिया। भारत ने कोटा बढ़ोतरी के लिए अस्थायी अंतर को कम करने हेतु संसाधनों की तत्काल आवश्यकता को देखते हुए 600 बिलियन अमेरिकी डॉलर उधार लेने के लिए इस नई व्यवस्था के विस्तार का स्वागत किया।

वित्तमंत्री पी. चिदंबरम ने 2012 और 2013 में आई.एम.एफ.सी. की बैठकों में भारतीय शिष्टमंडल की अगुआई की। यह विकसित और उभरती बाजार अर्थव्यवस्थाओं दोनों में नीति-निर्धारितों के लिए बहुत बड़ी चुनौतियों की अवधि थी। यूरो क्षेत्र और अमेरिका में आर्थिक गतिविधि में तीव्र कमी को देखते हुए एक अनिश्चित वैश्विक समष्टि आर्थिक माहौल था। भारत में आर्थिक गतिविधि निस्तेज बनी रही और इस पर वैश्विक आर्थिक माहौल एवं कई घरेलू बाधाओं का असर पड़ा। सरकार ने जी.डी.पी. के 5 प्रतिशत से

अधिक के राजकोषीय घाटे तथा तेल और स्वर्ण के आयात के कारण दोहरे घाटों से निपटने की कोशिश की।

वित्तमंत्री अरुण जेटली ने अप्रैल 2015 से अप्रैल 2017 तक आई.एम.एफ. में भारत के गवर्नर के रूप में आई.एम.एफ.सी. की 31वीं से 35वीं बैठकों में भारतीय शिष्टमंडल की अगुआई की। अक्तूबर 2014 की 30वीं बैठक के लिए भारतीय शिष्टमंडल में भारतीय रिजर्व बैंक के गवर्नर रघुराम राजन ने भाग लिया। ये वे वर्ष थे जब भारत विश्व की तेजी से बढ़ती अर्थव्यवस्थाओं में से एक बनकर उभरा।

अक्तूबर 2014 में वैश्विक आर्थिक विकास पुनः पटरी पर लौट तो रहा था, किंतु सशंकित होकर। अमेरिकी अर्थव्यवस्था ने आशा से बेहतर कार्य-निष्पादन किया था, किंतु यूरो क्षेत्र में पुनर्लाभ बहुत ही दुर्बल रहा। कई विकसित अर्थव्यवस्थाओं में निवेश कमजोर रहा। यूरो क्षेत्र में महँगाई की दर कम रही। यद्यपि वैश्विक पुनर्लाभ कमजोर था, किंतु कई विकसित अर्थव्यवस्थाओं में वित्तीय स्थिरता जोखिमों ने चिंता उत्पन्न की। इस पुनर्लाभ प्रक्रिया के पटरी से उतरने की संभावना के साथ गंभीर जोखिम था। सकारात्मक बात यह थी कि विकसित अर्थव्यवस्थाओं में राजकोषीय स्थिति सुधर रही थी और जी.डी.पी. अनुपात की तुलना में सार्वजनिक ऋण स्थिर हो गया था। साथ ही उभरती बाजार अर्थव्यवस्था के विकास में भी कमी आई थी और यह चिंताजनक बात थी कि विकसित और विकासशील अर्थव्यवस्थाओं में संभावित विकास में बहुत कमी आई थी। तब तक एक मजबूत, धारणीय वैश्विक विकास समाप्त हो गया था और दो प्रमुख चुनौतियाँ उभरकर आई थीं—कम ब्याज दरों के लंबे समय से इस्तेमाल के कारण वित्तीय स्थिरता और दूसरा विकसित अर्थव्यवस्थाओं में केंद्रीय बैंकों द्वारा चलाई जा रही गैर-परंपरागत मौद्रिक नीतियों से सुचारु रूप से बाहर निकलने के बारे में अनिश्चितता।

भारत ने गैर-परंपरागत मौद्रिक नीति से निकास की प्रक्रियाओं की नीतिगत चुनौतियों की पहचान की, जिनका अनुमान लगाया जाना और बेहतर तरीके से सूचित किया जाना होता है। विकसित अर्थव्यवस्थाओं में केंद्रीय बैंकों को अन्य अर्थव्यवस्थाओं के संबंध में उनकी नीतियों के प्लवन को ध्यान में रखना होता है। ई.एम.ई. को भी वित्तीय स्थिरता जोखिमों और प्रतिकूल प्रभावों को दूर करने के लिए उपाय किए जाने की भी आवश्यकता होती है, ताकि ऋण प्रवाह को सुनिश्चित करने के लिए घरेलू तरलता को व्यवस्थित करते हुए समायोजन योग्य मौद्रिक नीति को वापस लेने में बाधा न हो। यदि गैर-परंपरागत मौद्रिक नीतियों से बाहर निकलना कठिनाई भरा हो तो ई.एम.ई. को संचित राशियों के सृजित करने, मूलभूत चीजों को मजबूत करने, घरेलू असंवेदनशीलताओं को दूर करने तथा आकस्मिकता योजनाओं को तैयार करने की आवश्यकता भी होगी। भारत ने कहा कि कुछ सुधार के बावजूद यूरो

क्षेत्र में अस्थिरता बनी रही जिससे कॉरपोरेट और बैंक तुलनपत्र प्रभावित हुआ और इसके परिणामस्वरूप ऋण संकुचन और वित्तीय विखंडन आया।

वैश्विक सहयोग की संरचना में आई.एम.एफ. की भूमिका के संबंध में भारत ने बड़ी निराशा व्यक्त की कि 2010 का कोटा और इसके व्यवस्थागत सुधार से वैश्विक समुदाय से मजबूत समर्थन मिलने के बाद भी प्रभावी नहीं हो पाया है। फिर भी यह स्पष्ट नहीं था कि कोटा सुधार किस प्रकार प्रभावी होगा। भारत ने कोटा सुधार प्रक्रिया को पूरा करने हेतु सदस्यों के पूर्ण सहयोग के लिए उनका आह्वान किया।

वित्तमंत्री अरुण जेटली ने कहा कि वैश्विक अर्थव्यवस्था का कार्य-निष्पादन एक चिंता का विषय है। वैश्विक विकास दर में कमी और केवल विकसित अर्थव्यवस्थाओं की विकास दर में थोड़ी बढ़ोतरी हो रही थी तथा ई.एम.ई. व एल.डी.सी. की विकास दरों में कमी आ रही थी। असमान पुनर्लाभ और अधिक असमान बन गया था। वैश्विक वित्तीय स्थिरता जोखिमों में भारी बढ़ोतरी हो गई थी। चीनी अर्थव्यवस्था में बदलाव, ब्राजील और रूस की अर्थव्यवस्था में तेज गिरावट तथा उपसहारा अफ्रीका में कमजोर विकास दर से ई.एम.ई. के विकास में और तेज गिरावट आई। यद्यपि अप्रैल 2015 में आई.एम.एफ.सी. की विज्ञप्ति में वास्तविक और संभावित विकास को ऊपर उठाने के लिए एक मजबूत, संतुलित और नौकरी समृद्ध वैश्विक अर्थव्यवस्था के लक्ष्य में सहायता देने हेतु और उपाय करने के प्रति प्रतिबद्धता जताई, किंतु वैश्विक आर्थिक घटनाक्रमों ने ऐसी आशाओं को मिथ्या साबित कर दिया है। आई.एम.एफ. का ई.एम.ई. और एल.आई.सी. के लिए आवधिक मूल्यांकन में अप्रैल-अक्तूबर 2015 की अवधि में तेज गिरावट आई।

भारत ने इस ओर ध्यान दिलाया कि हाल के वैश्विक आर्थिक घटनाक्रमों की आई.एम.एफ. परिचालनों में अंतर्ग्रस्तता है और कोष से आह्वान किया कि वह संकट की समय से चेतावनी देने के लिए निकट से निगरानी रखे और अधिक अग्रणी सहायता के लिए तैयार रहे। कोष के संसाधनों के इस्तेमाल के लिए उभरती नई माँगों की बड़ी संभावनाएँ थीं। भारत ने एक-दूसरे की आर्थिक नीतियों के साथ निकट अंतरराष्ट्रीय सहयोग और समन्वय की माँग की। गैर-परंपरागत मौद्रिक नीतियों से क्रमबद्ध रूप से निकलना और अधिक जटिल बन गया था। बाहर निकलने के संबंध में कोई स्पष्ट सूचना नहीं थी। आगे भारत ने कहा कि राजकोषीय और मौद्रिक नीतियों को मजबूत करने के अतिरिक्त विकास की गति बढ़ाने हेतु कठिन ढाँचागत सुधारों की आवश्यकता है।

वर्ष 2015-16 की प्रथम तिमाही में 7 प्रतिशत की विकास दर के साथ भारत की अर्थव्यवस्था लगातार मजबूत हुई, लगभग 5 प्रतिशत की मुद्रास्फीति के कारण भारतीय रिजर्व बैंक ब्याज दर को 50 आधार बिंदु तक कम करने में सक्षम हुआ और विदेशी मुद्रा

भंडार बढ़कर 355 बिलियन अमेरिकी डॉलर तक पहुँच गया। आशा है कि वर्ष 2015-16 तक सकल राजकोषीय घाटे में और 1.1 प्रतिशत तक कमी हो जाएगी।

वैश्विक आर्थिक पुनर्लाभ धीमा ही रहा और विद्यमान यूरोपीय संघ के पक्ष में यू.के. के मत से उत्पन्न अनिश्चितताओं सहित बढ़ती समष्टि आर्थिक अनिश्चितताओं के कारण ऐसा रहा। कमजोर आत्मविश्वास संकेतक और वित्तीय क्षेत्र की दशा विकसित अर्थव्यवस्थाओं की संभावनाओं को बाधित करते हैं जबकि सबसे उभरते बाजारों की संभावनाएँ विविध कारकों यथा उपयोगी वस्तु मूल्य की अनिश्चितता और ढाँचागत सुधार चुनौतियों के कारण धूमिल होती हैं। यूरोप में राजनीतिक और आर्थिक विकास के विस्तार का विश्व भर में संभावित समष्टि आर्थिक प्रभाव है। अत्यधिक समायोजन योग्य मौद्रिक नीतियों की निरंतरता के परिणामस्वरूप बड़े और अस्थिर पूँजीगत परिचालन के रूप में प्लवन हो सकता है, इस प्रकार वित्तीय स्थिरता खतरे में पड़ गई। एक बढ़ती हुई आम सहमति यह है कि मौद्रिक नीतियाँ अपने प्रभाव की उच्चतम सीमा में हैं और इन्हें राजकोषीय नीतियों और ढाँचागत सुधारों के सहयोग की आवश्यकता है ताकि वास्तविक और संभावित विकास को आगे बढ़ाया जा सके।

वैश्विक स्तर पर भारत सबसे तेज गति से बढ़ती हुई अर्थव्यवस्था बनकर उभरा है। वर्ष 2015-16 में जी.डी.पी. विकास दर 7.6 प्रतिशत थी। वर्ष 2016-17 में विकास दर लगातार मजबूत रही है। मुद्रास्फीति की दर घटकर 5.05 प्रतिशत हो गई है, जिससे भारतीय रिजर्व बैंक ने नीतिगत दर को 25 आधार बिंदु तक कम कर दिया और विदेशी मुद्रा भंडार बढ़कर 372 बिलियन अमेरिकी डॉलर हो गया है। सरकार ने मौद्रिक नीति के लिए एक संस्थागत रूपरेखा निरूपित की थी और अशोध्य ऋणों की वसूली के लिए दिवालिया संहिता को अधिसूचित किया था। सरकार वित्तीय घाटे को कम रखने और जी.एस.टी. को शीघ्र लागू करने सहित ढाँचागत सुधार के लिए प्रतिबद्ध रही।

## संदर्भ—

1. आई.एम.एफ. में 24 सितंबर, 1997 को संयुक्त वार्षिक चर्चा में भारत हेतु आई.एम.एफ. में वैकल्पिक गवर्नर माननीय चक्रवर्ती रंगराजन का वक्तव्य।
2. संयुक्त वार्षिक चर्चा में 7 अक्तूबर, 1998 को आई.एम.एफ. और विश्व बैंक के गवर्नर माननीय यशवंत सिन्हा का वक्तव्य।
3. संयुक्त वार्षिक चर्चा में 29 सितंबर, 1999 को विश्व बैंक तथा फंड-फंड फॉर इंडिया के गवर्नर माननीय यशवंत सिन्हा का वक्तव्य।
4. अंतरराष्ट्रीय मौद्रिक और वित्तीय समिति की बैठक में 16 अप्रैल, 2000 को वित्तमंत्री माननीय श्री यशवंत सिन्हा का वक्तव्य।

5. अंतरराष्ट्रीय मौद्रिक और वित्त समिति की 24 सितंबर, 2000 को दूसरी बैठक में जी24 के सभापति श्री कार्लोस सैटो का वक्तव्य।
6. संयुक्त वार्षिक चर्चा में 27 सितंबर, 2000 को आई.एम.एफ. और विश्व बैंक में भारत के गवर्नर माननीय यशवंत सिन्हा का वक्तव्य।
7. भारत के वित्तमंत्री माननीय जसवंत सिंह द्वारा 29 सितंबर, 2002 को आई.एम.एफ.सी. वक्तव्य।
8. भारत के वित्तमंत्री माननीय पी. चिदंबरम द्वारा 2 अक्तूबर, 2004 को आई.एम.एफ.सी. वक्तव्य।
9. भारत के वित्तमंत्री माननीय पी. चिदंबरम द्वारा 16 अप्रैल, 2005 को आई.एम.एफ.सी. वक्तव्य।
10. भारत के वित्तमंत्री माननीय पी. चिदंबरम द्वारा 24 सितंबर, 2005 को आई.एम.एफ.सी. वक्तव्य।
11. भारतीय रिजर्व बैंक के गवर्नर डॉ. यागा वी. रेड्डी द्वारा 22 अप्रैल, 2006 को आई.एम.एफ.सी. वक्तव्य।
12. भारत के वित्तमंत्री माननीय पी. चिदंबरम द्वारा 17 सितंबर, 2006 को आई.एम.एफ.सी. वक्तव्य।
13. भारत के वित्तमंत्री माननीय पी. चिदंबरम द्वारा 22 अक्तूबर, 2007 को आई.एम.एफ.सी. वक्तव्य।
14. भारत के वित्तमंत्री माननीय पी. चिदंबरम द्वारा 12 अप्रैल, 2008 को आई.एम.एफ.सी. वक्तव्य।
15. भारत के वैकल्पिक गवर्नर श्री धुबुरी सुब्बाराव द्वारा 25 अप्रैल, 2009 को आई.एम.एफ.सी. वक्तव्य।
16. भारत के वित्तमंत्री माननीय प्रणब मुखर्जी द्वारा 4 अक्तूबर, 2009 को आई.एम.एफ.सी. वक्तव्य।
17. भारत के वित्तमंत्री श्री प्रणब मुखर्जी द्वारा 21 अप्रैल, 2012 को आई.एम.एफ.सी. वक्तव्य।
18. भारत के वित्तमंत्री माननीय पी. चिदंबरम द्वारा 12 अक्तूबर, 2012 को आई.एम.एफ.सी. वक्तव्य।
19. भारत के वित्तमंत्री माननीय पी. चिदंबरम द्वारा 13 अक्तूबर, 2012 को आई.एम.एफ.सी. वक्तव्य।
20. भारत के वित्तमंत्री माननीय पी. चिदंबरम द्वारा 12 अक्तूबर, 2013 को आई.एम.एफ.सी. वक्तव्य।
21. भारत के वैकल्पिक गवर्नर डॉ. रघुराम राजन द्वारा 11 अक्तूबर, 2014 को आई.एम.एफ.सी. वक्तव्य।
22. भारत के वित्तमंत्री माननीय अरुण जेटली द्वारा 9–10 अक्तूबर, 2015 को आई.एम.एफ.सी. वक्तव्य।
23. भारत के वित्तमंत्री माननीय अरुण जेटली द्वारा 8 अक्तूबर, 2016 को आई.एम.एफ.सी. वक्तव्य।

□

*अध्याय-8*

# आई.एम.एफ. का अनुच्छेद-IV परामर्श 1997-2016

आई.एम.एफ. के निगरानी संबंधी अधिदेश के भाग के रूप में वार्षिक अनुच्छेद-IV परामर्श के हिस्से के रूप में भारतीय अधिकारियों के लिए आई.एम.एफ. द्वारा की गई मुख्य सिफारिशों को समझना महत्त्वपूर्ण है। उसी रूप में भारत : आई.एम.एफ. संबंधों को आर्थिक वृद्धि और विकास को आगे बढ़ाने के लिए सहयोगपूर्ण दृष्टिकोण में सह-विकास क्रम द्वारा दरशाया गया।

नियमित 12 महीने के परामर्श चक्र संबंधी एक गैर-साझेदार देश के रूप में भारतीय अधिकारी इस कोष के अर्थशास्त्रियों की कई सिफारिशों को लागू करने के लिए बाध्य नहीं थे। अनुच्छेद-IV परामर्शों के भाग के रूप में इन सिफारिशों का अध्ययन मोटे तौर पर सराहनापूर्ण प्रकृति का है तो उभरती बाजार अर्थव्यवस्थाओं के लिए आई.एम.एफ. की सिफारिशों के अनुरूप है, इसमें उन्होंने राजकोषीय समेकन, कारोबार सुधार, बैंकिंग क्षेत्र विनियमों और पूँजी खाता उदारीकरण को आगे बढ़ाने का अनुरोध किया। भारतीय अनुभव ने आई.एम.ए. नीति को कई उभरती बाजार अर्थव्यवस्थाओं में भी समर्थ बनाया।

संयुक्त मोर्चे की सरकार ने जून 1996 में सत्ता सँभाली। आई.एम.एफ. ने नई सरकार की नीतिगत पहलों और ढाँचागत सुधारों को दी गई गति को समर्थन दिया। 1997-98 के केंद्रीय बजट में पर्याप्त कर कटौती, निवेश विनियमों के उदारीकरण, कठोर बैंकिंग विनियमों के साथ व्यापार विनियमों का प्रावधान किया गया। औद्योगिक और अवसंरचनात्मक नीतियों में सुधारवादी उपाय भी किए गए। आई.एम.एफ. ने कहा कि भारत का समग्र आर्थिक कार्य-निष्पाद औद्योगिक उत्पादन और निर्यात में कमी के बावजूद मोटे तौर पर अनुकूल रहा। 1990 के पूर्वार्ध में सुधार की गति ने लगातार मजबूत परिणाम देना जारी रखा। आई.एम.एफ. ने व्यापक सार्वजनिक क्षेत्र घाटे को देखते हुए सतत राजकोषीय समेकन मार्ग को अपनाने की सिफारिश की। सरकारी क्षेत्र घाटा लगभग 9 प्रतिशत था और सरकार ने इस सदी के अंत तक राजकोषीय घाटे के लक्ष्य को जी.डी.पी. के 3 प्रतिशत तक

बनाए रखने की नीति अपनाई। इस पृष्ठभूमि में आई.एम.एफ. व्यय संघटक में सुधार और संवर्धित सार्वजनिक उपक्रम कार्य-निष्पादन की सलाह दी। आई.एम.एफ. ने पूँजीगत खाता उदारीकरण से भारत के लिए लाभ पर विचार किया। प्रत्यक्ष विदेशी और पोर्टफोलियो निवेश के लिए पारदर्शी दिशानिर्देशों की स्थापना हेतु पूँजीगत खाते की परिवर्तनीयता संबंधी तारापोर समिति द्वारा इस रूपरेखा को तैयार किया गया, जिसका स्वागत किया गया।

1998 में जब पूर्वी एशिया में एशियाई वित्तीय संकट आया तो भारत की विकास दर 5 प्रतिशत थी, मुद्रास्फीति के बढ़ने का दबाव और निर्यात वृद्धि में कमी हो रही थी। 1998 में विदेशी आरक्षित निधि मात्र 26.5 बिलियन अमेरिकी डॉलर थी। केंद्रीय और राजकीय राजस्व घाटे में बढ़ोतरी हो रही थी और कर संग्रहण में बहुत भारी कमी थी। सार्वजनिक क्षेत्र के राजकोषीय घाटे में 9.5 प्रतिशत की बढ़ोतरी हुई। भुगतान संतुलन की स्थिति ठीक ही थी।

आई.एम.एफ. ने कहा कि एशियाई आर्थिक संकट के संक्रमण के कारण भारतीय अर्थव्यवस्था में भी कमी आई। आई.एम.एफ. ने महसूस किया कि भारत एक मध्यावधि वित्तीय समायोजन कार्यक्रम को अपनाने पर विचार कर सकता है, और कर छूटों को समाप्त कर कर-प्रवर्तन के लिए व्यापक गुंजाइश थी। आई.एम.एफ. ने सब्सिडी में कमी करने और सरकारी क्षेत्र के राजकोषीय घाटे में कमी करने की आवश्यकता को भी उद्धृत किया। नरसिम्हा समिति रिपोर्ट में अंतरराष्ट्रीय स्तर पर स्वीकार्य मानकों को अपनाने, भारतीय रिजर्व बैंक की पूर्ण स्वतंत्रता, पूँजी खाते को चरणबद्ध तरीके से खोलने और विदेशी प्रत्यक्ष निवेश एवं पोर्टफोलियो इक्विटी प्रवाह को और उदार बनाने सहित वित्तीय क्षेत्र में सुधार की सिफारिश की। इन सभी उपायों को आई.एम.एफ. द्वारा अपने अनुच्छेद-IV परामर्श में पूर्ण समर्थन दिया गया।

एन.डी.ए. की सरकार ने 1998 में सत्ता सँभाली और 1999 में पुनः चुनाव के बाद इसकी सरकार छह वर्षों तक रही। भारतीय अर्थव्यवस्था ने एशियाई संकट को अच्छी तरह से झेला था। 1999-2000 में जी.डी.पी. विकास दर धीमी होकर 6 प्रतिशत, 2001-2002 में 5.5 प्रतिशत और 2002-2003 में 4.5 प्रतिशत हो गई। वर्ष 2002-03 में भारत में भारी सूखा पड़ा। कृषि क्षेत्र के बेहतर कार्य-निष्पादन के कारण शुरुआती वर्ष में मुद्रास्फीति की दर कम थी, किंतु 2003 में वैश्विक स्तर पर तेल की अधिक कीमत और सूखे के कारण यह दर बढ़कर 6.75 प्रतिशत हो गई। 2003-04 में भारत की जी.डी.पी. विकास दर पुनः सँभलकर 8.5 प्रतिशत पहुँच गई, यह विकास दर किसी एक दशक में सबसे अधिक थी। विदेशी मुद्रा भंडार जुलाई 2003 में बढ़कर 83 बिलियन अमेरिकी डॉलर हो गया और जनवरी 2004 के मध्य में और बढ़कर 129 बिलियन अमेरिकी डॉलर हो गया। राजकोषीय घाटे की स्थिति यथा समेकित सरकारी क्षेत्र घाटा—जिसमें केंद्र और राज्य सरकारों का ऋण

शामिल है, केंद्रीय सरकारी उपक्रम और तेल पूल घाटा चिंता का विषय बना रहा, यह घाटा जी.डी.पी. का 10 प्रतिशत था। बजट संख्या में यह गिरावट महत्त्वपूर्ण थी, केंद्र सरकार का घाटा जी.डी.पी. के 6 प्रतिशत के आँकड़े को छू रहा था और कारगिल युद्ध की स्थिति के परिणामस्वरूप रक्षा परिव्यय में महत्त्वपूर्ण बढ़ोतरी हुई। सरकार ने प्रशुल्क बैंडों की संख्या को कम करते हुए वैट को लागू करने के लिए महत्त्वपूर्ण कदम उठाया, तथापि मजबूत रुपए का अमेरिकी डॉलर के मुकाबले अवमूल्यन हुआ, जिससे आर.बी.आई. प्रत्यक्ष रूप से विदेशी विनिमय बाजारों में हस्तक्षेप करने के लिए बाध्य हो गया। वर्ष 2004 के पूर्वार्ध में सरकारी वित्तपोषण में कमी में बदलाव आया और 1990 के मध्य के बाद पहली बार केंद्र सरकार का बजट जी.डी.पी. के 5.1 प्रतिशत के लक्ष्य के नीचे आया, जो मजबूत राजस्व और आर्थिक बढ़ोतरी को परिलक्षित कर रहा था।

भारत ने एक प्रारूप राजकोषीय उत्तरदायित्व विधेयक, एक प्रतिभूतिकरण विधेयक तथा वित्तीय क्षेत्र, पेट्रोलियम क्षेत्र और विद्युत क्षेत्र में दूसरी पीढ़ी के संरचनात्मक सुधारों संबंधी खाके को रेखांकित किया। व्यय सुधार आयोग ने राजकोषीय सब्सिडी में कटौती करने, कार्य-निष्पादन में सुधार करने और गरीबी उन्मूलन कार्यक्रमों को लागू करने, सरकारी अमले के आकार को कम करने तथा सार्वजनिक खर्च की क्षमता को बढ़ाने की सिफारिश की। राज्य स्तर पर मूल्यवर्धित कर और राजकोषीय कानूनों के माध्यम से राजकोषीय सुधारों को बढ़ावा दिया गया। सरकार ने राज्य सरकारों के उच्च लागतवाले कर्ज की शर्तों पर पुनः समझौता करने के लिए बैंकों से वापस कर्ज खरीद योजना को लागू किया। रुपए मोटे तौर पर समष्टि वित्त के मूलभूत सिद्धांतों के अनुरूप था। स्टॉक बाजार घोटाले के बाद वित्तीय क्षेत्र और पर्यवेक्षी व विनियामक प्रणालियों में सुधार की आवश्यकता थी।

आई.एम.एफ. ने यह रेखांकित किया था कि भारत का बड़ा राजकोषीय घाटा और सार्वजनिक कर्ज उस स्पष्ट सहूलियत, जिसे भारत इन घाटों का वित्तपोषण करता है, के बावजूद भी पूर्व निश्चित विकास के संदर्भ में आर्थिक लागत को बलपूर्वक कम कर रहा है। कोष ने राजकोषीय उत्तरदायित्व और बजट प्रबंधन अधिनियम का एक ऐसे नियम के रूप में स्वागत किया, जिससे केंद्र सरकार की बजट प्रक्रिया में महत्त्वपूर्ण अनुशासन और पारदर्शिता आएगी और लाभकारी राजकोषीय धारणीयता में भी समर्थ बनाएगा। यह महसूस किया गया कि राजकोषीय समायोजन में कर दायरे को बढ़ाते हुए और कर छूट के दायरे को कम करते हुए राजस्व संग्रहण पर ध्यान केंद्रित करने की आवश्यकता है। इस कोष ने सहज मौद्रिक शर्तों को नियंत्रणाधीन मुद्रास्फीति दबाव को यथा उपयुक्त रूप में भी समर्थन दिया। कोष ने गहन पूँजी खाता उदारीकरण और व्यापार सुधार तथा साथ ही वित्तीय क्षेत्र के

संवर्धित जोखिम पर्यवेक्षण को भी प्रोत्साहित किया। उन्होंने महसूस किया कि सार्वजनिक स्वाधिकृत बैंकों में सरकार के स्वामित्व को कम करने और वाणिज्यिक अनुकूलन में सुधार करने सहित बैंकिंग क्षेत्र को मजबूत करने के लिए कदम उठाए गए हैं।

वर्ष 2004 में यू.पी.ए. सरकार चुनकर आई और वर्ष 2014 तक बनी रही। यू.पी.ए. सरकार के दो कार्यकालों को आई.एम.एफ. के साथ अनुच्छेद-IV परामर्श के संदर्भ में अलग से बताया गया है।

वर्ष 2005 में भारत की विकास दर 7.5 प्रतिशत, 2006 में 8 प्रतिशत, 2007 में 8.5 प्रतिशत थी। भारत की विकास दर विश्व में दूसरी सबसे तेजी से बढ़ती अर्थव्यवस्था थी, पहले स्थान पर चीन था। चुनौती यह थी कि व्यापक पूँजी प्रवाह को देखते हुए तीव्र और समावेशी विकास को बनाए रखा जाए, रोजगार सृजन को बढ़ाया जाए और समष्टि आर्थिक स्थिरता को बनाए रखा जाए। भारतीय अर्थव्यवस्था की मजबूती को देखते हुए डॉलर की तुलना में रुपए के मूल्य में बढ़ोतरी हुई। भारत के कर राजस्व में अधिक उछाल आया। सार्वजनिक व्यय और सार्वजनिक ऋण अभी भी बहुत अधिक था और यह महसूस किया गया कि व्यय संबंधी सुधार की आवश्यकता है। अधिकांश राज्यों ने राजकोषीय उत्तरदायित्व कानूनों को लागू कर दिया। भारत का समग्र आर्थिक कार्य-निष्पादन उत्कृष्ट था, जिसमें मजबूत बढ़ोतरी, झटकों के प्रति अधिक लचीलापन और विश्व अर्थव्यवस्था के लिए बढ़ते समेकन को परिलक्षित करता था।

उसके पश्चात् आर्थिक संकट आया।

## वैश्विक आर्थिक संकट के प्रति भारत की प्रतिक्रिया

2009 तक भारत अंतरराष्ट्रीय आर्थिक परिदृश्य में पहुँच चुका था। भारतीय अर्थव्यवस्था ने पाँच वर्षों के लिए 8.6 प्रतिशत की विकास दर हासिल की थी और यह विचार दिया गया कि यदि यह विकास दर बनी रही तो भारत चीन की तरह 1 ट्रिलियन अमेरिकी डॉलर की अर्थव्यवस्था में तब्दील हो जाएगा और यह 8.5 वर्षों में दोगुनी हो जाएगी। यह अनुमान किया गया कि गरीबी में अकल्पनीय गति से कमी आएगी तथा ग्यारहवीं पंचवर्षीय योजना में 9 प्रतिशत की वार्षिक विकास दर का अनुमान लगाया गया, जिसके वर्ष 2011 तक 10 प्रतिशत तक बढ़ने का अनुमान था। भारत के नीति-निर्माताओं ने अनुमान लगाया था कि भारत बैंकों के सरकारी स्वामित्व, आर.बी.आई. द्वारा निर्धारित कठोर विवेकपूर्ण नियमों और बाह्य वाणिज्यिक ऋणों की सीमाओं के कारण मोटे तौर पर 2008 के वैश्विक वित्तीय संकट से गंभीर रूप से प्रभावित नहीं हो सकता। इसमें कहा गया कि भारतीय स्टॉक बाजारों के मूल्य में 60 प्रतिशत की हानि हुई, विदेशी पोर्टफोलियो निवेश में कमी आई तथा डॉलर

के मुकाबले रुपए में 20 प्रतिशत तक की कमी आई और यह एक डॉलर के मुकाबले 50 रुपए हो गया एवं साथ ही वैश्विक वित्तीय स्थिति ने मुद्रा अवमूल्यन की गति को रोक दिया। वर्ष 2008-09 और 2009-10 के संकट के दौरान सरकारी ऋण में तेज और आकस्मिक बढ़ोतरी हुई। भारतीय रिजर्व बैंक ने आसान तरलता स्थिति को बनाए रखते हुए ऋण संबंधी व्यवस्था को बनाए रखा। विकास संबंधी पूर्वानुमान को संशोधित कर 9 प्रतिशत से 7.1 प्रतिशत कर दिया गया और वह भी आशावादी सिद्ध हुआ, यद्यपि भारत चीन के बाद विश्व की दूसरी सबसे तेज गति से बढ़ती हुई अर्थव्यवस्था बना रहा।

यह आशा कि भारतीय अर्थव्यवस्था पश्चिमी अर्थव्यवस्था से अलग है, मिथ्या साबित हुआ। वैश्विक संकट की प्रतिक्रिया में स्टॉक बाजार की तीव्र गिरावट वैश्विक घटनाक्रमों का प्रथम संकेत था, जिसने भारतीय बाजारों पर अपनी पकड़ बनाए रखी। विदेशी संस्थागत निवेश बाहर निकल रहे थे। चालू खाता घाटा और अधिक हो रहा था। पूर्व में चालू खाते में सहायता पहुँचानेवाला सॉफ्टवेयर निर्यातों से होनेवाले विप्रेषण और आय में कमी के संकेत मिले। अमेरिका को निर्यात होनेवाले सॉफ्टवेयर में कठिनाई होने लगी।

भारत का कॉरपोरेट क्षेत्र विश्व के साथ उत्तरोत्तर समेकित हुआ। भारत की आई.टी. कंपनियाँ, जहाँ अमेरिका और ब्रिटेन के निर्यात से अपना 85 प्रतिशत राजस्व अर्जित करता था और जहाँ 2 मिलियन कामगार कार्यरत थे, की नौकरी चली गई।

आई.एम.एफ. द्वारा भारतीय कॉरपोरेट क्षेत्र के विश्लेषण में यह सुझाव दिया गया कि वैश्विक संकट का भारतीय कॉरपोरेट क्षेत्र और अल्पावधिक विकास पर गंभीर प्रभाव पड़ सकता है। विनिमय दर इक्विटी मूल्यों तथा वैश्विक आर्थिक गतिविधि व पूँजी प्रवाह में गति के साथ वैश्विक संकट से उत्पन्न ब्याज दरों में महत्त्वपूर्ण अस्थिरता का भारतीय कंपनियों पर प्रभाव पड़ना था। आई.एम.एफ. ने अनुमान लगाया था कि आर्थिक विकास प्रभाव 2007/08 में 9 प्रतिशत के जी.डी.पी. विकास दर के साथ चार प्रतिशत बिंदु से अधिक हो सकता है, आई.एम.एफ. के अनुमान में इसमें लगभग 5 प्रतिशत की गिरावट निहित थी। चूँकि इस संकट के तत्काल बाद भारत में पूँजी प्रवाह में कमी आई थी, इसलिए आई.एम. एफ. ने सुझाव दिया था कि भारत पूँजी खाता उदारीकरण व विकास संबंधी सुधार के साथ चलते हुए उभरते बाजार हेतु पूँजी प्रवाह की वापसी के लिए तैयारी कर सकता है। रुपए में तेज गिरावट पर आई.एम.एफ. ने कहा कि जब उत्पादन में कमी आ रही है तो विनिमय दर गिरावट में कम स्फीति होने की संभावना है।

अक्तूबर 2008 में जी20 की बैठक में आर.बी.आई. के गवर्नर दुव्वुरी सुब्बाराव ने विकसित अर्थव्यवस्थाओं से आग्रह किया था कि वे उभरते बाजार के केंद्रीय बैंकों को वित्तीय बाजार विकास के संबंध में बाँधे रखे, क्योंकि वे इनकी और उनकी प्रस्तावित

नीतिगत प्रतिक्रिया की निगरानी करते थे। अमेरिकी ट्रेजरी और फेडरल रिजर्व ने भारत सहित चुनिंदा उभरती बाजार अर्थव्यवस्थाओं की नियमित ब्रीफिंग की। विकसित अर्थव्यवस्थाओं को गैर-परंपरागत मौद्रिक नीतियों व परिणामी सहजता तथा इस प्रणाली में तरलता के प्रवाह के लिए बड़े पैमाने पर आस्तियों की खरीद का सहारा लेना पड़ा। इस संकट के दौरान भारत की निम्नतम नीतिगत दर 3.25 प्रतिशत तक पहुँच गई, जबकि कई विकसित अर्थव्यवस्थाओं की नीतिगत दरें शून्य के निकट पहुँच गईं।

16 फरवरी, 2009 को केंद्रीय वित्तमंत्री ने संसद् को वैश्विक वित्तीय संकट के बारे में जानकारी दी। अपने बजट भाषण में वित्तमंत्री प्रणब मुखर्जी ने कहा—

> "वर्ष 2007 में शुरू हुआ वैश्विक वित्तीय संकट सितंबर 2008 में और भी जटिल हो गया, जिसमें निवेश बैंकों, बंधक ऋणकर्ताओं और बीमा कंपनियों सहित कई अंतरराष्ट्रीय वित्तीय संस्थाओं का पतन हो गया। उसके बाद से ऋण गंभीर रूप से अवरुद्ध हो गया और वित्तीय बाजारों का वैश्विक पतन हो गया। यह मंदी और भी बड़ी हो गई तथा अमेरिका, यूरोप व जापान मंदी की चपेट में आ गए। वैश्विक स्थिति का वर्तमान संकेतक उत्साहजनक नहीं है। पूर्वानुमान यह बतलाता है कि 2009 में विश्व अर्थव्यवस्था 2008 की अपेक्षा और खराब हो सकती है।
>
> विकसित देशों में ऐसे ही तीव्रता के संकट से विश्व भर पर प्रभाव पड़ना निश्चित है। सबसे उभरती हुए बाजार अर्थव्यवस्थाओं में महत्त्वपूर्ण रूप से कमी आई है। भारत भी इससे प्रभावित हुआ है। पहली बार चालू वर्ष के 9 महीनों में निर्यात विकास दर घटकर 17.1 प्रतिशत हुई है।...औद्योगिक उत्पादन में 2 प्रतिशत की गिरावट आई है।...इस कठिन समय में जब अधिकांश अर्थव्यवस्थाएँ टिके रहने के लिए संघर्ष कर रही हैं तो 7.1 प्रतिशत की एक स्वस्थ जी.डी.पी. विकास दर अभी भी भारत को विश्व में सबसे तेजी से बढ़ती हुई दूसरी अर्थव्यवस्था बनाती है।"

सरकार ने वैश्विक वित्तीय मंदी से उत्पन्न स्थिति से निपटने के लिए आवश्यक माँग को बढ़ाने हेतु वित्तीय जवाबदेही और बजट प्रबंधन अधिनियम लक्ष्यों में ढील देने का निर्णय लिया। वित्तीय जवाबदेही और बजट प्रबंधन अधिनियम (एफ.आर.बी.एम.) में सरकार के लिए यह अपेक्षित है कि वह एक बहुवर्षीय अवधि में वित्तीय नीति संबंधी रणनीति के लिए ईमानदार कोशिश करे। एफ.आर.बी.एम. में निम्नलिखित का उल्लेख है : (1) वर्ष 2004-05 से शुरू होकर प्रत्येक वित्तीय वर्ष में कम-से-कम 0.5 प्रतिशत जी.डी.पी. द्वारा वर्तमान घाटे में कमी लाना; (2) प्रत्येक वित्तीय वर्ष में समग्र घाटे में जी.डी.पी. के कम-

से-कम 0.3 प्रतिशत की कमी लाना; (3) केंद्र सरकार द्वारा दी गई गारंटी की वृद्धि राशि पर जी.डी.पी. का 0.5 प्रतिशत की सीमा; (4) ऋण संचयन को जी.डी.पी. के 9 प्रतिशत की शुरुआती वार्षिक सीमा, जिसे उत्तरोत्तर प्रत्येक वर्ष जी.डी.पी. के कम-से-कम एक प्रतिशत तक कमी करना।

माँग को बढ़ाने हेतु कर राहत प्रदान करने तथा रोजगार सृजित करने व सार्वजनिक आस्तियों को सृजित करने के लिए सरकारी परियोजनाओं के संबंध में व्यय बढ़ाने के लक्ष्य से 7 दिसंबर, 2008 और 2 जनवरी, 2009 को सरकार द्वारा घोषित दो पैकेजों के माध्यम से पर्याप्त वित्तीय प्रोत्साहन प्रदान किया गया। सरकार ने कई अवसंरचनात्मक परियोजनाओं को अनुमोदित कर अवसंरचना निवेशों में बढ़ोतरी कर अपने प्रयासों को पुनः शुरू किया। भारतीय रिजर्व बैंक ने कई मौद्रिक सहजता और तरलता वृद्धि उपायों को लागू किया, जिसमें नकदी आरक्षित अनुपात, सांविधिक तरलता अनुपात और मुख्य नीतिगत दरों में कमी शामिल है। इसका उद्देश्य उत्पादन क्षेत्रों की आवश्यकताओं को पूरा करने के लिए वित्तीय प्रणाली से निधियों को सुकर बनाना था।

## प्रथम प्रोत्साहन दिनांक 7 दिसंबर, 2008

सरकार ने कार, सीमेंट, वस्त्र और अन्य उत्पादों के मूल्यों में कमी लाने के लिए केनवेट (सी.ई.एन.वी.ए.टी.) में समान रूप से 4 प्रतिशत कटौती को लागू किया और वर्तमान वित्तीय वर्ष के लिए अवसंरचना, उद्योग और निर्यात क्षेत्रों के लिए अतिरिक्त 20,000 करोड़ रुपए निर्धारित किए। भारतीय अर्थव्यवस्था पर पश्चिमी देशों में आई वैश्विक मंदी के प्रभाव को कम करने के लिए एक छोटे बजट के रूप में इस पैकेज में 2008-09 के शेष चार महीनों में 8700 करोड़ रुपए की राजस्व हानि को अनिवार्य बनाते हुए आवास, निर्यात, ऑटोमोबाइल, वस्त्र और छोटे व मध्यम उद्यम (एस.एम.ई.) जैसे विभिन्न महत्त्वपूर्ण क्षेत्रों को पुनरुज्जीवित करने की कोशिश की गई।

समग्र उपाय के रूप में गैर-पेट्रोलियम वस्तुओं को छोड़कर सभी उत्पादों पर सेनवेट को घटाकर सभी श्रेणियों हेतु 14, 12 और 8 प्रतिशत से 10, 8 और 4 प्रतिशत कर दिया गया। विद्युत् क्षेत्र को राहत पहुँचाने के लिए नेप्था पर मूल उत्पाद शुल्क से पूर्ण छूट प्रदान की गई है। जहाँ लौह अयस्क चूर्ण पर निर्यात शुल्क को वापस ले लिया गया, वहीं लौह पिंड के निर्यात पर शुल्क में कटौती कर 15 से 5 प्रतिशत कर दिया गया है। स्पष्टतः प्रधानमंत्री मनमोहन सिंह, जिनके पास वित्त विभाग भी है, के कहने पर दिए गए इस पैकेज में विद्युत्, निर्यात, आवास, ऑटो,

एस.एम.ई. और अवसंरचना क्षेत्रों को अतिरिक्त वित्तपोषण के माध्यम से आगे बढ़ाने की कोशिश है।

इस दससूत्रीय पैकेज में मंदी से प्रभावित क्षेत्रों के लिए महत्त्वपूर्ण प्रोत्साहन के साथ भारत अवसंरचना वित्त कंपनी लिमिटेड को 1,00,000 करोड़ के राजमार्ग विकास कार्यक्रम की सहायता के लिए अभ्यास के भाग के रूप में मार्च तक कर मुक्त बॉण्डों के माध्यम से 10,000 करोड़ रुपए जुटाने की अनुमति प्रदान की।

एक सरकारी विवरण में कहा गया : "सरकार को भारतीय अर्थव्यवस्था पर वैश्विक वित्तीय संकट के प्रभाव के बारे में चिंता है और इस समस्या से निपटने के लिए कई कदम उठाए गए हैं।" यह भी नोट किया गया कि भारतीय रिजर्व बैंक द्वारा प्रभावित मौद्रिक उपायों में इस अर्थव्यवस्था को आगे बढ़ाने के लिए किए गए वित्तीय उपायों से परिपूर्ण किया जा रहा था। एक वित्तीय प्रोत्साहन हेतु आवश्यकता की पहचान में सरकार ने सचेत होकर राजकोषीय घाटे को मूल लक्षित स्तर से परे विस्तार होने दिया। इस विवरण में कहा गया कि "अर्थव्यवस्था को 2009-2010 में लगातार प्रोत्साहन की आवश्यकता है और इसे अगले वर्ष के लिए बजट के भाग के रूप में योजना व्यय में पर्याप्त बढ़ोतरी को सुनिश्चित कर प्राप्त किया जा सकता है।"

30,000 करोड़ रुपए के भारत के वित्तीय प्रोत्साहन पैकेज के आकार को अधिकांश अन्य देशों की तुलना में साधारण माना गया। यह मानते हुए कि बजट वेतन बढ़ोतरी, तेल और उर्वरक सब्सिडी के लिए था और वित्तीय घाटा अनुमानित रूप से 10 प्रतिशत के लगभग था, वित्तीय अवसर की कमी को देखते हुए यह एक कमजोर प्रतिक्रिया थी। आर.बी.आई. ने बैंक उधार को बढ़ाने के लिए नीतिगत ब्याज दरों, रेपो और रिवर्स रेपो दरों में कमी की थी। उसमें कहा गया कि बैंकों द्वारा प्रभारित नीतिगत दरों से ब्याज दरों का प्रसार तंत्र इतना कमजोर था कि इससे तीव्र मंदी से बचा नहीं जा सका। इसने 2 जनवरी, 2009 को दूसरा प्रोत्साहन पैकेज लागू करना आवश्यक बना दिया था।

## दूसरा प्रोत्साहन पैकेज दिनांक 2 जनवरी, 2009

सरकार ने भारतीय रिजर्व बैंक (आर.बी.आई.) के साथ-साथ शुक्रवार को बहुप्रतीक्षित दूसरे प्रोत्साहन पैकेज की घोषणा की, जिसका लक्ष्य अधिक सार्वजनिक खर्च कर, कम ब्याज दरों पर ऋण देने के लिए अतिरिक्त तरलता प्रदान कर,

वाणिज्यिक वाहनों की धीमी बिक्री को आगे बढ़ाकर तथा निर्यात क्षेत्र, आवासन और छोटे उद्योगों के लिए ऋण उपलब्धता को आसान बनाकर आर्थिक मंदी को समाप्त करना था। यह पैकेज—एक महीने में दूसरा और इस राजकोष के अंतिम पश्चिमी देशों में कमजोर होती वित्तीय प्रणाली की गंभीर परिदृश्य में महँगाई को नियंत्रित करने से लेकर विकास को प्रेरित करने की स्पष्ट बात है ताकि मंदी के प्रभाव को कम किया जा सके, यद्यपि वर्ष 2008-09 में सरकार का कुल राजस्व घाटा आधिकारिक रूप से अनुमानत: 40,000 करोड़ रुपए है जिसमें योजना आयोग के अनुमान के अनुसार राजकोषीय घाटा जी.डी.पी. (सकल घरेलू उत्पाद) का लगभग 6 प्रतिशत है। जहाँ आर.बी.आई. ने अपनी मुख्य नीतिगत दरों में भारी कटौती की, फिर भी बैंकिंग प्रणाली में अतिरिक्त 20,000 करोड़ रुपए देने के लिए सरकार ने सरकारी क्षेत्र के बैंकों (पी.एस.बी.) से कहा कि वे राजकोष के लिए अपने ऋण लक्ष्यों में बढ़ोतरी करें ताकि कम लागत पर इष्टतम वितरण सुनिश्चित किया जा सके। महँगाई संबंधी दबाव कम हो रहा है और अतिरिक्त तरलता सस्ती दरों पर पी.एस.बी. को उपलब्ध कराया जा रहा है। पिछले अक्तूबर से आर.बी.आई. ने कम ब्याज दर व्यवस्था को आगे बढ़ाने के लिए मौद्रिक प्रणाली में 3,20,000 करोड़ रुपए डाले विशेषकर जब ईंधन, धातु और कृषि वस्तुओं की कीमतों में कमी के परिणामस्वरूप महँगाई में कमी आ रही थी।

अंतरिम बजट ने उन माध्यमों को प्रोत्साहित नहीं किया, जिसने महसूस किया कि एन.आर.ई.जी.एस. को 30,000 करोड़ रुपए के आवंटन के बावजूद शहरी कामगारों के लिए रोजगार सृजन के मुद्दे को दूर नहीं किया गया।

'द हिंदू' ने कहा—

"...भारत उन देशों में से एक है, जहाँ वैश्विक आर्थिक मंदी के कारण गरीबी का जोखिम अधिक है। वे क्षेत्र जहाँ उच्च वार्षिक विकास दर हुए हैं, कठिन दौर से गुजर रहे हैं और इन क्षेत्रों में रोजगार सृजन भी कमजोर हुआ है। उन क्षेत्रों में रोजगार को सुकर बनाने के लिए विशिष्ट उपायों का आह्वान किया गया है, जो क्षेत्र आर्थिक मंदी के कारण बुरी तरह से प्रभावित रहे हैं यथा सूचना प्रौद्योगिकी (आई. टी.), आई.टी. संबद्ध सेवाएँ, वस्त्र, रत्न और आभूषण क्षेत्र और खुदरा व्यापार क्षेत्र। ...शहरी बेरोजगारी के तत्काल मुद्दे को सुलझाने के समग्र मसले को आनेवाली सरकार के लिए छोड़ दिया गया है, जो पूर्ण बजट लेकर आएगी।"

19 फरवरी, 2009 को इस उथल–पुथलवाले बाजार में डॉलर के मुकाबले रुपए का मूल्य 50 तक पहुँच गया। अमेरिकी व्यापार बिल की आर.बी.आई. धारित 6.9 बिलियन अमेरिकी डॉलर से बढ़कर दिसंबर 2008 में 23.1 बिलियन अमेरिकी डॉलर पहुँच गया, क्योंकि भारत का विदेशी मुद्रा भंडार, जो नवंबर 2008 में 247.8 बिलियन अमेरिकी डॉलर था, वह दिसंबर 2008 में 254 बिलियन अमेरिकी डॉलर हो गया। चीन, रूस, हांगकांग, नॉर्वे, आयरलैंड और इजराइल में मौद्रिक प्राधिकरणों ने अपने विदेशी मुद्रा भंडार में कम अर्थप्रद डॉलर आस्ति का भी इजाफा किया। चीन ने जहाँ 2008 में 218 बिलियन अमेरिकी डॉलर जोड़ा, वहीं भारत ने 8.2 बिलियन अमेरिकी डॉलर अर्जित किया।

## 'द इकोनॉमिक टाइम्स' ने कहा

बुधवार को राजनीतिक जोखिम, राजकोषीय गिरावट और उभरती बाजार आस्तियों में विदेशी कोषों में ब्याज में कमी के साथ डॉलर के मुकाबले रुपए की कीमत पचास के आँकड़े को छू गया और यह 49.97 रुपए पर बंद हुआ। अंतरराष्ट्रीय बाजार में डॉलर के मूल्य को जो आगे बढ़ा रहा है, वह है अमेरिकी ट्रेजरी बिलों में केंद्रीय बैंकों में व्यापक ब्याज का होना। अमेरिकी मंदी और अमेरिकी व्यापार बिलों में कम प्राप्ति के बावजूद कोष, बैंक और स्वायत्त संस्थाएँ इन बॉण्डों को खरीद रही हैं, जिन्हें अभी भी सुरक्षित माना जाता है।

इन ताकतों की तुलना में घरेलू मुद्रा बाजार ने आर.बी.आई. गवर्नर डी. सुब्बाराव की भावना को नजरअंदाज किया कि कम मुद्रास्फीति और आनेवाले महीनों में चालू खाता घाटे से दर में कटौती होने की संभावना हो सकती है। कुछ सरकारी स्वाधिकृत बैंकों ने रुपए के गिरते मूल्य को रोकने के लिए डॉलर को बेचा, किंतु इससे कोई मदद नहीं मिली।"

आई.एम.एफ. के साथ भारत का 2008 का अनुच्छेद–IV परामर्श 6 फरवरी, 2009 को समाप्त हुआ। आई.एम.एफ. ने 2008–09 में भारत की विकास दर का औसतन 6.25 प्रतिशत का अनुमान लगाया और इसके बाद 2009–10 में 5.25 प्रतिशत का अनुमान लगाया। जनवरी 2009 में मुद्रास्फीति की दर 13 प्रतिशत से घटकर 4.4 प्रतिशत पर आ गई और इसके मार्च 2009 तक घटकर 3 प्रतिशत और 2009–10 में औसतन 2 प्रतिशत तक आ जाने का अनुमान लगाया गया। चालू खाता घाटा तेल आयात बिल और निर्यात में कमी की प्रमुख वजहों के कारण जी.डी.पी. का तीन प्रतिशत का अनुमान लगाया गया। वर्ष 2009–10 के लिए आई.एम.एफ. ने यह पूर्वानुमान लगाया कि चालू खाता घाटा घटकर जी.डी.पी. का 1.5 प्रतिशत हो जाएगा। पूँजी के अंतर्प्रवाह के 11 बिलियन अमेरिकी डॉलर के बहिर्प्रवाह को रिकॉर्ड करते हुए पोर्टफोलियो निवेश तथा बाह्य वाणिज्यिक उधार में कमी होने के साथ कम होने की आशा की गई थी। विदेशी मुद्रा

भंडार में मई 2008 में 315 बिलियन अमेरिकी डॉलर के ऐतिहासिक शीर्ष में कमी आई और यह फरवरी 2009 में घटकर 252 बिलियन अमेरिकी डॉलर हो गया। स्टॉक बाजार में 50 प्रतिशत तक की कमी और रुपए में 23 प्रतिशत तक की कमी आई। आर.बी.आई. द्वारा किए गए उपायों से घरेलू तरलता दबाव में कमी आई और अंततः बैंक दरों में बहुत अधिक कमी आई। संकट के प्रारंभ होने से पूर्व भारत के खर्च में कृषि ऋण माफी, ग्रामीण रोजगार गारंटी योजना के विस्तार और 21 प्रतिशत नागरिक सेवा मजदूरी में बढ़ोतरी के साथ बहुत अधिक वृद्धि हो गई थी।

आई.एम.एफ. ने सिफारिश की थी कि भारत ने वैश्विक संकट से उत्पन्न प्लवन का सामना किया था। मुख्य अल्पावधि नीतिगत उद्देश्य तरलता और ऋण प्रवाह को बनाए रखना था। मौद्रिक और ढाँचागत नीतियों में उच्च सार्वजनिक ऋण-जी.डी.पी. अनुपात को देखते हुए समायोजना के भार को उठाना था। आई.एम.एफ. ने महसूस किया कि बढ़ते ऋण जोखिम और तरलता दबाव से वित्तीय प्रणाली दबाव में आ सकती है। यह महत्त्वपूर्ण था कि भारत ने संभावित बैंक पुनर्पूंजीकरण आवश्यकताओं तथा शीघ्र हानि की पहचान को बढ़ावा देने के उपायों, अशोध्य आस्तियों के पूर्ण प्रकटन व सूचना की खाई को पाटने को ध्यान में रखा। आई.एम.एफ. ने पूँजी खाता उदारीकरण में भारत के क्रमिक प्रवेश का समर्थन किया। यह महसूस किया गया कि काफी बड़े राजकोषीय प्रोत्साहन से वर्ष 2008-09 में आर्थिक विकास को सहायता मिलनी चाहिए। जी.डी.पी. की तुलना में सार्वजनिक ऋण के उच्च अनुपात को देखते हुए राजकोषीय धारणीयता चिंता का विषय बना रहा। उपलब्ध राजकोषीय विस्तार का इस्तेमाल अवसंरचना और गरीबी संबंधी खर्च तथा यदि आवश्यक हो तो बैंकों के पुनर्पूंजीकरण के लिए किया जाना था। आई.एम.एफ. ने दुहराया कि मध्यावधि राजकोषीय समेकन प्राथमिकता होगी और इसे राजकोषीय नियम ढाँचे में कसा जाना चाहिए।

भारत के साथ आई.एम.एफ. का 2009 अनुच्छेद-IV परामर्श जनवरी, 2010 में समाप्त हुआ। भारत की अर्थव्यवस्था विश्व की प्रथम ऐसी अर्थव्यवस्था है, जो वैश्विक संकट के बाद पटरी पर लौट आई थी। वित्तीय प्रोत्साहन के साथ तत्काल राजकोषीय और मौद्रिक नीति सहजता के कारण विकास दर संकट के स्तर पर लौट आई थी। पूँजी अंतर्प्रवाह वापस बढ़ना प्रारंभ हो गया था और वित्तीय बाजारों को पुनः आधार मिल गया था। वर्ष 2009-10 में विकास दर का अनुमान 6.75 प्रतिशत लगाया गया था, जो बढ़कर वर्ष 2010-11 में अनुमानतः 8 प्रतिशत होना था। आई.एम.एफ. ने मौद्रिक समायोजन से निकलने के प्रथम चरण की शुरुआत के लिए भारतीय रिजर्व बैंक की प्रशंसा की और सामान्यतया यह माना कि मौद्रिक तरीके के उत्तरोत्तर सामान्यीकरण के लिए ये दशाएँ सही

थीं। मौद्रिक प्रोत्साहन को वापस लेने की प्रक्रिया को दीर्घावधि ब्याज दरों पर प्रभाव को कम करने और महँगाई अनुमानों को कसने में सहायता करने के लिए क्रमिक तरीके में किया जाना था। भारत को पूँजी प्रवाह प्रबंधन में चुनौतियों का सामना करना पड़ा और आई.एम.एफ. ने विनिमय दर अस्थिरता को कम करने में सहायता के लिए विसंक्रमित हस्तक्षेप की सिफारिश की। आस्ति बुलबुले (एसेट बबल्स) के मामले में बौद्धिक उपायों के इस्तेमाल के प्रति आर.बी.आई. के दृष्टिकोण को आई.एम.एफ. द्वारा भी समर्थन दिया गया और पूँजी नियंत्रण को कड़ा करना अंतिम उपाय का एक लिखत था।

वित्तीय प्रणाली ने वैश्विक संकट का आकार-प्रकार बदल दिया था। सरकारी क्षेत्र के बैंकों की पूँजीगत मजबूती और वित्तीय विनियमन, लागू की गई उच्च प्रावधानवाली व्यवस्थाएँ सफल साबित हुई थीं। दबावग्रस्त आस्तियों और दिवालियापन से जुड़े ढाँचे के मुद्दे थे। अवसंरचना निवेश एक प्राथमिकता बनी रही और सरकारी क्षेत्र की संस्थाओं का अवसंरचना वित्तपोषण हेतु रूपरेखा की स्थापना में एक अहम भूमिका थी।

2013 तक भारत का विकास दर घटकर 4.7 प्रतिशत आ गया था और महँगाई दर अधिक थी, जो आर.बी.आई. के सहज नियंत्रण के बाहर थी। वर्ष 2011-12 में चालू खाता घाटा बढ़कर 4.2 प्रतिशत हो गया, जिससे रुपए के मूल्य में तीव्र गिरावट आई। गिरती विकास दर में वैश्विक घटनाक्रम और घरेलू बाध्यताएँ परिलक्षित होती थीं। बैंकों और कॉरपोरेटों की वित्तीय स्थिति का क्षरण हुआ। भारत ने सब्सिडी के संवर्धित लक्ष्य के लिए प्रत्यक्ष लाभ अंतरण और विशिष्ट पहचान संख्या को शुरू किया। आर.बी.आई. ने वर्ष 2014-15 में एक मामूली विकास दर का अनुमान लगाया, किंतु संपूर्ण समष्टि आर्थिक स्थिति ऐसी थी, जहाँ विकास संबंधी जोखिम निम्न दिशा में था।

2014 में एन.डी.ए. की सरकार सत्ता में आई और राजनीतिक स्थिरता आई, संवर्धित कारोबारी विश्वास आया और समग्र रूप से एक सकारात्मक दृष्टिकोण था। नई सरकार ने एकचक्रीय राजकोषीय और मौद्रिक नीति को अपनाया और इसके परिणामस्वरूप एक संवर्धित विकास की संभावना बनी। वर्ष 2014-15 की 5.6 प्रतिशत की विकास दर वर्ष 2015-16 में बढ़कर 7.3 प्रतिशत और 2016-17 में 7.5 प्रतिशत हो गई। आर.बी.आई. ने अपने महँगाई लक्ष्य को हासिल किया और महँगाई दर घटकर 6 प्रतिशत से नीचे आ गई। भारत के आर्थिक कार्य-निष्पादन में महत्त्वपूर्ण सुधार आया। इसके बाद भारत के गाँवों में डिजिटल अर्थव्यवस्था के सृजन द्वारा सब्सिडी की लक्षित आपूर्ति के प्रयास किए गए और जन धन-आधार-बी.एच.आई.एम. अनुप्रयोग के साथ भारत के गाँवों में बदलाव ग्रामीण भारत के आर्थिक बदलाव की सबसे असाधारण विशेषता थी।

पर्याप्त विदेशी मुद्रा भंडार के साथ बाह्य स्थिति अनुकूल थी। लगभग एक दशक के

बाद अप्रैल 2017 में आर्थिक विकास के संबंध में अच्छी खबर आई। द वर्ल्ड इकोनॉमिक आउटलुक ने कहा है कि वैश्विक विकास में वर्ष 2016 के 3.1 प्रतिशत से वर्ष 2017 में 3.5 और वर्ष 2018 में 3.6 तक बढ़ोतरी का अनुमान है। अमेरिका में हासिल हुई विकास दर ब्रेक्जिट के बावजूद यूनाइटेड किंगडम में भी मजबूत रही। जापान और जर्मनी व स्पेन के यूरो क्षेत्र के देशों में भी मजबूत आर्थिक बढ़ोतरी हुई।

आई.एम.एफ. ने भारत के मजबूत आर्थिक कार्य-निष्पादन को नोट किया और वित्तीय समेकन व महँगाईरोधी मौद्रिक नीति सहित भारतीय अधिकारियों की मजबूत नीतिगत कार्यकरण के लिए उनकी सराहना की।

## संदर्भ—

1. सार्वजनिक सूचना नोटिस : आई.एम.एफ. द्वारा 22 सितंबर, 1998 को भारत के साथ परामर्श संबंधी अनुच्छेद-IV का समापन, www.imf.org.
2. आई.एम.एफ. स्टाफ कंट्री रिपोर्ट संख्या 98/112। 'भारत : चयनित समस्याएँ' 4 नवंबर,1998 www.imf.org.
3. आई.एम.एफ. स्टाफ कंट्री रिपोर्ट संख्या 98/120। 'भारत : हाल ही में हुए आर्थिक विकास कार्य' 4 नवंबर,1998 www.imf.org.
4. सार्वजनिक सूचना नोटिस : आई.एम.एफ. द्वारा 30 जून, 2000 को भारत के साथ परामर्श संबंधी अनुच्छेद-IV का समापन, www.imf.org.
5. आई.एम.एफ. स्टाफ कंट्री रिपोर्ट संख्या 00/155। 'भारत : हाल ही में हुए आर्थिक विकास कार्य' 7 दिसंबर, 2000 www.imf.org.
6. सार्वजनिक सूचना नोटिस : आई.एम.एफ. द्वारा 14 अगस्त, 2001 को भारत के साथ परामर्श संबंधी अनुच्छेद 2001 का समापन, www.imf.org.
7. आई.एम.एफ. स्टाफ कंट्री रिपोर्ट संख्या 01/181। 'भारत : हाल ही में हुए आर्थिक विकास कार्य और चयनित मुद्दे' 16 अक्तूबर, 2001 www.imf.org.
8. आई.एम.एफ. स्टाफ कंट्री रिपोर्ट संख्या 01/181। 'भारत : हाल ही में हुए आर्थिक विकास कार्य और चयनित मुद्दे' 16 अक्तूबर, 2001 www.imf.org.
9. सार्वजनिक सूचना नोटिस : आई.एम.एफ. द्वारा 29 अगस्त, 2002 को भारत के साथ परामर्श संबंधी अनुच्छेद 2002 का समापन, www.imf.org.
10. सार्वजनिक सूचना नोटिस : आई.एम.एफ. द्वारा 21 अगस्त, 2003 को भारत के साथ परामर्श संबंधी अनुच्छेद-IV 2003 का समापन, www.imf.org.
11. आई.एम.एफ. के पहले उपप्रबंधन निदेशक एन.ई.ओ. क्रूजर द्वारा 16 जनवरी, 2004 को 'द रिवाड्‌र्स ऑफ वर्च्यू' विषय पर आयोजित भारत में राजकोषीय नीति पर आई.एम.एफ. सम्मेलन में दिया गया भाषण, www.imf.org.
12. परफील्ड/कैटरीना/हौजमैन रिकॉर्डो—'प्रजातांत्रिक व्यवस्था में राजकोषीय समायोजन के

समक्ष उपस्थित चुनौती : द केस ऑफ इंडिया' आई.एम.एफ. कार्यकारी शोध पत्र 04/168, 1 सितंबर, 2004 www.imf.org.

13. डैनी रोडरिक और अरबिंद सुब्रमणियम—'भारत एक अथवा एक से अधिक वर्ष में 7 प्रतिशत प्रगति कैसे प्राप्त कर सकता है : प्रक्षेपण और अवधारणाएँ', आई.एम.एफ. कार्यकारी शोध पत्र डब्ल्यूपी/04/118, जुलाई 2004, www.imf.org.
14. आई.एम.एफ. स्टाफ कंट्री रिपोर्ट संख्या 05/86। 'भारत : परामर्श के संबंध में अनुच्छेद-IV 2004-स्टॉफ रिपोर्ट; स्टाफ का वकतव्य;' 10 मार्च, 2005 को कार्यकारी बोर्ड परिचर्चा पर सार्वजनिक सूचना नोटिस www.imf.org.
15. आई.एम.एफ. स्टाफ कंट्री रिपोर्ट संख्या 05/86। 'भारत : परामर्श के संबंध में अनुच्छेद-IV 2004-स्टॉफ रिपोर्ट; स्टाफ का वक्तव्य;' 10 मार्च, 2005 को कार्यकारी बोर्ड परिचर्चा पर सार्वजनिक सूचना नोटिस, www.imf.org.
16. कल्पना कोछर, उत्सव कुमार, रघुराम राजन, 'भारत की विकास कार्य पद्धति : क्या होगा', आई.एम.एफ. कार्यकारी शोध पत्र डब्ल्यू.पी./06/22, जनवरी 2006, www.imf.org.
17. 24 जनवरी, 2007 को पुणे-भारत में संयुक्त भारत : आई.एम.एफ. प्रशिक्षण कार्यक्रम के अवसर पर आई.एम.एफ. के पहले उपप्रबंध निदेशक जॉन लिप्स्की द्वारा की गई टिप्पणियाँ।
18. आई.एम.एफ. कंट्री रिपोर्ट संख्या 08/51। 'भारत : परामर्श के संबंध में अनुच्छेद-IV 2007 : स्टाफ रिपोर्ट; स्टाफ का वक्तव्य, और अनुपूरक काररवाई; कार्यकारी बोर्ड परिचर्चा और भारत के कार्यकारी निदेशक के वक्तव्य, के संबंध में सार्वजनिक सूचना नोटिस, 4 फरवरी, 2008, www.imf.org.
19. द हिंदू, 'सरकार द्वारा प्रोत्साहन पैकेज की घोषणा', 8 दिसंबर, 2008।
20. द हिंदू, 'दूसरा प्रोत्साहन पैकेज', 3 जनवरी, 2008।
21. भारत की चयनित समस्याएँ, अंतरराष्ट्रीय मौद्रिक कोष 23 जनवरी, 2009, www.imf.org.
22. अंतरिम बजट 2009-10, 16 फरवरी, 2009 को वित्तमंत्री प्रणब मुखर्जी द्वारा दिया गया भाषण।
23. दुव्वुरी सुब्बाराव, भारत और वैश्विक वित्तीय संकट—उभरने से लेकर प्रगति तक, डॉ. डी. सुब्बाराव, गवर्नर आर.बी.आई. द्वारा 26 अप्रैल, 2010 को वाशिंगटन डीसी स्थित पीटरसन अंतरराष्ट्रीय आर्थिक संस्थान में दिया गया भाषण, www.rbi.org.
24. आई.एम.एफ. कंट्री रिपोर्ट संख्या 09/187। 'भारत : परामर्श के संबंध में अनुच्छेद-IV 2008 : स्टाफ रिपोर्ट; स्टाफ का वक्तव्य, और अनुपूरक काररवाई; कार्यकारी बोर्ड परिचर्चा और भारत के कार्यकारी निदेशक के वक्तव्य, के संबंध में सार्वजनिक सूचना नोटिस, 9 मार्च, 2009, www.imf.org.
25. द हिंदू, 'शहरी रोजगार समाप्त होने संबंधी समस्याओं का समाधान', 20 फरवरी, 2009।
26. द इकोनॉमिक टाइम्स स्टाक मार्केट में रुपए 50 अंकों के साथ नीचे लुढ़का, 19 फरवरी 2009।
27. भारत, 2009 परामर्श से संबंधित अनुच्छेद-IV, 2009, अंतरराष्ट्रीय मौद्रिक कोष 25 जनवरी, 2010, www.imf.org.
28. आई.एम.एफ. कंट्री रिपोर्ट संख्या 10/73। 'भारत : परामर्श के संबंध में अनुच्छेद-IV 2009 :

स्टाफ रिपोर्ट; स्टाफ का वक्तव्य, और अनुपूरक काररवाई; कार्यकारी बोर्ड परिचर्चा और भारत के कार्यकारी निदेशक के वक्तव्य, के संबंध में सार्वजनिक सूचना नोटिस, 16 मई, 2010, www.imf.org.

29. आई.एम.एफ. कंट्री रिपोर्ट संख्या 11/50। 'भारत : परामर्श के संबंध में अनुच्छेद-IV 2010 : स्टाफ रिपोर्ट; स्टाफ का वक्तव्य, और अनुपूरक काररवाई; कार्यकारी बोर्ड परिचर्चा और भारत के कार्यकारी निदेशक के वक्तव्य, के संबंध में सार्वजनिक सूचना नोटिस, 1 फरवरी, 2011, www.imf.org.

30. आई.एम.एफ. कंट्री रिपोर्ट संख्या 12/96। 'भारत : परामर्श के संबंध में अनुच्छेद-IV 2011 : स्टाफ रिपोर्ट; स्टाफ का वक्तव्य, और अनुपूरक काररवाई; कार्यकारी बोर्ड परिचर्चा और भारत के कार्यकारी निदेशक के वक्तव्य, के संबंध में सार्वजनिक सूचना नोटिस, 18 अप्रैल, 2012, www.imf.org.

31. अरविंद वीरमणि 'त्वरित और संधारणीय प्रगति : आर्थिक और राजनीतिक पाठ' आई.एम.एफ. कार्यकारी शोध पत्र सं. 12/185, www.imf.org.

32. आई.एम.एफ. कंट्री रिपोर्ट संख्या 13/37। 'भारत : परामर्श से संबंधित अनुच्छेद-IV 2013, www.imf.org.

33. आई.एम.एफ. कंट्री रिपोर्ट संख्या 14/57। 'भारत : परामर्श से संबंधित अनुच्छेद-IV 2014 के लिए स्टाफ रिपोर्ट', 20 फरवरी, 2014, www.imf.org.

34. प्रेस विज्ञप्ति : आई.एम.एफ. कार्यकारी बोर्ड द्वारा 2 फरवरी, 2014 को परामर्श से संबंधित अनुच्छेद-IV 2014 का समापन, www.imf.org.

35. आई.एम.एफ. कंट्री रिपोर्ट संख्या 16/75। 'भारत : परामर्श के संबंध में अनुच्छेद-IV 2016 प्रेस विज्ञप्ति : भारत के लिए कार्य निदेशक द्वारा स्टाफ रिपोर्ट और वक्तव्य', 2 मार्च, 2016, www.imf.org.

36. प्रेस विज्ञप्ति : 'प्रगति की ओर बढ़ता हुआ एशिया : भविष्य के लिए निवेश' विषय पर आयोजित सम्मेलन के समापन पर आई.एम.एफ. की प्रबंध निदेशक क्रिस्टीन लैगार्डे द्वारा 13 मार्च, 2016 को दिया गया वक्तव्य, www.imf.org.

37. आई.एम.एफ. द्वारा किया गया सर्वेक्षण : 'वैश्विक अर्थव्यवस्था में एशिया की विशेष भूमिका से संबंधित प्रमुख मुद्दों पर आयोजित सम्मेलन 15 मार्च, 2016, www.imf.org.

38. आई.एम.एफ. की प्रबंध निदेशक क्रिस्टीन लैगार्डे द्वारा 16 मार्च, 2015 को सीजिंग इंडिया मूवमेंट्स विषय पर प्रस्तुति, www.imf.org.

39. प्रगति की ओर, द वर्ल्ड इकोनॉमिक आउटलुक, अंतरराष्ट्रीय मौद्रिक कोष, अप्रैल 2017।

40. दुव्वुरी सुब्बाराव, मेरी ब्याज दरों को किसने प्रभावित किया, 2016 पृष्ठ 21-45।

□

*अध्याय-9*

# वित्त सचिव, आर.बी.आई. के गवर्नर, मुख्य आर्थिक सलाहकार और कार्यकारी निदेशक

*इस अध्याय में भारत और अंतरराष्ट्रीय मुद्रा कोष—आई.एम.एफ. के बीच संबंधों में संस्था निर्माताओं के विचारों और उसके बाद लेखक के साथ चर्चाओं को प्रस्तुत किया गया है।*

भारत : आई.एम.एफ. के बीच संबंध कई दशकों से रचनात्मक और सौहार्दपूर्ण बना हुआ है। जिन लोगों ने भारत : आई.एम.एफ. के बीच संबंधों को मजबूत बनाने में योगदान दिया, उनमें दूरदर्शी लोक सेवक शामिल थे जो विश्व की सबसे तेज गति से बढ़ती अर्थव्यवस्थाओं के बीच इस राष्ट्र को उच्च विकास पथ पर रखते हुए आर्थिक उदारवाद और व्यापक आर्थिक स्थिरता के सिद्धांतों को स्वीकार करने के लिए तैयार थे।

## वित्त सचिव

**डॉ. मोंटेक सिंह अहलूवालिया,** भारतीय आर्थिक नीति निर्माण में एक अत्यंत प्रभावशाली व्यक्ति, ने आर्थिक कार्य विभाग के सचिव, आई.एम.एफ. के स्वतंत्र मूल्यांकन कार्यालय में संस्थापक निदेशक और योजना आयोग के उपाध्यक्ष के रूप में सेवा दी। भारत के आर्थिक संचालन पर उनकी छाप महत्त्वपूर्ण रही है।

## आई.ई.ओ. में उनका कार्यकाल

वाजपेयी सरकार आई.एम.एफ. में आई.ई.ओ. के निदेशक पद के लिए मेरी तैनाती करने की इच्छुक थी। यह एक नए प्रकार का कार्य था और मैं अस्थायी पेशेवरों को नियुक्त कर सका। हमने प्रथम कुछ मूल्यांकन रिपोर्टों को तैयार किया। इस अनुभव ने मुझे विश्वास दिलाया कि प्रत्येक संगठन को मूल्यांकन कार्य करने के लिए एक आई.ई.ओ. की आवश्यकता होती है। मैंने इसे योजना आयोग में दुहराया, जहाँ आई.ई.ओ. की अध्यक्षता

एक सदस्य के रैंक के एक अधिकारी द्वारा की गई, जो विशेषज्ञ विचार लिया करते थे और इसे संसद् में रखते थे। आई.एम.एफ. में एक बार निदेशक द्वारा किसी रिपोर्ट पर हस्ताक्षर करने के बाद वह रिपोर्ट शीर्ष प्रबंधन के पास चली जाती है। संबंधित विभाग के निदेशक टिप्पणी कर सकते हैं और बोर्ड को यह पता था कि क्या हो रहा है। नई सरकार कोई योजना आयोग नहीं चाहती थी। योजना आयोग के निदेशक आई.ई.ओ. ने किसी के साथ परामर्श किए बिना ही दो सप्ताह में एक रिपोर्ट को प्रस्तुत किया कि योजना आयोग को बंद कर दिया जाना चाहिए। एक स्वतंत्र संगठन के रूप में नीति आयोग को भी एक आई.ई.ओ. की आवश्यकता है।

### वर्ष 2004-2009 के दौरान सरकार का हिस्सा बने रहना, जिस दौरान भारत की विकास दर सबसे अधिक थी

वर्ष 2004-09 के दौरान विश्व अर्थव्यवस्था शीर्ष पर थी। यह आर्थिक वृद्धि कई सरकारों के कठिन प्रयासों के परिणामस्वरूप थी। भारत का अच्छा समय आ गया था। भारत ने एक लंबी समयावधि में 8.5 से लेकर 9 प्रतिशत तक की विकास दर को हासिल किया। 7 प्रतिशत से अधिक की विकास दर के साथ यह एक नया भारत था। अन्य अनुभूतियों के उलट गरीबी में भी कमी आ रही थी। साक्षरता स्तर में भी महत्त्वपूर्ण बढ़ोतरी हुई। मैंने भी यह महसूस किया कि उच्च विकास दर को यह नहीं माना जा सकता है कि यह बनी रहेगी। 11वें और 12वें योजना दस्तावेजों में भारत के विकास की कहानी में अंतर्निहित जोखिमों को उद्धृत किया गया।

### 2008 के वैश्विक वित्तीय संकट के प्रति नीतिगत प्रतिक्रिया के संबंध में

वैश्विक मनोदशा आर्थिक विस्तार के लिए थी। अधिकांश सरकारों ने कर दरों में कमी करते हुए और आर्थिक प्रणाली में अतिरिक्त तरलता देते हुए राजकोषीय प्रोत्साहन को पसंद किया। शायद आई.एम.एफ. ने कहा कि जहाँ विश्व को एक आर्थिक विस्तार की आवश्यकता है, वहीं भारत को किसी आर्थिक विस्तार की आवश्यकता नहीं हो सकती। यदि अवसंरचना वित्त पर एक या दो वर्ष अधिक धन खर्च किया जाए तो बेहतर होगा।

### जी20 की बैठकों में भारत के शेरपा के रूप में उनकी महत्त्वपूर्ण भूमिका

शुरुआती संकट के बाद मुझे यह विश्वास नहीं था कि जी20 को क्या हासिल हुआ। प्रमुख देशों की आवधिक बैठकें होती रहीं। जी20 समूह की संरचना बहुत व्यापक नहीं थी। उदाहरण के लिए अर्जेंटीना इसका एक सदस्य है। फ्रांस चाहता था कि यह समूह जी15

हो। भारत के लिए अच्छी बात यह है कि उसे प्रमुख स्थान प्राप्त है, किंतु इससे अधिक महत्त्वपूर्ण बात यह है कि एक बार जब हमें वह स्थान प्राप्त हो जाए तो हम क्या करें? प्रधानमंत्री मोदी ने जलवायु परिवर्तन के मुद्दे पर कहा था कि भारत उत्सर्जन कटौती की चुनौती को स्वीकार करेगा। जलवायु परिवर्तन एक ऐसा क्षेत्र है, जहाँ विशिष्ट समूह का हिस्सा होने का दबाव काम किया। ऐसे अवसर थे जब पर्यावरण और वन मंत्रालय ने अंतरराष्ट्रीय दायित्वों को उद्धृत करते हुए 12वीं योजना लक्ष्यों पर आपत्ति जताई।

## 2008 के वैश्विक आर्थिक संकट के बाद आई.एम.एफ. में बदलाव और 2020-2030 दशक में आई.एम.एफ. को वे किस प्रकार देखते हैं

यह मुद्रा कोष एक अच्छा अंतरराष्ट्रीय संगठन है। सुझावों के साथ इस संगठन में समय के साथ बदलाव आया है। पश्चिमी देश चाहते हैं कि यह कोष एक ऐसा संगठन हो, जो प्रमुख देशों में संकट का पूर्वानुमान करे और तकनीकी प्रपत्रों व निगरानी का निरूपण करें। छोटे देशों के लिए कर्जदाता के रूप में यह एक अच्छी संस्था होगी। यदि भारत में यह संकट आए तो भारत को वित्तपोषित करने के लिए इस संगठन को सशक्त नहीं बनाया जाएगा। अंतरराष्ट्रीय मुद्रा कोष की 360 बिलियन अमेरिकी डॉलर की पूँजी बहुत अधिक नहीं है। यदि भारत आज इसके पास वित्तपोषण के लिए जाए तो उसे वित्तपोषण के लिए 50 बिलियन अमेरिकी डॉलर की आवश्यकता होगी। यह असंभव है कि इस मुद्रा कोष का कार्यकारी बोर्ड उतना पैसा दे।

कई दशकों तक बहुपक्षीय व्यवस्थावाली संस्थाओं की अगुआई अमेरिका द्वारा की गई। जब संरक्षणवादी ताकतें गतिमान हो रही हैं तो वर्तमान संदर्भ में बहुपक्षवाद के लिए अमेरिकी नेतृत्व पर गौर करना कठिन है। यद्यपि अमेरिका के लिए यह कहना असंभव है कि आई.एम.एफ. को समाप्त कर दिया जाए। आनेवाले वर्षों में वह इस संस्था की बहुत अधिक सहायता नहीं कर सकता है। यह सोचा जा सकता है कि इस संस्था का भविष्य अभी से पाँच वर्षों का है। मैं इस संस्था के भविष्य के संदर्भ में माइकल कैमडेसस की रिपोर्ट का हवाला दूँगा।

आई.एम.एफ. उद्देश्य परिवर्तन का सामना करता है। मुद्रास्फीति संबंधी वृत्ति दक्षता समय की माँग है। इस संस्था को अन्य मामलों की पड़ताल करने का लाइसेंस नहीं दिया गया है। लगाम को कसने के लिए मुद्रा कोष को अल्पावधि उपायों को देखना होता है—यही इसकी भूमिका है। इस मुद्रा कोष को यह निर्धारित करना होता है कि राजकोषीय घाटा आधारणीय होता है और इसे राजकोषीय लक्ष्यों की प्राप्ति के लिए सरकारों के लिए छोड़ दिया जाता है। यह मुद्रा कोष उन मुद्दों में फँस रहा है, जहाँ इसकी कोई भूमिका नहीं है।

जहाँ तक वित्तीय स्थिरता का संबंध है, आई.एम.एफ. बहुत अधिक कार्य नहीं कर रहा है। वित्तीय स्थिरता मंच और बी.आई.एस. बहुत अधिक कार्य कर रहा है। दुर्भाग्यवश, पश्चिम में ऐसा कोई देश नहीं है, जो इस मुद्रा कोष की वित्तीय स्थिरता के बारे में सोच रहा है।

आज भारत सामान्य रूप से एक खुली अर्थव्यवस्था है। पाँच वर्षों में हम बेहतर होंगे। सरकार को इससे अवगत होने की आवश्यकता है कि भारतीय वित्तीय प्रणाली वैश्विक अर्थव्यवस्था के साथ तेजी से एकीकृत हो रही है। वैश्विक वित्तीय संकट आने के बाद भारत के वित्तीय क्षेत्र के एकीकरण में बहुत अच्छी प्रगति हुई, यद्यपि मैं आश्वस्त नहीं हूँ कि क्या कुछ भारतीय कॉरपोरेटों के डॉलर प्रकटन के बारे में अच्छी तरह से सोचा गया है या नहीं।

## वर्ष 1991-93 की उनकी स्मृति के संबंध में डॉ. मोंटेक सिंह अहलूवालिया और श्री हुबर्ट नेइस के बीच विचारों में संसृति के परिणामस्वरूप आई.एम.एफ. के साथ 1991 के सुधार कार्यक्रम सफल हुए

इतिहास हमें बहुत अच्छी तरह से याद रखेगा। आई.एम.एफ. का इतिहास भी यह कहता है कि भारतीय अधिकारी यह जानते थे कि हमें क्या करने की आवश्यकता थी। यह भी ध्यान में रखा जाना चाहिए कि राजनीतिक स्तर पर आई.एम.एफ. कार्यक्रम की गहरी समझ थी, जिसने आर्थिक सुधारों के लिए राजनीतिक समर्थन को सुनिश्चित किया।

भारत इस मुद्रा कोष का एक पोस्टर शिशु है। उनके तीन कार्यक्रमों में से प्रत्येक कार्यक्रम को अनुमानित समय से पूर्व समाप्त कर दिया गया। कार्यक्रम की समाप्ति के पश्चात् विकास दर सदा ही कार्यक्रम के पूर्व की विकास दरों से अधिक रही। पुनर्भुगतान सदैव समय से किया गया।

1981 के कार्यक्रम में आई.एम.एफ. ने कहा कि हमें पैसे की आवश्यकता नहीं है। एम. नरसिम्हा ने उस समय आई.एम.एफ. के साथ संपर्क किया, जब हमारी अर्थव्यवस्था सही नहीं चल रही थी। 1991 के संकट के पूर्व इस सुधार प्रक्रिया के संबंध में भारत सरकार में कई आंतरिक प्रपत्र मौजूद थे। भारतीय नीति-निर्धारक इस बात से अवगत थे कि हमें किस दिशा में जाना है। इसमें कोई संदेह नहीं है कि 1991 के संकट के कारण ही आर्थिक सुधार की शुरुआत हुई। 1991 के आर्थिक सुधार का विरोध केवल वाम दलों ने किया था। इतिहास ने इसे सिद्ध किया है कि 1991 के आर्थिक सुधार के संबंध में वामदल गलत थे और सरकार सही थी।

इस मुद्रा कोष के कर्मचारी को पता था कि भारत जैसे विशाल देशों के साथ किस प्रकार कार्य करना है। हमारे साथ उनका संबंध सदा सौहार्दपूर्ण और रचनात्मक रहा।

जब मैं पीछे मुड़कर देखता हूँ तो मुझे आश्चर्य होता है कि आर्थिक कार्य विभाग के तत्कालीन सचिव शुक्ला और मुख्य आर्थिक विश्लेषक दीपक नय्यर ने क्या किया होगा। व्यापार नीति पर चर्चा के दौरान वे उस स्तर पर व्यापार सुधार के विरोध में थे।

**1985 दीर्घकालिक राजकोषीय नीति दस्तावेज पर। अस्थिर राजकोषीय नीति बनाते हुए 1985-89 की अवधि के राजकोषीय विस्तार पर**

एल.टी.एफ.पी. वित्त मंत्रालय का एक दस्तावेज था। यह दुर्भाग्यपूर्ण था कि वित्त मंत्रालय ने इसे निरस्त कर दिया। भारतीय वित्तमंत्रियों की समीक्षा राजकोषीय समझदारी से नहीं की जाती है। उन वर्षों में रक्षा खर्चों में बहुत अधिक विस्तार हुआ था। सरकार ने महसूस किया कि रक्षा क्षेत्र में क्षमता को और बढ़ाना भारत के लिए अनिवार्य था, जिसे गंभीरता से लिये जाने की आवश्यकता थी। बाद के अनुभव ने इसे सिद्ध किया कि यदि हम चाहते हैं कि हमें गंभीरता से लिया जाए तो इसका सबसे अच्छा तरीका है कि हम अपने जी.डी.पी. में बढ़ोतरी करें। हम इस तथ्य को कम करके आँकते हैं कि आर्थिक विकास के संदर्भ में चीन ने चुपचाप रहकर कितना कुछ हासिल किया।

**1997 में पूर्वी एशियाई देशों में आया वित्तीय संकट और भारत पर इसके प्रभाव के संबंध में उनका स्मरण**

पूर्वी एशियाई आर्थिक संकट ने विश्व में उथल-पुथल नहीं मचाई। इसे तुरंत ही नियंत्रित कर लिया गया। कोरिया ने तुरंत ही इस संकट से पार पा लिया, इंडोनेशिया को हानि हुई, थाइलैंड और मलेशिया, जिन्होंने इस संकट का सामना किया, ने भी इसे नियंत्रित कर लिया। आर.बी.आई. ने एक पेशेवर संगठन के प्रभाव के बारे में बताया। एन.डी.ए. सरकार मजबूत रुपए चाहती थी। आर.बी.आई. के गवर्नर जालान ने प्रधानमंत्री को कमजोर रुपए के लाभों के बारे में बताया। आर.बी.आई. और वित्त मंत्रालय दोनों ने यह बताया कि 1997 के संकट के दौरान वे चौकन्ने थे।

**इस संबंध में कि वे आर्थिक सुधार में 2014 के बाद की प्रगति को किस प्रकार देखते हैं**

यह सुधार प्रक्रिया पूर्व सरकार के क्रम में है। इसमें दो महत्त्वपूर्ण कदम रहे हैं— जी.एस.टी. और दिवालिया संहिता। जी.एस.टी. के लिए सरकार और विपक्ष दोनों ही श्रेय ले सकते हैं। गैर-निष्पादनकारी आस्तियों और ब्याज दरों की अधिकता की चुनौतियों से निपटने के लिए दिवालिया संहिता एक महत्त्वपूर्ण कदम है। इसमें अशोध्य ऋणोंवाले बैंकों

की पहचान करने और एन.पी.ए. की समस्या से निपटने के लिए उनमें आर.बी.आई. के कर्मचारियों को नियुक्त करने पर भी विचार कर सकता है। संघीय वित्तपोषण के मुद्दे भी हैं, जहाँ अधिकांश समय बहुत सारी जिम्मेदारी शीर्ष बैंक पर छोड़ दी जाती है। मैंने प्रायः पूछा है, "एन.पी.ए. से कौन जूझ रहा है? सच्चाई यह है कि बैंकों के अतिरिक्त और किसी को हानि नहीं हो रही है।"

### सरकार के शीर्ष स्तर पर आर्थिक नीति बनाने में उनकी 30 वर्षों की विरासत पर

डॉ. मनमोहन सिंह इसके नेता थे। उनके इर्द-गिर्द आर्थिक नीति-निर्धारण में कई सहयोगी थे। हम साथ कार्य करने के लिए अधिकारियों की टीम बना सकते हैं। यह सदा कहा गया कि संयुक्त राज्य एक देश है जो एक टीम को साथ रख सकता है। भारतीय विकास की कहानी हमें उस सफलता के बारे में बताती है, जहाँ हमने एक टीम के रूप में कार्य किया है।

### श्री शक्तिकांत दास

शक्तिकांत दास, आई.ए.एस. ने वर्ष 2008-2017 के दौरान आर्थिक कार्य विभाग में संयुक्त सचिव, अपर सचिव, राजस्व विभाग में सचिव के रूप में और आर्थिक कार्य विभाग में सचिव के रूप में अपनी सेवा दी। आर्थिक कार्य विभाग में अपने लंबे कार्यकाल के दौरान वे भारत के आर्थिक सुधार और वैश्विक वित्तीय क्षेत्र समाकलन के साथ जुड़े रहे। भारत में बड़े आर्थिक सुधार में 2014-17 के दौरान वे एक प्रभावशाली व्यक्ति रहे हैं। श्री शक्तिकांत दास को 12 दिसंबर, 2018 को भारतीय रिजर्व बैंक के गवर्नर के रूप में नियुक्त किया गया था।

### आई.एम.एफ. की बदलती भूमिका पर

2008 तक आई.एम.एफ. की भूमिका मुख्य रूप से द्विपक्षीय निगरानी की थी। वर्ष 2008 के बाद आई.एम.एफ. ने बहुपक्षीय निगरानी को मजबूत किया। जी20 के सक्रिय मंच बन जाने के साथ ही आई.एम.एफ. की भूमिका और प्रबल हुई। जी20 शिखर सम्मेलन और ओ.ई.सी.डी. की बैठकों ने आई.एम.एफ. को इस स्थिति के अपने विश्लेषण को प्रस्तुत करने के लिए एक मंच प्रदान किया। इससे विश्व पटल पर आई.एम.एफ. की भूमिका में गुणात्मक परिवर्तन आया।

आई.एम.एफ. वैश्विक मंदी से निपटने व आर्थिक विकास को बनाए रखने के लिए

तीन फलकीय दृष्टिकोण की सलाह देता रहा—उपलब्ध अतिरिक्त राजकोषीय व्यवस्था का इस्तेमाल, मौद्रिक नीति विस्तार और ढाँचागत सुधार।

**भारत में पूँजी प्रवाह से निपटने की चुनौतियों पर**

वैश्विक आर्थिक मंदी के बाद पूँजी प्रवाह में भारी बढ़ोतरी हुई। दीर्घकालिक पूँजी प्रवाह सदा ही भारत के हित में रहा है। विश्व में बहुत सारी पूँजी थी, जिसमें धीमा विकास और निवेश के लिए धीमी भूख देखी गई तथा बाजार में धन प्रवाहित हो रहा था, जहाँ से बेहतर प्राप्तियाँ आ रही थीं, भारत को एक मजबूत अर्थव्यवस्था के रूप में देखा गया, यहाँ बाजार से बेहतर प्राप्तियाँ आ रही थीं और संरचनात्मक सुधार मजबूत थे।

2014 के बाद सरकार ने भारत में स्थिर दीर्घावधि पूँजी के प्रवाह को सुनिश्चित करने के लिए कई कदम उठाए—जिसका मुख्य ध्यान—भारत में निर्माण करने, लाइसेंस की समाप्ति सहित आसान व्यवसाय में सुधार करना, एफ.आई.पी.बी. की समाप्ति पर था। एक अन्य महत्त्वपूर्ण कदम आसान सीमा शुल्क क्लियरेंस और निर्माण संबंधी अनुमति को लागू करना था। कराधान के संबंध में जी.एस.टी. एक एकल बड़ा कदम था। जहाँ जी.एस.टी. को 2011 को लागू किया गया था, वहीं इसे वर्ष 2014 में राज्य सरकारों के साथ परामर्श कर आगे बढ़ाया जा सका। केंद्र सरकार द्वारा दरशाए गए लचीलेपन ने राज्यों और केंद्र के बीच गतिरोध को तोड़ने में सहायता की। राज्यों को होनेवाली राजस्व हानि के लिए क्षतिपूर्ति अवधि को बढ़ाकर 5 वर्ष कर दिया गया। वर्ष 2015-16 के बजट में कॉरपोरेट आयकर को 30 प्रतिशत से 25 प्रतिशत कम करना एक बड़ा कदम था।

संरचनात्मक सुधार के संबंध में सरकार ने प्रमुख एफ.डी.आई. सुधारों को शुरू करते हुए एफ.डी.आई. नीति की सुस्ती को दूर किया। नवंबर 2015 और मार्च 2016 के प्रमुख एफ.डी.आई. उदारीकरण ने स्थावर संपदा में एफ.डी.आई. को लाने सहित एफ.डी.आई. की उच्चतम सीमा में छूट प्रदान करते हुए क्षेत्र संबंधी महत्त्वपूर्ण सहूलियत प्रदान की। क्षेत्र संबंधी सहूलियत देने के बाद यह देखा गया कि एफ.डी.आई. का 90 प्रतिशत स्वचालित मार्ग से आ रहा है और केवल 10 प्रतिशत हिस्सा ही एफ.आई.पी.बी. मार्ग से आ रहा था। इससे एफ.आई.पी.बी. की समाप्ति को अधिक सहज बनाया गया।

**डी.ई.ए. के सचिव के रूप में आपके कार्यकाल में भारत विश्व में सबसे तेज गति से बढ़ती हुई प्रमुख अर्थव्यवस्था बनकर उभरा। इससे परिवर्तन आया ?**

आर्थिक सावधानी और एफ.आर.बी.एम. के दीर्घकालिक राजकोषीय लक्ष्यों के आधार पर सुधार किया गया। ऑनलाइन व्यापार को शुरू करने सहित पूँजी बाजार में

सुधार और स्टॉक बाजारों में सुधार के लिए सेबी की पहलों से अधिक वित्तीय क्षेत्र समेकन आया। मसाला बॉण्डों, जो रुपए मूल्य वर्ग के बॉण्ड थे, को लागू करने के कारण भारतीय रुपए का अंतरराष्ट्रीयकरण हुआ। एन.टी.पी.सी., ए एन.एच.ए.आई. जैसे कई सरकारी क्षेत्र के उपक्रम और एच.डी.एफ.सी. जैसे निजी क्षेत्र की कंपनियों ने विदेशी पूँजी जुटाने के लिए मसाला बॉण्डों का इस्तेमाल किया। बाह्य वाणिज्यिक उधार व्यवस्था और जी-सेक बाजारों का सरलीकरण हुआ। इनमें से दोनों के.वाई.सी. मानदंडों का अनुसरण कर सकते थे। वित्तीय कार्य कृतिक बल (एफ.ए.टी.एफ.) में भारत की भागीदारी ने बाह्य वाणिज्यिक उधार सुधार का सरलीकरण किया।

## कोष की द्विपक्षीय निगरानी पर विचार। अनुच्छेद-IV परामर्श से सिफारिशों की उपयोगिता

अनुच्छेद-IV परामर्श में सरकार के लिए भारतीय अर्थव्यवस्था पर बाहरी विचार प्रदान किए गए। हम इन सिफारिशों से बँधे नहीं थे। हम आर्थिक नीति निर्धारण में स्वायत्त थे। महँगाई संबंधी लक्ष्य और सब्सिडी सुधार को अपनाने के संबंध में विचारों की महत्त्वपूर्ण संसृति थी। हमने उस रूप में आई.एम.एफ. की सलाह को भी स्वीकार किया, जिसमें हम राजकोषीय घाटे में बॉण्डों को परिलक्षित करने पर सहमत होते हुए अपने राजकोषीय घाटे की गणना कर रहे थे। वित्तमंत्री ने बाद में घोषणा की कि सरकार बॉण्ड जारी कर तेल पी.एस.यू. को सब्सिडी भुगतान जारी नहीं करेगा। सब्सिडी भुगतान सरकार के राजकोषीय खाते में नकद रूप में होगा।

## भारत : आई.एम.एफ. संबंधों के लिए आगे का मार्ग

यदि आगे की बात करें तो शायद आई.एम.एफ. के एम.डी. के लिए यह उचित समय है कि वे यूरोप से बाहर से हों। यह एशिया का आर्थिक दशक है और हमारी ताकत आई.एम.एफ. कोटे के सुधारों में परिलक्षित होना चाहिए। आई.एम.एफ. ने 2008 की वैश्विक मंदी के बाद इन कार्यक्रमों के वित्तपोषण के लिए संसाधनों को जुटाने के लिए वित्तपोषण के द्विपक्षीय तरीकों का इस्तेमाल किया है। उधार और नोट खरीद समझौतों के लिए इस नई व्यवस्था को अतिरिक्त संसाधनों को जुटाने के लिए कोटों में शामिल किया जा सकता था। इसके अतिरिक्त, एशियाई राष्ट्रों की वास्तविक आर्थिक मजबूती को परिलक्षित करने के लिए कोटा संबंधी सुधार आवश्यक है।

तकनीकी सहायता के संबंध में भारत और आई.एम.एफ. ने केंद्र सरकार और राज्य सरकार के अधिकारियों के क्षमतावर्धन के लिए दक्षिण एशियाई प्रशिक्षण केंद्र (एस.ए.आर.

टी.ए.सी.) की स्थापना के लिए एक समझौता ज्ञापन पर हस्ताक्षर किए हैं।

भारत : आई.एम.एफ. संबंधों में निरंतरता बनी रही है। 1991 के प्रमुख संरचनात्मक और कर संबंधी सुधार से लेकर अनुच्छेद-IV के तहत 2017 की द्विपक्षीय निगरानी तक भारत : आई.एम.एफ. संबंध मजबूत राष्ट्रीय स्वामित्व और विचारों का अभिसरण रहा है।

## केंद्रीय बैंक के गवर्नर

डॉ. वाई.वी. रेड्डी, आई.ए.एस. भारत के अत्यंत प्रभावशाली लोक सेवकों में से एक रहे हैं, जिन्होंने विश्व बैंक में कार्यकारी निदेशक (भारत) के तकनीकी सहायक, 1991 के संकट के दौरान आर्थिक कार्य विभाग में संयुक्त सचिव, भारतीय रिजर्व बैंक में उप-गवर्नर, आई.एम.एफ. में कार्यकारी निदेशक (भारत) और भारतीय रिजर्व बैंक के गवर्नर एवं आई.एम.एफ. में वैकल्पिक गवर्नर (2003-08) के रूप में सेवाएँ प्रदान कीं।

## ब्रेटन वुड्स संस्थाओं के संबंध में

द्वितीय विश्वयुद्ध के अंत में हुए ब्रेटन वुड्स सम्मेलन में 44 देशों के प्रतिनिधियों ने भाग लिया, भारत इसमें एक सक्रिय भागीदार था। इस सम्मेलन में भुगतान समस्याओं के अस्थायी संतुलन को दूर करने के लिए सामान्य पूल से किसी देश के लिए संसाधनों के प्रावधान के विचार को स्वीकार किया गया और यह अंतरराष्ट्रीय मुद्रा कोष (आई. एम.एफ.) के सृजन का आधार है। बी.डब्ल्यू.आई. की मूलभूत संरचनात्मक विशेषताएँ अपरिवर्तित ही रहीं। उनकी सदस्यताए, जो केवल सरकारों के लिए ही थी, स्वैच्छिक है। उनका चरित्र सहयोगात्मक है, यद्यपि मतदान के अधिकार को आई.एम.एफ. में कोटे द्वारा आँका जाता है, जो कुछ तो ऐतिहासिक कारणों और कुछ उभरती अर्थव्यवस्था और व्यापारिक मजबूती के कारण असमान मजबूती को परिलक्षित करता है।

## आई.एम.एफ. के साथ भारत के संबंध में बारे में

आई.एम.एफ. के बोर्ड में एक कार्यकारी निदेशक द्वारा भारत ने सदा ही प्रतिनिधित्व किया है और आई.एम.एफ. के कार्य संचालन में इसके अंशदान को सामान्यतया मान्यता दी जाती है। भारत : आई.एम.एफ. के संसाधनों का एक जिम्मेदार और विवेकपूर्ण ऋणकर्ता रहा है। संकट के समय, आई.एम.एफ. ने समयबद्ध तरीके से भारत को सहायता दी। आई.एम.एफ. ने बहुमूल्य योगदान को स्वीकार किया—जो भारतीय नीति-निर्धारकों ने उनकी नीतियों और प्रक्रियाओं के लिए दिया—यद्यपि उनमें कई मतभेद रहे हैं।

## आई.एम.एफ. सुधार के संबंध में

आई.एम.एफ. में सुधार के लिए कई सुझाव आए हैं और इनमें से कुछ गंभीर सुझाव हैं—(क) आशेंग्रीन का प्रस्ताव : आशेंग्रीन ने आई.एम.एफ. को और अधिक स्वतंत्र बनाने के लिए तर्क दिया है। आशेंग्रीन के अनुसार, 'अंतरराष्ट्रीय मानकों' को भावी आई.एम.एफ. बहुपक्षीय निगरानी के लिए आधार होना चाहिए। उन्होंने आई.एम.एफ. के कार्यकारी निदेशक को राष्ट्रीय सरकारों से अनुदेश लेने से मना करते हुए तथा नीतियों को लागू करने के लिए उन्हें स्पष्ट अधिदेश देते हुए इसे अधिक स्वतंत्रता देने की सिफारिश की, ताकि 'अधिकतम स्थिरताएँ समृद्धि और विकास' हो। (ख) लॉरेंस समर्स : श्री समर्स, अमेरिका के पूर्व वित्तमंत्री ने तर्क दिया कि आई.एम.एफ. को और अधिक पारदर्शी और देशों के साथ अपने समझौतों में और खुलापन रखे जाने की आवश्यकता है। अपने कार्यक्रमों को तैयार करने में उन्होंने संकेत दिया कि आई.एम.एफ. को व्यापक ढाँचागत व संस्थागत वातावरण को ध्यान में रखने की आवश्यकता है, जिसके साथ उन्हें कार्यान्वित किया जाना है।

## वैश्विक अर्थव्यवस्था के साथ भारत के आर्थिक समेकन के संबंध में

वैश्विक अर्थव्यवस्था के साथ भारत का आर्थिक समेकन मजबूत सरकारी नीतियों के माध्यम से चलता रहेगा। पूँजी खाता प्रबंधन और विनिमय दर संबंधी व्यावहारिक नीतियों ने विकास योगदान, झटकों को झेलने और समग्र स्थिरता लाने में योगदान देकर हमारी बेहतर सेवाएँ की हैं। विदेशी बैंकों की शाखाओं सहित विभिन्न कंपनियों में बढ़ी प्रतिस्पर्धा को प्रोत्साहित किया गया है।

राजकोषीय मोर्चे पर जी.डी.पी. की तुलना में सरकारी कर्जे का अनुपात हमारे देश में अधिक है, किंतु सरकारी कर्ज का ढाँचा उन विशेषताओं को बतलाता है, जो हमें इसी प्रकार के ऋण आकार के साथ अन्य देशों की अपेक्षा कम संवेदनशील बनाता है। संरचनात्मक पहलुओं को ध्यान में रखते हुए सरकारी खर्च प्रबंधन में सतत प्रगति इसका लाभ है। इसके अतिरिक्त एक प्रभावी और परिणामी राजकोषीय समायोजन से वैश्विक अर्थव्यवस्था के साथ अधिक सफल समेकन के लिए अवसर में और बढ़ोतरी होगी। व्यापार संबंधी मामलों में महत्त्वपूर्ण रूप से बाहरी व्यापार का उदारीकरण सुचारु रूप से हुआ है, जिसने घरेलू क्षेत्र के लिए प्रभावी रूप से प्रतिस्पर्धा प्रदान की है।

## वैश्विक समष्टि अर्थव्यवस्था असंतुलन के संबंध में

वर्ष 2004-2007 में वैश्विक समष्टि अर्थव्यवस्था असंतुलन वैश्विक आर्थिक व्यवस्था कार्यसूची की विशेषता थी और इस विषय पर आई.एम.एफ.सी., जी20 और

बी.आई.एस. में कई बैठकें हुई थीं। भारत ने स्वयं ही वैश्विक वित्तीय असंतुलन में शायद ही कोई योगदान दिया हो, किंतु प्रमुख मुद्राओं में किसी व्यापक और तीव्र समायोजन तथा व्यापारिक साझेदारों से संबंधित ब्याज दरों अथवा चालू खातों का भारतीय अर्थव्यवस्था पर अप्रत्यक्ष प्रभाव पड़ सकता है। अर्थात् भारत पर इसका प्रभाव मुद्रा व चालू खाता पुनर्समायोजन और वैश्विक ब्याज दरों की गति और सीमा पर और गहरा हुआ। यह भी स्पष्ट था कि मुद्राओं का पुनर्समायोजन और ब्याज दरों में बढ़ोतरी का भारत पर प्रभाव पड़ेगा। भारत ने परिवर्धित जोखिमों का सामना किया, जिससे वैश्विक वित्तीय आर्थिक समेकन में बढ़ोतरी हुई, किंतु मजबूत समष्टि आर्थिक प्रबंधन के माध्यम से तथा उपयुक्त बौद्धिक उपायों से वित्तीय उदारीकरण के जोखिमों का प्रबंधन बेहतर तरीके से हो सकता है।

## भारत के वित्तीय क्षेत्र उदारीकरण के संबंध में

भारत ने 1992 में वित्तीय क्षेत्र सुधार के बाद से वित्तीय उदारीकरण में महत्त्वपूर्ण प्रगति की है। मध्यावधि में वित्तीय समेकन के प्रति भारत की प्रतिबद्धता का निर्धारण वित्तीय जवाबदेही और बजट प्रबंधन अधिनियम, 2003 द्वारा किया गया। भारत पूँजी प्रवाह में बढ़ोतरी, वित्तीय मूल्यों में व्यापक परिवर्तन व इससे जुड़े उतार-चढ़ाव से निपटने के लिए बेहतर तरीके से तैयार है, जो वित्तीय क्षेत्र के त्वरित उदारीकरण के साथ अपरिहार्य बन जाता है। विदेशी मुद्रा भंडार की पर्याप्तता ने तीव्र वित्तीय उदारीकरण को समर्थ बनाया है।

## भारत द्वारा किए गए प्रमुख बैंकिंग क्षेत्र सुधार के संबंध में

बैंकिंग क्षेत्र सुधार के प्रमुख उद्देश्यों में से एक प्रतिस्पर्धा के माध्यम से प्रभावोत्पादकता और उत्पादकता बढ़ाना रहा है। निजी क्षेत्र के नए बैंकों की स्थापना की गई है और सरकारी क्षेत्र के बैंकों में निजी शेयरधारिता को 49 प्रतिशत तक की अनुमति प्रदान की गई है। अब निजी क्षेत्र के बैंकों में प्रत्यक्ष विदेशी निवेश को 74 प्रतिशत तक की अनुमति प्रदान की गई है। बैंकिंग क्षेत्र में समेकन सुधार प्रक्रिया अन्य विशेषता रही है। ब्याज दर नियंत्रण मुक्ति ने संसाधन आवंटन के लिए अधिक प्रभावोत्पादकता प्रदान किया। यह प्रक्रिया धीमी रही है। संचयी आधार पर पुनर्पूंजीकरण के उद्देश्य के लिए सरकारी क्षेत्र के बैंकों में सरकार द्वारा निधि का अंत:प्रवाह भारत के जी.डी.पी. के एक प्रतिशत से भी कम रही।

आर.बी.आई. ने इस संबंध में अत्यंत प्रभावशाली कार्य किया है, वित्तीय प्रणाली के संबंध में 1991 में समिति की रिपोर्ट (सभापति : श्री एम. नरसिम्हा), 1992 में भुगतान संतुलन संबंधी उच्च स्तरीय समिति (सभापति : डॉ. सी. रंगराजन) की रिपोर्ट और 1998 में

बैंकिंग क्षेत्र सुधार संबंधी समिति (सभापति : श्री एम. नरसिम्हा) की रिपोर्ट भारत के लिए बैंकिंग क्षेत्र सुधार को रेखांकित करती हैं।

## सुधार के बाद से भारत की विनिमय दर प्रबंधन संबंधी नीतियों पर

जुलाई 2019 में रुपए का अवमूल्यन इस सुधार कार्यक्रम का एक हिस्सा था। आंशिक परिवर्तनीयता की व्यवस्था के लिए मार्च 1992 में एक प्रस्ताव था। मार्च 1993 में व्यवस्था में बदलाव होकर रुपए की एक समान विनिमय दर हो गई, जो बाजार निर्धारित थी, यह एक ऐसी प्रणाली थी, जो आज भी बनी हुई है। अगस्त 1994 में भारत ने चालू खाते की परिवर्तनीयता को शुरू किया। 1997 के दूसरे भाग से भारत ने पूँजी खाता परिवर्तनीयता की ओर सावधानी और अंशोधित कदम बढ़ाया। इन घटनाक्रमों ने विनिमय दर व्यवस्था को परखा, जो स्थिरता को बनाए रखते हुए विकास के अनुकूल साबित हुआ।

## भारत के सुधार कार्यक्रम के संबंध में आई.एम.एफ. कर्मचारियों की भूमिका के संबंध में

1991 के कार्यक्रम के समेकित कार्यान्वयन के प्रमुख कारणों में से एक भारत के शीर्ष नौकरशाह और आई.एम.एफ. कर्मचारियों के बीच सहक्रिया थी। विचारों का बौद्धिक अभिसरण इन समेकित कार्यान्वयन के लिए एक प्रमुख कारण था।

## 2008 के वैश्विक संकट के पश्चात् अंतरराष्ट्रीय नीतिगत समन्वय के संबंध में

वैश्विक वित्तीय संकट ने सभी देशों में समन्वित राजकोषीय मौद्रिक काररवाई के लिए बाध्य किया। इन परिस्थितियों में समन्वय अपरिहार्य था। वास्तव में मौद्रिक प्राधिकारियों को अपरंपरागत उपाय करने पड़े, जिसकी व्यापक अर्ध-राजकोषीय अंतर्ग्रस्तता थी। वैश्विक स्तर पर नीतियों का समन्वय भी जी20 की बैठक में इस समझौते के आलोक में अनिवार्य था। भारत में राजकोषीय और मौद्रिक प्रोत्साहन दिया गया और आर.बी.आई. द्वारा विनियामक सहिष्णुता के माध्यम से इसे अनुपूरित किया गया। कुछ समय के बाद आर.बी.आई. के लिए यह सुस्पष्ट हो गया कि प्रोत्साहन को वापस लेना शुरू कर देना चाहिए, तथापि राजकोषीय प्राधिकरण इससे सहमत नहीं थे। इस प्रोत्साहन को वापस लेने की अवधि के दौरान असमन्वित प्रतिक्रिया को देखा जा सकता है। यह तनावकारी साबित हुआ, तथापि इसे अवश्य स्वीकार किया जाना चाहिए कि असाधारण परिस्थितियों में समन्वयन कठिन हो जाता है और यह स्थिति अपवाद नहीं थी। इन घटनाक्रमों के परिणामस्वरूप लागू मौद्रिक नीतिगत रूपरेखा पर प्रश्न खड़ा हो गया।

## भारत की नई मौद्रिक नीतिगत संरचना की बाह्य आकृति के संबंध में

भारत में मौद्रिक नीति प्रणाली का 2014 से रूपांतरण हुआ, जिसके ढाँचे को लक्ष्य बनाकर लचीली स्फीति तक ले जाया गया। वर्ष 2014-15 के दौरान लचीली स्फीति लक्ष्य के लिए एक औपचारिक ढाँचे को आर.बी.आई. और सरकार के बीच एक समझौते के माध्यम से लाया गया। आर.बी.आई. अधिनियम 1934 में किए गए संशोधन का प्राथमिक उद्देश्य विकास को ध्यान में रखते हुए मूल्य को स्थिर बनाए रखना था। महँगाई के लक्ष्य की प्राप्ति के लिए अपेक्षित नीतिगत दर को निर्धारित करने के लिए एम.पी.सी. के गठन को अधिदेशित किया गया और यह जिम्मेदारी सौंपी गई। अब हमारे पास एफ.आर.बी.एम. अधिनियम द्वारा अधिदेशित नियम-आधारित राजकोषीय नीति और संशोधित आर.बी.आई. अधिनियम के माध्यम से नियम-आधारित मौद्रिक नीति है।

## आई.एम.एफ. के कार्यकारी निदेशक और आर.बी.आई. के गवर्नर के रूप में आपकी स्मृतियों के संबंध में

आई.एम.एफ. (2002-2003) : मैंने आई.एम.एफ. में कार्यकारी निदेशक बनने के लिए आर.बी.आई. के पद को छोड़ा। मैं आई.एम.एफ. के प्रबंधन में एक महत्त्वपूर्ण सदस्य के रूप में अब उसके बोर्ड में था। यह एक सहकारी संस्थान है, तथापि यह असमान सदस्यतावाली एक सहकारी संस्था थी। हमें सम्मान प्राप्त हो सका, क्योंकि हम सोने को गिरवी रखने के बाद उधारकर्ता से दस वर्षों में 2002-03 में उधारदाता बन गए।

मैंने तुर्की, ब्राजील, अर्जेंटीना और मैक्सिको में इस कोष के कार्यक्रम को नजदीक से समझा। सबसे महत्त्वपूर्ण पाठ बहुत ही स्पष्ट था। वैश्वीकरण से उत्पन्न सभी सर्वांगी जोखिमों का भार संबंधित देश की सरकार को उठाना होगा। इसका एकमात्र अपवादवाला देश अमेरिका हो सकता है, क्योंकि आभासी रूप से अमेरिकी डॉलर विश्व की मुद्रा है। किसी भी देश के लिए जोखिम का प्रमुख स्रोत अनिवासियों व बैंकिंग प्रणाली से सरकार को प्राप्त विदेशी मुद्रा है।

**गवर्नर ( 2003-2008 ) :** आई.एम.एफ. से सीखे गए पाठों के आधार पर हम जैसे लोगों, जो आर.बी.आई. से जुड़े रहे, ने बाह्य क्षेत्र के संबंध में बहुत ही बारीकी से कार्य किया। हमने घरेलू सरकारी और वित्तीय मध्यस्थों के तुलनपत्रों में अंतर किया। घरेलू और कॉरपोरेट के संबंध में हम अधिक उदार थे, किंतु सरकार और वित्त के संबंध में विदेशी मुद्रा प्रकटन को लेकर सख्त थे। इसके अतिरिक्त हम वैश्विक असंतुलन के साथ कोई खतरा मोल लेने के इच्छुक नहीं थे। सभी प्रकार की सावधानियाँ बरतने के बावजूद हमारी अर्थव्यवस्था कुछ हद तक प्रभावित हुई, क्योंकि इससे प्रभावित होने के कई माध्यम हैं, यथा

व्यापार माध्यम, वित्तीय माध्यम और भावनात्मक माध्यम। युद्ध संबंधी मुद्रा कोष बनाते हुए हमने नाटकीय रूप से वैश्विक समेकन में बढ़ोतरी की।

## वैश्वीकरण के वैश्विक परिप्रेक्ष्य के संबंध में

वर्तमान वैश्विक वित्तीय संरचना की सीमा में आई.एम.एफ विश्व बैंक, डब्ल्यू.टी.ओ. और संभवत: जी20 सर्वज्ञात हैं। इनके संसाधनों और व्यवस्था में सुधार किए गए हैं, किंतु हर दृष्टि से ये केवल नाममात्र ही हैं। जी20 से प्राप्ति में कमी के संकेत हैं, यद्यपि भविष्य में बड़ी भूमिका का वादा है। ये विचार वैश्विक मौद्रिक और वित्तीय प्रणालियों में पर्याप्त सुधार की कमी की मजबूत संभावना तथा वैश्विक मौद्रिक प्रणाली और वित्तीय संरचना में अधिक अनिश्चितताओं और तनावों की संभावना उत्पन्न करते हैं।

अंत में यह मान्यता बढ़ रही है कि वैश्विक शक्ति संतुलन पश्चिम से पूर्व की ओर चला जाएगा और विशेष रूप में यह एशिया की ओर चला जाएगा। महत्त्वपूर्ण आम सहमति यह है कि वैश्विक अर्थव्यवस्था में वृद्धि संबंधी आर्थिक गतिविधि और वृद्धि संबंधी व्यापार विकासशील देशों, विशेषकर एशिया की ओर चला जाएगा। यह बहुत स्पष्ट नहीं है कि क्या वित्तीय मध्यस्थ में कोई तदनुरूपी परिवर्तन आएगा। सबसे महत्त्वपूर्ण यह है कि संस्थागत पूँजी और मानव पूँजी के संबंध में विकसित अर्थव्यवस्थाएँ विकासशील अर्थव्यवस्थाओं से काफी आगे हैं। वैश्विक शक्ति संतुलन में परिवर्तन भी सामाजिक और सांस्कृतिक कारकों से प्रभावित होता है।

निस्संदेह, भारत इस शक्ति संतुलन में परिवर्तन का एक महत्त्वपूर्ण हिस्सा होगा।

## डॉ. दुव्वुरी सुब्बाराव, भारतीय रिजर्व बैंक के गवर्नर और आई.एम.एफ. के वैकल्पिक गवर्नर ( 2008-2013 )

**डॉ. दुव्वुरी सुब्बाराव,** आई.ए.एस. भारतीय रिजर्व बैंक के गवर्नर तथा वर्ष 2008-2013 की अवधि के दौरान आई.एम.एफ. में भारत के वैकल्पिक गवर्नर रहे और आई.एम.एफ.सी. में कई भारतीय शिष्टमंडलों की अगुआई की। आई.एम.एफ.सी. में उनके वक्तव्य, उनके गहरे ज्ञान और भारत : आई.एम.एफ. संबंधों पर विचार को परिलक्षित करते हैं। वर्ष 2008 के वैश्विक आर्थिक संकट के समय भारतीय अर्थव्यवस्था को उनके द्वारा सँभाले जाने को भारतीय आर्थिक इतिहास में लंबे समय तक याद रखा जाएगा।

## भारत के बाह्य क्षेत्र उदारीकरण के संबंध में

1991 से पूर्व भारत विश्व में सबसे बंद अर्थव्यवस्थाओं में से एक था। आज हम बहुत

अधिक समेकित अर्थव्यवस्था हैं, वास्तव में इतने अधिक समेकित कि जिसे हम स्वीकार करते हैं। वर्ष 1991 से भारत एक प्रशासित विनिमय दर से व्यापक रूप से बाजार आधारित विनिमय दर पर चला गया, चालू खाते में रुपया परिवर्तनीय है, प्रशुल्क में तीव्र कमी हो रही है, क्यू.आर. को समाप्त कर दिया गया है, निर्यात प्रोत्साहन समाप्त कर दिया गया है और अब एक मजबूत, अधिक स्पंदित विदेशी मुद्रा बाजार है।

भारत में एक हताशा थी कि हम वैश्विक वित्तीय संकट से प्रभावित हैं। वे पूछते हैं, 'हम 1997-98 में एशियाई संकट से प्रभावित क्यों नहीं थे, किंतु 2007-08 में वैश्विक वित्तीय संकट से किस प्रकार प्रभावित हो गए?' इसका कारण यह है कि एशियाई संकट और वैश्विक संकट के बीच एक दशक भारत विश्व में संघटित हो चुका था। जी.डी.पी. के अनुपात में हमारा दोतरफा व्यापार दोगुना हो गया, जबकि दोतरफा वित्तीय प्रवाह लगभग तिगुना हो गया। यह इस गहन वैश्वीकरण के कारण हुआ कि हम वैश्विक वित्तीय संकट से प्रभावित थे, यद्यपि हम एशियाई संकट से अपेक्षाकृत निरपेक्ष थे।

इससे प्राप्त सबक यह नहीं है कि वैश्वीकरण से हम बाहर निकल जाएँ; यह बिल्कुल गलत प्रतिक्रिया होगी। इससे मिला सबक यह है कि हम वैश्वीकरण का बेहतर लाभ लेना सीखें। वैश्वीकरण एक दोधारी तलवार है। इसमें लागत के साथ लाभ की प्राप्ति होती है। चुनौती यह है कि नीतियों को कैसे लागू किया जाए, ताकि लागत कम हो और लाभ अधिक हो।

## गैर-कार्यक्रमवाले देश के रूप में भारत : आई.एम.एफ. संबंध पर

निस्संदेह हम कोई कार्यक्रम देश नहीं हैं। किंतु इसका अर्थ यह नहीं है कि आई.एम.एफ. हमारे लिए अप्रासंगिक नहीं है। भारत की आर्थिक संभावनाएँ पहले की अपेक्षा वैश्विक विकास और वैश्विक कल्याण पर निर्भर हैं। हम 70 और 80 के दशक के वैश्वीकरण की प्रथम लहर से चूक गए, जब कई देशों, विशेषकर एशिया के वे देश जिन्होंने अपना बाजार खोला और समृद्ध विश्व को निर्यात कर समृद्ध बने। हमें इसमें फिर से चूक नहीं करनी चाहिए। भारत को वैश्वीकरण के लाभ के लिए हमें वैश्विक व्यापार और वित्तीय प्रवाह की आवश्यकता है, जो मुक्त, उपयुक्त और न्यायसंगत हो। इसे सुनिश्चित करना आई.एम.एफ. की जिम्मेदारी है। मैं यह भी जोड़ना चाहता हूँ कि चाहे कितनी भी आलोचना की जाए, आई.एम.एफ. अभी भी बहुत ही विश्वसनीय संस्था है और इसकी आवाज सुनी जाती है और उस पर ध्यान दिया जाता है।

## आई.एम.एफ. की वैश्विक संबंध को बनाए रखने की क्षमता

वैश्विक अंतर्संबंध मजबूत, अधिक जटिल और संभवत: अधिक विघ्नकारी बन गया है। आई.एम.एफ. को इन संबंधों को समझने के लिए बौद्धिक स्तर से आगे जाने की आवश्यकता है। आई.एम.एफ. द्वारा प्रयुक्त मॉडल में संकट पूर्व प्लवन प्रभाव का अनुमान नहीं लगाया जा सकता है। आई.एम.एफ. में और उसके बाद अनुसंधान में व्यापार, वित्त और आत्मविश्वास चैनलों के माध्यम से संबंधों को समझने की कोशिश पर जोर दिया गया।

यह स्पष्ट नहीं है कि हमें इन चैनलों के माध्यम से इस प्लवन प्रभाव की स्पष्ट समझ है। इन मॉडलों, जिन्हें हम इस्तेमाल करते हैं, द्वारा अनुमानित प्लवन प्रभाव बड़े और व्यापक प्लवन, जिसे हमने वैश्विक वित्तीय संकट के दौरान देखा था और चल रहे यूरो जोन संकट के माध्यम से देख रहे हैं, की सच्चाई के सापेक्ष छोटा है। यह हमें स्पष्ट रूप से बताता है कि इन मॉडलों में अंतर्निहित पूर्वानुमान अपूर्ण है, यदि दोषपूर्ण नहीं है। यूनान, साइप्रस, स्पेन का ई.एम.ई. पर बहुत अधिक प्रभाव पड़ा है, जितना हम सोच नहीं सकते।

जहाँ तक आई.एम.एफ. के ऋण का संबंध है, मैं इसमें जोड़ना चाहूँगा कि इस संकट से सबक लेते हुए इसने उसके बाद आवधिक रूप से 'ग्लोबल स्पिलओवर रिपोर्ट' का प्रकाशन शुरू कर दिया है ताकि वैश्विक अर्थव्यवस्था में महत्त्वपूर्ण मुद्दे की हमारी सामूहिक समझ में वृद्धि की जा सके।

## पूँजी खाता उदारीकरण संबंधी आई.एम.एफ. के आर्थिक संकट पश्चात् संशोधित विचार के संबंध में

इस संकट ने कई परंपरागत नीतिगत परिदृश्यों को चुनौती दी, नीति-निर्धारण को पीछे धकेल दिया और समष्टि अर्थव्यवस्था प्रबंधन के कई पहलुओं पर हमारे व्यापक विचार में परिवर्तन ला दिया। कहीं भी यह बौद्धिक परिवर्तन उतना उल्लेखनीय नहीं है, जितना कि पूँजी खाता प्रबंधन के विस्तृत क्षेत्र में है।

संकट पूर्व रूढ़िवादिता कि देशों को पूँजी खाता उदारीकरण से उसी प्रकार लाभ होता है जिस प्रकार उन्हें व्यापार उदारीकरण से लाभ होता है, का बौद्धिक उद्‍गम समृद्ध है। जब जॉन मेनार्ड केनेस और हैरी डेक्सटर वाइट ब्रेटन वुड्स समझौता कर रहे थे, उनके समक्ष कई मुद्दे थे। किंतु एक मुद्दा, जिस पर वे सहमत थे, वह था 'उन क्षेत्रों के लिए उत्पादन पूँजी के प्रवाह को प्रोत्साहित करने की इच्छा, जहाँ इसका सबसे लाभदायक इस्तेमाल किया जा सकता है'। उन्होंने माना कि प्रवाह के प्रबंधन में असफलता से गंभीर आर्थिक बाधा आ

सकती है, किंतु यह इत्तलानामा अनुवाद में कहीं खो गया। इसके परिणामस्वरूप, पूँजी खाता उदारीकरण के संबंध में उभरते बाजार के लिए समाचार प्रचार, कदाचित् दृढ़ विश्वास के रूप में, आई.एम.एफ. की नीतिगत टूलकिट का अभिन्न अंग बन गया।

इस संकट ने इस विश्वास को तोड़कर रख दिया। संकट पश्चात् विचार जो अधिक संरक्षित, अधिक बारीक और स्पष्टत: अधिक सहानुभूतिपूर्ण था, यह है कि पूँजी खाता उदारीकरण में लागत और लाभ दोनों हैं और उभरते बाजारों की चुनौती लागत को कम करने व लाभ को अधिकतम करने की कोशिश द्वारा आगे ले जाकर समझौता करना है।

आई.एम.एफ. के संशोधित संकट के पश्चात् स्थिति यह है कि पूँजी प्रवाह उदारीकरण सामान्यतया अधिक लाभकारी और कम जोखिम भरा होता है, यदि देशों ने कतिपय स्तरों अथवा वित्तीय व संस्थागत विकास की दहलीज को छू लिया है, तथापि यह सुनिश्चित करने के लिए उदारीकरण को सुव्यवस्थित, सामयिक और क्रमवार होने की आवश्यकता है कि इसके लाभ लागत से अधिक हों, क्योंकि इसका महत्त्वपूर्ण घरेलू और बहुपक्षीय प्रभाव पड़ सकता है।

आई.एम.एफ. की संकट पश्चात् स्थिति, जिसमें पूँजी खाता उदारीकरण गंतव्य की अपेक्षा एक यात्रा के रूप में है, आशापूर्वक एक नई सहमति के केंद्रक का निर्माण करेगी।

## कोष की निगरानी के संबंध में

वर्तमान संदर्भ में गैर-कार्यक्रम देश के रूप में आई.एम.एफ. निगरानी आई.एम.एफ. के साथ भारत के अनुबंध का एक महत्त्वपूर्ण पहलू है। आई.एम.एफ. को अपनी नीति सलाह और अपनी स्वीकार्यता के लिए कार्यकरण में निष्पक्ष रूप से अधिक प्रयास करने की आवश्यकता है।

आई.एम.एफ. सलाह किस हद तक देश विशेष कारकों पर आधारित है? दूसरा, क्या इस कोष की निगरानी पक्षपातरहित है? इन दो दृष्टिकोणों से देखे जाने पर सुधार की काफी गुंजाइश है। आई.ई.ओ. सर्वेक्षण के अनुसार, कई बड़ी उभरती हुई अर्थव्यवस्थाओं के प्राधिकारियों ने पाया कि निगरानी प्रक्रिया ने बहुत कम महत्त्व दिया और बहुत ही सीमित संभावनाएँ ऑफर की और उनकी सलाह देश के विशिष्ट कारकों को ध्यान में रखने में असफल रही। इस कोष द्वारा सलाह को न केवल समष्टि अर्थव्यवस्था, बल्कि किसी देश की सामाजिक और राजनीतिक बनावटों की पूर्ण समझ से उत्पन्न होना चाहिए। यह सलाह मजबूत साक्ष्य पर आधारित होनी चाहिए और तथ्यों से चालित होना चाहिए। तथ्यों के विश्लेषण में विचारधारा की कोई भूमिका नहीं होनी चाहिए। जब कोष मॉडल आधारित

सलाह दे तो उसे अत्यधिक सावधानी बरतने की भी आवश्यकता होती है। ऐसा इसलिए, क्योंकि कई मामलों में मॉडल विशिष्टियों में छोटे बदलावों, प्रयुक्त परिवर्तनशील वस्तुओं की परिभाषाओं और अनुमान में प्रयुक्त समयावधि से इन परिणामों में महत्त्वपूर्ण अंतर आ सकता है। कभी-कभी ये मॉडल देश विशिष्ट कारकों के लिए उत्तरदायी नहीं होते हैं।

आई.एम.एफ. निगरानी का प्रभाव मुख्यत: देश के प्राधिकारियों के साथ चर्चा कर और इसके निष्कर्षों के सार्वजनिक प्रचार, जिसे बाजार परिस्थिति के साथ होने एवं आई.एम.एफ. सलाह के लिए जन प्रतिक्रिया की आशा है और जिससे कि नीति निर्माण के संबंध में अप्रत्यक्ष रूप से कार्य हो सके। अधिक पारदर्शी और संतुलित निगरानी विश्लेषण का व्यापक प्रचार निगरानी के प्रभाव को बढ़ाने का एक महत्त्वपूर्ण साधन हो सकता है। आई.एम.एफ. को खुले रूप में आलोचना और सुझाव स्वीकार करने चाहिए।

निष्पक्षता का मुद्दा, जिसे मैं मानता हूँ कि आई.एम.एफ. की एक विश्वासी सलाहकार के रूप में भूमिका में इसकी वैधता को बढ़ाना आवश्यक है। छोटे देशों की अपेक्षा बड़े सदस्य देशों पर निगरानी का प्रभाव कम होता है। ऐसी धारणा है कि आई.एम.एफ. पर उसके अपने बड़े पणधारकों के हितों का प्रभुत्व है। सर्वेक्षण से पता चला है कि लगभग एक-तिहाई देशों के प्राधिकारियों और आधे मिशन प्रमुखों को विश्वास नहीं है कि आई.एम.एफ. अधिक निष्पक्ष बन गया है, जो इन दोनों उद्देश्यों के बीच आई.एम.एफ. की विश्वसनीयता को प्रोत्साहित करे।

## जी20 के उद्भव के संबंध में

जी20 का उद्भव वैश्विक अर्थव्यवस्था में एक महत्त्वपूर्ण घटनाक्रम है। जी20 19 सदस्य देशों और यूरोपीय संघ का एक अनौपचारिक क्लब है, जो वैश्विक जी.डी.पी. के 90 प्रतिशत, वैश्विक व्यापार के 80 प्रतिशत और विश्व जनसंख्या के दो-तिहाई का प्रतिनिधित्व करता है। जी20 वित्तीय संकट-वैश्विक वित्तीय संकट 2008-09 और यूरोजोन संकट 2010 के विरुद्ध संघर्ष में अग्रणी रहा है, इस संकट ने वैश्विक विकास और कल्याण को बुरी तरह से प्रभावित किया है। सचमुच जब इस संकट का इतिहास लिखा जाएगा तो अप्रैल 2009 में हुई लंदन जी20 शिखर सम्मेलन को स्पष्ट क्रांतिकारी परिवर्तन के रूप में माना जाएगा, जब विश्व के नेताओं ने असाधारण दृढ़ता और एकता का प्रदर्शन किया। निस्संदेह कई मतभेद थे, किंतु उन पर चर्चाएँ हुईं और समझौते किए गए, ताकि अंतिम लक्ष्य—इस संकट को समाप्त करने तक पहुँचा जा सके। इसके परिणामस्वरूप घरेलू और अंतरराष्ट्रीय संघटकों दोनोंवाले उपायों का एक समझौतेवाला पैकेज मिला, किंतु इनका कार्यान्वयन समन्वित और वास्तव में जहाँ आवश्यक है, वहाँ समकालिक रूप से किया जाना था। संकट

निपटान के समग्र उपाय-समायोजन योग्य मौद्रिक उपाय, राजकोषीय प्रोत्साहन, ऋण और निक्षेप गारंटी, पूँजी निवेश, आस्ति खरीद, मुद्रा विनिमय, बाजार को खुला रखना—ये सभी जी20 पैकेज से अलग-अलग तरीके से निकले थे।

**2008 के वैश्विक आर्थिक संकट से निपटने में एफ.ई.डी. और ई.सी.बी. से सबक**

यह दिलचस्प है कि उसी ऐतिहासिक अनुभव से विभिन्न व्याख्याएँ आ सकती हैं और इसलिए उनसे अलग-अलग सबक मिल सकता है। वास्तव में, हाल ही में एक लेख छपा कि अमेरिकी एफ.ई.डी. और ई.सी.बी. ने इस संकट को अलग तरीके से देखा। द फेड ने एक बड़े खतरे के रूप में व्याप्त अप्रभावन क्षमता के कारण संभावित महँगाई को देखा, जिसने तेजी से शून्य ब्याज दर के साथ प्रतिक्रिया की और परिमाणात्मक सहजता के विभिन्न प्रकारों के साथ अनुवर्ती काररवाई की। दूसरी ओर पूर्व अध्यक्ष त्रिचेच के अंतर्गत ई.सी.बी. ने अनुमान लगाया कि अधिकांश मामलों में किसी संकट, जो संभावित संकट को उत्पन्न करता है, के पूर्व ऋण विकास में बेलगाम उछाल आता है। और सबसे महत्त्वपूर्ण यह है कि संकट पूर्व अधिकता को समाप्त किए जाने के बाद ही अर्थव्यवस्था पूरी तरह से पटरी पर लौटती है। इसका तात्पर्य महत्त्वपूर्ण पूँजी बर्बादी है। पूँजी बर्बादी की प्रक्रिया जितनी तीव्र होती है, उतनी ही जल्दी और मजबूती से इसकी पुनर्प्राप्ति होती है। और इस संकट के बाद तरलता सहायता केवल रचनात्मक विनाश की प्रक्रिया को कम करती है। हम सभी इसके गवाह हैं कि इस भिन्न दृष्टिकोण ने संकट प्रबंधन के लिए भिन्न नीतिगत दृष्टिकोणों को किस प्रकार दिशा दी है। गंभीर आर्थिक सुस्ती और गहन आर्थिक मंदी के बीच कई समानताएँ और भिन्नताएँ हैं, जैसा कि लियाकत अहमद अपनी विचारशील पुस्तक लॉर्ड्स ऑफ फाइनेंस' में कहते हैं कि "किसी भी चीज से अधिक दबाव का कारण बौद्धिक इच्छाशक्ति की असफलता, समझ की कमी होती है कि आर्थिक संचालन किस प्रकार किया जाए। इस गंभीर दबाव तक अभिगम्यता और इस दौरान जॉन मेनार्ड केनेस की अपेक्षा कार्यशील बलों का अर्थ निकालने के लिए किसी ने कठिन संघर्ष नहीं किया। उनका मानना था कि यदि हम संभ्रमित सोच को समाप्त कर सकें, तभी समाज अपने वास्तविक कल्याण की व्यवस्था कर सकता है।"

**कार्यकारी निदेशक—**

डॉ. अरविंद विरमानी ने वर्ष 2009-2012 से आई.एम.एफ. में भारत के कार्यकारी निदेशक के रूप में सेवाएँ प्रदान कीं।

## आई.एम.एफ. के कार्यकारी बोर्ड में भारत के कार्यकारी निदेशक के रूप में उनका अनुभव

मैं आई.एम.एफ. में एकमात्र अर्थशास्त्री कार्यकारी निदेशक था, अन्य कार्यकारी निदेशक या तो केंद्रीय बैंकर या वित्त मंत्रालयों के लोक सेवक थे। मुख्य मुद्दा यह था कि हमने अपने कार्यकाल में जिन चीजों का सामना किया, उनमें आई.एम.एफ. में सुधार, यूनान ऋण संकट और आई.एम.एफ. का प्रबंधन, पूँजी प्रवाह व पूँजी बाजार तथा आई.एम.एफ. प्रतिक्रिया और अंत में ब्रिक्स बैंक अर्थात् द न्यू डेवलपमेंट बैंक की स्थापना शामिल थे। भारतीय अर्थव्यवस्था की मजबूती को देखते हुए आई.एम.एफ. के कार्यकारी बोर्ड के संबंध में मैं बहुत ही आश्वस्त था और किसी से कोई मतभेद नहीं था। 2009 तक भारत में लगातार 6 वर्षों तक तेज विकास हुआ और मुझे इन मुद्दों को निष्पक्ष तरीके से देखने की स्वतंत्रता और अधिकार था।

## आई.एम.एफ. के कार्यकारी निदेशक के रूप में आपके कार्यकाल में हुए आई.एम.एफ. व्यवस्था सुधार के संबंध में

जहाँ तक आई.एम.एफ. में सुधार का संबंध है, कार्यकारी बोर्ड और जी24 देशों के बीच नियमित बैठकें होती रहीं। आई.एम.एफ. बोर्ड पर स्पष्टतः यूरोपीय संघ का प्रभुत्व था, इसमें यूरोपीय प्रबंध निदेशक एवं यूरोप की बड़ी इक्विटी तथा मतदान हिस्सेदारी, द्विपक्षीय विदेशी सहायता के माध्यम से अर्जित प्रभावों के साथ बोर्ड में प्रतिनिधित्व था। यह प्रभाव मुख्य मुद्दों पर अमेरिकी सहायता से और मजबूत हुआ। चीन ने आत्मविश्वास हासिल किया और वह आई.एम.एफ. बोर्ड के उत्तरोत्तर मुखर होता गया। जी24 देशों की बैठकों में कोटे और संबंधित मुद्दों पर चीन से समर्थन नहीं मिला। यह स्पष्ट है कि चीन उत्तरोत्तर अपना मार्ग बना रहा था। वे प्रबंध निदेशक के साथ प्रत्यक्ष रूप में समझौता कर रहे थे। यह कई अवसरों पर दिखा।

अमेरिका ने अपने मीडिया वक्तव्यों में प्रायः कहा कि चीनी मुद्रा आर.एम.बी. का अवमूल्यन किया गया और कई अमेरिकी राजनीतिज्ञों ने चीन को मुद्रा में हेरफेर करनेवाला कहा, तथापि आई.एम.एफ. स्टाफ पेपर्स ने कहा कि आर.एम.बी. का सही मूल्यन किया गया था। आर.एम.बी. को एस.डी.आर. बास्केट में लाने का प्रयास शुरू हो गया था। इस मुद्दे पर प्रबंधन, अमेरिकियों और चीनियों के साथ प्रायः बंद कमरे में चर्चाएँ होती रहती थीं।

जहाँ तक कोटा का संबंध है, मैंने प्रायः कहा कि आई.एम.एफ. कोटा सुधार के निहितार्थ वैश्विक आर्थिक अभिशासन के लिए महत्त्वपूर्ण थे। आर्थिक वास्तविकता और आई.एम.एफ. कोटे के बीच एक बड़ा अंतर था। यदि कोटा हिस्सेदारी को तेजी से बदलती

आर्थिक वास्तविकता को परिलक्षित करने के लिए बदलाव किया गया तो वैश्विक जनमत में असंतोष को कम या समाप्त किया जा सकता है। इसके लिए अर्थव्यवस्थाओं के सापेक्षिक आकार/शक्ति हेतु अधिक बड़ी भूमिका की आवश्यकता थी, एक ऐसा संघटक, जिसे विद्यमान सूत्र द्वारा पर्याप्त रूप से नियंत्रित नहीं किया जाता हो। जब तक इसे पूरी तरह से ध्यान में नहीं रखा जाएगा तब तक वर्ष 2013 के बाद भी यह असंतोष जारी रहेगा, इसी वर्ष अगला कोटा सुधार पूरा किया जाना था। जब तक इस सूत्र को उपयुक्त तरीके से संशोधित नहीं किया जाता, तब तक इस अंतर के प्रत्येक वर्ष और बढ़ जाने की संभावना है। 2013 में कोटा समीक्षा के अंतिम परिणाम से भारत के कोटा अनुसरण में बढ़ोतरी हुई। चीन आई.एम.एफ. का तीसरा सबसे बड़ा शेयरधारक बना।

## यूनान के ऋण संकट पर भारत की स्थिति

मैंने महसूस किया कि यूनान का ऋण बहुत अधिक था और आई.एम.एफ. स्टाफ रिपोर्ट में जी.डी.पी. विकास अनुमान बहुत अधिक महत्त्वाकांक्षी था, जिसे पूरा करना संभव नहीं था, जिस कारण समष्टि आर्थिक स्थिरता को प्राप्त करने के लिए अधिक राजकोषीय सुधार की आवश्यकता थी। मैंने कार्यकारी बोर्ड को बताया कि मैंने हाल के वर्षों में 3 पूँजीगत संकट को सुलझाया है। यूरोपीय देश इनमें से थे, जिसमें इक्विटी थी और कार्यकारी बोर्ड में अमेरिकियों और जापानियों ने उनका समर्थन किया। ब्राजील, रूस और कई एशियाई देश, जहाँ ऋण संबंधी संकट था, अधिक सहायक थे। चीनी बड़े संदिग्ध थे—उनकी यूनान कार्यक्रम में कोई वास्तविक दिलचस्पी नहीं थी।

## आई.एम.एफ. के कार्यकारी निदेशक के रूप में उनका योगदान

आई.एम.एफ. बोर्ड में कई हस्तक्षेपों और बोर्ड की बैठकों के बाद अनौपचारिक परामर्श के माध्यम से मैं पूँजी प्रवाह और पूँजी बाजार के संबंध में आई.एम.एफ. के चल रहे कार्यों में योगदान दे सका।

ब्रिक्स बैंक की स्थापना एक महत्त्वपूर्ण पहल थी। अवसंरचना वित्तपोषण की आवश्यकता महसूस की गई और जहाँ हम ब्राजील और दक्षिण अफ्रीका को समझाने में समर्थ हुए, वहीं रूस और चीन को समझाने में बहुत अधिक समय लगा। एक नए विकास बैंक के रूप में ब्रिक्स बैंक की स्थापना शंघाई में हुई।

## भारत और आई.एम.एफ. के भविष्य के संबंध में

भविष्य को देखते हुए जी20 का उभरना एक बड़ी महत्त्वपूर्ण घटना है। जी20, जो

वित्तमंत्रियों और केंद्रीय बैंकों के गवर्नरों का एक समूह था, को उन्नत बनाकर राष्ट्र प्रमुखों की वार्षिक बैठक बना दिया गया, ताकि 2008 के वैश्विक आर्थिक संकट की चुनौतियों से निपटा जा सके। भारत को एक मजबूत और शक्तिशाली आई.एम.एफ. की आवश्यकता है, जहाँ वह वैश्विक आर्थिक एजेंडे को आगे बढ़ाने के लिए आवाज बुलंद कर सके। अपनी विकास दर को देखते हुए यह संभव है कि भारत 2035 तक विश्व की तीसरी सबसे बड़ी अर्थव्यवस्था बन जाए।

डॉ. राकेश मोहन ने भारतीय रिजर्व बैंक के उप-गवर्नर, आर्थिक कार्य विभाग के सचिव और आई.एम.एफ. के कार्यकारी निदेशक (भारत) (2012-2015) के रूप में कार्य किया।

### आई.एम.एफ. में बीते उनके वर्ष

आई.एम.एफ. ने वैश्विक आर्थिक प्रभाव के साथ उत्तर अटलांटिक वित्तीय संकट के बाद संकट से निपटने में वैश्विक स्तर पर प्रभावी भूमिका को हासिल किया। मैं इसे उत्तर अटलांटिक वित्तीय संकट कहता हूँ, क्योंकि अमेरिकी और यूरोपीय संस्थाओं के अलावा और कोई संस्था इस संकट से प्रभावित नहीं हुई थी। आई.एम.एफ. इस संकट को समझ पाने में असफल रहा और संर्वांगी सुधारों में एक सुधार निगरानी करना था, जो इस संकट के बाद अधिक सक्रिय हुआ। बहुपक्षीय और द्विपक्षीय निगरानी को मजबूत किया गया, विशेषकर संर्वांगी रूप से महत्त्वपूर्ण विकसित अर्थव्यवस्थाओं में। आई.एम.एफ. ने उधार के नए समझौतों और नोट खरीद समझौतों के माध्यम से अतिरिक्त संसाधनों को भी सृजित किया। 2008 के संकट के बाद आई.एम.एफ. कार्यक्रम बहुत अधिक व्यापक थे तथा एशियाई संकट अथवा लैटिन अमेरिकी संकट की तुलना में आई.एम.एफ. का ऋण बहुत अधिक था। ऐसे प्रश्न थे कि आई.एम.एफ. को कार्यक्रम वित्तपोषण की कितनी स्वतंत्रता थी। इस संकट के लिए यूरोपीय प्रतिक्रिया थी कि यूरोपीय स्थिरता तंत्र (ई.एस.एम.) की स्थापना की जाए। ई.एस.एम. ने एक संकट प्रबंधक के रूप में आई.एम.एफ. के भविष्य के संबंध में प्रश्न खड़े किए।

### आई.एम.एफ. प्रबंधन में बदलाव के संबंध में

क्रिस्टीन लैगार्डे आई.एम.एफ. की विश्वसनीयता को बहाल करने में सफल रहीं। प्रबंध निदेशक के रूप में अपने कार्यकाल के दौरान यूनान कार्यक्रम से कठिनाई उत्पन्न होने और राजनीतिक के लिए यूक्रेन कार्यक्रम में बहुत धन देने के बावजूद किसी ने आई.एम.

एफ. की आलोचना नहीं सुनी। चीन ने उप-प्रबंध निदेशक के पद के साथ आई.एम.एफ. में बड़ी प्रगति की और आर.एम.बी. को एस.डी.आर. बास्केट में शामिल किया गया। इसके अतिरिक्त, लैगार्डे के प्रशासन में डी.एम.डी. का महत्त्व स्टेन फिसर अथवा एनी क्रुएगर की तुलना में कम था। लैगार्डे के कार्य वर्ष में आई.एम.एफ. ने आय वितरण मॉडल, स्त्री-पुरुष मुद्दों पर भी कार्य किया और इबोला वायरस पर कार्य किया, जिसने आलोचकों को आश्चर्यचकित किया। इसके अतिरिक्त आई.एम.एफ. ने पूँजी खाता परिवर्तनीयता पर अपने विचारों में थोड़ी नरमी बरती।

डॉ. सुबीर गोकरण वर्तमान में आई.एम.एफ. में कार्यकारी निदेशक (भारत) के रूप में सेवा दे रहे हैं। उन्होंने भारतीय रिजर्व बैंक के उप-गवर्नर के रूप में सेवा प्रदान की है।

**प्रबंध निदेशक-कार्यकारी निदेशक ( भारत ), आई.एम.एफ. संबंध क्या है ? आपके पूर्ववर्ती डॉ. एम. नरसिम्हा, डॉ. वाई.वी. रेड्डी का अपने कार्यकाल में प्रबंध निदेशकों के साथ निकट संबंध था**

यह विशेष रूप से कोई निकट संबंध नहीं है, क्योंकि भारत कोई कार्यक्रम वाला देश नहीं है। हमारे चुनाव क्षेत्र में श्रीलंका के साथ आई.एम.एफ. का कार्यक्रम चल रहा है। मेरा श्रीलंका के प्रभारी उप-प्रबंध निदेशक के साथ निकट संबंध है। मैं सम्मेलन के लिए 2016 में भारत के प्रबंध निदेशक के दौरे और एस.ए.आर.टी.ए.सी. केंद्र के उद्घाटन के लिए 2017 में उप-प्रबंध निदेशक के भारत दौरे के कार्यक्रम के साथ संबद्ध था। नियमित आधार पर कोई परस्पर संबंध नहीं है। कार्यकारी निदेशक का प्रबंध निदेशक के साथ कार्य संबंध होता है। विभागीय प्रमुख और अधिक मजबूत हुए हैं और एशियाई विभाग का उक्त कार्यकारी निदेशक के साथ निकट संबंध है।

**कार्यकारी निदेशक के रूप में आपके कार्यकाल में आपके और आई.एम.एफ. के बीच वैमनस्य के बिंदु**

वैमनस्यता के केवल दो ही क्षेत्र रहे हैं—ऐसा समय था, जब हमने महसूस किया कि विनिमय दर नीति के संबंध में कोष भारत के विचार को परिलक्षित नहीं कर रहा था। हाल ही में विमुद्रीकरण के संबंध में हमारे विचारों में अंतर उत्पन्न हुए। इनके अतिरिक्त हाल के वर्षों में भारत और आई.एम.एफ. के बीच कोई मुद्दा नहीं था। प्रबंध निदेशक ने अपने 2016 के दौरे के दौरान विश्व अर्थव्यवस्था में भारत को एक चमकता सितारा कहा है।

**कोष में हुए कई बदलाव के संबंध में 2002 के बाद कई वर्षों के लिए कोष ने कई विरोधों का सामना किया, जिसमें एन.जी.ओ. और नागरिक समाज से इसे बंद करने की माँग की गई**

गैर-परंपरागत मुद्दों पर प्रबंध निदेशक के समर्थन ने लोगों की अवधारणाओं को आकार देने में सहायता की है। कोष स्त्री-पुरुष समानता और जलवायु परिवर्तन जैसे विषयों के प्रति संवेदनशील बन गया है। ये मुद्दे कोष के कार्यक्रमों में शामिल होते रहे हैं। कोष के कर्मचारियों को संवेदनशील बनाए जाने के लिए इन-हाउस क्षमतावर्धन कार्यक्रम विकसित किए गए हैं। उदाहरण के लिए, भारत से संबंधित चयनित मुद्दे से संबंधित शोध-पत्र में आई.एम.एफ. कर्मचारियों ने लैंगिक अध्ययन किया, जो अपरंपरागत है।

पूँजी प्रवाह प्रबंधन और राजकोषीय नीति के संबंध में कोष के दृष्टिकोण में बदलाव आए हैं। अब कोष का दृष्टिकोण कोष कार्यक्रमों में सामाजिक सुरक्षा जाल को बढ़ावा देना है। कोष के कार्यक्रमों में व्यय की गुणवत्ता बहुत महत्त्वपूर्ण बन गई है।

नागरिक समाज के साथ संपर्क बढ़ाने के लिए तीसरा आयाम भी रहा है। कोष-बैंक वार्षिक बैठकों के दौरान नागरिक समाज सहभागिता को शामिल किया गया है। आई.एम.एफ. के कार्यकारी बोर्ड की नागरिक समाज के साथ बैठक होती है और इन चर्चाओं में भाग लेनेवाले निदेशकों की संख्या में नाटकीय वृद्धि हुई है। नागरिक समाज के साथ इन बैठकों में कोष के दृष्टिकोणों की विस्तारपूर्वक चर्चा की गई।

कोष-बैंक की वार्षिक बैठकों के दौरान गैर-परंपरागत मुद्दों पर समर्थन के इस तीन फलकीय दृष्टिकोण, कोष के कार्यक्रमों में सामाजिक सुरक्षा जाल और नागरिक समाज की सहभागिता को बढ़ावा देना आदि ने कोष के कार्यक्रमों की अवधारणाओं को बदल दिया है, क्योंकि ये चीजें सामाजिक क्षेत्र व्यय में अत्यधिक कटौती के साथ बहुत अधिक कठिनाई उत्पन्न करती हैं।

कोष प्रबंधन में बदलाव के संबंध में ऐसा प्रतीत होता है कि पोलक के कार्यकाल की नीतियों से यह स्थानांतरित हो गया है। यह प्रथम अमेरिकी उप-प्रबंध निदेशक स्टैन फिशर अथवा एनी क्रुएगर के समान एक बड़े प्रत्यक्ष वैश्विक व्यक्तित्व थे। ऐसा प्रतीत होता है कि कोष एक अधिक केंद्रीकृत संगठन था, जिस पर क्रिस्टीन लैगार्डे का प्रभुत्व था।

कई देशों के संयमी हो जाने के साथ ही वर्ष 2000 के मध्य में यह कोष अप्रासंगिक बन गया था। निजी पूँजी प्रवाह अधिक हो गया था। कोष को स्वयं को पुनर्जीवित करना था। इसके आकार को बहुत छोटा किया गया। कोष ने स्वयं में परिवर्तन किया। स्ट्रास-कान्ह कोष की विचारधारा में आवश्यक बदलावों को स्वीकार करने के इच्छुक थे। तकनीकी सहायता के संदर्भ में सदस्य देशों के साथ कोष की सहभागिता को बढ़ाकर कोष के बजट

का 28 प्रतिशत किया गया। इससे सदस्य देशों में कोष की अवधारणा पूरी तरह से बदल गई, क्योंकि कोष का दृष्टिक्षेत्र बढ़ गया था। भारतीय परिक्षेत्र में भी तकनीकी सहायता का इस्तेमाल भूटान, श्रीलंका द्वारा किया गया और बांग्लादेश तकनीकी सहायता का व्यापक इस्तेमाल करता है।

कोष और अधिक आधुनिक भी बन गया है, क्योंकि यह बोध है कि समष्टि आर्थिक नीति राजकोषीय घाटा कटौती और विनिमय दर अवमूल्यन की अपेक्षा अधिक उपायों को अपरिहार्य बनाती है। अनुसंधान विभाग में भी कुछ बदलाव हुए हैं। रघुराम राजन और ओलिवियर ब्लैंकार्ड एक नई संस्कृति लेकर आए हैं। ब्लैंकार्ड ने संकटग्रस्त देशों में खर्च को बढ़ावा देने जैसे कुछ नए विचार दिए हैं।

प्रबंधन में पिछले दो प्रबंध निदेशक डोमिनिक स्ट्रास-काह्न और क्रिस्टीन लैगार्डे बहुत ही हाई प्रोफाइल के व्यक्तित्व थे और उन्होंने इस संगठन का चेहरा बनने में एक निर्विरोध भूमिका अदा की है।

## कोष के संबंध में अपनी आवाज को बुलंद करने से भारत को हुए कोटा संबंधी लाभ के बारे में आई.एम.एफ. बोर्ड में चीन का उदय

14वीं कोटा समीक्षा में 5 वर्ष लगे। 15वीं कोटा समीक्षा को 2 वर्षों के लिए स्थगित कर दिया गया है। यह समीक्षा वास्तव में अमेरिका द्वारा अपनाए गए रुख पर निर्भर करती है। ऐसा प्रतीत होता है कि अमेरिका आगे कोटा बढ़ाने के लिए समर्थन नहीं करेगा। वर्तमान अमेरिकी प्रशासन बहुपक्षीयवाद के लिए बहुत अनुकूल नहीं है।

वर्तमान कोटा बहुत-कुछ आर्थिक वास्तविकता की पृष्ठभूमि में है। वर्तमान संविन्यास में चीन अभी भी अपने कोटे से 18 प्रतिशत कम है। चौथे उप-प्रबंध निदेशक का पद धारण करते हुए चीन की कोष की नीतियों को प्रभावित करने की क्षमता के साथ प्रबंधन में बहुत ही मजबूत आवाज है। वे अभी भी अपनी पूर्ण क्षमता का दोहन नहीं कर रहे हैं।

आई.एम.एफ. में चीन के साथ भारत की सहक्रिया के संबंध में ब्रिक्स समूह की बैठक नियमित रूप से होती है। हमने कुछ छोटे मुद्दों पर सामूहिक ग्रे स्टेटमेंट जारी किया है। बड़े मुद्दों पर हम समन्वय स्थापित करते हैं। ब्रिक्स समूह के कार्यकारी निदेशकों की प्रत्येक कुछ सप्ताह में मुलाकात होती है।

## 2020-2030 दशक में भारत : आई.एम.एफ. संबंध। पिछले 50 वर्षों में भारत सरकार के लिए कार्यकारी निदेशक का पद एक उच्च पद रहा है

भारत की बाह्य स्थिति के साथ ही सहूलियत स्तर ने इस संबंध को बदल दिया है। हम

भुगतान संतुलन संबंधी दबाव में नहीं हैं। आई.एम.एफ. अनुच्छेद-IV परामर्शों में भारत की नीतियों के बारे में बहुत कुछ नकारात्मक बातें नहीं की गई हैं। आई.एम.एफ. भारत सहयोग के परिणामस्वरूप दक्षिण एशिया के प्रशिक्षण केंद्र एस.ए.आर.टी.ए.सी. की स्थापना हुई।

बोर्ड में ही मेरी भूमिका कोष के नीति निर्णय में अधिक वास्तविक चर्चा में भागीदारी करना रही है। एक बहुपक्षीय संस्था के रूप में कोष इस तथ्य पर ध्यान देता है कि भारत सुभेद्यता के खतरे से बाहर है।

यदि हम आगे देखें तो 2020-2030 के दशक में भारत के साथ कोष के संबंध में बहुत अंतर नहीं आएगा। भारत को और अधिक कोटा मिलेगा और ब्रिक्स देश के सामूहिक रूप से 15 प्रतिशत के कोटे से आगे हो जाएगा। हम अपने विचारों में व्यक्तिवादी बने हुए हैं। हमें सामूहिक गतिविधि पर और अधिक जोर देने की आवश्यकता है। इसका कारण है कि ई.डी. और उसके कर्मचारियों को अमेरिका के लिए कूटनीतिक वीजा क्यों मिलता है? अन्य देशों के साथ मजबूत संबंध बोर्ड में प्रभावी उपस्थिति के लिए आवश्यक हैं। हमें वृहद् समुदाय के लिए बोलने हेतु ब्रिक्स और क्षेत्राधिकार सदस्यों के साथ निकट संबंध रखने की आवश्यकता है।

अंतरराष्ट्रीय संबंधों को देखने के लिए भारत स्थित कार्यालय में पर्याप्त संसाधन नहीं हैं। आर्थिक कार्य विभाग के सचिव इन मुद्दों के साथ आई.एम.एफ. के कार्य को भी देखते हैं। हमें इस कार्यालय के पुनर्गठन की आवश्यकता है। ई.डी. (भारत), आई.एम.एफ. के रूप में एक सेवानिवृत्त व्यक्ति के बदले आई.एम.एफ. में एक युवा कार्यकारी निदेशक को भेजा जा सकता है, क्योंकि इन संस्थाओं में नियोजन को सचिव तैनाती के लिए उत्तरोत्तर प्रशिक्षण के रूप में देखा जा रहा है।

## मुख्य आर्थिक सलाहकार

डॉ. शंकर आचार्य ने 1993 से 2001 तक मुख्य आर्थिक सलाहकार और इसके पूर्व 1985 से 1990 तक वित्त मंत्रालय में आर्थिक सलाहकार के रूप में सेवाएँ प्रदान कीं।

## आई.एम.एफ. की भूमिका के संबंध में

सर्वप्रथम यह इत्तलानामा कि आई.एम.एफ. के कर्मचारी सदस्य अथवा कार्यकारी निदेशक के रूप में नहीं, बल्कि एक बाहरी व्यक्ति के रूप में मेरा यह विचार है जिसे मैनें 1970 में विश्व बैंक (एक युवा पी-एच.डी. पास कर्मचारी के रूप में) और 1985 से 2001 में भारत सरकार की ओर से कोष का अवलोकन किया था। मेरी समझ यह है कि आई.एम.

एफ. को कई मौकों पर अंतरराष्ट्रीय मौद्रिक प्रणाली में अपनी भूमिका की खोज करनी थी। सर्वप्रथम 1971 में जब अमेरिका ने राष्ट्रपति निक्सन के कार्यकाल में अमेरिकी डॉलर की स्वर्ण परिवर्तनीयता को शुरू किया। यह विनिमय दरों की पूर्व 'समायोजन योग्य' व्यवस्था की समाप्ति थी, जिसे आई.एम.एफ. ने नजरअंदाज किया। उसके पश्चात् और निजी अंतरराष्ट्रीय पूँजी बाजारों के पुन: उभरने के बाद लचीली विनिमय दर धीरे-धीरे मानदंड बन गई। 1970 के मध्य में यू.के. अंतिम ऐसा प्रमुख विकसित देश था जिसने कोष से उधार लिया था और उनका नीतिगत उपक्रमों का संबद्ध कार्यक्रम था। उसके बाद आई.एम.एफ. को भुगतान संतुलन की अस्थायी समस्याओं का सामना कर रहे विकसित देशों के संबंध में केवल अंतरराष्ट्रीय मौद्रिक प्रणाली में अपनी भूमिका को न्यायोचित्त साबित करना था। अत: 1980 में इसका फोकस ऋण संकट पर था, जिसने उस समय कई लातिनी अमेरिकी देशों को प्रभावित किया था। यह आई.एम.एफ. के भीतर आत्मावलोकन की अवधि थी।

सोवियत संघ के ढहने और बाजार अर्थव्यवस्थाओं में पारगमन हेतु आई.एम.एफ. कार्यक्रमों और तकनीकी सहायता चाहनेवाले पूर्व सोवियत 'ब्लॉक' के नए सदस्यों के साथ आई.एम.एफ. की भूमिका में 1990 के बाद बहुत बढ़ोतरी हुई। पूरे 1990 में, आई.एम.एफ. पूर्वी यूरोपीय और मध्य एशियाई अर्थव्यवस्थाओं में बहुत अधिक शामिल रहा। तीसरा 2008 के वैश्विक आर्थिक संकट के बाद और दक्षिणी यूरोप उल्लेखनीय रूप से यूनान में परिणामी बैंकिंग और राजकोषीय संकट के बाद आई.एम.एफ. यूनान और अन्य छोटे यूरोपीय राष्ट्रों के लिए स्थिरीकरण कार्यक्रमों को तैयार करने में यूरोपीय संघ के साथ इन राष्ट्रों में गहन रूप से अंतर्ग्रस्त हो गया। मुख्य बात यह है कि आई.एम.एफ. ने पिछले 70 वर्षों में कई बार अपनी भूमिका तलाशी है। यह अंतिम ऋणदाता के रूप में वैश्विक अधिदेश के साथ सदा सर्वशक्तिमान अंतरराष्ट्रीय मौद्रिक संस्था नहीं थी।

## भारत : आई.एम.एफ. के संबंध में

सामान्य सिद्धांत यह है कि भारत : आई.एम.एफ. संबंध सामान्यत: सौहार्दपूर्ण और पेशेवर रहा अैर 1981-83 एवं 1991-93 के कार्यक्रमों के दौरान भी सामान्य रहा। निस्संदेह यह सहभागिता कार्यक्रम अवधि के दौरान और उसके बाद भी बहुत अधिक रही है।

1979-80 के दूसरे तेल झटके के बाद भारत के बाहरी वित्तीय दबाव के पश्चात् 1981-83 का आई.एम.एफ. कार्यक्रम परस्पर सहमतिवाले नीतिगत संघटक के संदर्भ में कोई कठोर कार्यक्रम नहीं था। बहुत कम आर्थिक नीति सुधार की माँग की गई अथवा सहमति बनी। हम व्यापक लाइसेंस और नियंत्रण के अध्यधीन एक बंद अर्थव्यवस्था बने रहे। वस्तुत: छठी योजना सार्वजनिक निवेश कार्यक्रम और इस योजना में रेखांकित नीति

आकांक्षाएँ आई.एम.एफ. उधार को न्यायोचित्त ठहराने के मुख्य आधार थे। इस कार्यक्रम की सफलता संभवतः सहमति वाले कोष कार्यक्रम में किसी चीज की अपेक्षा बंबई हाई तेल राजस्व (और भुगतान संतुलन दबाव के संबद्ध कमी) में बढ़ोतरी के कारण थी।

1991 के कार्यक्रम नीतिगत बदलाव विनिमय दर व्यवस्था में पूर्ण समीक्षा, व्यापार और उद्योग के संबंध में परिणामी नियंत्रण में कमी, सीमा शुल्क में कमी, बैंकिंग और वित्तीय क्षेत्र में कुछ सुधार, राजकोषीय घाटे में कमी आदि सहित अधिक महत्त्वपूर्ण और वास्तविक थे। यहाँ मुख्य बात यह है कि ये सभी दूरगामी प्रभाववाले बदलाव घरेलू थे और सरकार द्वारा किए गए थे। 1980 के दौरान कई उच्च स्तरीय सरकारी विशेषज्ञ समितियों द्वारा इनकी सिफारिश की गई है, जिन समितियों की अध्यक्षता नरसिम्हा, आबिद हुसैन, डागली और पी.सी. एलेक्जेंडर द्वारा की गई थी। आई.एम.एफ. वित्तपोषण सहायता बहुत मददगार थी, किंतु बहुत महत्त्वपूर्ण नहीं थी। चूँकि नीतिगत सुधार वास्तविक था, इसलिए प्रमुख क्षेत्रों और समग्र रूप से अर्थव्यवस्था में विकास पुनरुत्थान तथा निर्यात में बढ़ोतरी व बी.ओ.पी. की व्यवहार्यता को पुनः स्थापन के संदर्भ में उनके परिणाम महत्त्वपूर्ण थे।

मेरी धारणा यह है कि आई.एम.एफ. कर्मचारियों ने 1980 और 1990 की शुरुआत में भारतीय अधिकारियों के साथ बेहतर तरीके से कार्य किया। वे सामान्यतः हमारी राजनीतिक अर्थव्यवस्था के प्रति संवेदनशील थे।

डॉ. अशोक लहिरी ने 2002 से 2005 तक भारत सरकार में मुख्य आर्थिक सलाहकार के रूप में कार्य किया। उन्होंने 1991–95 की अवधि में अपने कॅरियर के शुरुआती वर्षों में आई.एम.एफ. में एक अर्थशास्त्री के रूप में भी कार्य किया था।

## एक कर्मचारी के रूप में उनका आई.एम.एफ. का कार्यकाल

मुझे आई.एम.एफ. के यूरोपीय दो विभाग में एक अर्थशास्त्री के रूप में कार्य की यादें बहुत पसंद हैं। मैंने लातिविया पर कार्य किया। वर्ष 1990 में यूरोपीय राष्ट्रों और अमेरिका ने लातिविया की स्वतंत्रता को मान्यता प्रदान की। मुझे लातिविया का 9.10 दौरा करना पड़ा। रूबल का स्थान लैट ले रहा था। यह देश केंद्रीय योजना से निकलकर बाजार अर्थव्यवस्था की ओर मुड़ा। लातिवियाई कार्यक्रम में विशेष रूप से उनकी बैंकिंग और वित्तीय क्षेत्रों को मजबूती प्रदान करने के लिए तकनीकी सहायता के संदर्भ में बहुत अधिक आई.एम.एफ. धारिता की आवश्यकता थी। विश्व बैंक भी लातिविया में ऊर्जा क्षेत्र में सुधार का समर्थक था।

### 1996 में भारत में सुधार की स्थिति

जब मैं आई.एम.एफ. से वापस आया तो मुझे वित्त मंत्रालय में आर्थिक सलाहकार के रूप में नियुक्ति दी गई। वर्ष 1996 में भारतीय अर्थव्यवस्था कमजोर थी। स्वतंत्रता प्राप्ति से लेकर 1991 तक भारत कई संकटों से गुजरा था। वर्ष 1996 में प्रश्न यह था कि क्या भारतीय आर्थिक सुधार आर्थिक संकट के कारण था, क्या भारतीय अधिकारियों के पास आर्थिक सुधार को अपनाने के अतिरिक्त और कोई विकल्प नहीं था? क्योंकि राजनीतिक अस्थिरताओं के कारण सुधार की प्रक्रिया धीमी थी। आर्थिक सलाहकार के लिए सुधार की गति सदैव तेज हो सकती है। कई वर्षों तक अमेरिकी डॉलर की तुलना में रुपया 31 रुपए के मूल्य की मजबूती रहने के बाद उसमें अवमूल्यन शुरू हो गया था। 1996 से राजनीतिक अस्थिरता रही, जो 2001 तक बनी रही। राजनीतिक अस्थिरता के बावजूद भी कोई बी.ओ.पी. संकट नहीं था। यदि हम इसका पुनरावलोकन करें तो हमने बेहतर किया, हालाँकि हम और भी बेहतर कर सकते हैं। एक तरह से कुछ सुधार गोपनीय रूप से हो गए थे।

यदि पुनरावलोकन करें तो वर्ष 1996-2001 सुधार के गुम हुए वर्ष थे। यदि राजनीतिक अस्थिरता थी तो एक अधिक समन्वित सुधार कार्यक्रम को शुरू किया जा सकता था। किंतु एक लोकतंत्र के रूप में लोकवादी नीतियों को लागू किया जाना होता है।

### वे प्रमुख सुधार जिनके साथ वे संबद्ध रहे

जिस हाइड्रोकार्बन संबंधी सुधार के साथ मैं संबद्ध था, वह एक प्रमुख सफलता थी। प्रशासित मूल्यन तंत्र को बाजार चालित प्रक्रिया के लिए ध्वस्त कर दिया गया। इसका तात्पर्य यह था कि जब अंतरराष्ट्रीय तेल की कीमत कम थी तो उदारीकरण आसान था। एक बार तेल की कीमत में बढ़ोतरी शुरू होते ही संरक्षणवाद और सब्सिडी हेतु दबाव वापस आ जाता है। जिस अन्य प्रमुख सुधार के साथ मैं जुड़ा था, वह था यूरिया के मूल्य का उदारीकरण।

### आई.एम.एफ.सी. में कई भारतीय शिष्टमंडल के सदस्य के रूप में और धारित पद

2002 तक वित्तीय संसाधनों के संदर्भ में आई.एम.एफ. का महत्त्व भारत के लिए कम महत्त्वपूर्ण हो गया था। हमें आई.एम.एफ. की सहायता की आवश्यकता महसूस नहीं हुई। यह अनुबंध व्यापक रूप में अनुबंध-IV परामर्शों के रूप में था, जो स्वास्थ्य जाँच की प्रकृति का था। यह संबंध पारिवारिक माहौल जैसा था। आई.एम.एफ.सी. में भारत लगातार कोटा सुधार की बात कर रहा था। कोटा सुधार आर्थिक कार्य-निष्पादन का परावर्तक था।

वर्ष 1979 से ही चीन का आर्थिक कार्य-निष्पादन हमसे बेहतर रहा है। भारत और चीन के बीच कोटे का सापेक्षिक भार वर्ष 2015 के कोटा सुधार के बाद बदल गया है। चीन का कोटा भारत के 2.66 प्रतिशत की तुलना में 6.14 प्रतिशत है। मेरे विचार से भारत को आर्थिक कार्य-निष्पादन द्वारा अधिक गति पकड़ने के बाद अगले कोटा सुधार के लिए दबाव डालना चाहिए।

## आई.एम.एफ. किस सीमा तक भारत की आर्थिक नीति को प्रभावित करता है

आई.एम.एफ. का भुगतान संतुलन संबंधी मुद्दे के प्रति आदर्श दृष्टिकोण है। भारत 1991 में बड़े भुगतान संतुलन संकट से बचा और कभी भी पुनर्भुगतान संबंधी चूक नहीं की। भारत : आई.एम.एफ. के संबंधों को नैदानिक संदर्भ में बहुत सारे अभिसरण द्वारा विश्लेषित किया गया। नैदानिक नुस्खे, समायोजन और बदलाव की प्रमात्रा के संदर्भ में भारत की स्थिति आई.एम.एफ. के विचारों से बिल्कुल भिन्न थी।

## आई.एम.एफ. के भविष्य के संबंध में

आई.एम.एफ. ने पिछले दशक में महत्त्वपूर्ण सुधार कार्य किए हैं। सोपाधिकता सुधार, कोटा सुधार, निगरानी संबंधी सुधार, वित्तीय व्यवस्थाओं ने सदस्य देशों के साथ आई.एम. एफ. की बातचीत को और मजबूत बनाया है। कोटा सुधार के और अधिक आगे जाने की संभावना नहीं है।

ब्रिक्स के संदर्भ में नया अंतरराष्ट्रीय ढाँचा उभरकर आया है। भारत और चीन तथा कुछ हद तक रूस को आकस्मिक वित्तपोषण की आवश्यकता नहीं हो सकती है। इस प्रकार ब्रिक्स द्वारा स्थापित आकस्मिकता वित्तपोषण सुविधा एक बीमा सुविधा को प्रस्तुत करती है और जिसका वास्तव में इस्तेमाल नहीं किया जा सकता।

जी20 वैश्विक एजेंडे के साथ एक निकाय के रूप में उभरा है। वर्ष 2017 में जी20 की प्रमुख नीति समन्वय भूमिका नहीं हो सकती। जब कभी भी स्थिति की माँग होगी, इसका नीतिगत एजेंडा नहीं होता।

## वरिष्ठ अधिकारी

डॉ. राहुल खुल्लर, आई.ए.एस. ने 1985-90 तक प्रधानमंत्री कार्यालय में उपसचिव/ निदेशक और 1991-93 तक वित्तमंत्री के निजी सचिव के रूप में कार्य किया और भारत के 1991 के सुधार कार्यक्रम के साथ निकटता के साथ जुड़ा रहा। वे भारत को

वैश्विक अर्थव्यवस्था के साथ समेकित करने में भारत के सबसे लंबी अवधि तक सेवा देनेवाले वाणिज्य सचिव बने रहे और बाद में भारतीय दूरसंचार विनियामक प्राधिकरण के अध्यक्ष बने, जो पिछले तीस वर्षों में आर्थिक अभिशासन में भारत की प्रमुख आवाज के रूप में उभरे।

**इस संकट से निपटान में प्रधानमंत्री कार्यालय में उनके बिताए वर्ष। सरकार ने 1988 में आई.एम.एफ. से संपर्क क्यों नहीं किया**

हम 1981-83 के आई.एम.एफ. कार्यक्रम के साथ शुरू करते हैं। यह एकदम आश्चर्यजनक है कि भारत ने किसी बड़े सुधार के बिना ही 1981 के आई.एम.एफ. कार्यक्रम को पूरा किया। श्री नरसिम्हा, कार्यकारी निदेशक, आई.एम.एफ., जिन्होंने आई.एम.एफ. कार्यक्रम के संबंध में समझौता किया था, को सुधार के क्षेत्र में कोई बड़ी सफलता हासिल नहीं हुई। उन्होंने प्रधानमंत्री श्रीमती इंदिरा गांधी को आश्वस्त किया कि वे पूरी तरह से घरेलू स्तर पर तैयार कार्यक्रम को विकसित करने हेतु लचीलेपन की अनुमति के लिए आई.एम. एफ. को मनाने में सफल हो गए हैं। वर्ष 1981-84 में सरकार ने बदलाव शुरू किए अर्थात् निर्यातोन्मुखी एककों और एस.ई.जेड. की स्थापना की गई। किंतु सुधार की गति धीमी थी। 1984 के चुनाव के बाद यह सुधार कार्यक्रम जारी रहा। किंतु कोई व्यापक सुधार नहीं था। क्रमिकतावाद का राज था।

1988 तक राजीव गांधी की सरकार का व्यय पर नियंत्रण समाप्त हो गया। अधिक विकास की तलाश में सरकारी व्यय में और वृद्धि की गई, जिसका आर.बी.आई. द्वारा मुद्रीकरण किया गया। सरकार ने यह सोचा कि परिणामी महँगाई दर से निपटा जा सकता है, तथापि जब बाद में देखा गया तो भारत समृद्धि के लिए खर्च नहीं कर सका। वर्ष 1988-89 में राजकोषीय स्थिति को नियंत्रण में लाने के लिए गंभीर प्रयास किए गए।

वर्ष 1989-90 तक यह स्पष्ट हो गया था कि भारत की राजकोषीय स्थिति नियंत्रण से बाहर थी। सरकार ने आर्थिक कार्य विभाग के फंड-बैंक प्रभाग के संयुक्त सचिव जे.एल. बजाज को प्राधिकृत किया कि वे संभावित आपाती व्यवस्था के लिए आई.एम.एफ. के साथ चर्चा शुरू करने के लिए वाशिंगटन डी.सी. का दौरा करें। वर्ष 1989 में वी.पी. सिंह की सरकार को कहा गया कि आर्थिक संकट दस्तक देनेवाला है। राजनीतिक स्थिति अस्थिर थी और कोष के कार्यक्रम के संबंध में निर्णय को अगली सरकार पर छोड़ दिया गया था। 1991 की पहली तिमाही तक यह स्पष्ट हो गया था कि चीजें गलत दिशा में जा रही थीं। भारत की ऋण रेटिंग कम हो रही थी, विदेशी पूँजी भंडार में तीव्र गिरावट आ रही थी और सरकार असफल हो गई थी। ऋणदाता हमारे दरवाजे पर खड़ा था और भारत को बाह्य प्रतिबद्धता के

संबंध में कभी चूक नहीं करने की अपनी ख्याति को बनाए रखना था। उसके बाद सरकार को सोना गिरवी रखना पड़ा, किंतु उन्हें यह सोना स्थूल रूप से लंदन में रखना था, जो पहले कभी नहीं हुआ, पहले सोने को पत्रों में गिरवी रखा गया था।

## 1991-93 में वित्तमंत्री के निजी सचिव के रूप में उनकी नियुक्ति की यादें

जुलाई 1991 का महीना था। मैं अमेरिका से छुट्टी बिताकर लौटा ही था कि मुझे हवाई अड्डे पर सूचित किया गया कि वित्तमंत्री मुझसे मिलना चाहते हैं। मैं नॉर्थ ब्लॉक गया और वित्तमंत्री को बताया कि भारत सरकार में मेरा कार्यकाल समाप्त हो गया है और मैं नियोजन के लिए राज्य संवर्ग में चला गया। वित्तमंत्री ने मुझे सुना और केवल यह कहा—"जाओ और अपनी फाइलों को सँभालो।"

## जुलाई 1991 में उनकी नियुक्ति के बाद हुए घटनाक्रम

जब मैंने वित्तमंत्री के कार्यालय में कार्यभार सँभाला, आई.एम.एफ. मिशन तुरंत ही समाप्त हुआ था। सरकार ने जुलाई 1991 में दो बार लगातार अवमूल्यन कार्य किया था—पहली बार आशा के अनुरूप और दूसरी बार विनिमय दर को पूरी तरह सही करने के तथा विश्व को यह बताने के लिए कि भारत इस संकट को सुलझाने के प्रति गंभीर है। अगले तीन महीने बहुत ही तनाववाले थे।

इस संकट से निपटने में वित्तमंत्री की मुख्य टीम में वित्त सचिव के रूप में के.पी. गीताकृष्णन और आर्थिक कार्य विभाग के सचिव के रूप में डॉ. मोंटेक सिंह अहलूवालिया। उनकी सहायता के लिए थे—सुश्री जानकी काथपालिया, अपर सचिव (बजट), एन.के. सिंह, संयुक्त सचिव, फंड-बैंक और कुछ सीमा तक डॉ. वाई.वी. रेड्डी, संयुक्त सचिव, पूँजी बाजार।

आई.एम.एफ. के अध्यक्ष हुबर्ट नेइस थे, जो आई.एम.एफ. में एशिया प्रशांत विकास के तत्कालीन निदेशक थे। उनकी सहायता करने के लिए अन्य लोगों के साथ आई.एम.एफ. के युवा अर्थशास्त्री उर्जित पटेल थे। नेइस क्लासिक फंड स्टाफ मोल्ड में आस्ट्रियन-जर्मन थे, पोलक मॉडल का उत्साही समर्थक। इस मॉडल का सार्वकालिक उपाय सरकारी खर्चे में कमी करना (घरेलु खर्च को कम करना), निर्यात को बढ़ावा देना और निर्यात को अधिक प्रतिस्पर्धी बनाने के लिए विनिमय दर को समायोजित करना (साथ-ही-साथ आयात को अधिक महँगा बनाकर इसमें और कटौती करना) था।

हुबर्ट नेइस के साथ अधिकांश बैठकें वित्त सचिव के कार्यालय में हुई थीं। आधिकारिक

स्तर की बैठकों में श्री नेइस लाभदायक समझौते पर अडिग रहे अर्थात् खर्चे में कटौती। आई.एम.एफ. के प्रबंध निदेशक माइकल कैमडेसस ने सितंबर-अक्तूबर 1991 में भारत का दौरा किया और सामान्य रूप से वे भारत के योजनाबद्ध सुधार कार्यक्रम के बड़े समर्थक थे। आई.एम.एफ. ऋण समझौते का द्वितीय वित्तांश प्रथम वित्तांश के कार्य-निष्पादन मानदंड के सफल निष्कर्ष का आनुषंगिक था।

दूसरे वित्तांश समझौते में कतिपय कठोर निर्णय शामिल था—(क) 1991-92 के खर्च में कटौती, (ख) निर्यात निष्पादन के स्तर की पहचान करना, (ग) घाटे में पहले से की गई कटौती के लिए और सुधार कार्य करना। ये चर्चाएँ बढ़ते कर राजस्व पर केंद्रित थीं। अप्रैल 1992 में जब वित्तमंत्री ने आई.एम.एफ. की स्प्रिंग बैठक के लिए वाशिंगटन डी.सी. का दौरा किया तो दूसरी वित्तांश चर्चाएँ वित्तमंत्री और आई.एम.एफ. के प्रबंध निदेशक के बीच हुई बैठक में समाप्त हुईं। प्रबंध निदेशक के साथ वित्तमंत्री की बैठक के बाद नेइस ने भारतीय प्रस्ताव को स्वीकार किया। विश्व बैंक का संरचनात्मक समायोजन ऋण, जिसकी भारत ने माँग की थी, वह भारत के लिए आकस्मिक ऋण था, जिसे आई.एम.एफ. कार्यक्रम के संबंध में कार्य-निष्पादन मानदंडों को पूरा करना था। यह दृष्टिकोण ऐसा था कि कोष और बैंक साथ-साथ आगे बढ़ें। विश्व बैंक टीम की अगुआई हेईंज वर्जिन द्वारा की गई; नेइस और वर्जिन ने एक के बाद एक कार्य किया।

भारत ने कार्यक्रम दिशानिर्देशों का पालन किया और कार्य-निष्पादन मानदंडों को पूरा किया। मई 1992 में हर्षद मेहता का घोटाला सामने आया। सरकार ने एक नए आर.बी.आई. गवर्नर डॉ. सी. रंगराजन की नियुक्ति की।

### 1991 के सुधार कार्यक्रम के भारी विरोध के संबंध में

वित्तमंत्री ने 1991 के आर्थिक सुधार के बारे में राष्ट्र को बताने के लिए एक बड़ा पहुँच कार्यक्रम शुरू किया। उन्होंने इस बारे में विश्वविद्यालयों समेत कई राष्ट्रीय मंचों पर बताया। यह पुनरावृत्ति विषय तिगुना था : अवमूल्यन ने कृषि के पक्ष में व्यापार शर्त को बदल दिया था; इन सुधारों से सृजित नए अवसरों का लाभ उठाने के लिए उद्योगों को आकृष्ट करना; अधिकांश सुधारों को करने के लिए पुराने और नए (विशेषकर उद्योग) का आह्वान करना। एक सामान्य महत्त्वपूर्ण संदेश यह था कि भारत को प्रतिस्पर्धा करनी थी और अधिक प्रतिस्पर्धी बनना था। (प्रशुल्कों में कमी के साथ भारतीय उद्योग, जो लाइसेंस राज में फला-फूला था, उन्हें अचानक ही प्रतिस्पर्धा का सामना करना पड़ा)। राजनीतिक स्तर पर वित्तमंत्री ने इसी संदेश के साथ संसद् सदस्यों से मुलाकात की कि इसमें कृषि को इन आर्थिक सुधारों से लाभ होगा, नए उद्योग आएँगे और नए अवसरों का सृजन होगा।

## 1991 का आई.एम.एफ. कार्यक्रम कितना घरेलू कार्यक्रम था

1991 का अधिकांश आर्थिक सुधार भारतीय हित में था। ऐसा माना जाता है कि यह सुधार भारत के अपने हित में था और इसे अपनाने और कार्यान्वयन का तर्काधार था। उदाहरण के लिए व्यय संबंधी सुधार करना हमारे अपने हित में था। और यह अन्य सुधारों के लिए सही है।

आई.एम.एफ. सलाह पोलक मॉडल का सामान्य उत्पाद था : घरेलू खर्च को कम करना (राजकोषीय घाटे में कटौती करना), निर्यात में प्रतिस्पर्धा बनाए रखने के लिए विनिमय दर और आयात खर्च का समायोजन, सरकारी व्यय को कम करना। इसके अतिरिक्त क्षेत्र सुधार (जहाँ विश्व बैंक का हस्तक्षेप अधिक था)। सरकार ने माना कि राजकोषीय घाटे को कम करना भारत के अपने हित में है; अत: खर्च में भारी कटौती की गई। महँगाई को नियंत्रित करने के लिए कठोर मौद्रिक नीति अनिवार्य थी। सरकार के बड़े सुधार राजकोषीय/औद्योगिक/व्यापार क्षेत्रों में थे। सीमा शुल्कों में तीव्र कमी से 1991 के सुधारों के बाद 10 वर्ष से कम अवधि में ही भारतीय अर्थव्यवस्था ने विश्व अर्थव्यवस्था के साथ समेकन को सुनिश्चित किया।

व्यापार सुधार, 1991 के आर्थिक सुधार का एक प्रमुख भाग था। निर्यात सब्सिडी व्यवस्था को समाप्त करना प्रथम कदम था (नकद प्रतिपूर्ति सहायता योजना की समाप्ति)। टी.आर.क्यू. में परिवर्तन, प्रशुल्कों में कटौती और प्रयुक्त प्रशुल्क दरों में सतत कमी इनकी मुख्य विशेषताएँ थीं। कोटा व्यवस्था की समाप्ति और आयात लाइसेंसिंग व्यवस्था एक महत्त्वपूर्ण कदम था। भारत ने वैधानिक रूप से अनुमेय टी.आर.क्यू. सहित डब्ल्यू.टी.ओ. अनुकूल व्यापार व्यवस्था को अपनाया, जो कोटा व्यवस्था से हटकर प्रशुल्क आधारित व्यापार को अपनाना था। 2003 तक सीमा शुल्क कटौती का कार्य पूरा हो गया था।

वैश्विक अर्थव्यवस्था के साथ वित्तीय क्षेत्र का समेकन आगे का एक महत्त्वपूर्ण कदम था। भारत ने सफलतापूर्वक बैंकों का पुनर्पूंजीकरण किया, बाजार लिखतों का सृजन किया, बॉण्ड बाजारों, विशेषकर सरकारी प्रतिभूति बाजारों, को मजबूत किया। जल्द ही वैश्विक बाजारों ने भारतीय बाजार पर भरोसा करना शुरू किया और निवेश आना शुरू हुआ।

## श्री कानागासाबापथी कुप्पुस्वामी

कानागासाबापथी ने नवंबर 2001 से लेकर सितंबर 2005 तक आई.एम.एफ. में कार्यकारी निदेशक (भारत) के वरिष्ठ सलाहकार के रूप में सेवा प्रदान की। इस अवधि के दौरान, उन्होंने तीन कार्यकारी निदेशकों, विजय केलकर, वाई.वी. रेड्डी और बी.पी. मिश्रा के साथ कार्य किया। उन्होंने आर.बी.आई. के मौद्रिक नीति विभाग की अध्यक्षता की और

वर्ष 2000 में वित्तीय मानक और कोड के भारतीय मूल्यांकन संबंधी वाई.वी. रेड्डी समिति के सचिव थे तथा उसके बाद आई.एम.एफ. से लौटने के बाद उन्होंने भारत के वित्तीय क्षेत्र मूल्यांकन संबंधी राकेश मोहन समिति के सचिव के रूप में सेवा प्रदान की। आई.एम.एफ. में नियुक्त होने से पूर्व वे अनुच्छेद-IV परामर्शों के माध्यम से आई.एम.एफ. के साथ जुड़े हुए थे।

## आई.एम.एफ. में बिताए वर्ष की यादें

2001 से 2005 तक भारत आई.एम.एम. के कार्यक्रमवाला देश नहीं था। भारत : आई.एम.एफ. वित्तीय संव्यवहार योजना में एक ऋणकर्ता देश बन गया, जो एक महत्त्वपूर्ण अग्रणी कदम था। विजय केलकर भास्कर वेंकटरमानी और मैंने आई.एम.एफ. बोर्ड में एक साथ मिलकर कार्य किया तथा आर.बी.आई. और वित्त मंत्रालय में साथ मिलकर कार्य किया ताकि भारत आई.एम.एफ. की वित्तीय संव्यवहार योजना में शामिल हो सके। आई.एम.एफ. के कार्यकारी बोर्ड ने भारत को उसके विदेशी मुद्रा भंडार की स्थिति और देश की वित्तीय स्थिरतावाली छवि के आधार पर एक ऋणदाता देश का दर्जा प्रदान किया।

ई.डी. के कार्यालय और सभी 24 ई.डी. कार्यालयों में बहुत सहशासन व्यवस्था थी। जी11, जी20, जी24 चर्चाओं के दौरान आई.एम.एफ. की आंतरिक बैठक में अधिक सौहार्दपूर्ण और सहशासन व्यवस्था भी थी, जिसमें मैंने भाग लिया था। मैं आई.एम.एफ. कर्मचारियों में सहशासन का गवाह भी रहा। आर.बी.आई. और आर्थिक कार्य विभाग के फंड-बैंक प्रभाव के साथ अपेक्षित सफलता के साथ ई.डी. कार्यालय ने समन्वय स्थापित किया।

कार्यकारी निदेशक के कार्यालय की अद्वितीय विशेषता यह है कि इसके अधिकारी आई.एम.एफ. के हिस्सा होते हैं और देश के प्रतिनिधि भी होते हैं। आई.एम.एफ. के कार्यकारी बोर्ड के साथ कार्य करने के अतिरिक्त उनकी देश के प्राधिकारियों और आई.एम.एफ. के बीच समन्वय स्थापित करने में अपेक्षित भूमिका होती है।

दूसरी ओर आई.एम.एफ. के कर्मचारी अंतरराष्ट्रीय कर्मचारी होते हैं। आई.एम.एफ. के वेस्टर्न हेमिस्फेयर के निदेशक अनूप सिंह ने आई.एम.एफ. के अर्जेंटीना कार्यक्रम के दौरान 26 बार ब्युनेस आयर्स का दौरा किया और अर्जेंटीना के प्राधिकारियों ने उनकी नीतियों में उनकी अंतर्ग्रस्तता को पसंद नहीं किया। एक अर्जेंटीनी समाचार-पत्र ने लिखा कि 'आई.एम.एफ. का एक भारतीय अधिकारी अर्जेंटीना के सुधार कार्यक्रम का विरोध कर रहा है' और मुझे अर्जेंटीना स्थित भारतीय दूतावास से एक कॉल प्राप्त हुआ था कि इस मीडिया रिपोर्टिंग से देश की छवि प्रभावित होगी। विदेश मंत्रालय और ब्युनेस आयर्स

में स्थित भारतीय दूतावास को यह स्पष्ट कर दिया गया था कि अनूप सिंह आई.एम.एफ. का कर्मचारी है और आई.एम.एफ. में भारतीय प्राधिकारी अर्जेंटीना के सुधार कार्यक्रमों के समर्थन में हैं।

## आई.एम.एफ. की वैश्विक भूमिका के संबंध में

आई.एम.एफ. एकमात्र ऐसी वैश्विक संस्था है, जो लंबी अवधि तक विभिन्न देशों में आर्थिक आँकड़ा आधार को बनाए रखे हुए है। यह राजनीतिक आर्थिक और वैश्विक आर्थिक अभिशासन को समझते हुए अनुसंधान कार्य के लिए मूल्यवान सूचना का भंडार है।

मैंने यह भी पाया कि आई.एम.एफ. निगरानी कार्यक्रमोंवाले देशों में अधिक प्रभावी है। अनुच्छेद-IV परामर्श के दौरान ऋणदाता देशों के पक्ष में कुछ झुकाव था, तथापि एशियाई संकट के बाद आई.एम.एफ. पूँजी नियंत्रण और वित्तीय स्थिरता मुद्दों के लिए अधिक अनुकूल बन गया। ऋणदाता देशों के पक्ष में यह झुकाव मोटे तौर पर कार्यकारी बोर्ड में मतदान हिस्सेदारी के कारण था। जी7 के प्रभुत्व में थोड़ी कमी आई और कोटा संशोधन और वैश्विक वित्तीय उथल-पुथल के बाद जी20 के देशों की आई.एम.एफ. के निर्णय लेने में अधिक बड़ी भूमिका है।

विकसित अर्थव्यवस्थाओं के लिए अनुच्छेद-IV परामर्श पत्रों में बहुत सारी सूचनाएँ दी गईं। यदि हम इन सिफारिशों से सहमत न हों तो भी अनुसंधान और विश्लेषण की गुणवत्ता की सदा सराहना की गई।

## भारत के साथ आई.एम.एफ. का कार्यक्रम

1983 का आई.एम.एफ. कार्यक्रम एक अवसर था, जिसे हम प्रमुख आर्थिक सुधार करने के लिए चूक गए।

1991 का आई.एम.एफ. कार्यक्रम अत्यधिक सुधारवाला था, क्योंकि इसमें कई परिस्थितियों का संगम था। डॉ. सी. रंगराजन आर.बी.आई. में नियुक्त थे, डॉ. मोंटेक सिंह अहलूवालिया डी.ई. में डॉ. मनमोहन सिंह वित्तमंत्री थे और श्री पी.वी. नरसिम्हा राव प्रधानमंत्री थे। 1980 के बाद से डॉ. बिमल जालान, डॉ. राकेश मोहन और डॉ. शंकर आचार्य के आर्थिक निगरानी समूह ने एक महत्त्वपूर्ण भूमिका अदा की। बाद में आई.एम. एफ. के पूर्व प्रबंध निदेशक माइकल कैमडेसस ने यह उल्लेख किया कि 1991 का आई.एम.एफ. का भारत कार्यक्रम आई.एम.एफ. की अपेक्षा भारत के लिए अधिक था, यह पूरी तरह से देश के लिए था।

## आई.एम.एफ. के साथ आर.बी.आई. का संबंध

आर.बी.आई. की अध्यक्षता प्रगतिशील और दूरदर्शी गवर्नर डॉ. बिमल जालान, डॉ. वाई.वी. रेड्डी, डॉ. दुव्वुरी सुब्बाराव ने की है। वर्ष 1997-2008, जिसे आर.बी.आई. में जालान-रेड्डी का वर्ष माना जाता है, में भारत के बाहरी क्षेत्र प्रबंधन, भंडार प्रबंधन और विनिमय दर प्रबंधन के लिए नीतियाँ शुरू की गईं जिसने अन्य ई.एम.ई. के लिए प्रगति की ओर ले जानेवाले के रूप में कार्य किया। तारापोर समिति से आई दो रिपोर्टों के बावजूद पूँजी खाता परिवर्तनीयता हेतु न तो जालान और न ही रेड्डी ने कोशिश की। पूँजी खाता परिवर्तनीयता हेतु उनके दृष्टिकोण को अब आई.एम.एफ. द्वारा स्वीकार कर लिया गया है।

आस्ति संबंधी उथल-पुथल की समस्या का समाधान करने के लिए मौद्रिक नीति के साथ आर.बी.आई. के चातुर्यपूर्ण उपायों को शामिल करने में वाई.वी. रेड्डी ने एक महत्त्वपूर्ण भूमिका निभाई। उन्होंने स्थावर संपदा ऋणों हेतु अधिक मार्जिन निर्धारित करने में पथप्रदर्शक कदम लिया और लगभग 30 प्रतिशत के ऋण विकास को सुनिश्चित करते हुए बैंकों हेतु एक विवेकपूर्ण मानदंड को शुरू किया। वाई.वी. रेड्डी ने बैंकिंग प्रणाली को पूँजी बाजार में प्रवेश करने से बचाया, जिससे वर्ष 2008 के वैश्विक संकट के दौरान भारतीय बैंकों का तिरस्कार हुआ। उनकी इस काररवाई ने यह सुनिश्चित किया कि भारत ने अपेक्षित मजबूती और महत्ता की स्थिति से वित्तीय स्थिरता बोर्ड के समाधान और एक मार्गदर्शक की भूमिका निभाने की स्थिति को प्राप्त कर लिया है। आर.बी.आई. के संचालन में दुव्वुरी सुब्बाराव के वर्षों में नीतिगत निरंतरता थी।

## अनुच्छेद-IV परामर्श में भारत में जिन प्रमुख मुद्दों पर आई.एम.एफ. से सलाह माँगी

अनुच्छेद-IV परामर्शों ने भारत को महत्त्वपूर्ण वैश्विक मुद्दों पर आई.एम.एफ. की नीतिगत सलाह प्राप्त करने का अवसर प्रदान किया। विश्व में तेल अर्थव्यवस्था का प्रभाव एक साझा मुद्दा था, जो अनुच्छेद-IV की कई चर्चाओं में उभरकर सामने आया था। एक प्रमुख तेल आयातक देश के रूप में भारत की विश्व तेल बाजारों के स्थिरीकरण में एक महत्त्वपूर्ण भूमिका थी। अन्य जो मुद्दे प्रमुखता से उभरकर सामने आए, उनमें महँगाई को लक्ष्य करने का दृष्टिकोण का मुद्दा था। भारत ने जालान/रेड्डी/सुब्बाराव के कार्यकालों में महँगाई को लक्षित करने के संबंध में आई.एम.एफ. की नीतिगत सलाह का पक्ष नहीं लिया। गवर्नरों ने महँगाई के लक्षित दृष्टिकोण को अपनाने की अपेक्षा ब्याज दर, विनिमय दर संतुलन और पूँजी खाता प्रबंधन नीतियों के त्रिधापाश का समाधान किया। दुव्वुरी सुब्बाराव के कार्यकाल के बाद भारत महँगाई को लक्ष्य करने के लिए आगे बढ़ा।

□

*अध्याय-10*

# आई.एम.एफ. के साथ बीता मेरा समय

*यह अध्याय विश्व की बड़ी वित्तीय संस्था, इसके कार्यकारी बोर्ड के कार्यकरण की बारीकियों, वर्ष 2003-2006 के दौरान लागू हुए विभिन्न निधि संबंधी कार्यक्रमों से जुड़ी मेरी यादों को प्रस्तुत करता है।*

मैंने 8 सितंबर, 2003 से लेकर 5 अक्तूबर, 2006 तक अंतरराष्ट्रीय मुद्रा कोष में कार्यकारी निदेशक के सलाहकार के रूप में सेवाएँ दीं। मैंने लगभग 500 बैठकों में आई.एम.एफ. के कार्यकारी बोर्ड में भारत का प्रतिनिधित्व किया। न केवल मैंने सदस्य देशों के गोपनीय सलाहकार के रूप में आई.एम.एफ. की भूमिका की जटिलताओं को सीखा, बल्कि इस कार्यकारी बोर्ड, आई.एम.एफ.सी. के कार्यकरण, विज्ञप्तियों का प्रारूप तैयार करने, इस कोष के विभागीय कार्यकरण और समग्र रूप से उन लोगों के नेतृत्व कौशल को समझा, जिनके पास वित्तीय संकट से निपटने का साहस और दृढ़ता थी।

कार्यकारी निदेशक के कार्यालय में मुझे कई नीतिगत मुद्दों को निपटाने का कार्य दिया गया यथा गरीबी में कमी और विकास न्यास का कार्य (पी.आर.जी.एफ.), कर्ज में डूबे गरीब देशों से जुड़ी पहल, कोष सापेक्षता तकनीकी सहायता और क्षमता विकास व स्वतंत्र मूल्यांकन कार्यालय। जिन देशों में ये कार्यक्रम चलाए जाने थे, उनमें से तुर्की, यूक्रेन और सर्बिया व मांटेनिग्रो का कार्य मुझे सौंपा गया, जो कोष की उद्यत व्यवस्था के अधीन थे तथा उपसहारा अफ्रीकी देश एवं साथ ही पूर्वी यूरोपीय देश जहाँ पी.आर.जी.एफ. कार्यक्रम चल रहा था। इस कोष के निगरानी कार्यक्रम के भाग के रूप में मैंने रूसी संघ और दक्षिण अफ्रीका सहित 56 देशों के लिए अनुच्छेद-IV परामर्शों के संबंध में कार्यकारी बोर्ड कार्यसूची का कार्य किया। 4 राष्ट्रों के हमारे संसदीय क्षेत्र में मुझे भूटान का कार्य सौंपा गया तथा 24 महीने के वार्षिक चक्र में उनके अनुच्छेद-IV परामर्श के लिए रॉयल भूटान अधिकारियों के साथ समन्वय स्थापित किया। मुझे वार्षिक कोष-बैंक बैठकों और स्प्रिंग बैठकों के लिए वाशिंगटन डी.सी. में वित्तमंत्री के दौरों का समन्वय कार्य भी सौंपा गया।

तीन वर्ष की समाप्ति पर मुझे इस कोष के अधिकांश वरिष्ठ कर्मचारियों तथा कार्यकारी निदेशकों के कार्यालयों में लगभग सभी अधिकारियों के बारे में जानकारी हो गई। आई.एम.एफ. के कार्यकारी बोर्ड में भारत का प्रतिनिधित्व करना एक अद्वितीय अनुभव था—यह एक बहुपक्षीय, बहुसांस्कृतिक, बहुजातीय और सबसे अधिक अत्यधिक पेशवर अनुभव था। 24 देशों के कार्यकारी निदेशकों में मुख्य रूप से केंद्रीय बैंक अधिकारी अथवा वित्त मंत्रालय के अधिकारी थे। ऐसे कई अधिकारी थे, जिन्होंने वित्त मंत्रालय के कार्यालयों में कार्य किया था—टॉम स्कॉलर, यूनाइटेड किंगडम के कार्यकारी निदेशक ने चांसलर ऑफ एक्सचेकर के निजी सचिव के रूप में कार्य किया, फ्रांस के कार्यकारी निदेशक के कार्यालय में वरिष्ठ सलाहकार ओलिवियर क्युनी ने फ्रांस के वित्तमंत्री के निजी सचिव के रूप में कार्य किया, इटली के कार्यकारी निदेशक के कार्यालय में वरिष्ठ सलाहकार ग्युसेप्पे सिप्पोलोन ने इटली के वित्तमंत्री के निजी सचिव के रूप में कार्य किया। भारत के वित्तमंत्री के निजी सचिव के रूप में कार्य करते हुए मैंने वित्त मंत्रालयों के अधिकारियों, जिन्होंने कार्यकारी बोर्ड में सेवाएँ दी थीं, के साथ बातचीत करते हुए यहाँ अपने देश जैसा महसूस किया। अंतवैंयक्तिक संबंध आई.एम.एफ. बोर्ड में सफल उपस्थिति की कुंजी थी।

भारतीय रिजर्व बैंक ने आई.एम.एफ. नीतिगत मामलों के संबंध में स्थिति पत्रों के निरूपण हेतु इनपुट प्रदान किया। उन मामलों में जहाँ भारतीय रिजर्व बैंक के पास कोई विशिष्ट विचार नहीं थे, वहाँ राष्ट्रीय नीतियों के आधार पर हमारी अपनी स्थितियों को पुष्ट करने के लिए भारतीय कार्यकारी निदेशक के पास विशेषाधिकार उपलब्ध था। धुँधले विवरणों को तैयार करने में कई घंटे लगे और अनुसंधान कार्य करना पड़ा। कार्यकारी बोर्ड में चर्चा हेतु सचिव के विभाग में सौंपे जानेवाले अपने धुँधले विवरणों को तैयार करने में मैंने सतर्कतापूर्वक कार्य किया। मेरा सदा मानना था कि न केवल बड़े नीतिगत मुद्दे महत्त्वपूर्ण हैं, बल्कि छोटे सदस्य देशों के साथ कार्य करना भी उतना ही महत्त्वपूर्ण था। मैंने कम आयवाले देशों के पक्ष में इस विषय के संबंध में कई दिनों के अनुसंधान के आधार पर सावधानीपूर्वक सोचे-समझे हस्तक्षेपों के माध्यम से प्रभावशाली तरीके से कार्यकारी बोर्ड में भागीदारी की। बोर्ड की बैठकें 10 बजे सुबह शुरू हुआ करती थीं और उसके बाद 11.30 बजे दूसरी बैठक हुआ करती थी एवं उसके बाद भोजन पश्चात् 2 और बैठकें हुआ करती थीं। आई.एम.एफ. के कार्यकारी बोर्ड सप्ताह में 3 दिन मिला करते थे और प्रतिदिन 3-4 बैठकें हुआ करती थीं। वे ऐसे दिन थे, जब मैंने कई घंटों के लिए कार्यकारी बोर्ड के भारतीय पीठ में आसीन होते हुए एक दिन में कार्यकारी बोर्ड की चार बैठकों में भाग लिया। मुझे यह कहते हुए गर्व है कि मैं आई.एम.एफ. बोर्ड में विकासशील देशों हेतु भारतीय समर्थन की बुलंद आवाज था।

आई.एम.एफ. नीतियों और समझौते के अनुच्छेद के बारे में कार्य करते समय अधिगम की आवश्यकता थी, मैं स्टाफ पेपरों में इकोनॉमेट्री विश्लेषण के संबंध में सहायता के लिए अनुसंधान विभाग में वरिष्ठ अर्थशास्त्री रोडने रामचरण के पास जाया करता था। मैं आई.एम.एफ. के उप-प्रबंध निदेशक के रूप में कार्य करनेवाले एकमात्र भारतीय प्रभाकर नार्वेकर से प्रायः मिला करता था और उन्होंने मुझे प्रमुख वित्तीय संकट के समाधान में इस कोष की अंतर्ग्रस्तता व विभागों में कार्यकरण के बारे में बताया। मैंने आई.एम.एफ. पुस्तकालय में कार्य किया, 300 से अधिक पुस्तकों, कार्यकारी प्रपत्रों, बहुउपयोगी प्रपत्रों, कर्मचारी चर्चा टिप्पणियों और अनुसंधान बुलेटिनों का अध्ययन किया। अधिगम की क्षमता व्यापक थी। आई.एम.एफ. कर्मचारियों और कार्यकारी निदेशकों के कार्यालयों में आर्थिक उदारीकरण और लोकतंत्र के संस्थागत आदर्श की जड़ें गहरी थीं। इस कोष के आदर्श और राष्ट्रीय अर्थव्यवस्थाओं में उनके लाभ को समाहित करने की सकारात्मक ऊर्जा ने आई.एम. एफ. में हमारी लंबी कार्यावधि को बहुत उत्साहित किया।

आई.एम.एफ. बोर्ड में कार्यकारी निदेशक बहुत अनुभववाले थे, जिन्होंने आई.एम. एफ. की नीतियों के संबंध में दशकों तक कार्य किया था। अब्बास मिराखोर नामक एक कार्यकारी निदेशक थे, जो ईरान का प्रतिनिधित्व करते थे और कार्यकारी बोर्ड के डीन थे, जिन्होंने बोर्ड में 20 वर्षों से अधिक समय गुजारा था, मिस्र का प्रतिनिधित्व करनेवाले कार्यकारी निदेशक शोउकुर शालान थे, जिन्होंने आई.एम.एफ. में 35 वर्ष का अपना समय बिताया था, बेल्जियम का प्रतिनिधित्व करनेवाले कार्यकारी निदेशक विली केकेंस थे, जिन्होंने इस बोर्ड में 12 वर्ष का समय बिताया था, रूस का प्रतिनिधित्व करनेवाले कार्यकारी निदेशक अलेक्सीमोजहीन थे, जिन्होंने बोर्ड में अपने 16 वर्ष बिताए थे, तथापि अधिकांश देशों ने 3 वर्ष के चक्र पर अपने कार्यकारी निदेशकों को चक्रण किया। इन देशों में भारत, चीन, जर्मनी, इटली, नीदरलैंड, यूनाइटेड किंगडम, अमेरिका आदि देश थे और कई अन्य देशों ने अपने कार्यकारी निदेशकों को हर दो वर्ष पर परिवर्तित किया, इन देशों में मलेशिया, इंडोनेशया, कोरिया, ऑस्ट्रेलिया शामिल हैं, दो अफ्रीकी पीठ और नार्डिक देशों के पीठ भी शामिल थे। आई.एम.एफ. में मेरे कार्यकाल के दौरान इसके कई कार्यकारी निदेशकों ने बहुत ऊँचे स्थान को हासिल किया—मुरिलो पुर्तगाल आई.एम.एफ. के उप-प्रबंध निदेशक बने, श्री मुलियानी इंद्रावती इंडोनेशिया की लंबे समय तक रहनेवाली वित्तमंत्री बनी, मिरांडा जाफा ग्रीस के केंद्रीय बैंक की गवर्नर बनी और टॉम सोलर यूनाइटेड किंगडम के कैबिनेट सचिव बने। आई.एम.एफ. में भारतीय कार्यकारी निदेशक डॉ. वाई.वी. रेड्डी भारतीय रिजर्व बैंक के सबसे प्रसिद्ध गवर्नरों में एक गवर्नर बने और डॉ. विजय केलकर ने वित्त राज्य मंत्री स्तर के वित्तमंत्री के सलाहकार के रूप में सेवाएँ प्रदान कीं।

## प्रबंध निदेशक

मेरे कार्यकाल में आई.एम.एफ. में दो प्रबंध निदेशक थे—होर्स्ट कोहलर और रोडरिगो डे राटो।

होर्स्ट कोहलर बहुत ही मृदु और मिलनसार व्यक्ति थे। उन्होंने जर्मनी के उप वित्तमंत्री तथा यूरोपियन बैंक फॉर रिकंस्ट्रक्शन एंड डेवलपमेंट के अध्यक्ष के रूप में सेवाएँ प्रदान कीं। जर्मनी के राष्ट्रपति के रूप में होर्स्ट कोहलर का नामांकन होने के बाद मार्च 2004 में उन्होंने प्रबंध निदेशक के पद से त्यागपत्र दे दिया। मुझे अल्प सूचना पर बुलाई गई बैठक में आई.एम.एफ. कार्यकारी बोर्ड में होर्स्ट कोहलर द्वारा दिए गए विदाई भाषण का स्मरण है, जिसमें उन्होंने बोर्ड को बताया कि उन्हें जर्मनी के चांसलर से एक कॉल आई है, जिसमें उनसे जर्मनी के राष्ट्रपति के पद के लिए चुनाव लड़ने का अनुरोध किया गया है। अपने विदाई संबोधन में होर्स्ट कोहलर ने कहा कि उनके कार्यकाल में बेहतर तरीके से संकट रोकने के लिए महत्त्वपूर्ण प्रगति हुई, कोष के प्रकाशन में पारदर्शिता आई, वित्तीय क्षेत्र और अंतरराष्ट्रीय पूँजी बाजारों में इस कोष की भूमिका और मजबूत हुई। उन्होंने गरीबी के विरुद्ध इस वैश्विक लड़ाई में आई.एम.एफ. की सक्रिय भूमिका के लिए भी प्रेरित किया।

होर्स्ट कोहलर ने प्रबंध निदेशक के रूप में तब सेवा प्रदान की जब वैश्वीकरण का विरोध चरम पर था और यह कोष मुक्त व्यापार और आर्थिक उदारीकरण का मुख्य प्रस्तावक था। अर्जेंटीना में कोष के कार्यक्रम को शोरगुलवाली सड़क पर विरोध और ऋण चूक के साथ लागू किया गया। कोहलर के भाषणों में सभी के लिए वैश्वीकरण के कार्य को बेहतर बनाने की आवश्यकताएँ परिलक्षित हुईं, उन्होंने माना कि विश्व के सबसे अमीर और सबसे गरीब देशों के बीच अंतर और बड़ा हुआ और विश्व की बड़ी जनसंख्या पीछे छूट गई है। उन्होंने कहा कि गरीबी न केवल 21वीं सदी की शांति और स्थिरता के लिए चुनौती है, बल्कि यह सबसे बड़ी नैतिक चुनौती भी है।

होर्स्ट कोहलर ने वास्तविक राष्ट्रीय स्वामित्व हेतु उपाय करने और कार्यक्रमों में सुधार करने हेतु कोष की सोपाधिकता के लिए कदम उठाया। जहाँ उन्हें यह विश्वास था कि कोष की सोपाधिकता स्थिरता और विकास हेतु अच्छी नीतियों को लागू करने के लिए आवश्यक है, वहीं कार्यक्रमों के लिए सतत विकास में उनके लिए जिम्मेदारी लेने की आवश्यकता होगी। उन्होंने इस कोष को एक ऐसी संस्था के रूप में परिवर्तित करने की कोशिश की, जो सुने तथा सीखे और वह भी केवल सदस्य राष्ट्रों से नहीं।

होर्स्ट कोहलर के प्रबंध निदेशक के पद को त्यागने के बाद तीन महीने की ऐसी अवधि थी, जब एनी क्रुएगर कार्यकारी प्रबंध निदेशक थे।

## एनी क्रुएगर

प्रथम उप-प्रबंध निदेशक एनी क्रुएगर द्वारा बोर्ड की लगभग सभी बैठकों की अध्यक्षता की गई, जिसने सितंबर 2001 से लेकर अगस्त 2006 तक प्रथम उप-प्रबंध निदेशक के रूप में सेवाएँ प्रदान कीं। आई.एम.एफ. के कार्यकारी बोर्ड में उनकी उपस्थिति अत्यंत उत्कृष्ट थी, जिसमें उन्होंने लोकतांत्रिक तरीके से चर्चा करने की अनुमति दी, सभी सदस्य देशों को पर्याप्त समय दिया और उनकी आवाज सुनी तथा चर्चा के अंत में सभापति द्वारा समापन भाषण में उनके विचारों को शामिल करने की कोशिश की गई। स्टेनफोर्ड विश्वविद्यालय में अर्थशास्त्र विभाग के प्रोफेसर के रूप में उन्होंने विकासशील देशों में नीतिगत सुधार, अंतरराष्ट्रीय अर्थव्यवस्था में बहुपक्षीय संस्थाओं की भूमिका व व्यापार नीति का राजनीतिक अर्थशास्त्र के संबंध में व्यापक प्रकाशन किया था। वे भारत की आर्थिक नीतियों की उत्साही समर्थक थीं और उन्होंने आर्थिक सुधार और भारतीय अर्थव्यवस्था के बारे में एक पुस्तक लिखी (2003)।

एनी क्रुएगर के विचारों में उस अवधि के दौरान आई.एम.एफ. प्रबंधन की सोच प्रस्तुत की गई। उनका कार्यकाल अर्जेंटीना और तुर्की को छोड़कर अंतरराष्ट्रीय वित्तीय संकट के न होने की अवधि थी। यह एक ऐसी अवधि थी जब व्यापक पैमाने पर उदारीकरण के विरुद्ध विरोध देखा गया। एनी क्रुएगर ने प्राय: 21वीं सदी में उन अर्थव्यवस्थाओं में आर्थिक सुधार के मुद्‍दों को दूर किया, जिन अर्थव्यवस्थाओं को कोष कर्मचारियों द्वारा स्पृहणीय कहा गया। आर्थिक सुधारों का तात्पर्य विकास को बढ़ावा देना और नागरिकों की दशा में सुधार करना है। उस प्रकार का सुधार, जिसमें मुद्रा स्फीति कम हो, वह देशों को तेजी से आगे बढ़ना संभव बनाता है। कानून का सम्मान, संपत्ति अधिकार, बेहतर तरीके से कार्य कर रही लोक संस्थाएँ, आर्थिक वातावरण जो प्रतिस्पर्धा और उद्यमशीलता को आगे बढ़ाए और वैश्विक अर्थव्यवस्था में भागीदारी के लिए अर्थव्यवस्थाओं को सक्षम बनाए, ये चीजें आर्थिक सुधारों की अनिवार्य हिस्सा थीं। मजबूत नीतियों से अपेक्षित परिणाम प्राप्त होते हैं, जो कि औद्योगिक देशों के संवर्धित जीवन स्तर से परिलक्षित होता है।

एनी क्रुएगर का मत था कि पूँजी खाते से जुड़ा संकट तेजी से आ सकता है, क्योंकि देश के ऋण धारक का उक्त ऋण सेवा क्षमता संबंधी विश्वास खो जाता है। यदि ऋणकर्ताओं को यह विश्वास हो कि किसी देश की समष्टि वित्त नीतियाँ सतत नहीं हैं तो उस देश की इन नीतियों के मजबूत रहने के बावजूद समष्टि अर्थव्यवस्था संकट आ सकता है। उनके विचार में पूर्ण विकसित संकट का एकमात्र प्रभावी उपाय ऋणकर्ताओं के विश्वास को बहाल करना था ताकि वह देश पूर्णरूपेण अपने ऋण दायित्वों को पूरा करने में सक्षम हो। एनी क्रुएगर ने इस संकट का पता लगाने और चेतावनी संकेत पर कारवाई करने के लिए आई.एम.एफ. में

कार्य पर ध्यान केंद्रित किया। अब तक आई.एम.एफ. के अनुच्छेद-IV परामर्शों ने सदस्य देशों की अर्थव्यवस्थाओं और आर्थिक नीतियों की सदा जाँच की थी। एनी क्रुएगर ने यह सुनिश्चित किया कि ऋण धारणीयता और वित्तीय क्षेत्र मूल्यांकन कार्यक्रम पर भी अधिक ध्यान केंद्रित किया जाए, जिसका लक्ष्य बैंकों और अन्य वित्तीय संस्थाओं को निकटता से देखना था। उन्होंने महसूस किया कि वैश्वीकरण के लाभ इतने स्पष्ट थे कि वैश्वीकरण विरोधी विरोध सामान्यतः गुमराह करनेवाला था और सदैव ही वैश्वीकरण के लिए एक सशक्त मामले को प्रस्तुत किया।

एनी क्रुएगर ने कई बार भारत का दौरा किया और भारत में आर्थिक सुधार, विशेषकर राजकोषीय दायित्व और बजट प्रबंधन अधिनियम में हुई प्रगति की सराहना की। फिर भी उन्होंने बढ़ते राजकोषीय घाटे के मुद्दे के बारे में संकेत दिया कि इसे निजी क्षेत्र के लिए उधार और मुक्त संसाधनों पर सरकार की निर्भरता को घटाने के लिए समाधान किए जाने की आवश्यकता है ताकि विकास और गरीबी उन्मूलन में योगदान मिल सके। उन्होंने भारत की प्रगति के लिए मुख्य मुद्दे के रूप में अवसंरचना को मजबूत करने, श्रम बाजार और विदेशी निवेशकों को प्रोत्साहन देने का भी संकेत दिया।

## रोडरिगो डि रेटो वाई फिगारेडो

रोडरिगो डि रेटो 7 जुलाई, 2004 को प्रबंध निदेशक के रूप में पदासीन हुए और 31 अक्तूबर, 2007 को पद छोड़ा। रोडरिगो डि रेटो ने आई.एम.एफ. में अपनी नियुक्ति के पूर्व स्पेन में आर्थिक मंत्री (मिनिस्टर ऑफ इकॉनोमी) के रूप में कार्य किया। प्रबंध निदेशक के पद पर नियुक्त होने के तत्काल बाद रोडरिगो डि रेटो ने एक रणनीतिक समीक्षा शुरू की, जिसका लक्ष्य यह जाँच करना था कि क्या यह कोष आज और भविष्य की चुनौतियों और संकट से निपटने के लिए पूरी तरह से तैयार है। इस समीक्षा में इस कोष के कार्यकरण के लिए अधिक केंद्रित दृष्टिकोण का सुझाव दिया, विशेषकर कम आयवाले देशों, वित्तीय क्षेत्र मूल्यांकन और मानक एवं संहिताओं पर, साथ ही प्रलेखन कार्य में कमी करने पर। इसके अतिरिक्त, समीक्षा में यह भी सुझाव दिया गया कि आई.एम.एफ. वैश्वीकरण के विश्लेषण को और गहराई से करें तथा पूँजी खाता उदारीकरण की गतिशीलता में अनुसंधान को व्यापक बनाएँ। रोडरिगो डि रेटो ने कोटे के पुनर्आवंटन द्वारा आई.एम.एफ. व्यवस्था के पुनर्मूल्यांकन का भी आह्वान किया।

रोडरिगो डि रेटो वैश्विक असंतुलन को कम करने से जुड़े परामर्श का हिस्सा थे। आई.एम.एफ. अमेरिका, यूरो जोन, जापान, चीन और सउदी अरब के बीच चर्चा में शामिल हुआ, जिसका लक्ष्य आर्थिक नीतियों का समन्वयन था। वे अलग-अलग तरीकों—चाहे

पर्याप्त चालू खाता अधिशेष अथवा कमी द्वारा या क्योंकि इनके पास विश्व उत्पादन का एक बड़ा प्रतिशत था--में वैश्विक असंतुलन से संबद्ध थे। ये देश इस पर सहमत हुए कि वैश्विक असंतुलन में कमी एक बहुपक्षीय चुनौती और साझा जिम्मेदारी थी। चीन ने घरेलू माँग को बढ़ाने की योजना बनाई, यूरो जोन का लक्ष्य ढाँचागत सुधारों को लागू करने का था, जापान ने अपने राजकोषीय क्षेत्र को मजबूत बनाने की योजना बनाई, सउदी अरब का लक्ष्य तेल क्षेत्र अवसंरचना में निवेश को बढ़ाना था और अमेरिका का लक्ष्य अपने बजट को संतुलित करने एवं बचत शुरू करने के लिए कदम उठाने का था।

## उप-प्रबंध निदेशक

प्रबंध निदेशक व प्रथम उप-प्रबंध निदेशक के अतिरिक्त आई.एम.एफ. में दो अन्य उप-प्रबंध निदेशक भी थे। उप-प्रबंध निदेशक का एक पद जापान के लिए और अन्य लैटिन अमेरिका के लिए था। ताकातोशी कातो जापान से उप-प्रबंध निदेशक और अगस्टीन कार्सटेंस मैक्सिको से उप-प्रबंध निदेशक थे। वर्तमान में आई.एम.एफ. में तीन उप-प्रबंध निदेशक हैं, जिसमें उप-प्रबंध निदेशक का एक पद चीन से है।

ताकातोशी कातो ने आई.एम.एफ. में शामिल होने से पूर्व उप-वित्तमंत्री और एशियाई विकास बैंक में जापान के कार्यकारी निदेशक के रूप में सेवाएँ प्रदान कीं। उन्होंने अधिकांश एशियाई सदस्य देशों और कैरेबियाई देशों के लिए कई कार्यकारी बोर्ड बैठकों की अध्यक्षता की तथा कार्यकारी औद्योगिक पारदर्शी पहल में अहम भूमिका निभाई। ताकातोशी कातो ने आई.एम.एफ. के लिए मध्यावधि रणनीति में प्रबंध निदेशक के विचारों का समर्थन किया और कहा कि यह केंद्रीय दृष्टिकोण से प्रेरित है कि विश्व तेजी से बदल रहा है और कि आई.एम.एफ. को 21वीं सदी की चुनौतियों से निपटने में सदस्य देशों की सहायता करने हेतु तदनुसार ही अनुकूल होने की आवश्यकता है।

अगस्टीन कार्सटेंस ने 1 अगस्त, 2003 से लेकर अक्तूबर 2006 तक आई.एम.एफ. के उप-प्रबंध निदेशक के रूप में कार्य किया। उन्होंने 1999-2000 के दौरान मैक्सिको के उप वित्त सचिव और कार्यकारी निदेशक के रूप में कार्य किया, जिसमें उन्होंने स्पेन-मैक्सिको कंस्टीच्युएंशी का प्रतिनिधित्व किया। बैंकों डि मैक्सिको के गवर्नर के रूप में अगस्टीन कार्सटेंस ने मार्च 2015 से लेकर दिसंबर 2017 तक आई.एम.एफ.सी. की अध्यक्षता की। जब वे उप-प्रबंध निदेशक के रूप में नियुक्त हुए तो उनकी आयु मात्र 44 वर्ष थी और आई.एम.एफ. में वे सबसे युवा उप-प्रबंध निदेशक थे। अगस्टीन कार्सटेंस ने आई.एम. एफ. के क्षमतावर्धन और तकनीकी सहायता गतिविधियों का कार्य सँभाला। उन्होंने सरकारी अधिकारियों को प्रशिक्षित करने में सहायता प्रदान करने के लिए अफ्रीकी क्षमतावर्धन पहल

की अध्यक्षता की, जिससे कि इन देशों की अपनी विकास संबंधी रणनीतियों की रूपरेखा तैयार करने व लागू करने के लिए इनकी संस्थागत क्षमता में बढ़ोतरी हो। आई.एम.एफ. ने अपनी रणनीति के मुख्य भाग के रूप में माली और तंजानिया में 2 अफ्रीकी तकनीकी सहायता केंद्रों (ए.एफ.आर.आई. तथा टी.ए.सी.एस.) का परिचालन शुरू किया। अगस्टीन कार्सटेंस अफ्रीकी सदस्य देशों में कम आयवाले देशों के बारे में अपनी नीतियों की व्याख्या करने के लिए कोष के पहुँच कार्यक्रम का भी हिस्सा थे।

## कार्यकारी निदेशक, वरिष्ठ सलाहकार और सलाहकार

इस कोष का कार्यकारी बोर्ड बहुत ही पारस्परिक रूप से प्रभावित करनेवाला होता है और अपने अधिकारी समूह के साथ निकट संबंध रखता है। 24 कार्यकारी निदेशकों में से प्रत्येक निदेशक की सहायता के लिए कंस्टीच्युएंशी में प्रत्येक सदस्य देश के लिए एक वैकल्पिक कार्यकारी निदेशक, एक सलाहकार/वरिष्ठ सलाहकार होता है। ये सलाहकार अधिकांशत: युवा लोक सेवक होते थे, जिनकी आयु तीस से चालीस वर्ष के बीच होती थी, जो कार्यकारी बोर्ड में मातहत अधिकारी होते थे। हम प्राय: विशिष्ट बोर्ड कार्यसूची के संबंध में स्थितियों की पुष्टि के लिए छोटे समूहों या व्यक्तिगत रूप से उनके साथ बातचीत किया करते थे।

भारतीय कार्यकारी निदेशक का कार्यालय आई.एम.एफ. की तेरहवीं मंजिल पर है। यहाँ से जॉर्ज वाशिंगटन विश्वविद्यालय और कंस्टीच्युशन एवेन्यू का शानदार नजारा दिखता है। उसी मंजिल पर अमेरिका, जर्मनी, नीदरलैंड, फ्रैंकोफोन अफ्रीका, चीन, अर्जेंटीना, रूसी संघ, मलेशिया, कनाडा, नॉर्वे और इटली के कार्यकारी निदेशक के कार्यालय अवस्थित थे। 12वीं मंजिल पर कार्यकारी बोर्ड का कक्ष था, जहाँ जॉन मेनार्ड केन्स और हैरी डेक्स्टर ह्वाइट की मूर्ति थी, साथ ही प्रबंध निदेशक और उप-प्रबंध निदेशक के कार्यालय थे। 11वीं मंजिल पर सउदी अरब, मिस्र, बेल्जियम, जापान, उपसहारा अफ्रीका, ब्राजील, ईरान, फ्रांस, कोरिया, ऑस्ट्रेलिया और स्विट्जरलैंड सहित 12 कार्यकारी निदेशकों के कार्यालय थे। यहाँ-वहाँ जाना और सहयोगियों से बात करना अथवा गलियारे में मिलना अथवा चर्चा के लिए कोष के कैफेटेरिया में मिलना आसान था। अधिकांश सलाहकारों, विशेषकर एकल कंस्टीच्युएंशी अथवा हमारे जैसे कम सदस्यवालों को हर दूसरे दिन कार्यकारी बोर्ड की बोर्ड बैठकों तथा मंगलवारों और गुरुवारों को कार्यशालाओं अथवा सेमीनारों में भाग लेना पड़ता था। कार्यनीति बहुत ऊँची थी, सलाहकार कार्यकारी बोर्ड में अपने विवरणों की गुणवत्ता के संबंध में एक-दूसरे को संपूरित किया करते थे अथवा ईमेल अथवा दोपहर के भोजन में कैफेटेरिया चर्चा किया करते थे। बहुत ही सौहार्द हुआ करता था, अंतर्वैयक्तिक संबंध बड़े

मजबूत थे तथा नीति संबंधी परस्पर बातचीत प्राय: मंत्रमुग्ध करनेवाली होती थी।

कम आयवाले देशों, गरीबी में कमी और विकास रणनीति तथा बहुपक्षीय ऋण पहल के संबंध में कार्य करनेवाले भारतीय कंस्टीच्युएंशी में सलाहकार के रूप में मेरे पास उपसहारा देशों के समूह का प्रतिनिधित्व करनेवाले कार्यकारी निदेशक—पीटर न्युंबुलु, जो तंजानिया का प्रतिनिधित्व करनेवाले कार्यकारी निदेशक थे और उनका उप कार्यकारी निदेशक पीटर गाकुनु, जो केन्या का प्रतिनिधित्व करनेवाले वैकल्पिक कार्यकारी निदेशक था, के साथ व्यापक बातचीत करने का अवसर मिला। न्युंबुलु ने दक्षिण अफ्रीका, नाइजीरिया, तंजानिया, केन्या, युगांडा, इथियोपिया और जिम्बाब्वे सहित 19 सदस्य देशों में कंस्टीचुएंशी की अध्यक्षता की। न्युंबुलु और गाकुनु दोनों ने अपने देशों में वित्तीय सचिवों के रूप में कार्य किया था और अपने देशों के लिए आई.एम.एफ. के पी.आर.जी.एफ. कार्यक्रमों के महत्त्व के बारे में अच्छी तरह से वाकिफ थे। वे प्राय: विशेषकर उन मामलों में बोर्ड के संबंध में अपनी स्थितियों के समर्थन के लिए भारत की सहायता माँगते थे जिन मामलों में स्थितियों को लागू नहीं किया जा सका।

भारतीय कार्यकारी निदेशक बी.पी. मिश्रा बोर्ड के संबंध में अफ्रीकी स्थिति के लिए बहुत ही मददगार रहे। भारतीय कंस्टीच्युएंशी की ओर से मैंने नीतिगत उपायों और उपसहारा अफ्रीकी कंस्टीच्युएंशी के 19 सदस्य देशों में से प्रत्येक देश में देश संबंधी कार्यक्रम के समर्थन में धुँधला विवरण दिया। कार्यक्रमवाले कई देशों की त्रैमासिक/अर्धवार्षिक समीक्षा की गई और प्राय: कार्यकारी बोर्ड के समक्ष समीक्षा रिपोर्ट रखी गई। भारत सदा कार्यकारी बोर्ड के संबंध में उपसहारा अफ्रीका के समर्थन में खड़ा रहा। वार्षिक/स्प्रिंग बैठकों के दौरान कई अफ्रीकी मंत्रियों ने भारतीय कार्यकारी निदेशक से कार्यकारी बोर्ड चर्चाओं के दौरान मिले समर्थन के लिए हमें धन्यवाद देने हेतु मुलाकात की।

मुझे बेल्जियम का प्रतिनिधित्व करनेवाले कार्यकारी निदेशक विली केइकेन्स और ऑस्ट्रिया के केंद्रीय बैंकर और विली केइकेन्स के उप-कार्यकारी निदेशक जॉन प्रेडर के साथ हुई अपनी बातचीत का भी उल्लेख करना चाहिए। मैंने 2003-06 की अवधि के दौरान तुर्की के मामले में कार्य किया, जो बेल्जियन कंस्टीच्युएंशी का एक हिस्सा था और उसकी अर्थव्यवस्था आर्थिक संकट से बाहर निकलनी शुरू ही हुई थी। प्रेडर ने इस बोर्ड में यूरोपीय संघ समूह की बैठकों की अध्यक्षता की और यूरोजोन अर्थव्यवस्थाओं में उनकी जानकारी गहन थी। केइकेन्स को आई.एम.एफ. के बारे में गहन जानकारी थी और कोष अभिशासन के कानूनी मुद्दों पर उनका परिज्ञान प्राय: आश्चर्यजनक था।

मैंने नीदरलैंड के कार्यकारी निदेशक जेरोएन क्रेमर्स के साथ परस्पर बातचीत की, जिन्होंने ग्यारह सदस्यीय कंस्टीच्युएंशी की अध्यक्षता की। इनमें से अधिकांश कार्यक्रमवाले

देश थे, जिसके साथ मैंने कार्य किया, जॉर्जिया, रोमानिया, यूक्रेन, बुल्गारिया, बोस्निया और हर्जेगोवनिया, क्रोएशिया, मैसेडोनिया और अर्मेनिया एवं साथ ही इजराइल, जो गैर कार्यक्रमवाले देश थे। पूर्वी यूरोपीय देशों में गरीबी और संस्था निर्माण की चुनौतियाँ रोमानिया और बुल्गारिया में विशेष रूप से स्पष्ट थीं। जॉर्जिया में महत्त्वपूर्ण राजनीतिक परिवर्तन देखा गया और कोष प्रबंधन चाहता था कि जॉर्जियाई परिवर्तन का समर्थन करें। कार्यकारी बोर्ड में शामिल डच अधिकारीगण गरमी के दिनों में साइकिल से कार्य करने के लिए आए, ऐसा तब हुआ, जब मैंने कुछ वर्ष बाद एम्सटर्डम का दौरा किया और पाया कि उनके देश में साइकिल की सवारी को बहुत पसंद किया जाता है।

उस अवधि के अन्य कार्यकारी निदेशकों में से मैंने मलेशिया की कार्यकारी निदेशक सुश्री हुईंग फाँग, ऑस्ट्रेलिया के वैकल्पिक कार्यकारी निदेशक रिचर्ड मुरे और यूनान के वैकल्पिक कार्यकारी निदेशक मिरांडा जाफा के साथ परस्पर बातचीत की।

कोष प्रबंधन के साथ बातचीत करने में प्रत्येक देश की अपनी चुनौतियाँ थीं। कोष की शर्त कभी भी सहज लागू करनेवाली नहीं थी और ढाँचागत बैंचमार्क ने मजबूत देश के स्वामित्व को आवश्यक बना दिया था।

## प्रमुख गैर-कार्यक्रम/कार्यक्रमवाले देशों के संबंध में कार्य करना

महत्त्वपूर्ण गैर-कार्यक्रमवाले देश, जिन पर मैंने कार्य किया था, उनमें रूसी संघ और दक्षिण अफ्रीका के देश थे। मुझे इनमें से प्रत्येक देश में भ्रमण के कई अवसर प्राप्त हुए और बाद में भारतीय शिष्टमंडल का प्रतिनिधित्व करने का भी अवसर प्राप्त हुआ। मैं आश्चर्यचकित था कि अनुच्छेद-IV परामर्शों में मूल्यांकन वास्तविकता के कितना निकट था। अनुच्छेद-IV रिपोर्टों और चयनित मुद्दा प्रपत्रों के निरूपण में आई.एम.एफ. द्वारा किए गए गहन अनुसंधान की प्रमात्रा गैर कार्यक्रमवाले देशों में भी प्रशंसनीय थी।

वर्ष 2004-06 में रूसी संघ के लिए आर्थिक आउटलुक वास्तविक जी.डी.पी. विकास मजबूत, मजबूत बाहरी और राजकोषीय स्थिति व अर्थव्यवस्था अपनी पूर्ण क्षमता के साथ कार्य कर रहा था। तेल राजस्व पर कर आरोपण और बचत की रूसी नीति से देश बेहतर स्थिति में आया। तेल राजस्व में अप्रत्याशित लाभ हुआ। रूस ने अपने व्यय को कम करना शुरू किया और इस कारण मजदूरी में बढ़ोतरी और कर में कटौती देखी गई। रूस में उस दौरान कोई बड़ा ढाँचागत सुधार नहीं हुआ।

वर्ष 2004-06 की अवधि के दौरान दक्षिण अफ्रीका में प्रतिवर्ष 4.5 प्रतिशत की बढ़ोतरी देखी गई, किंतु उसे आगे विकास में तेजी लाने और बेरोजगारी को कम करने की

चुनौती का सामना करना पड़ा। धन संबंधी विसंगतियों, जो रंगभेद युग में व्याप्त थी, को कम करने के लिए एक मुख्य पहल भूमि सुधार और ब्लैक इकोनॉमी एम्पावरमेंट थी और दोनों ही पहलों में आई.एम.एफ. ने सहायता प्रदान की, तथापि आई.एम.एफ. ने विकास को आगे बढ़ाने के लिए मौद्रिक नीति के माध्यम से वास्तविक विनिमय दर को प्रभावित करने के विरुद्ध दक्षिण अफ्रीकी अधिकारियों को सावधान किया, क्योंकि इससे महँगाई लक्ष्य व्यवस्था दुर्बल हो जाएगी।

कार्यक्रमवाले महत्त्वपूर्ण देशों, जिनके साथ मैंने कार्य किया, उनमें तुर्की ने 13.1 बिलियन अमेरिकी डॉलर, यूक्रेन ने 1.1 बिलियन अमेरिकी डॉलर तथा सर्बिया और मोंटेनिग्रो ने 965 मिलियन अमेरिकी डॉलर का ऋण लिया था। आई.एम.एफ. के लिए तुर्की कार्यक्रम सफल कार्यक्रम था, जबकि दो अन्य कार्यक्रमवाले देशों ने सही तरीके से कार्य नहीं किया।

## कम आयवाले देशों के साथ कार्य

जब मैं आई.एम.एफ. में बिताए वर्ष की समीक्षा करता हूँ तो कम आयवाले देशों के साथ मेरा काम मेरे लिए गर्व की बात है। एच.आई.पी.सी. पहल, पी.आर.जी.एफ. कार्यक्रम, एम.डी.आर.आई. ऋण राहत 2003.06 की अवधि में आई.एम.एफ. में प्रचलित शब्द थे।

कोष ने कम आयवाले देशों के लिए विकास लक्ष्य को हासिल करने हेतु धारणीय उधार रणनीति की आवश्यकता की वकालत की। कम आयवाले देशों को अपने विकास संबंधी उद्‌देश्यों को पूरा करने के लिए बहुत सारी चुनौतियों का सामना करना पड़ता है, जबकि उनका बाह्य ऋण को सुनिश्चित करना धारणीय बना होता है। आई.एम.एफ. ने महसूस किया कि कम आयवाले देशों में ऋण धारणीयता का सिद्धांत दो स्तंभों यथा निर्देशात्मक देश विशेष बाह्य ऋण भार सीमा, जो देश की नीतियों और संस्थाओं की गुणवत्ता पर निर्भर हो तथा आधारभूत परिदृश्य के तहत वास्तविक व अनुमानित ऋण भारत निर्देशों एवं विश्वसनीय झटकों के बावजूद भी विश्लेषण और सावधानीपूर्वक व्याख्या पर निर्भर करता है। कोष ने कम आयवाले देशों से आग्रह किया कि ऋण धारणीयता को प्राप्त करने की मुख्य जिम्मेदारी कम आयवाले देशों पर ही है और बाध्यकारी सीमा, जिसकी उसने सिफारिश की है, ऋण भार के बुद्धिमत्तापूर्वक प्रबंधन और विकास को गति देने के लिए आवश्यक है।

## अत्यधिक ऋणग्रस्त गरीब देश ( एच.आई.पी.सी. ) और बहुपक्षीय ऋण राहत पहल सहायता ( एम.डी.आर.आई. ) के लिए ऋण राहत संबंधी कार्य

अत्यधिक ऋणग्रस्त गरीब देशों (एच.आई.पी.सी.) संबंधी पहल को ऋण कटौती तंत्र के रूप में डिजाइन किया गया ताकि लगातार ऋण पुनर्गठन को समाप्त किया जा सके और

कम आयवाले देशों के लिए एक ठोस आधार मिल सके, जिससे कि वे ऋण धारणीयता को प्राप्त कर सकें। एच.आई.पी.सी. ने अत्यधिक ऋण ग्रस्त गरीब देशों के बाह्य ऋण भार को कम करने के लिए अंतरराष्ट्रीय समुदाय की मजबूत प्रतिबद्धता को प्रस्तुत किया। एच.आई. पी.सी. पहल का ऋण स्टॉक व ऋण सेवाओं में कमी करने पर महत्त्वपूर्ण प्रभाव पड़ा और गरीबी उन्मूलन के लिए ऋण सेवा भुगतान के पुनर्निर्देशन में समर्थ हुआ। ऋण स्टॉक में दो-तिहाई कमी आई और एच.आई.पी.सी. पहल ने गरीबी उन्मूलन के लिए बिलियनों डॉलर को मुक्त किया।

आई.एम.एफ. ने उन 19 देशों को 3.1 बिलियन अमेरिकी डॉलर की ऋण राहत सहायता प्रदान की, जिन देशों ने सभी मानकों को पूरा किया और 41.3 बिलियन अमेरिकी डॉलर की कुल लागत के पूर्ण बिंदु को हासिल किया, जिसे जी7 के सदस्य देशों द्वारा प्रदान किया गया था।

बहुपक्षीय ऋण राहत पहल (एच.आई.पी.सी.) को 2005 के उत्तरार्ध में आई.एम.एफ. द्वारा अंगीकार किया गया था। जी8 ने जून 2005 में ऋण राहत प्रस्ताव पर कार्य करना शुरू किया, जिसमें एच.आई.पी.सी. देशों हेतु आई.एम.एफ विश्व बैंक और अफ्रीकी विकास बैंक के 100 प्रतिशत ऋण को समाप्त करने का आह्वान किया गया था, जिसकी प्राप्ति हुई अथवा अंततोगत्वा एच.आई.पी.सी. को पूर्ण बिंदु तक पहुँचा दिया गया। आई.एम.एफ. के कार्यकारी बोर्ड में हुई चर्चाओं के बाद आई.एम.एफ. के सदस्य देशों में निष्पक्ष रूप से इस निर्णय को लागू किया गया कि 380 अमेरिकी डॉलर की सीमा के प्रति व्यक्ति आय या इससे कम आयवाले सभी सदस्य देश इसके लिए पात्र होंगे। इस प्रकार एम.डी.आर.आई. ऋण राहत उन 18 देशों को प्रदान की गई, जिन्होंने एच.आई.पी.सी. बिंदु को हासिल किया था और साथ ही दो गैर एच.आई.पी.सी. देश नामत: कंबोडिया और तजाकिस्तान, जो इस पात्रता के लिए 380 अमेरिकी डॉलर की आय से कम था और आई.एम.एफ. के पास उनका ऋण बकाया था।

इस प्रकार कोष ने एम.आर.डी.आई. के भाग के रूप में सामान्य संसाधन खातों से 136.2 बिलियन अमेरिकी डॉलर की बहुपक्षीय ऋण राहत सहायता और पी.आर.जी.एफ.-ई. एस.एफ. ऋण बकाया से 3.7 बिलियन अमेरिकी डॉलर की राशि उन 20 देशों को प्रदान की। एम.आर.डी.आई. पहल आधारित था जिसे पूरी तरह से जी8 द्वारा चलाया गया और आई.एम.एफ.सी. के सभापति गोर्डोन ब्राउन ने इस निर्णय में अहम भूमिका निभाई।

### स्वतंत्र मूल्यांकन कार्यालय (आई.ई.ओ.) रिपोर्ट पर कार्य

डॉ. मोंटेक सिंह अहलूवालिया वर्ष 2003-06 में स्वतंत्र मूल्यांकन कार्यालय के

निदेशक थे। डॉ. मोंटेक सिंह अहलूवालिया ने अकसर भारतीय कार्यकारी निदेशक के कार्यालय का दौरा किया, वे कई वर्षों से बी.पी. मिश्रा को व्यक्तिगत रूप से जानते थे। डॉ. मोंटेक कोष के अर्थशास्त्रियों के आदर्श थे, जो उनके भारत सरकार में तेज उभार और भारतीय अर्थव्यवस्था में सुधार में उनके योगदान से अभिभूत थे। उन्होंने महत्त्वपूर्ण मूल्यांकन संबंधी कई अध्ययन करने के लिए उदीयमान स्वतंत्र मूल्यांकन कार्यालय की सफलतापूर्वक अगुआई की। मैंने इस दौरान आई.ई.ओ. द्वारा प्रस्तुत तीन शोध-पत्रों पर कार्य किया—गरीबी कम करने संबंधी रणनीतिक शोध-पत्र प्रक्रिया और गरीबी कम करने की विकास सुविधा (पी.आर.जी.एफ.) की प्रभावकारिता, आई.एम.एफ. तकनीकी सहायता तथा जॉर्डन के लिए आई.एम.एफ. सहायता। मैं आई.ई.ओ. नामतः आई.एम.एफ. ढाँचागत सोपाधिकता द्वारा किए गए अन्य मूल्यांकन अध्ययन के लिए विचारार्थ विषयों के निरूपण के साथ भी जुड़ा रहा।

## संदर्भ—


1. हार्स्ट कोहलर, प्रबंधन निदेशक, आई.एम.एफ. द्वारा 28 जनवरी, 2002 को वाशिंगटन डी.सी. में 'वैश्विक अर्थव्यवस्था के मानवीयकरण' पर सम्मेलन में 'बेहतर वैश्वीकरण के लिए कार्य' विषय पर दी गई अभ्युक्तियाँ, www.imf.org.
2. आई.एम.एफ. के पूर्व प्रबंधन निदेशक हार्स्ट कोहलर द्वारा 14 अप्रैल, 2004 को वाशिंगटन डी.सी. स्थित आई.एम.एफ. के मुख्यालय में दी गई 'विदाई संबंधी अभ्युक्तियाँ।'
3. एनी ओ. क्रूजर, कार्यकारी प्रबंध निदेशक, आई.एम.एफ. द्वारा 2 जून, 2004 को सान डियागो में 'संकुचित होते विश्व में आर्थिक विकास : आई.एम.एफ. और वैश्वीकरण' विषय पर अंतरराष्ट्रीय प्रशांत नीति परिषद् को संबोधन, www.imf.org.
4. एनी ओ. क्रूजर, प्रथम उप-प्रबंध निदेशक, आई.एम.एफ. द्वारा 5 अप्रैल, 2005 को फिलोस्पिकल सोसाइटी विश्वविद्यालय, ट्रिनिटी कॉलेज डबलिन में 'बिस्मार्क की चेतावनी : 21वीं शताब्दी में आर्थिक नीतिगत सुधारों को चुनौती. पर दिया गया व्याख्यान।
5. एनी ओ. क्रूजर, कार्यकारी प्रबंध निदेशक, आई.एम.एफ. द्वारा 22 नवंबर, 2004 को न्यूयॉर्क में 'हीडिंग हिफोक्रेट्स आई.एम.एफ. और सुधार प्रक्रिया' विषय पर विदेश संबंध परिषद् में दिया गया भाषण, www-imf.org.
6. एनी ओ. क्रूजर, कार्यकारी प्रबंध निदेशक, आई.एम.एफ. द्वारा 4 जून, 2004 को 'भारत का भविष्य उसी के भीतर : भारत की अनवरत सुधार कार्यसूची' विषय पर स्टैनफोर्ड इंडिया सम्मेलन में दिया गया विशेष भाषण, www.imf.org.
7. आई.एम.एफ. के प्रबंध निदेशक रोडरिगो डी. रेटो द्वारा 14 सितंबर, 2005 के समाचार-पत्र फाइनेंशल टाइम्स में 'वैश्विक महाजन को प्रासंगिक बनने के लिए अपनी भूमिका सुधारनी होगी' विषय पर लिखा गया लेख, www.imf.org.
8. आई.एम.एफ. के प्रबंध निदेशक रोडरिगो डी. रेटो द्वारा जनवरी 2005 में वैश्विक कार्यसूची

'क्या आई.एम.एफ. अधिदेश अब भी प्रासंगिक है?' विषय पर अभिव्यक्त किए गए विचार, www.imf.org.

9. आई.एम.एफ. के प्रबंध निदेशक रोडरिगो डी. रेटो द्वारा 15 मार्च, 2007 को ली मोंडे में 'वैश्विक असंतुलन को कम करने संबंधी परामर्श' विषय पर अभिव्यक्त किए गए विचार, www.imf.org.

10. ताकातोशी काटो, उपप्रबंध निदेशक, आई.एम.एफ द्वारा 18 दिसंबर, 2004 को मध्य-पूर्व और आई.एम.एफ. पर क्षेत्रीय मीडिया संगोष्ठी में दी गई अभ्युक्तियाँ : विकास निगम, दुबई, संयुक्त अरब अमीरात के बारे में 'संचार के माध्यम से सूक्ष्म अर्थव्यवस्था में वृद्धि करना" विषय पर अभिव्यक्त किए गए विचार, www.imf.org.

11. अगस्टीन कार्सटेन्स, उपप्रबंध निदेशक, आई.एम.एफ. द्वारा 3 फरवरी, 2004 को दार एस सलाम, तंजानिया में, 'कम आयवाले देशों में आई.एम.एफ. की भूमिका' विषय पर अभिव्यक्त किए गए विचार, www.imf.org.

□

# भविष्य की ओर

*अध्याय-11*

# जी20 : बहुपक्षवाद का एक दशक

*इस अध्याय में जी20 शिखर सम्मेलनों में हुई प्रगति, प्राप्त विशिष्ट उपलब्धियों का प्रलेखीकरण और वैश्विक प्रयासों पर एकमत का विश्लेषण दिया गया है।*

जी20 का उत्थान वैश्विक आर्थिक क्षितिज पर एक महत्त्वपूर्ण घटनाक्रम था। जी20 विश्व की प्रमुख अर्थव्यवस्थाओं का शीर्ष फोरम है, जो आज की सबसे जरूरी चुनौतियों से निपटने के लिए वैश्विक नीतियाँ विकसित करना चाहता है। जी20 में 19 सदस्य देश और यूरोपीय संघ शामिल हैं, जो वैश्विक जी.डी.पी. के 90 प्रतिशत और वैश्विक व्यापार के 80 प्रतिशत तथा दो-तिहाई विश्व जनसंख्या का प्रतिनिधित्व करता है। जी20 की उत्पत्ति जी7 देशों के वित्तमंत्रियों और केंद्रीय बैंक के गवर्नर की बैठक से हुई थी, जिसने विश्व की वित्तीय चुनौतियों को दूर करने में व्यापक प्रतिनिधित्ववाले एक समावेशी निकाय की आवश्यकता को महसूस किया।

**वित्तीय संकट**—वैश्विक वित्तीय संकट 2008-09 और यूरो जोन संकट 2010, जिसने वैश्विक वृद्धि और कल्याण कार्य को खतरे में डाल दिया है, से जूझने में जी20 अग्रणी रहा है। वित्तीय संकट के इतिहास में अप्रैल 2009 में लंदन में हुए जी20 शिखर सम्मेलन को एक स्पष्ट क्रांतिकारी परिवर्तन के रूप में स्वीकार किया जाएगा, जब विश्व नेताओं ने असाधारण दृढ़ संकल्प और एकता का प्रदर्शन किया। यद्यपि उनमें स्पष्ट मतभेद था, किंतु उन्होंने इस पर चर्चा की और सहमति बनाई, ताकि इस संकट को समाप्त करने के अंतिम लक्ष्य तक पहुँचा जा सके। इसके परिणामस्वरूप घरेलू और अंतरराष्ट्रीय संघटकोंवाले उपाय संबंधी पैकेज पर सहमति बनी, किंतु इन दोनों को आवश्यकतानुसार समन्वित तरीके और समकालिक रूप में लागू किया जाना था। संकट से उबरने के सभी उपाय यथा समंजनशील मौद्रिक उपाय, राजकोषीय प्रोत्साहन, ऋण और निक्षेप गारंटी, पूँजी अंत:क्षेप, आस्ति खरीद, मुद्रा विनिमय, बाजार को खुला रखना आदि सभी जी20 पैकेज से व्युत्पन्न हुए। जी20 देशों के नेताओं के शिखर सम्मेलन में राष्ट्र प्रमुख और सरकार के प्रमुख हिस्सा लेते हैं।

## जी20 : वैश्विक पुनर्लाभ का मार्ग-निर्देशन

अंतरराष्ट्रीय आर्थिक सहयोग के लिए एक प्रमुख फोरम के रूप में अभिहित जी20 मंच ने पिछले एक दशक में मजबूत, धारणीय और संतुलित विकास के लिए एक एजेंडा निरूपित किया; अंतरराष्ट्रीय वित्तीय विनियामक प्रणाली को मजबूत किया; अंतरराष्ट्रीय मौद्रिक कोष के अधिदेश, मिशन और शासन व्यवस्था का सुधार किया; ऊर्जा सुरक्षा और जलवायु परिवर्तन के संबंध में विचार-विमर्श किया, सबसे कमजोर देशों की सहायता को मजबूत किया तथा पुनर्लाभ के लिए गुणवत्तापूर्ण रोजगार को रखा। जी20 ने वित्तीय विनिमय को मजबूत करने में सहयोग करने एवं प्रयासों की निगरानी करने के लिए प्रमुख उभरती अर्थव्यवस्थाओं को शामिल करने के लिए वित्तीय स्थायित्व बोर्ड (एफ.एस.बी.) की स्थापना की। जी20 अंतरराष्ट्रीय मुद्रा कोष में 5 प्रतिशत कोटा हिस्सेदारी को गतिशील, उभरते बाजारों और अत्यधिक प्रतिनिधित्ववाले देशों से विकासशील देशों को देने संबंधी प्रयासों में अग्रणी था।

पिछले दशक में वित्तीय बाजारों, व्यापार और विकास को प्रभावित करने वाले अतिरिक्त मुद्दों को शामिल करने के लिए जी20 ने एजेंडे का विस्तार किया है। जी20 ने भारत को वैश्विक निर्णयन प्रक्रियाओं में प्रभावी भागीदारी करने के लिए ऊँचा स्थान प्रदान किया है। जलवायु परिवर्तन एक ऐसा क्षेत्र है, जहाँ विशिष्ट समूह का हिस्सा होने के दबाव ने कार्य किया और भारत ने उत्सर्जन में कटौती करने की चुनौती को स्वीकार किया।

जी20 देशों की सरकार प्रमुखों का शिखर सम्मेलन वाशिंगटन डी.सी. (2008), लंदन और पिट्सबर्ग (2009), टोरंटो और सियोल (2010), कैन्स (2011), मैक्सिको सिटी (2012), रोम (2013), ब्रिस्बेन (2014), एंटाल्या (2015), हाँगझोऊ (2016) तथा हैंबर्ग (2017) हुआ। जी20 की वास्तविक शक्ति बहुपक्षवाद है। सभी के लिए वैश्वीकरण कार्य को बेहतर बनाने के लिए हितधारकों और अंतरराष्ट्रीय संस्थाओं के विविध समूह एक साथ आए।

## जी20 ने वैश्वीकरण के लाभ का अंश विभाजन किया

वर्ष 2016 में जी20 ने सतत विकास लक्ष्य (एस.डी.जी.) और विकास के लिए वित्त संबंधी आदिस अबाबा कार्ययोजना (ए.ए.ए.ए.) सहित धारणीय विकास हेतु 2030 संबंधी कार्ययोजना के प्रति वचनबद्धता जताई। 2030 की कार्ययोजना में अंतरराष्ट्रीय और घरेलू स्तरों पर सामूहिक और व्यक्तिगत ठोस काररवाई के माध्यम से ठोस परिवर्तनकारी कदमों का उल्लेख है। इसके अतिरिक्त, जी20 ने पेरिस समझौते से हटने के अमेरिकी इरादे के बावजूद ऊर्जा और जलवायु संबंधी अपने प्रयासों के साथ सतत आजीविका में सुधार करने

की कोशिश की। जी20 ने सतत और समावेशी आर्थिक विकास को आगे बढ़ाने के अपने लक्ष्य की पहचान में अफ्रीकी भागीदारी को शुरू करने की जिम्मेदारी को स्वीकार किया।

पिछले दशक में जी20 बैठकों के कार्यक्षेत्र और इसकी संख्या में विस्तार किया गया है। जी20 की बैठकों में वित्तमंत्रियों और केंद्रीय बैंकों के गवर्नरों की बैठकें (वर्ष में दो बार), जी20 के उपमंत्रियों की बैठकें, विकास के संबंध में जी20 की मंत्री स्तरीय बैठक और शिखर बैठक शामिल हैं।

इसके अतिरिक्त जी20 ने जलवायु परिवर्तन, ऊर्जा, कौशल विकास, विज्ञान और प्रौद्योगिकी, कृषि और श्रम मंत्रियों की बैठकों को शामिल करने के लिए अपने कार्यक्षेत्र का विस्तार किया। वर्ष में अर्जेंटीना में जी20 के शिखर सम्मेलन में कार्य समूहों की बैठकें, शेरपा बैठकें, वित्तमंत्रियों की बैठकें, अनुबंध समूह की बैठकें और नेताओं की बैठकें होंगी। आज जी20 बहुपक्षवाद के विश्व के मुख्य पहलू का प्रतिनिधित्व करता है।

## वाशिंगटन डी.सी. शिखर सम्मेलन : नवंबर 2008

वर्ष 2008 में उत्पादन में उस गति से संकुचन हो रहा था, जिसे 1930 के बाद कभी नहीं देखा गया। व्यापार में तेज गिरावट हो रही थी, नौकरियाँ तेजी से घट रही थीं। पूरा विश्व अवसाद की चपेट में था। विश्व अर्थव्यवस्था और वित्तीय बाजार के लिए गंभीर चुनौतियों के बीच 15 नवंबर, 2008 को वाशिंगटन डी.सी. में वित्तीय बाजार और विश्व अर्थव्यवस्था संबंधी शिखर सम्मेलन आयोजित हुआ। बीस देशों के समूह के नेताओं ने वैश्विक विकास की पुनर्प्राप्ति तथा वैश्विक वित्तीय प्रणालियों में आवश्यक सुधार की प्राप्ति के लिए सहयोग बढ़ाने व साथ कार्य करने के लिए प्रतिबद्धता जताई। 2008 संकट का मूल कारण विकसित देशों में नीति-निर्धारकों, विनियामकों और पर्यवेक्षकों द्वारा वित्तीय बाजारों में जोखिम बढ़ने का अपर्याप्त मूल्यांकन था। उन्होंने यह भी महसूस किया कि असंगत और अपर्याप्त रूप से समन्वित समष्टि आर्थिक नीतियों, अपर्याप्त ढाँचागत सुधारों के कारण अधारणीय वैश्विक समष्टि आर्थिक परिणाम आया। इन घटनाक्रमों के कारण गंभीर बाजार विघटन हुआ।

वित्तीय बाजारों के सुधार के सामान्य सिद्धांत इस शिखर सम्मेलन के सबसे महत्त्वपूर्ण निर्णय थे। जी20 देशों के नेताओं ने वित्तमंत्रियों और विशेषज्ञों द्वारा सुधार के सिद्धांतों को लागू करने के लिए एक कार्ययोजना को निरूपित किया। सुधार के सामान्य सिद्धांत थे—(क) पारदर्शिता और जवाबदेही को मजबूत करना; (ख) मजबूत विनिमय को आगे बढ़ाने; (ग) वित्तीय बाजारों में ईमानदारी को बढ़ावा देना; (घ) अंतरराष्ट्रीय सहयोग को पुन:प्रवर्तित करना और (ड़) अंतरराष्ट्रीय वित्तीय संस्थाओं में सुधार।

जहाँ विनियमन राष्ट्रीय विनियामकों की प्रथम जिम्मेदारी थी, वहीं जी20 देशों ने विनियामकों के बीच अंतरराष्ट्रीय सहयोग को और बढ़ाने एवं अंतरराष्ट्रीय वित्तीय स्थिरता को प्रभावित करनेवाले अंतरराष्ट्रीय मानकों को मजबूत करने का निर्णय लिया। प्रभावी रूप से जी20 देशों के नेताओं ने निवेशक की सुरक्षा को मजबूत करने, अवैध बाजार नियंत्रण को रोकने और वित्तीय बाजार पारदर्शिता को मजबूत करने का वचन दिया। उन्होंने आगे ब्रेटन वुड्स संस्थाओं की वैधता को बढ़ाने तथा उभरते बाजारवाले देशों को शामिल करते हुए वित्तीय स्थिरता फोरम का विस्तार करने हेतु बदलती आर्थिक ताकतों को पर्याप्त रूप से परिलक्षित करने के लिए इसमें सुधार की माँग की।

सुधार सिद्धांतों को लागू करने की कार्ययोजना में 31 मार्च, 2009 तक तत्काल काररवाई और मध्यावधि काररवाई निहित थी। तत्काल काररवाई में यह उल्लिखित था कि पर्यवेक्षण पर फोकस किए हुए आई.एम.एफ. तथा मानक समायोजन पर अपने फोकस के साथ विस्तारित एफ.एस.एफ. को अपने सहयोग को मजबूत करना चाहिए। आई.एम.एफ. और विश्व बैंक के संसाधनों की पर्याप्तता की समीक्षा की जानी थी और इन संस्थाओं से कहा गया था कि वे उभरते और विकासशील देशों की ऋण तक पहुँच को पुनर्बहाल करें और सतत विकास के लिए आवश्यक निजी पूँजी प्रवाह को फिर से शुरू करें।

अधिकतम जोर मजबूत विनिमय को बढ़ाने पर था। जी20 के सभी सदस्यों को वैश्विक वित्तीय प्रणालियों के साथ संगति को सुनिश्चित करने के लिए अपनी विनियामक प्रणाली के ढाँचे और सिद्धांतों की समीक्षा करनी थी और इस पर रिपोर्ट देनी थी। विवेकसम्मत निगरानी के एक भाग के रूप में जी20 इस पर सहमत हुआ कि वित्तीय संस्थाएँ विश्वास बनाए रखने के लिए पर्याप्त पूँजी राशि को बनाए रखेगी। विनियामकों से यह कहा गया कि वे अंतरराष्ट्रीय पर बेहतर प्रचलनों की तर्ज पर बैंक जोखिम प्रबंधन प्रथाओं को मजबूत करें।

जी20 देशों के नेताओं ने भारी वैश्विक वित्तीय संकट का मुकाबला किया और एक खुली विश्व अर्थव्यवस्था के प्रति अपनी प्रतिबद्धता दुहराई। उन्होंने महसूस किया कि बढ़ता वित्तीय क्षेत्र विनियमन आवश्यक था, किंतु पूँजी प्रवाह को संकुचित नहीं किया जाना चाहिए तथा मुक्त बाजार सिद्धांतों के प्रति प्रतिबद्धता के रूप में सुधार किया जाना चाहिए। नवंबर 2008 में वाशिंगटन डी.सी. में जी20 देशों के नेताओं की बैठक को देखते हुए सतत साझेदारी, सहयोग और बहुपक्षवाद समाह्वान था।

## लंदन शिखर सम्मेलन : अप्रैल 2009

अप्रैल 2009 के लंदन शिखर सम्मेलन में जी20 देशों के नेताओं ने आधुनिक समय में विश्व अर्थव्यवस्था की सबसे बड़ी चुनौती का सामना किया। वैश्विक आर्थिक गतिविधि में

कमी आ रही थी और महत्त्वपूर्ण रूप से समन्वित नीतिगत गतिविधियों और समन्वित नीतिगत सहयोग पर निर्भर वैश्विक विकास में बदलाव आ रहा था। नवंबर 2008 के बाद से यह संकट और गहरा गया और वैश्विक संकट के लिए एक वैश्विक समाधान की आवश्यकता थी। इसी पृष्ठभूमि में जी20 देशों के नेताओं ने तीन मुख्य घोषणाओं को स्वीकार किया—पुनर्लाभ और सुधार हेतु वैश्विक योजना, वित्तीय प्रणाली को मजबूत करने संबंधी घोषणा तथा अंतरराष्ट्रीय वित्तीय संस्थाओं के माध्यम से संसाधन प्रदान करने की घोषणा।

वैश्विक योजना में (क) विश्वास बहाली, विकास और रोजगार सृजन; (ख) ऋण देने की पुनर्बहाली के लिए वित्तीय प्रणाली को दुरुस्त करने; (ग) विश्वास जगाने के लिए वित्तीय विनियमन को मजबूत करना; (घ) इस संकट से उबरने के लिए अंतरराष्ट्रीय वित्तीय संस्थाओं का वित्तपोषण और सुधार करना; (ङ) समृद्धि लाने के लिए वैश्विक व्यापार और निवेश को बढ़ावा देना और (च) हरित और सतत पुनर्लाभ सृजन के लिए संकल्प लिया गया।

विकास और नौकरियों को पुनर्बहाल करने के लिए जी20 देशों के केंद्रीय बैंकों ने असाधारण कार्य किए। ऋण देने और वित्तीय क्षेत्र के सुधार के लिए जी20 की रूपरेखा की तर्ज पर केंद्रीय बैंकों ने ब्याज दरों में कटौती की सरकारों ने बड़े वित्तीय और मौद्रिक नीतिगत प्रोत्साहन को एक साथ रखा तथा विश्वसनीय निकास नीतियों और विस्तारवादी नीतियों को लागू करने पर सहमत हुईं।

वित्तीय पर्यवेक्षण और विनियमन को मजबूत करने के लिए मजबूत अधिदेश के साथ सभी जी20 देशों, स्पेन और यूरोपीय संघ सहित वित्तीय स्थायित्व बोर्ड (एफ.एस.बी.) की स्थापना की गई। एफ.एस.बी. को शीघ्र चेतावनी प्रणाली प्रदान करने के लिए आई.एम.एफ. के साथ समन्वय करना था। वैश्विक वित्तीय संस्थाओं को मजबूत करने हेतु जी20 अप्रैल 2008 में परस्पर सहमतिवाले आई.एम.एफ. कोटा और सुधार संबंधी पैकेज को लागू करने के लिए अपनी प्रतिबद्धता जताई और जनवरी 2011 तक कोटे की समीक्षा को पूरा करने के लिए आई.एम.एफ. का आह्वान किया। लंदन में हुए जी20 शिखर सम्मेलन में निवेश अथवा व्यापार अथवा आयात संबंधी नए प्रतिबंध अथवा डब्ल्यू.टी.ओ. को लागू करने में उत्पन्न होनेवाली नई बाधाओं से बचने के लिए वाशिंगटन डी.सी. में की गई प्रतिबद्धता को दुहराया गया—इस संकल्प को बढ़ाकर 2010 के अंत तक कर दिया गया। जी20 ने इस संकट के मानवीय आयाम को मान्यता प्रदान की और जिन लोगों ने अपनी नौकरी खोई, उनके लिए रोजगार के अवसर सृजित करने और आय सृजन के उपायों पर सहमति जताई। जी20 सतत पुनर्लाभ के लिए राजकोषीय प्रोत्साहन कार्यक्रमों द्वारा वित्तपोषित निवेश के सबसे संभावित इस्तेमाल करने पर सहमत हुआ।

पुनर्लाभ और सुधार की वैश्विक योजना के साथ अंतरराष्ट्रीय वित्तीय संस्थाओं के माध्यम से संसाधन प्रदान करने संबंधी घोषणा और वित्तीय प्रणाली को मजबूत करने संबंधी घोषणा की गई। आई.एम.एफ. का संसाधन तिगुना होकर 750 बिलियन अमेरिकी डॉलर हो गया, जो 250 बिलियन अमेरिकी डॉलर का एक नया एस.डी.आर. आवंटन और 1.1 ट्रिलियन योजना ऋण के लिए आई.एम.एफ. स्वर्ण विक्रय से अतिरिक्त संसाधन था। आई.एम.एफ. ने अपने सुधार और अधिक लचीले ऋण के भाग के रूप में एक नई लचीली ऋण सीमा (एफ.सी.एल.) को लागू किया। विनियमन के इस कार्यक्षेत्र में बड़ी और जटिल वित्तीय संस्थाओं के सर्वांगी महत्त्व को देखते हुए इनका ध्यानपूर्वक निरीक्षण किया गया। एफ.एस.बी. को विनियमन हेतु समष्टि विवेकपूर्ण माध्यमों को विकसित करने के लिए आई.एम.एफ. और बी.आई.एस. के साथ सहयोग करने के लिए अधिदेशित किया गया। जी20 लेखांकन मानकों में सुधार करने तथा ऋण रेटिंग एजेंसियों के प्रभावी निरीक्षण पर भी सहमत हुआ। कर-मुक्तवाले देशों को भी अंतरराष्ट्रीय विवेकपूर्ण और पर्यवेक्षी मानकों के अधीन लाया जाना था।

## पिट्सबर्ग शिखर सम्मेलन : सितंबर 2009

25 सितंबर, 2009 को जी20 के देशों के नेताओं ने कहा कि 'यह कामयाब रहा'। जी20 अर्थव्यवस्थाओं ने व्यापक नीतिगत उपायों को लागू किया था, जिसने आर्थिक विकास को गति प्रदान करने के लिए विश्वास जगाने, वित्तीय स्थिरता के खतरे को सीमित करने में मदद की। जी20 के लिए समग्र रूप से 2010 तक महत्त्वपूर्ण राजकोषीय प्रोत्साहन योजना बनी रही और इसका विकास और रोजगार पर एक सकारात्मक प्रभाव पड़ा।

वैश्विक अर्थव्यवस्था पुन: विकसित होनी शुरू हुई, किंतु यह पुनर्लाभ बहुत धीमा था और इस विस्तार के लिए नीतिगत सहायता को बनाए रखने की आवश्यकता थी, ताकि इसे ठोस रूप में स्थापित किया जा सके। वित्तीय स्थिति में लगातार सुधार हुआ, किंतु बाजार सरकारी सहायता पर ही निर्भर रहा। बैंकिंग प्रणाली का पर्याप्त पूँजीकरण नहीं हुआ और उन्हें कम पूँजी से काम चलाना पड़ा। समंजनशील समष्टि आर्थिक नीतियों से समय-पूर्व निकलने का जोखिम सबसे अधिक था।

जी20 ने समयबद्ध तरीके से सरकारी हस्तक्षेप को कम करने और सरकारी वित्तपोषण की निरंतरता बनाए रखने हेतु बाजार विश्वास बनाए रखने के बीच एक प्रवाह बनाए रखने के लिए मुख्य चुनौती का सामना किया। उन्हें बहिर्गमन नीतियों की एक स्पष्ट संचार व्यवस्था भी विकसित करनी चाहिए। केंद्रीय बैंकों को अपनी असाधारण तरलता तथा ऋण सहायता के प्रवाह को बनाए रखने तथा अपने मौद्रिक उपाय को कड़ा करने की आवश्यकता थी।

सितंबर 2009 में पिट्सबर्ग का मार्ग जून 2010 में कनाडा और उसके बाद नवंबर 2010 में कोरिया के लिए था।

## टोरंटो शिखर सम्मेलन : जून 2010

जी20 ने नोट किया कि वैश्विक पुनर्लाभ की गति अलग-अलग देशों में भिन्न है और प्रत्येक देश को अपनी स्वयं की परिस्थितियों के अनुसार कार्य करने की आवश्यकता थी। टोरंटो शिखर सम्मेलन की विज्ञप्ति में कहा गया कि "गंभीर वित्तीय चुनौतियोंवाले देशों को समेकन की गति बढ़ाने की आवश्यकता है। इसे वैश्विक आर्थिक विकास को सतत मार्ग पर ले जाने को सुनिश्चित करने के लिए वैश्विक माँग को पुनः संतुलित करने के प्रयासों के साथ किया जाना चाहिए।"

नेताओं के इस शिखर सम्मेलन ने मजबूत धारणीय और संतुलित विकास हेतु जी20 की रूपरेखा विकसित की। जी20 में गुणवत्तापूर्ण नौकरियों के साथ विकास पर पूरी तरह लौटने, वित्तीय प्रणालियों में सुधार और मजबूत करने तथा एक मजबूत व संतुलित वैश्विक विकास सृजन को सुनिश्चित करते हुए वैश्विक आर्थिक संकट को दूर करने में उपलब्धि हासिल करने की कोशिश की गई। आई.एम.एफ. ने विश्व भर में मजबूत विकास हासिल करने के लिए देश के आर्थिक कार्यक्रमों की सहक्रिया में बढ़ोतरी करने के लिए तैयार परस्पर मूल्यांकन प्रक्रिया के माध्यम से विकास में सुधार के लिए परिदृश्य के मूल्यांकन को जारी किया। जी20 की परस्पर मूल्यांकन प्रक्रिया वह तरीका था, जिसके माध्यम से विकास संबंधी चुनौती को दूर किया जाना था।

जी20 की परस्पर मूल्यांकन प्रक्रिया में यह दरशाया गया कि उपयुक्त सामूहिक काररवाई से लाखों नौकरियों का सृजन करते हुए और लाखों लोगों को गरीबी से बाहर निकालते हुए मध्यावधि में वैश्विक जी.डी.पी. में 2.5 प्रतिशत तक की वृद्धि हो पाई। जी20 के परस्पर मूल्यांकन कार्यक्रम में तीन क्षेत्रों में काररवाई का उल्लेख किया गया—प्रथम, 2011 में शुरू होकर विश्वसनीय वित्तीय योजनाओं के साथ विकसित अर्थव्यवस्थाओं में राजकोषीय समेकन; दूसरा, अवसंरचना, सामाजिक सुरक्षा दायरे पर खर्च कर एवं विनिमय दर में लोच प्रदान कर आंतरिक माँग को बढ़ाने के लिए अधिशेष पूँजीवाली अर्थव्यवस्था; तीसरा, विकसित अर्थव्यवस्थाओं में संरचनात्मक सुधार—जिसमें श्रम बाजारों में होनेवाले बदलावों को शामिल किया गया है, जो सतत आधार पर विकास और वित्तीय सुधारों को आगे बढ़ाएगा।

जी20 देशों के नेताओं के शिखर सम्मेलन में वित्तीय क्षेत्र को मजबूत और स्थायी बनाने के लिए व्यापक नए मानकों में भी प्रगति की। एक स्वस्थ और सुरक्षित वित्तीय क्षेत्र

वित्तीय प्रणाली को दुरुस्त करने के लिए सरकारी हस्तक्षेप में महत्त्वपूर्ण भूमिका अदा कर सकता है। वित्तीय क्षेत्र सुधार चार स्तंभों—एक मजबूत विनियामक ढाँचा, प्रभावी पर्यवेक्षण, दबावग्रस्त वित्तीय संस्थाओं का संकल्प और पारदर्शी अंतरराष्ट्रीय मूल्यांकन तथा सहकर्मी समीक्षा पर टिका है। बैंकों के लिए यह अपेक्षित था कि वे महत्त्वपूर्ण रूप से अधिक और उच्च गुणवत्तावाली पूँजी धारण करें, आई.एम.एफ. के परामर्श से वित्तीय स्थायित्व बोर्ड को संवर्धित पर्यवेक्षण संबंधी सिफारिशें करनी थीं ताकि आई.एम.एफ./विश्व बैंक वित्तीय क्षेत्र मूल्यांकन कार्यक्रम के प्रति अधिक प्रतिबद्धता हो।

जी20 देशों के नेताओं ने आई.एम.एफ. के कोटा सुधारों तथा आई.एम.एफ. की वैधता व विश्वसनीयता बढ़ाने के लिए पिट्सबर्ग शिखर सम्मेलन की प्रतिबद्धताओं की तर्ज पर अन्य व्यवस्थागत सुधारों के समानांतर कार्य करने का समर्थन किया।

**सियोल शिखर सम्मेलन : 2010**

नवंबर 2010 में जी20 देशों के नेतागण सियोल कोरिया में हुई एक बैठक के दौरान मिले, इस बैठक का लक्ष्य वैश्विक आर्थिक पुनर्लाभ को बनाए रखने में स्हायता करने के लिए अंतरराष्ट्रीय नीतिगत ढाँचे को मजबूत करना था।

इस विज्ञप्ति में कहा गया, "इस संकट के दौरान संसक्ति और सहयोग ने जी20 की नींव रखी। इससे इस दूसरी बड़ी मंदी से बचने में सहायता करने के लिए निर्णायक नीतिगत काररवाई हुई। अब चुनौती यह है कि पुनर्लाभ को सुनिश्चित किया जाए और विकास व रोजगार सृजित किया जाए, जिसकी विश्व को आवश्यकता है। हम सभी यह मानते हैं कि बहुत कुछ किया जाना है, किंतु सियोल कार्ययोजना सही दिशा में उठाया गया एक कदम है।"

जी20 देशों के नेतागण इस पर सहमत हुए कि परस्पर मूल्यांकन कार्यक्रम जारी रहना चाहिए और मुख्य नीतिगत क्षेत्रों में देश विशेष प्रतिबद्धताओं के बारे में बताया जाए। बड़े असंतुलन की पहचान करने में मदद करने के लिए निर्देशात्मक दिशा-निर्देशों, जिनके लिए निवारक सुधारात्मक काररवाई किए जाने की आवश्यकता है, को आई.एम.एफ. और वित्तीय स्थिरता बोर्ड द्वारा निरूपित किया जाना था। इन्हीं दिशानिर्देशों के आधार पर बाह्य धारणीयता के लिए प्रगति और राष्ट्रीय आर्थिक नीतियों के लिए वैश्विक सामंजस्य स्थापित किया जाता है। इस कोष का आधुनिक निगरानी अधिदेश और लिखत—सर्वांगी आर्थिक नीतियों के व्यापक प्रभाव के संबंध में देश की नई विशिष्ट प्लवन रिपोर्टों सहित इस प्रयास को समर्थन देगा। वैश्विक वित्तीय स्थिरता को मजबूत करने के उद्देश्य के साथ जी20

ने पूँजी प्रवाह अस्थिरता के संबंध में अपने कार्य को और दृढ़ता के साथ करने के लिए आई.एम.एफ. का आह्वान किया।

जी20 ने साझा विकास के लिए सियोल विकास अनुकूलता को अपनाया, जो मिलेनियम विकास लक्ष्यों की प्राप्ति के लिए साझेदारी और पूरक प्रयासों के प्रति जी20 की प्रतिबद्धता को निर्धारित करती है। विशेषकर विकासशील देशों में अवसंरचना के विकास सहित लोगों के जीवन में मूर्त और महत्त्वपूर्ण अंतर लाने के लिए विकास संबंधी बहुवर्षीय कार्ययोजना तैयार की गई।

## कैन्स शिखर सम्मेलन 2011

कैन्स शिखर सम्मेलन 2011 के अवसर पर आई.एम.एफ. ने सियोल कार्ययोजना में जताई गई नीतिगत प्रतिबद्धता पूरी करने में हुई प्रगति का जायजा लेने के लिए 'जी20 म्यूचुअल असेसमेंट प्रॉसेस : फ्रॉम पिट्सबर्ग टू कैन्स—आई.एम.एफ. अंब्रेला रिपोर्ट' शीर्षक से एक रिपोर्ट सौंपी, जो जी20 समष्टि आर्थिक ढाँचे का एक अद्यतन मूल्यांकन तथा बड़े असंतुलनों की प्रकृति की धारणीयता रिपोर्ट (मुख्य असंतुलन सार्वजनिक ऋण और राजकोषीय घाटा; निजी बचत और सरकारी कर्ज; बाह्य स्थिति—व्यापार असंतुलन) थी। आई.एम.एफ. ने कहा कि जी20 अर्थव्यवस्थाएँ टोरंटो और सियोल शिखर सम्मेलन में जताई गई नीतिगत प्रतिबद्धताओं के लिए प्रगति करती रहीं, हालाँकि साथ-ही-साथ वैश्विक वातावरण बहुत अधिक चुनौतीपूर्ण बन गया, क्योंकि विकसित अर्थव्यवस्थाओं में विकास की दर तेजी से कम हुई और वित्तीय दबाव में बढ़ोतरी हुई। आई.एम.एफ. ने सहमतिवाले उद्देश्यों को सुनिश्चित करने के लिए तत्काल और निर्णायक कार्यों की सिफारिश की। प्रमुख विकसित अर्थव्यवस्थाओं को मध्यावधि राजकोषीय उद्देश्यों को स्पष्ट करने और इसके अतिरिक्त इस संकट के लिए उत्तरदायी समस्याओं और कमजोरियों को रेखांकित करते हुए इनका समाधान करने के लिए वित्तीय क्षेत्र सुधार करने की आवश्यकता थी। मुख्य उभरती अधिशेष अर्थव्यवस्थाओं को पुनर्संतुलन में आनेवाली बाधाओं को दूर करने तथा अधिक विनिमय दर वृद्धि करने की आवश्यकता थी। उन सभी को वित्तीय क्षेत्र में सुधार पर ध्यान देने की आवश्यकता थी, जिसका लक्ष्य उच्च विकास दर की मुख्य बाधाओं को दूर करना था।

कैन्स शिखर सम्मेलन 2011 में जी20 देशों को यूरोपीय संकट से निपटने में अन्य मुख्य चुनौती का सामना करना पड़ा। विकास और रोजगार की वैश्विक रणनीति यूरोपीय नेताओं के निर्णयों को समर्थन देते हुए बनाई गई ताकि यूनान के लिए ऋण निरंतरता को पुनर्बहाल किया जा सके, यूरोपीय बैंकों को मजबूत बनाया जा सके, इसके प्रभाव से

बचने के लिए एक ढाल निर्मित की जा सके और यूरोप में मजबूत आर्थिक पुनर्लाभ की आधारशिला रखी जा सके। उन्होंने एक बार फिर अधिक स्थिर और लचीली अंतरराष्ट्रीय मौद्रिक प्रणाली हेतु प्रयासों पर ध्यान केंद्रित किया। बड़ा निर्णय यह था कि एस.डी.आर. बास्केट संघटन में वैश्विक व्यापार और वित्तीय प्रणाली में मुद्राओं की भूमिका परिलक्षित होनी चाहिए तथा एस.डी.आर. बास्केट की 2015 में समीक्षा की जानी थी। इसके अतिरिक्त जी20 इस पर सहमत हुआ कि आई.एम.एफ. को संसाधनों को जुटाना चाहिए, ताकि देश सुधारों सहित यूरो जोन की व्यापक पुनर्गठन योजना को लागू किया जा सके।

वर्ष 2008 के वाशिंगटन शिखर सम्मेलन में यह सहमति बनी थी कि सभी वित्तीय बाजारों, उत्पादों और भागीदारों को विनियमित किया जाएगा अथवा इनका निरीक्षण किया जाएगा। वित्तीय स्थिरता बोर्ड ने वैश्विक स्तर पर व्यवस्थित रूप से महत्त्वपूर्ण वित्तीय संस्थाओं (जी.एस.आई.एफ.आई.) की सूची को प्रकाशित करना शुरू किया। ये जी.-एस. आई.एफ.आई. मजबूत निरीक्षण के अध्यधीन होंगे, जो विनियमन व्यवस्था और 2016 से अतिरिक्त पूँजी आवश्यकताओं के लिए एक नया अंतरराष्ट्रीय मानक होगा। उसी प्रकार व्यवस्थित रूप से महत्त्वपूर्ण गैर-बैंककारी वित्तीय संस्थाओं की पहचान की जानी थी। वित्तीय स्थिरता बोर्ड को जी20 के वित्तीय विनियमन एजेंडे के साथ समन्वय करने और निगरानी करने के लिए अधिदेशित किया गया।

अन्य मुद्दे, जो जी20 देशों के नेताओं द्वारा उठाए जाने थे, में आवश्यक वस्तु मूल्य की अस्थिरता को दूर करना और कृषि को बढ़ावा देना, ऊर्जा बाजार में सुधार करना और जलवायु परिवर्तन से निपटना, संरक्षणवाद से बचना एवं बहुपक्षीय व्यापार प्रणाली को मजबूत करना, विकास संबंधी चुनौतियों को दूर करना, भ्रष्टाचार के खिलाफ संघर्ष को तेज करना तथा 21वीं सदी के लिए वैश्विक संचालन में सुधार शामिल थे। जी20 में प्रमुख अंतरराष्ट्रीय संगठनों यथा संयुक्त राष्ट्र संघ, विश्व व्यापार संगठन, अंतरराष्ट्रीय श्रम संगठन, विश्व बैंक और अंतरराष्ट्रीय मुद्रा कोष के बीच बातचीत और सहयोग को आगे बढ़ाने की बात की गई।

## लॉस काबोस शिखर सम्मेलन : 2012

जी20 का लॉस काबोस शिखर सम्मेलन अमेरिका और जापान में बड़े व्यापारिक असंतुलन से निपटने में राजनीतिक गतिरोध के बीच हुआ। बड़ी उभरती हुई बाजार अर्थव्यवस्थाओं में आर्थिक गतिविधि में विकसित अर्थव्यवस्थाओं के प्रभाव से कमी आई थी। विकास की संभावना भारी नकारात्मक जोखिमों के साथ कमजोर रही। यूरो क्षेत्र संकट को समय से और दृढ़ नीति कार्यान्वयन की आवश्यकता थी। वित्तीय स्थिति कमजोर रही।

जी20 देशों के नेतागण इस पर सहमत हुए कि वे विश्व अर्थव्यवस्था के समग्र स्वास्थ्य और विकास को मजबूत करने के लिए आवश्यक हर संभव कदम उठाएँगे। उनका फोकस वैश्विक वित्तीय बाजारों में फिर से विश्वास जगाना था। उन्होंने महसूस किया कि वैश्विक असंतुलन में कमी पर्याप्त नहीं था और अमेरिका, जापान और यूरोप में वित्तीय मजबूती के लिए नीतिगत प्रतिबद्धता जोखिमों को कम करने तथा टिकाऊ व मजबूत पुनर्लाभ सुनिश्चित करने के लिए महत्त्वपूर्ण थी। इस पृष्ठभूमि में जी20 देशों ने लॉस काबोस विकास व रोजगार कार्ययोजना को अंगीकार किया।

यूरोपीय संकट ने मजबूत निरीक्षण और प्रत्यक्ष बैंक पुनर्पूंजीकरण को आवश्यक बनाया। सार्वजनिक वित्तपोषण को सतत मार्ग पर वापस लाया जाना था। जी20 देश अधिक बाजार सुनिश्चित विनिमय दर प्रणाली एवं विनिमय दर लचीलेपन की ओर तेजी से जाने और सतत विनिमय दर भ्रांत संरेखण से बचने पर सहमत हुए। विनिमय दर भ्रांत संरेखण के संबंध में बड़ा फोकस रेनमिन्बी में अधिक लचीलापन लाना था। जी20 के देशों ने संकट समाधान के लिए आई.एम.एफ. के लिए अतिरिक्त संसाधनों का वादा किया—461 बिलियन अमेरिकी डॉलर की राशि प्राप्त की गई और 286 बिलियन अमेरिकी डॉलर उधार समझौतों को अंतिम रूप प्रदान किया गया। जी20 के देशों ने वित्तीय क्षेत्र विनियमन एजेंडे के संबंध में तेजी से आगे बढ़ने की भी प्रतिज्ञा की। वे बासेल दो 2.5 और तीन उपायों को तेजी से लागू करने पर भी सहमत हुए और विनियामक निरीक्षण समिति के लिए चार्टर का समर्थन किया।

वैश्विक आर्थिक संकट और यूरोपीय आर्थिक संकट की पृष्ठभूमि में जी20 देशों का फोकस वित्तीय स्थिरता बोर्ड से आई.एम.एफ. व मजबूत वित्तीय क्षेत्र विनियमन के माध्यम से विश्व अर्थव्यवस्था की परिवर्धित निगरानी पर था। समेकित निगरानी निर्णय और परस्पर मूल्यांकन रूपरेखा के माध्यम से निगरानी रूपरेखा को मजबूत किया गया। वित्तीय स्थिरता बोर्ड ने व्यवस्थित रूप से महत्त्वपूर्ण बैंकों की अद्यतन सूची और व्यवस्थित रूप से महत्त्वपूर्ण घरेलू बैंकों से निपटने के लिए रूपरेखा को प्रकाशित करना शुरू किया। जी.-एस.आई.एफ.आई. निरीक्षण को और तेज किया गया तथा वित्तीय संस्थाओं की अधिक पारदर्शिता को बढ़ावा दिया गया।

इसके अतिरिक्त जी20 ने सतत विकास नीतियों को बढ़ावा दिया तथा अपनी कार्यसूची में हरित विकास को शामिल किया। उन्होंने मध्यावधि अपर्याप्त जीवाश्म सब्सिडी को समाप्त करने का संकल्प लिया, जिससे हानिकारक खपत को बढ़ावा मिलता है। जी20 के जलवायु वित्तपोषण अध्ययन समूह का जलवायु संबंधी वित्तपोषण हेतु संसाधनों को प्रभावी रूप से जुटाने के लिए गठित किया गया था।

## सेंट पीटर्सबर्ग शिखर सम्मेलन : 2013

जी20 देशों के नेताओं के सेंट पीटर्सबर्ग शिखर सम्मेलन की कार्यसूची में विविध प्रकार के मुद्दे शामिल थे। चर्चा किए गए वित्तीय मुद्दों में निम्न शामिल थे यथा वित्तीय विनियमन, अंतरराष्ट्रीय वित्तीय संरचना, वित्तीय समावेश, वित्तीय शिक्षा, उपभोक्ता संरक्षण, कर वंचन का निपटान, कर पारदर्शिता को बढ़ावा देना और स्वचालित सूचना आदान-प्रदान। जिन विकास संबंधी मुद्दों पर विचार-विमर्श किया गया, उनमें गुणवत्तापूर्ण नौकरियों के माध्यम से विकास, सभी के लिए विकास को बढ़ावा देना, आवश्यक वस्तु बाजार में धारणीय ऊर्जा नीति और लचीलापन तथा भ्रष्टाचार के विरुद्ध लड़ाई को तेज करना शामिल था।

जी20 की समन्वित काररवाई ने विश्व अर्थव्यवस्था और वित्तीय प्रणाली को स्थिर बनाने के लिए बहुत-कुछ किया था, फिर भी विश्व अर्थव्यवस्था के बेहतर प्रदर्शन के लिए बहुत कुछ किया जाना था। वैश्विक विकास सतत बाजार अस्थिरता और स्थिरता जोखिमों के कारण रुका हुआ था। जहाँ विकसित अर्थव्यवस्थाएँ कुछ गति पकड़ रही थीं, वहीं उभरते बाजारों में मंदी दिख रही थी। सेंट पीटर्सबर्ग कार्ययोजना ने सहयोग के महत्त्व पर बल दिया, क्योंकि इन देशों ने वैश्विक विकास, नौकरियों और वित्तीय स्थिरता को बढ़ावा देने की चुनौतियों को हल किया। इस कार्ययोजना में आर्थिक दशाओं को परिलक्षित करने के लिए राजकोषीय समेकन की आवश्यकता, वित्तीय निरीक्षण और विनियमन को आगे बढ़ाने की आवश्यकता और विकास को सहायता प्रदान करने के लिए व्यापक ढाँचागत सुधार के महत्त्व की आवश्यकता की पहचान की गई।

सेंट पीटर्सबर्ग कार्ययोजना में सहायक मौद्रिक नीति की आवश्यकता तथा गैर-परंपरागत मौद्रिक नीतियों से व्यवस्थित रूप से बाहर निकलने को सुनिश्चित करने की आवश्यकता, प्रभावी रूप से इन प्रभावों के प्रबंधन की पहचान की गई। जी20 ने कर वंचन और कर परिहार के संबंध में प्रगति की और यह माना कि अंतरराष्ट्रीय कराधान बहुपक्षीय चर्चा का एक महत्त्वपूर्ण क्षेत्र है। जी20 ने आई.एम.एफ. के 2010 के कोटा सुधार का सतत समर्थन भी किया और इस समझौते की अभिपुष्टि की तत्काल आवश्यकता बताई।

## ब्रिस्बेन शिखर सम्मेलन : नवंबर 2014

ब्रिस्बेन शिखर सम्मेलन में जी20 देशों के नेताओं की हुई बैठक में सभी विश्व भर में लोगों को बेहतर जीवन स्तर और गुणवत्तापूर्ण नौकरी देने को उच्चतम प्राथमिकता के लिए सहमत हुए। वैश्विक पुनर्लाभ धीमी गति से चल रहा था और आवश्यकतानुसार नौकरियाँ प्राप्त नहीं हो रही थीं। वित्तीय बाजारों में सतत माँग और जोखिम में कमी आ रही थी।

जी20 ने स्वयं ही अपनी जी.डी.पी. को कम-से-कम अतिरिक्त 2.1 प्रतिशत तक बढ़ाने का महत्त्वाकांक्षी लक्ष्य निर्धारित किया, जो वैश्विक अर्थव्यवस्था में 2 ट्रिलियन अमेरिकी डॉलर को जोड़ेगा और लाखों नौकरियाँ सृजित होंगी।

अवसंरचना निवेश को बढ़ाने के लिए जी20 के देश चार वर्षीय अधिदेश के साथ एक वैश्विक अवसंरचना केंद्र को सृजित करने पर सहमत हुए। जी20 देशों की गुणवत्तापूर्ण नौकरियाँ देने की काररवाई निवेश, व्यापार और प्रतिस्पर्धा को बढ़ाने की थी। गुणवत्तापूर्ण नौकरियाँ सृजित करने के लिए जी20 के देशों ने 2015 तक अपनी रिपोर्ट सौंपने के लिए एक रोजगार कार्य समूह का गठन किया।

जी20 ने वैश्विक अर्थव्यवस्था के लचीलेपन को मजबूत बनाने और वित्तीय प्रणाली की स्थिरता के लिए कार्य किया था। वित्तीय स्थिरता बोर्ड ने यह प्रस्ताव दिया कि व्यवस्थित रूप से महत्त्वपूर्ण बैंकों के असफल होने पर करदाताओं की रक्षा करने के लिए उनके पास अतिरिक्त हानि को समाहित कर लेने की क्षमता है, जिसे जी20 के देशों ने स्वीकार किया। जी20 के देशों ने अंतरराष्ट्रीय कराधान के क्षेत्र में और प्रगति की। उन्होंने यह दुहराया कि आई.एम.एफ. कोटा और व्यवस्था संबंधी सुधार एवं 2010 में सहमतिवाले कोटों की 15वीं सामान्य समीक्षा जी20 की शीर्ष प्राथमिकता में से है और इसकी अभिपुष्टि के लिए अमेरिका से आग्रह किया।

जी20 के देश जलवायु परिवर्तन पर विशेष जोर देने के साथ विकास संबंधी कई मुद्दों पर सहमत हुए। वे हरित जलवायु कोष के लिए निधि जुटाने में सहायता देने पर सहमत हुए। उन्होंने इबोला के लिए समन्वित दृष्टिकोण की भी माँग की।

## एंटाल्या शिखर सम्मेलन : नवंबर 2015

एंटाल्या शिखर सम्मेलन के लिए जी20 के व्यापक एजेंडे में पूर्व में की गई प्रतिबद्धताओं का निर्णायक कार्यान्वयन, विकास के शक्तिशाली वाहक के रूप में निवेश को बढ़ावा देना तथा समावेशन को बढ़ावा देना शामिल था ताकि विकास के लाभ की हिस्सेदारी हो सके। जी20 के देश विकास संबंधी रणनीतियों के कार्यान्वयन द्वारा अतिरिक्त 2 प्रतिशत अपनी सामूहिक जी.डी.पी. को बढ़ाने के प्रति प्रतिबद्ध रहे, जिसमें माँग व संरचनात्मक सुधारों को समर्थन देने के उपाय शामिल हैं। एंटाल्या कार्ययोजना में मुख्य प्रतिबद्धताओं के लिए कार्यान्वयन अनुसूचियों के साथ जी20 की विकास संबंधी प्राथमिकताएँ परिलक्षित हुईं। निवेश को बढ़ाने के लिए मजबूत प्रोत्साहन प्रदान करने के लिए देश विशेष निवेश रणनीतियों का अनुमान किया गया, ताकि जी.डी.पी. अनुपात के लिए जी20 के निवेश को एक प्रतिशत तक बढ़ाया जा सके।

जी20 के देश वित्तीय संस्थाओं के लचीलेपन को मजबूत करने तथा वित्तीय प्रणाली की स्थिरता को बढ़ाने के प्रति प्रतिबद्ध रहे। जी20 के देशों ने व्यवस्थित रूप से महत्त्वपूर्ण बैंकों के लिए कुल क्षति को समाहित करने की क्षमता के संबंध में साझा अंतरराष्ट्रीय मानक को अंतिम रूप प्रदान किया। वे बाजार आधारित वित्त व्यवस्था के लचीलेपन को सुनिश्चित करने के लिए आभासी बैंकिंग प्रणाली के निरीक्षण व विनियमन को मजबूत करने पर सहमत हुए। वैश्विक रूप से उचित और आधुनिक अंतरराष्ट्रीय कर प्रणाली तक पहुँच बनाने के लिए जी20/ओ.ई.सी.डी. मूल क्षरण के तहत विकसित उपाय संबंधी पैकेज और लाभ हिस्सेदारी परियोजना को सीमापार कर नियमों के संबंध में सूचना के आदान-प्रदान को अपनाया गया। जी20 की भ्रष्टाचार विरोधी योजना तथा निजी क्षेत्र में सत्यनिष्ठा व पारदर्शिता संबंधी जी20 के उच्च स्तरीय सिद्धांतों को निजी क्षेत्र में पारदर्शिता लाने के लिए भी अपनाया गया। सरकारी क्षेत्र में पारदर्शिता लाने के लिए सरकारी प्रापण में सत्यनिष्ठा को बढ़ावा देने के लिए जी20 देशों के सिद्धांतों को अपनाया गया।

जी20 देशों के विकास संबंधी एजेंडे में विकास संबंधी वार्ता को मजबूत करने के लिए जी20 तथा कम आयवाले विकासशील देशों की रूपरेखा का अंगीकरण शामिल था। सतत विकास लक्ष्य (एस.डी.जी.) सहित 2030 एजेंडा जी20 के विकास संबंधी एजेंडे के लिए मूलभूत ढाँचा बना रहा। जी20 वित्तीय समावेश हेतु वैश्विक साझेदारी तथा ऊर्जा सहयोग के लिए जी20 सिद्धांतों के संबंध में अपना कार्य करना जारी रखा। जलवायु परिवर्तन के संबंध में जी20 के देशों ने 20° से. से नीचे के लक्ष्य के प्रति अपनी प्रतिबद्धता तथा जलवायु परिवर्तन संबंधी पेरिस सम्मेलन के पूर्व यू.एन.एफ.सी.सी.सी. में योगदान देने की अभिपुष्टि की।

एंटाल्या में ऊर्जा क्षेत्र मुद्दों को शामिल करने तथा जलवायु परिवर्तन संबंधी पहलों के लिए बहुपक्षीय सहयोग के प्रति अधिक प्रतिबद्धता हेतु जी20 देशों के एजेंडे के विविधीकरण का गवाह रहा।

## हाँगझोऊ शिखर सम्मेलन : सितंबर 2016

जी20 देशों के नेताओं का हाँगझोऊ आम सहमति जी20 के विकास संबंधी एजेंडे को मजबूत करने के लिए एक विजन पर आधारित था, जिसमें वित्तीय, मौद्रिक व संरचनात्मक नीतियों में सहक्रिया को बढ़ाना; अधिक खुलापन और समावेशी विकास के माध्यम से वैश्विक व्यापार को बढ़ावा देना शामिल था। वैश्विक आर्थिक पुनर्लाभ में प्रगति हो रही थी और विकास के नए स्रोत उभर रहे थे। वैश्विक आर्थिक परिदृश्य की समाकृति में व्यापक बदलाव आया।

विकास संबंधी रणनीति अत्यधिक असंतुलन को कम करना तथा अधिक समावेश को बढ़ावा देने के लिए प्रयास करना था। ऐसा माना गया कि जी20 ने महसूस किया कि विनिमय दरों में अत्यधिक अस्थिरता और अव्यवस्थित परिचालन का आर्थिक और वित्तीय स्थिरता पर प्रतिकूल प्रभाव पड़ सकता है। विकास के लिए एक नए रास्ते को जी20 के 2016 के नवोन्मेष कार्ययोजना के साथ तलाशा जाना था, जिसमें नवोन्मेष समर्थित नीतियों, विज्ञान, प्रौद्योगिकी व नवोन्मेष (एस.टी.आई.), एस.टी.आई. के लिए कौशल प्रशिक्षण, और मानव संसाधनों को जुटाने के कार्य को और आगे बढ़ाए जाने की माँग की गई। उन्होंने एस.एम.ई. को मजबूत करने तथा कार्यबल कौशल चुनौतियों को दूर करने के लिए जी20 की नई औद्योगिक क्रांतिकारी कार्ययोजना भी तैयार की। इसके अतिरिक्त, जी20 की डिजिटल आर्थिक विकास सहयोग पहल को निरूपित किया गया ताकि डिजिटल अर्थव्यवस्था की क्षमता की शुरुआत हो। देश विशेष विकल्पों के अनुरूप विकसित संरचनात्मक सुधार एजेंडे को अपनाया गया।

जी20 ने 2010 के आई.एम.एफ. कोटे में प्रवेश और व्यवस्था संबंधी सुधार का स्वागत किया तथा विश्व अर्थव्यवस्था में गतिशील अर्थव्यवस्थाओं की सापेक्षिक स्थिति में उनकी हिस्सेदारी को परिलक्षित करने के लिए 15वीं कोटा समीक्षा को शीघ्र पूरा करने की माँग की। पेरिस क्लब, जो आधिकारिक द्विपक्षीय ऋण पुनर्गठन के लिए मुख्य अंतरराष्ट्रीय मंच है, को कोरिया, ब्राजील और चीन को शामिल करने के लिए विस्तारित किया गया। जी20 वित्तीय स्थिरता बोर्ड के माध्यम से लचीली वित्तीय प्रणाली के प्रति प्रतिबद्ध रहा।

हाँगझोऊ संदेश में मजबूत अंतरराष्ट्रीय व्यापार और निवेश एवं समावेशी व अंतर्संबंधी विकास पर जोर दिया गया। जी20 की विकास संबंधी प्रतिबद्धता के संबंध में हाँगझोऊ वृहद् जवाबदेही रिपोर्ट में वर्ष 2014-16 के दौरान हुई प्रगति परिलक्षित हुई। जी20 देशों के श्रम मंत्रियों, कृषि मंत्रियों को भी विकास संबंधी एजेंडे में शामिल किया गया।

इसके अतिरिक्त जी20 ने ब्रेक्जिट तथा वैश्विक अर्थव्यवस्था में इसके कारण आई अनिश्चितता को भी ध्यान में रखा। जी20 ने महसूस किया कि उनके सदस्य देश ब्रेक्जिट के परिणामों के संभावित आर्थिक और वित्तीय परिणामों से निपटने की बेहतर स्थिति में हैं। जी20 ने जलवायु परिवर्तन के लिए अपने समर्थन को दुहराया और हरित जलवायु कोष के गठन का समर्थन किया।

हाँगझोऊ शिखर सम्मेलन में जी20 के उत्प्रेरक कार्य हेतु समान अवसर के लिए प्रमुख अर्थव्यवस्थाओं को एक साथ लाने के लिए मूल भावना की पुष्टि की। जी20 ने अपने विकास संबंधी एजेंडे में कई नए क्षेत्रों में विस्तार किया था।

## हैंबर्ग शिखर सम्मेलन : जुलाई 2017

हैंबर्ग शिखर सम्मेलन में लचीलापन सृजित करने, धारणीयता में सुधार करने और जिम्मेदारी उठाने जैसे तीन लक्ष्यों पर ठोस काररवाई करने का निर्णय लिया। सबसे अधिक प्राथमिकता मजबूत धारणीय, संतुलित और समावेशी विकास को दी गई। इसके अतिरिक्त, जी20 ने इसे माना कि वैश्वीकरण और तकनीकी बदलाव ने विश्व भर में जीवन स्तर को उठाया, किंतु इसके लाभ पर्याप्त रूप में व्यापक रूप से साझा नहीं किए गए। हैंबर्ग शिखर सम्मेलन में सतत विकास और स्थिरता के आधार के रूप में आतंकवाद, विस्थापन, गरीबी, भुखमरी व स्वास्थ्य संबंधी खतरे, जलवायु परिवर्तन, ऊर्जा सुरक्षा और लिंग भेद असमानता सहित वैश्विक समुदाय के समक्ष साझा चुनौतियों से निपटने का भी संकल्प लिया गया।

जी20 के नेताओं ने पेरिस समझौते से बाहर निकलने के अमेरिका के निर्णय पर ध्यान दिया। अमेरिका ने घोषणा की थी कि वह अपने राष्ट्रीय स्तर पर निर्धारित अंशदान के कार्यान्वयन को रोकेगा तथा आर्थिक विकास को सहायता प्रदान करते हुए उत्सर्जन कम करने के दृष्टिकोण को अपनाया। अमेरिका के इससे बाहर निकल जाने के बावजूद जी20 देशों के नेताओं ने कहा कि पेरिस समझौता अपरिवर्तनीय है। 'जलवायु में निवेश, विकास में निवेश' जी20 का वाक्य था, जिसे विकास हेतु हैंबर्ग में हुए जी20 के जलवायु और ऊर्जा कार्ययोजना संबंधी शिखर सम्मेलन में अपनाया गया था।

## निष्कर्ष

जी20 अंतरराष्ट्रीय आर्थिक सहयोग तथा मजबूत, सतत व संतुलित विकास हेतु एक व्यापक और समन्वित विवरण को आगे बढ़ाने के लिए विश्व के प्रमुख मंच के रूप में उभरा है। जी20 वैश्विक वित्तीय प्रणाली के सबसे बड़े करदाता वित्तपोषण सहायता को साथ रखते हुए 2009 में दूसरी बड़ी मंदी से बचाने में सफल रहा। उसके बाद से वित्तीय संस्थाओं और बैंकों का एक व्यापक विनियामक निरीक्षण रहा है। बड़ा संस्थागत सुधार, जो जी20 द्वारा किया गया है, वह आई.एम.एफ. में व्यवस्था संबंधी सुधार तथा वित्तीय क्षेत्र में एक मजबूत विनियामक रूपरेखा के लिए एक प्रमुख फोरम के रूप में वित्तीय स्थिरता बोर्ड का उभरना रहा है।

जी20 ने जलवायु परिवर्तन, ऊर्जा सुरक्षा, कृषि, सतत विकास पहल और कौशल विकास के विविध क्षेत्रों में कार्य किया है। जी20 शिखर बैठक के पूर्व कार्य समूहों की बैठकें, शेरपा बैठकें, वित्त संबंधी बैठकें, अनुबंध समूह की बैठकें हुईं और उसके बाद अंत में नेताओं का शिखर सम्मेलन हुआ। बी20 (कारोबार के लिए), सी20 (नागरिक समाज

के लिए), एल20 (वैज्ञानिक और शिक्षण समुदाय के लिए), टी20 (थिंक टैंक और अनुसंधान संस्थाओं के लिए), डब्ल्यू20 (महिला समूहों के लिए) और वाई20 (युवा नेताओं के लिए) जैसे समूह हैं। जी20 की बैठकों में लोकतंत्र के संबंध में एक उच्च स्तरीय विचार-विमर्श होता है।

जर्मनी को गत जी20 शिखर सम्मेलन पर 130 मिलियन यूरो खर्च करना पड़ा, जिसमें दैनिक आधार पर वैश्वीकरण के विरुद्ध हिंसात्मक विरोध हुआ और जिससे नागरिकों के दैनिक जीवन में उथल-पुथल हुई। हैंबर्ग जी20 शिखर सम्मेलन की उल्लेखनीय घटना यह थी कि इसमें अमेरिका का वैश्विक व्यवस्था से स्वयं दूरी बनाने, डब्ल्यू.टी.ओ. के दोहा दौर के व्यापारिक समझौतों के धीरे-धीरे समाप्त होने के साथ डब्ल्यू.टी.ओ. के खराब कार्य-निष्पादन और जी20 में चीन और जर्मनी के उदय जैसी घटनाएँ हुईं। जी20 के देश 'मजबूत, धारणीय, संतुलित और समावेशी विकास' के सिद्धांतों के प्रति प्रतिबद्ध रहे हैं।

आगे की कार्यसूची बहुत बड़ी है, चाहे वह व्यापार सुधार हो, सतत विकास लक्ष्य, अफ्रीकी साझेदारी और जलवायु परिवर्तन हो। जी20 ने वैश्विक व्यवस्था कार्यसूची निर्धारण में प्रमुख योगदान दिया है। निष्कर्ष रूप में यह कहा जा सकता है कि जी20 ने अंतरराष्ट्रीय समझौतों की प्रक्रिया में परिवर्तन लाते हुए वैश्वीकरण को उदार और अधिक धारणीय बनाने के लिए गंभीर योगदान दिया है।

### संदर्भ—


1. घोषणा—वित्तीय मंडियों और वैश्विक अर्थव्यवस्था से संबंधित शिखर सम्मेलन, 15 नवंबर, 2008, वाशिंगटन, अमेरिका, www.g20.org.
2. वसूली और सुधार के लिए वैश्विक योजना, 2 अप्रैल, 2009 लंदन, यूनाइटेड किंगडम, www.g20.org.
3. अंतरराष्ट्रीय वित्तीय संगठनों के माध्यम से संसाधन वितरित करने संबंधी घोषणा, 24 अप्रैल, 2009, लंदन, यूनाइटेड किंगडम, www.g20.org.
4. वित्तीय व्यवस्था सुदृढ़ करने से संबंधित घोषणा, 2 अप्रैल, 2009, यूनाइटेड किंगडम, www.g20.org.
5. नेताओं के वक्तव्य—पिट्सबर्ग शिखर सम्मेलन, 24-25 सितंबर, 2009, पिट्सबर्ग, अमेरिका, www.g20.org.
6. जी20 टोरंटो शिखर सम्मेलन घोषणा, 26-27, 2010, टोरंटो, कनाडा, www.imf.org.
7. जी20 के लिए आई.एम.एफ. का स्टाफ नोट 26-27, 2010, टोरंटो शिखर सम्मेलन, कनाडा, www.imf.org.
8. सियोल शिखर सम्मेलन दस्तावेज, 11-12 नवंबर, 2010, सियोल, कोरिया, www.g20.org.

9. सियोल शिखर सम्मेलन दस्तावेज, 11-12 नवंबर, 2010, सियोल, कोरिया, www.g20.org.
10. साझा प्रगति के लिए संयुक्त सर्वसम्मति हेतु, सियोल विकास सर्वसम्मति, 11-12 नवंबर, 2010 सियोल, कोरिया, www.g20.org.
11. जी20 परस्पर मूल्यांकन प्रक्रिया (एम.ए.पी.) पर आई.एम.एफ. की रिपोर्ट, 11-12 नवंबर, 2010, सियोल शिखर सम्मेलन, कोरिया, www.g20.org.
12. अंतिम घोषणा, 2-4 नवंबर, 2011, केनेस, फ्रांस, www.g20.org.
13. जी20 नेताओं की विज्ञप्ति, 2-4 नवंबर, 2011, केनेस, फ्रांस, www.g20.org.
14. प्रगति और रोजगार के लिए केनेस कार्ययोजना, 2-4 नवंबर, 2011, केनेस, फ्रांस, www.g20.org.
15. जी20 परस्पर मूल्यांकन प्रक्रिया से संबंधित आई.एम.एफ. स्टाफ की रिपोर्टें, 3-4 नवंबर, 2011, केनेस शिखर सम्मेलन, फ्रांस, www.g20.org.
16. जी20 नेताओं की विज्ञप्ति, 18-19 जून, 2012, लॉस काबोस, मैक्सिको, www.g20.org.
17. जी20 नेताओं की घोषणा, 18-19, 2012, लॉस काबोस, मैक्सिको, www.g20.org.
18. जी20 नेताओं की घोषणा, 5-6 सितंबर, 2019, सेंट पीट्सबर्ग, रूस, www.g20.org.
19. जी20 का 5वाँ जयंती लक्षित वक्तव्य, 5-6 सितंबर, 2013, सेंट पीटर्सबर्ग, रूस, www.g20.org.
20. छाया बैंकिंग के सुदृढ़कृत पर्यवेक्षण और विनियमन की दिशा में जी20 की कार्ययोजना, 5-6 सितंबर, 2013, सेंट पीटर्सबर्ग, रूस, www.g20.org.
21. जी20 नेताओं की विज्ञप्ति, 15-16 नवंबर, 2015, अनाताल्या, तुर्की, www.g20.org.
22. जी20 नेताओं की विज्ञप्ति, 4-5 सितंबर, 2016, अनाताल्या, तुर्की, www.g20.org.
23. जी20 नेताओं की विज्ञप्ति, 4-5 सितंबर, 2016 हाँगझोऊ, चीन, www.g20.org.
24. हाँगझोऊ कार्य योजना, 4-5 सितंबर, 2016, हाँगझोऊ, चीन, www.g20.org.
25. जी20 नेताओं की घोषणा, 7-8 जुलाई, 2017, हैम्बर्ग, जर्मनी, www.g20.org.
26. जी20 हैम्बर्ग कार्य योजना, 7-8 जुलाई, 2017, हैम्बर्ग, जर्मनी, www.g20.org.

□

*अध्याय-12*

# अंतरराष्ट्रीय मुद्रा कोष में चीन का उदय

*आज अंतरराष्ट्रीय मुद्रा कोष में चीन का अप्रत्याशित प्रभाव है, और इस अध्याय में चीन के आर्थिक महाशक्ति के रूप में उदय को रेखांकित किया गया है।*

आर्थिक महाशक्ति के रूप में चीन का उदय, जो विश्व में दूसरी सबसे बड़ी अर्थव्यवस्था, सबसे बड़ी क्रय शक्तिवाला देश, वैश्विक विकास का 1/3 और वैश्विक निर्यात में 15 प्रतिशत का योगदान है, सब बड़ी आर्थिक परिवर्तन का प्रतिनिधित्व करता है, जिसे पिछले तीस वर्षों में देखा गया है। क्रमिक सुधारों ने गरीबी को कम किया है और चीन को मध्य आयवाले देश का दर्जा दिया है, साथ ही सड़कों, हवाई अड्डों, हाई स्पीड रेल सिस्टम, ऊँची इमारतों और अन्य बुनियादी सुविधाओं की अवसंरचना प्रदान की। 600 मिलियन से अधिक लोगों की गरीबी दूर की, लोगों की जीवन प्रत्याशा और साक्षरता में काफी वृद्धि हुई। विकास का मॉडल उच्च निवेश, अपेक्षाकृत सस्ता श्रम, उत्पादकता पर आधारित था, जिससे विदेशी प्रत्यक्ष निवेश बढ़ा और वैश्विक माँग बढ़ी।

आर्थिक सुधार शुरू किए जाने के बाद से चीन के आर्थिक विकास में आर्थिक क्रियाकलाप और मुद्रास्फीति में चक्रीय उभार की अवधि रही, जिसके बाद 1980 में 2 चक्र की छँटनी अवधि रही, जिससे कठोर स्थिति उत्पन्न हुई। विशेष रूप से 1986-90 का चक्र उल्लेखनीय था, जब मौद्रिक और वित्तीय नीतियों में छूट शुरू हुई। 1988 में मुद्रास्फीति में 19 प्रतिशत की वृद्धि हुई और मुद्रास्फीति को नियंत्रित करने के लिए किए गए प्रयासों से विकास दर में काफी गिरावट आई। 1991-97 चक्र को केंद्रीय और स्थानीय सरकारी खर्चों में वृद्धि और बैंक ऋण में ढील के द्वारा शुरू किया गया था। 1992 तक निवेश में जबरदस्त उछाल आया, जिससे सकल घरेलू उत्पाद में 14 प्रतिशत से ज्यादा वृद्धि हुई। खाद्य पदार्थों की कीमतों और सार्वजनिक क्षेत्र में मजदूरी में उदारीकरण से मुद्रास्फीति में अत्यधिक वृद्धि हुई। 1994 में मुद्रास्फीति 24 प्रतिशत के अधिकतम स्तर पर थी। चीन में अर्थव्यवस्था को शांत करने के लिए नीतिगत उपाय किए। इन उपायों में ब्याज दर, केंद्रीय बैंक से बैंकों को

ऋण देने में सख्ती, और निवेश संबंधी अनुमोदन को सीमित करना शामिल था। परिणामत: 1996 तक चीन में मुद्रास्फीति एक अंक होने के साथ उसकी अर्थव्यवस्था आसान धरातल पर आ गई और खाद्य पदार्थों की कीमतों में गिरावट आई। 1991-97 के चक्र में ऋण में उछाल से वित्तीय सेक्टर कमजोर हुआ और बैंकिंग प्रणाली में गैर-निष्पादनकारी ऋण में वृद्धि हुई, क्योंकि राज्य के स्वामित्ववाले उद्यम को बैंकों ने ऋण संबंधी जोखिम कम मानते हुए वित्तपोषण किया।

**चीन—1991-97 का आर्थिक चक्र ( परिवर्तन प्रतिशत में )**

| | 1991 | 1992 | 1993 | 1994 | 1995 | 1996 | 1997 |
|---|---|---|---|---|---|---|---|
| जी.डी.पी. | 9.2 | 14.2 | 13.5 | 12.6 | 10.5 | 9.6 | 8.8 |
| नियत निवेश | 13.2 | 26.2 | 36.7 | 14.4 | 11.5 | 11.8 | 9.3 |
| राजकोषीय संतुलन | -2.2 | -2.3 | -2.0 | -2.7 | -2.1 | -1.6 | -1.8 |
| उपभोक्ता मूल्य | 3.4 | 6.4 | 14.7 | 24.1 | 17.1 | 8.3 | 2.8 |
| घरेलू ऋण | 20.2 | 22.8 | 38.9 | 26.1 | 22.5 | 21.5 | 16.3 |

स्रोत : चीन जनगणराज्य : 2004, अनुच्छेद-IV, परामर्श-स्टाफ रिपोर्ट; कार्यकारी बोर्ड परिचर्चा से संबंधित स्टाफ के वक्तव्य, और सार्वजनिक सूचना नोटिस (www.imf.org)

## एशिया का वित्तीय संकट

पूर्व एशिया के वित्तीय संकट से चीन काफी हद तक अप्रभावित रहा। चीन की अर्थव्यवस्था ने काफी अच्छा विकास किया। सकल घरेलू उत्पाद विकास दर पिछले वर्षों के 9 प्रतिशत से थोड़ा कम रहा, मुद्रास्फीति 5 वर्षों से निचले स्तर पर थी, निर्यात 20 प्रतिशत की गति से बढ़ रहा था जिससे व्यापार अधिशेष में 40 मिलियन अमेरिकी डॉलर का योगदान था, प्रत्यक्ष विदेशी निवेश 45 बिलियन अमेरिकी डॉलर था और वर्ष के अंत तक विदेशी मुद्रा भंडार 139 बिलियन अमेरिकी डॉलर तक पहुँच गया।

तो भी इस क्षेत्र में स्थिति निराशाजनक थी। इस संकट में पूर्व एशिया के कई देशों में अनेक प्रकार की आर्थिक मंदी आई, जिसे रूस के संकट और लैटिन अमरीका में वित्तीय तंगहाली ने इस संकट को और बढ़ाया। चूँकि वैश्विक मंदी की आशंका थी, इसलिए चीन ने अंतरराष्ट्रीय वित्तीय प्रणाली की संरचना को मजबूत बनाने के लिए समेकित रूप से वैश्विक पहल करने का आह्वान किया। दाई जियांगलांग ने कहा कि संकटग्रस्त देशों में उदारीकरण की गति ने आर्थिक प्रबंधन दायित्व में वृद्धि को गति प्रदान की। पूँजी प्रवाह के प्रभावी प्रबंधन पर कोई सहमति नहीं थी और पूर्व एशिया के देशों में आर्थिक सुरक्षा और

सामाजिक स्थायित्व पर उदारीकरण का प्रभाव महसूस किया गया। चीन ने सिफारिश की कि अंतरराष्ट्रीय मुद्रा कोष को अल्पकालिक पूँजी प्रवाह और सट्टे की पूँजी की आवाजाही की निगरानी के लिए तंत्र स्थापित करना चाहिए। उसने कोष की संवर्धित सूचना प्रकटन और पारदर्शिता पर आधारित पूर्व चेतावनी प्रणाली को मजबूत बनाने का भी समर्थन किया।

दाई जियांलांग ने कहा कि एशिया के संकट और अंतरराष्ट्रीय वित्तीय बाजारों में उथल-पुथल के दौरान चीन की सरकार ने उच्चतम दायित्व का रुख अपनाया। उन्होंने यह भी कहा कि हांगकांग एस.ए.आर. में वित्तीय स्थायित्व बनाए रखने के लिए काफी प्रयास किए गए। उन्होंने कहा—

> "सबसे पहले चीन ने अपनी तीव्र आर्थिक विकास दर को बनाए रखा। एशिया के देशों के निर्यात में अत्यधिक मंदी की पृष्ठभूमि में हमने प्रबल राजकोषीय नीति अपनाई और अवसंरचना निवेश को बढ़ाने के लिए उपयुक्त पूँजी आपूर्ति बढ़ाई। दूसरा, चीन ने आर.एम.बी. विनिमय दर में स्थायित्व बनाए रखा। चूँकि 1994 में विदेशी विनिमय प्रणाली सुधार के बाद चीन ने प्रबंधित अस्थायी विनिमय दर को अपनाया। क्षेत्रीय स्थायित्व और विकास के हित में हमने आर.एम.बी. के स्थायित्व को बनाए रखा और गैर-अवमूल्यन नीति का अनुसरण किया। तीसरा, चीन ने संरचनात्मक सुधारों को बढ़ाने और वित्तीय जोखिमों को रोकने तथा कम करने के लिए उपाय किए। चीन ने राज्य परिषद् के मंत्रालयों में 50 प्रतिशत कर्मचारियों की छँटनी के लक्ष्य को प्राप्त करने में सफलता पाई। राज्य सरकार के स्वामित्ववाले उद्यमों में सुधार जारी है और केंद्रीय बैंक की आजादी को बढ़ाने के उद्देश्य से प्रांतीय सुधार में काफी सफलता मिली। वित्त मंत्रालय ने राज्य के स्वामित्ववाले वाणिज्यिक बैंकों को पुनः पूँजी प्रदान करने के लिए आर.बी.एम. 270 बिलियन के राज्य बॉण्ड जारी किए हैं।

दाई जियांगलांग के आशावाद के बावजूद, कई आलोचक थे। निकोलस आर लार्डी ने कहा कि चीन वित्तीय और बैंकिंग प्रणाली, केंद्रीय बैंक की अपर्याप्त आजादी और वाणिज्यिक बैंकों के शिथिल विनियमन से काफी प्रभावित हुआ। चार बड़े बैंकों में से तीन बैंक ने अपने समेकित तुलनपत्र पर रिपोर्ट नहीं दी। गैर-निष्पादन ऋण को अंतरराष्ट्रीय मानकों की तुलना में उदार मानदंड के रूप में वर्गीकृत किया गया और व्यापक गंभीर वित्तीय अपराधों के साथ धोखाधड़ी, भ्रष्टाचार और अन्य ऋण संबंधी अनियमितताओं के कारण घाटा हुआ। इन कमजोरियों के बावजूद यह महसूस किया गया कि चीन पर एशिया के वित्तीय संकट को कोई प्रभाव नहीं पड़ा, क्योंकि पूँजीगत खाता संव्यवहार के लिए मुद्रा

परिवर्तनीय नहीं था। चीन का पूँजी प्रवाह मुख्य रूप से दीर्घावधि के प्रत्यक्ष निवेश थे। विदेशी पूँजी प्रवाह का बैंक निक्षेपों, बॉण्डों, स्टॉक और किसी अन्य वित्तीय परिसंपत्तियों में शायद ही प्रवेश था, जिसे बाजार में तत्काल बेचा जा सके।

1998 के एशिया संकट ने चीन में घाटा उठानेवाले राज्य के स्वामित्व वाले उद्यम और कमजोर बैंकों की मूलभूत संरचनात्मक सुधार की आवश्यकता पर जोर दिया। इस दिशा में किए गए प्रयासों में पीपुल्स बैंक की क्षेत्रीय शाखाओं का पुनर्गठन करना और राज्य के स्वामित्ववाले चार बड़े बैंकों में 270 बिलियन आर.बी.एम. अंतःक्षेपण करना शामिल था। गैर-निष्पादनकारी ऋणों का वर्गीकरण अंतरराष्ट्रीय मानकों के अनुरूप किया गया और केंद्रीय बैंक ने बैंकों और वित्तीय संस्थानों का पर्यवेक्षण और विनिमय कठोर किया।

## दाई जियांगलांग वर्ष

दाई जियांगलांग ने 1995 से 2002 तक पीपुल्स बैंक ऑफ चाइना के 10वें गवर्नर के रूप में कार्य किया। उनके कार्यकाल के दौरान पीपुल्स बैंक ऑफ चाइना (पी.बी.सी.) का पुनर्गठन किया गया। पी.बी.सी. ने अपने सभी प्रांतीय और नगरपालिका की शाखाओं, जिसका नेतृत्व राजनीतिक नेता कर रहे थे, को हटा दिया और केंद्रीय बैंक की आजादी को सुदृढ़ करने के लिए क्षेत्रीय शाखाओं की स्थापना की। पूर्ण रूप से राज्य के स्वामित्ववाले वाणिज्यिक बैंकों की परिसंपत्तियों को खरीदने के लिए 4 परिसंपत्ति प्रबंधन कंपनियों की स्थापना के साथ वाणिज्यिक बैंकों का सुधार शुरू हुआ, जिससे वाणिज्यिक बैंकों के गैर-निष्पादन ऋणों में कमी आई। पी.सी.बी. ने प्रत्येक वाणिज्यिक बैंक में एक पर्यवेक्षण परिषद् की स्थापना की, अंतरराष्ट्रीय ऋण वर्गीकरण और लेखांकन के मानक को अपनाया तथा बैंकों को पूँजी दी गई। दाई जियांगलांग ने भुगतान संतुलन को स्थिर बनाने और आर.एम.बी. विनिमय दर को स्थिर बनाने पर जोर दिया। घरेलू माँग को बढ़ाने के लिए पी.बी.सी. ने दाई के कार्यकाल में 9 बार ब्याज दरों में कटौती की, जिससे उन्हें 'ब्याज दर घटानेवाला गवर्नर' का उपनाम मिला। उनके कार्यकाल में पी.सी.बी. का मजबूत विकास और मजबूत निर्यात निष्पादन दिखा—7 प्रतिशत से ज्यादा विकास दर और निर्यात निष्पादन में 20 प्रतिशत की वृद्धि हुई।

अंतरराष्ट्रीय विदेशी मुद्रा, धन पर निगरानी और पूँजी खाता उदारीकरण की भूमिका पर दाई जियांगलांग के विचारों ने चीन के भावी नीति-निर्माताओं को एक रूपरेखा प्रदान की। उन्होंने कहा कि—

> "कुछ देशों की राष्ट्रीय मुद्रा द्वारा निभाई जानेवाली अंतरराष्ट्रीय आरक्षित मुद्रा की भूमिका अंतरराष्ट्रीय मौद्रिक प्रणाली के अस्थिर होने का मुख्य कारक है। ब्याज

दरों में अस्थिरता से व्यापार में अनिश्चितता आती है और लगभग अंतरराष्ट्रीय वित्तीय बाजार में उच्च जोखिम बढ़ता है। वर्तमान वित्तीय प्रणाली भुगतान असंतुलनों में संतुलन नहीं ला सकता, जो अंतरराष्ट्रीय वित्तीय संकट का बारंबार कारण रहा है। अंतरराष्ट्रीय आरक्षित मुद्रा की समस्या का समाधान करने के लिए अंतरराष्ट्रीय समुदाय को अतिरिक्त एस.डी.आर. आवंटित करने पर विचार करना चाहिए और इसके उपयोग को बढ़ाने के लिए परिस्थितियाँ बनाने तथा इसके सदस्यों को तरलता प्रदान करने के लिए कोष की कार्यप्रणाली को मजबूत बनाने पर विचार करना चाहिए।"

चीन ने इस बात पर भी विचार किया कि क्षेत्रीय वित्तीय सहयोग वर्तमान अंतरराष्ट्रीय वित्तीय प्रणाली के पूरक होने में सहायक हो सकता है। चियांग माई की पहल से एशिया क्षेत्र में आर्थिक समेकन हुआ। एशियाई देशों और चीन, जापान तथा कोरिया के मध्य शुरू किए गए मुद्रा विनिमय व्यवस्थाओं पर आधारित वित्तीय सहयोग में चीन सक्रिय भागीदार बना। 2002 में निवल ऋण और निम्न आयवाले देश के रूप में चीन ने एच.आई.पी.सी. और निर्धनतम राष्ट्रों के कर्ज भार को कम करने में योगदान दिया।

## जाऊ जियाओचुआन वर्ष

जाऊ जियाओचुआन ने 2003 से 2018 तक पीपुल्स बैंक ऑफ चाइना के 11वें गवर्नर के रूप में कार्य किया। उन्हें अपनी पीढ़ी के सबसे प्रभावी नीति निर्माताओं की श्रेणी में लगातार रखा गया और चीन को विश्व की दूसरी सबसे बड़ी अर्थव्यवस्था के रूप में परिवर्तन काल देखा गया। उन्हें उनकी बुद्धिमत्ता और नाजनयिकता के लिए प्रशंसा की गई और गवर्नर जाऊ को 'चीन का अति योग्य प्रौद्योगिकीविद' कहा गया।

### चीन : चुनिंदा आर्थिक सूचक 2000-2015

| सूचक | 2000-2007 | 2008-2010 | 2011-2014 | 2015-2017 |
|---|---|---|---|---|
| वास्तविक जी.डी.पी. | 10.5 | 9.8 | 8.1 | 6.8 |
| उपभोक्ता मूल्य | 1.7 | 2.8 | 3.2 | 1.8 |
| बेरोजगारी दर | 3.9 | 4.2 | 4.1 | 4.1 |
| वर्तमान खाता संतुलन | 4.4 | 5.9 | 2.1 | 1.9 |
| सकल आधिकारिक आरक्षित मुद्रा (बिलियन यू.एस. डॉलर) | 1018 | 2445 | 3606 | 3146 |

| सामान्य जी.डी.पी. (बिलियन आर.एम.बी.) | 16466 | 36018 | 56812 | 81344 |
|---|---|---|---|---|

स्रोत : चीन जनगणराज्य (पृष्ठ 45) के लिए 217 अनुच्छेद-IV परामर्श और उसका आधुनिकीकरण : लाभ और शिपके, 2017 द्वारा संपादित नम्र अवसंरचना में निवेश (पृष्ठ 27)

जाऊ जियाओचुआन के लंबे कार्यकाल को 3 भिन्न चरणों में बाँट सकते हैं—

(क) 2002 से 2007 की अवधि, जिसमें उन्होंने उस समय विनिमय दर के लचीलेपन, पूँजी खाता उदारीकरण और बैंकिंग प्रणाली के सुधार के लिए कार्य किया, जब मजबूत विकास दर को बनाए रखने और वैश्विक अर्थव्यवस्था में अपने समेकन के लिए चीन में मध्यावधि प्रत्याशा अनुकूल थी। इस अविध में चीन ने सहयोगात्मक दृष्टिकोण अपनाकर ब्रेटन वुड्स संस्थानों के लिए शालीन, कर्जदाता देश की भूमिका निभाई।

(ख) 2008 से 2010 की अवधि, जिसमें चीन को वैश्विक वित्तीय संकट के प्रति प्रतिक्रिया करना, निकटतम घरेलू जोखिमों विशेषकर संपत्ति सेक्टर, स्थानीय सरकार के वित्त, साख गुणवत्ता से निपटना और निजी उपभोग के प्रति विकास से पुनर्संतुलन के लिए सतत पुनर्संतुलन नीतियाँ बनानी पड़ी। यह वह अवधि थी, जब चीन ने एस.डी.आर. की आकर्षकता और तरलता में सुधार लाने के लिए एस.डी.आर. समूह में आर.एम.बी. को आरक्षित संपत्ति के रूप में शामिल करने पर विचार करने के लिए आई.एम.एफ. से आग्रह किया।

(ग) 2010 से 2017 की अवधि, जिसमें चीन ने रेनमिनबी के अंतरराष्ट्रीयकरण, वित्तीय क्षेत्र के सुधार के लिए नीतियों का अनुसरण किया और संवहनीय विकास पथ और सुधारों के दौर से गुजरा। 2010 में आई.एम.एफ. ने एस.डी.आर. समूह में आर.एम.बी. के प्रवेश के प्रयास को अस्वीकार कर दिया। लेकिन चीन ने अपना प्रयास नहीं छोड़ा और इसे और बढ़ाया। अंततः 2015 में आई.एम.एफ. ने एस.डी.आर. समूह में आर.एम.बी. का आना स्वीकार किया और इसे अमेरिकी डॉलर, यूरो के नीचे, लेकिन येन और पाउंड स्टर्लिंग के ऊपर कुल भार का 10.92 प्रतिशत भार दिया गया।

## विनियम दर तन्यता और पूँजी खाता उदारीकरण

1 जनवरी, 1994 को चीन ने बाजार आधारित एकीकृत और प्रबंधित परिवर्तनीय विनिमय दर प्रणाली शुरू की। नई प्रणाली के अंतर्गत कतिपय बैंकों को विदेशी मुद्रा बेचने

और खरीदने के लिए प्राधिकृत किया गया। 1 दिसंबर, 1996 को रेनमिनबी वर्तमान खाता संव्यवहारों के लिए परिवर्तनीय बना। अंतर-बैंक बाजार में पी.बी.सी. ने बड़ी मुद्राओं के विरुद्ध दैनिक आवाजाही, दैनिक उद्घोषित संदर्भ दर के आस-पास +/- 0.3 प्रतिशत तक सीमित कर दी। पूँजीगत संव्यवहारों के लिए विनिमय नियंत्रण अनुमत था। चीन ने अर्ह विदेशी संस्थागत निवेशकों द्वारा घरेलू निवेश करने पर प्रतिबंध लगाया, विदेश में निवेश के लिए राष्ट्रीय सामाजिक सुरक्षा कोष का अनुमोदन, सरकारी विभागों का विदेशी उधारी योजनाओं पर प्रतिबंध, सट्टेबाजी के प्रयोजन हेतु व्युत्पन्न संव्यवहारों पर एफ.डी.आई. और निवेशों पर नियंत्रण लगाया।

एशियाई वित्तीय संकट के पश्चात् चीन ने स्वस्थ तीव्र आर्थिक विकास को बनाए रखने के लिए उस विनिमय दर की नीति अपनाई, जिसने आर्थिक और वित्तीय स्थायित्व को बढ़ावा दिया। यह महसूस किया गया कि विनिमय दर सुधार और संस्थागत सुधार समग्र सुधार प्रयास के अभिन्न अंग थे और इन दोनों सुधारों को करने के लिए उचित क्रम विन्यास को पहचानना महत्त्वपूर्ण था। रेनमिनबी की पूर्ण परिवर्तनीयता एक कथित लक्ष्य था और इसे क्रमिक और सुविचारित दृष्टिकोण के माध्यम से प्राप्त किया जाना था। विनिमय दर का सुधार राज्य के स्वामित्ववाले उद्यमों, गैर-निष्पादन आस्तियों की मंजूरी और राज्य के स्वामित्ववाले वाणिज्यिक बैंक के प्रचालनात्मक तंत्रों के साथ एक-एक करके करना था। वित्तीय प्रणाली में कमजोरी को देखते हुए चीन ने पूँजी खाता उदारीकरण के लिए क्रमिक दृष्टिकोण भी अपनाया।

21 जून, 2005 को चीन ने बाजार आधारित आपूर्ति और माँग के आधार पर और विविध मुद्रा समूह के संदर्भ में प्रबंधित परिवर्तनीय विनिमय दर व्यवस्था के ओर बढ़ते हुए रेनमिनबी विनिमय दर में सुधार आरंभ किया। इस सुधार कदम का समष्टि अर्थव्यवस्था और वित्तीय बाजार में स्थायित्व बनाए रखने में गहन प्रभाव पड़ा। चीन की सरकार ने विदेशी विनिमय बाजार बनाने और विकसित करने के लिए कदम उठाए। वायदा और विनिमय जैसे प्रतिरक्षा उपकरण विकसित किए गए। बाजार निर्माण प्रणाली और अंतर-बैंक विदेशी मुद्रा बाजार में ओ.टी.सी. आरंभ किया गया। उद्यमों को ज्यादा विदेशी मुद्रा रखने के लिए प्रोत्साहन दिया गया और पूँजी खाता प्रतिबंधों में कुछ छूट दी गई। अमेरिकी डॉलर के विरुद्ध आर.एम.बी. विनिमय दर दोनों दिशाओं में चला और 31 मार्च, 2006 तक आर.एम.बी. में डॉलर के मुकाबले 3.2 प्रतिशत उछाल आया। 2005 में रेनमिनबी की वास्तविक विनिमय दर 8.1 प्रतिशत तक बढ़ी।

## बैंकिंग क्षेत्र के सुधार

चीनी अधिकारियों ने अपने समग्र नीतिगत एजेंडे के केंद्र में बैंकिंग क्षेत्र के सुधार को रखा। बैंकिंग क्षेत्र के सुधारों ने बैंक ऑफ चाइना, चाइना कंस्ट्रक्शन बैंक एवं द इंडस्ट्रियल एंड कमर्शियल बैंक ऑफ चाइना में पुनः पूँजी लगाने और इनकी पुनर्संरचना करने की आवश्यकता उत्पन्न की। चीन ने बैंक ऑफ चाइना और चाइना कंस्ट्रक्शन बैंक में 45 बिलियन अमेरिकी डॉलर निवेश किया। अंतरराष्ट्रीय मुद्रा कोष से सेंट्रल ह्यूजिन इन्वेस्टमेंट कंपनी में पैसा भेजा गया, जो बैंकों में पुनः पूँजी लगाने के लिए वित्तपोषण करता है। अनेक निष्पादन सूचकों, संवर्धित बाह्य निगरानी और बैंकों के कॉरपोरेट शासन को मजबूत बनाने के लिए सेंट्रल बैंकिंग रेगुलेटरी कमीशन (सी.बी.आर.सी.) का गठन किया गया। बैंकिंग सुधारों में उठाए गए अन्य कदमों में पुनर्संरचना योजनाओं का विकास और समयबद्ध निगरानी, व्यापारिक दृष्टिकोण अपनाना और बाजार अवसंरचना का संवर्धन करना शामिल था।

2003–2010 की अवधि में चीन ने बैंक के तुलनपत्रों, आंतरिक नियंत्रण प्रणालियों, राज्य बैंकों में शासन और ऋण जोखिम प्रबंधन को सुदृढ़ किया। चूँकि चीन ने पूँजी पर्याप्तता बहाल करने, एन.पी.एल. के लिए पूर्ण प्रावधान करने के लिए वित्तीय सहायता प्रदान की, इसलिए बैंक ऑफ चाइना तथा चाइना कंस्ट्रक्शन बैंक के प्रचालन लाभ में काफी सुधार हुआ। चीन ने क्रमशः इंडस्ट्रियल एंड कमर्शियल बैंक ऑफ चाइना तथा बैंक ऑफ कम्युनिकेशन्स में हिस्सेदारी खरीद कर बैंक ऑफ अमरीका और एच.एस.बी.सी. के साथ बैंकों के विदेशी स्वामित्व की अनुमति दी। सी.बी.आर.सी. ने बड़े ऋण जोखिमों की निगरानी के लिए कदम उठाए, तत्स्थानिक जाँच की और निक्षेप बीमा योजना आरंभ की।

चीन ने एग्रीकल्चरल बैंक ऑफ चाइना (ए.बी.सी.) और रीजनल क्रेडिट कॉपरेटिव्स (आर.सी.सी.) की गतिविधियों पर निगरानी रखी। कृषि क्षेत्र में बड़े पैमाने पर अभियानों और ऋण जोखिमों को देखते हुए ए.बी.सी. और आर.सी.सी. का पुनर्गठन शुरू किया गया।

2006 तक चीन ने 10 प्रतिशत की मजबूत जी.डी.पी. विकास दर प्राप्त की, नियत निवेश लगभग 30 प्रतिशत हो गया, व्यापार अधिशेष बढ़कर 135 बिलियन अमेरिकी डॉलर हो गया, विदेशी मुद्रा भंडार 895 बिलियन अमेरिकी डॉलर पहुँच गया। यह अनुमान था कि जी.डी.पी. विकास आसानी से 10 प्रतिशत को पार कर जाएगा, ग्रामीण आय बढ़ती रहेगी और उपभोक्ता ऋण सुविधा बढ़ेगी। मुद्रास्फीति 2 प्रतिशत नीचे थी। चीन ने पूँजीगत बाजारों के विकास को गति देते समय वैट का आवंटन, स्वास्थ्य, शिक्षा और पेंशन के लिए उच्चतर सामाजिक क्षेत्र आवंटन जैसे बैंकिंग सेक्टर, राजकोषीय सेक्टर में कई सुधार कर रहा था।

## वित्तीय सेक्टर के सुधार

2011 में आई.एम.एफ. द्वारा चीन के वित्तीय सेक्टर का वित्तीय प्रणाली स्थायित्व मूल्यांकन (एफ.एस.ए.पी.) अनुच्छेद-IV परामर्श के भाग के रूप में किया गया। सुधार प्रक्रियाओं के मध्य अंत:संबंधों को देखते हुए एफ.एस.ए.पी. ने किए जानेवाले वित्तीय सेक्टर के सुधारों का सावधानीपूर्वक अनुक्रमण की महत्ता को रेखांकित किया। एफ.एस.ए.पी. द्वारा आवृत्त पाँच प्रमुख क्षेत्रों में विनिमय दर तन्यता, मौद्रिक नीतिगत ढाँचा, विनिमय और पर्यवेक्षण में सुधार, वित्तीय बाजार का विकास, ब्याज दर का उदारीकरण और पूँजी खाता उदारीकरण शामिल है। बढ़ते ऋण भार, छिपी बैंकिंग प्रथाएँ और स्टॉक बाजार में अत्यधिक उतार-चढ़ाव की चिंताएँ गंभीर हैं।

इसके उपरांत 2008-2010 में वैश्विक वित्तीय संकट आया, जिसने चीन के आर्थिक कौतूहल के विश्व बोध को बदल दिया।

## चीन की वैश्विक वित्तीय संकट 2008-2010 के प्रति प्रतिक्रिया

2008-2010 के वैश्विक वित्तीय संकट ने चीन को अंतरराष्ट्रीय मुद्रा कोष के प्रश्न से जूझना पड़ा कि वैश्विक वित्तीय स्थायित्व को सुरक्षित करेगा और विश्व आर्थिक विकास को सरल बनाएगा। चीन ने महसूस किया कि देशों को आरक्षित मुद्रा जारी करना अपनी अंतरराष्ट्रीय जिम्मेदारियों को पूरा किए बिना अपनी घरेलू मौद्रिक नीति के लक्ष्यों को प्राप्त करने के बीच लगातार दुविधा से गुजरना पड़ता। इस संकट ने वैश्विक आर्थिक और वित्तीय स्थायित्व की सुरक्षा के उद्‌देश्य प्राप्त करने के लिए स्थिर मूल्य, नियम आधारित निर्गम और प्रबंधनीय आपूर्ति के साथ अंतरराष्ट्रीय आरक्षित मुद्रा की ओर अंतरराष्ट्रीय मौद्रिक प्रणाली का रचनात्मक सुधार करने का आह्वान किया। जाऊ जियाओचुआन ने उस अंतरराष्ट्रीय मौद्रिक प्रणाली के सुधार की वकालत की, जिसने सभी हितधारकों को सुखद परिणाम दिया।

> "एस.डी.आर. को महती भूमिका देने के लिए विशेष रूप से विचार किया जाना चाहिए। एस.डी.आर. की अपनी विशेषताएँ हैं और इसकी अति-संप्रभु आरक्षित मुद्रा के रूप में कार्य करने की संभावनाएँ हैं। इसके अतिरिक्त, एस.डी.आर. आवंटन में वृद्धि से कोष को मताधिकार और प्रतिनिधित्व सुधार में अपनी संसाधन संबंधी समस्या और कठिनाइयों को दूर करने में सहायता मिलेगी। इसलिए एस.डी.आर. आवंटन करने के लिए प्रयास किए जाने की आवश्यकता है। इसके लिए सदस्य्य देशों के मध्य राजनीतिक सहयोग की जरूरत है। विशेष रूप से आर्टिकल ऑफ एग्रीमेंट का चौथा संशोधन और 1997 में प्रस्तावित एस.डी.आर. आवंटन पर प्रासंगिक संकल्प को यथाशीघ्र अनुमोदित किए जाने की जरूरत है, ताकि 1981 के बाद कोष

में शामिल होनेवाले सदस्य भी एस.डी.आर. के लाभ प्राप्त कर सकें। एस.डी.आर. के उपयोग की सीमा को इस तरह से व्यापक बनाना चाहिए ताकि यह सदस्य देशों की आरक्षित मुद्रा की माँग को पूरी तरह से संतुष्ट करने में सक्षम हो।"

आई.एम.एफ. का सुधार और भावी अधिदेश के लिए आह्वान करते हुए चीन ने तत्काल कोटा और मताधिकार सुधार के लिए जोर दिया। इस्तांबुल में आई.एम.एफ.सी. की 12वीं बैठक में डॉ. यी. गैंग ने कहा—

"विकसित देशों में उद्‌भूत वर्तमान वित्तीय संकट के परिणामस्वरूप विश्व के देशों को काफी घाटा हुआ। प्रमुख अंतरराष्ट्रीय वित्तीय संस्थानों की समय पूर्व चेतावनी देने की असफलता ने इसकी गलत केंद्रित निगरानी के परिणामों को उजागर किया है। केवल मौलिक सुधार को गति देकर ही सदस्य देशों द्वारा प्रमुख वित्तीय संस्थानों को दिए गए अधिदेश के निर्वहन में उसे सक्षम बनाएगा। लगातार गलत कोटा शेयर और उभरते बाजार तथा विकासशील देशों का कम प्रतिनिधित्व होने से कोष के शासन और निष्पक्ष निगरानी में अवरोध उत्पन्न हुआ। इसने कोष की वैधता और प्रभावकारिता को महत्त्व नहीं दिया। यह महत्त्वपूर्ण है कि कोष ने जी20 देशों के नेताओं द्वारा उद्‌घोषित सुधार उद्‌देश्य नामत: उभरते बाजार और विकासशील सदस्य देशों के पक्ष में कोटा शेयर का न्यूनतम 5 प्रतिशत के परिवर्तन को समयबद्ध तरीके से पूरा किया। कोटा सुधार पर आधारित हम कोष के शासन के व्यापक सुधार का समर्थन करते हैं। उभरते बाजार और विकासशील देशों की भी प्रबंधन और स्टाफ में बड़ी भागीदारी होनी चाहिए।"

स्पष्ट रूप से चीन ने 1999 में की गई माँग को 2009 में दोहराया, लेकिन विश्व ने इसकी आवाज को संकट काल में ही सुना, क्योंकि चीन एकमात्र देश था, जिसने महत्त्वपूर्ण चालू खाता अधिशेष और व्यापार अधिशेष में दो अंकों में विकास की किया।

वैश्विक वित्तीय संकट 2008-2010 के प्रति चीन की प्रतिक्रिया तीव्र, दृढ़ और प्रभावी थी। इसमें 3 व्यापक पहलू शामिल थे—बड़ा राजकोषीय उत्प्रेरक, असाधारण ऋण विस्तार और रेनमिनबी को यू.एस. डॉलर के मुकाबले रखना। पूँजीगत परियोजनाओं पर खर्च में वृद्धि की गई और ऋण में 31 प्रतिशत की वृद्धि की गई। 2009 की दूसरी तिमाही में विकास दर बढ़ी और 9.1 प्रतिशत पर पहुँच गई, मुद्रास्फीति कम रही और आरक्षित मुद्रा भंडार बढ़कर 40 बिलियन अमेरिकी डॉलर/माह हो गया। निर्यात की मात्रा और विदेशी प्रत्यक्ष निवेश में कमी होने से भुगतान संतुलन में नाटकीय परिवर्तन आया। निर्यात में उछाल आया, विशेषकर इलेक्ट्रॉनिक और लाइट के उत्पादन में मजबूती आने से जुलाई 2009 तक निर्यात अपने संकट पूर्व के स्तर से ऊपर चला गया। चीन की तीव्र गति से रिकवरी से व्यापार पर महत्त्वपूर्ण सकारात्मक प्रभाव पड़ा, जिसका असर वैश्विक अर्थव्यवस्था पर भी पड़ा।

आर्थिक रिकवरी ने रेनमिनबी के विनिमय दर व्यवस्था में और सुधार करने के लिए योगदान दिया। 19 जुलाई, 2010 में पीपुल्स बैंक ऑफ चाइना ने प्रबंधित चल विनिमय दर व्यवस्था की ओर लौटने की घोषणा की और अमेरिकी डॉलर-रेनमीनबी हाजिर विनिमय दर के केंद्रीय समतुल्यता से +/- 0.5 प्रतिशत अंत:दिवसीय आवाजाही की अनुमति दी। जुलाई 2005 और जुलाई 2008 के मध्य रेनमिनबी में प्रतिमाह 1 प्रतिशत मूल्य बढ़ा। जुलाई 2010 में एक बार फिर इसी प्रकार का रुझान देखने को मिला।

## 2011 प्लवन रिपोर्ट

2011 में आई.एम.एफ. ने 5 क्रमबद्ध अर्थव्यवस्थाओं में घरेलू नीतियों के बाह्य प्रभाव की जाँच करने के लिए प्लवन रिपोर्ट तैयार की, अर्थव्यवस्थाओं में चीन, यूरो देश, जापान, यूनाइटेड किंगडम और अमेरिका हैं। प्लवन रिपोर्ट में विश्व की अर्थव्यवस्था पर चीन के प्रभाव को उजागर किया गया है। रिपोर्ट में बताया गया है कि विश्व के अति केंद्रीय वाणिज्य व्यापार के रूप में चीन का वास्तविक आघात पारेषित और उद्भूत करने दोनों में सामर्थ्यवान था, जो बढ़ता गया। स्पष्ट है कि चीन अपनी स्थिरता में विश्व के लिए एक महत्त्वपूर्ण हिस्सेदार था। इसका निर्यात अभिविन्यस्त विकास मॉडल को दबाव के स्रोत के रूप में देखा गया और आर्थिक पुनर्संतुलन की आवश्यकता महसूस की गई। पुनर्संतुलन की प्रक्रिया के लिए मुद्रा का अधिमूल्यन महत्त्वपूर्ण था। विकास मॉडल के पुनर्संतुलन में असफलता ने निर्यात बाजार हिस्सेदारी में अप्रत्याशित वृद्धि की। चीन की नीतियाँ वैश्विक पूँजी प्रवाह को प्रभावित कर सकती हैं और आरक्षित मुद्रा परिसंपत्तियों के बड़े पैमाने पर क्रय से उसकी उत्पादकता में कमी आती है और यह स्पष्ट नहीं है कि संवृत पूँजी खाते का निवल प्रभाव क्या है और अधिशेष खाता किस प्रकार कार्य करेगा।

2015-16 में बड़े पैमाने पर पूँजीगत प्रवाह के प्रत्युत्तर में चीन के अधिकारियों ने मुद्रा में कुछ अवमूल्यन करने की अनुमति दी, विदेशी विनिमय हस्तक्षेप का प्रयोग किया और पूँजी बाह्य प्रवाह को रोकने के लिए कई प्रकार के उपाय किए। चीन ने 'गोइंग ग्लोबल', 'वन बेल्ट वन रोड', 'आर.एम.बी. इंटरनेशनलाइजेशन' और 'मेड इन चाइना 2025' जैसी कई नीतियाँ शुरू की। उत्पाद और विविधता के लिए उच्च घरेलू बचत ने पूँजीगत बाह्य प्रवाह किया। चीन ने पूँजी बाह्य प्रवाह और एफ.डी.आई. प्रवाह से पूर्व पूँजी अंत:प्रवाह को उदारीकृत किया।

आई.एम.एफ. ने अनुशंसा की कि चीन का संवहनीय उपभोक्ता आधारित विकास के प्रति संक्रमण वैश्विक अर्थव्यवस्था के लाभ और दीर्घावधिक खतरों को कम करने के लिए वांछनीय है, चाहे यह मध्यम अवधि की मंदी लाता है, तथापि आई.एम.एफ. ने कहा कि

इसके आकार, खुलापन, उच्च निवेश दर, इसके निवेश का उच्च आयातित वस्तु और निर्यात को देखते हुए चीन में मंदी से मजबूत वैश्विक प्लवन होने की संभावना है। नकारात्मक प्लवन से वैश्विक विकास पर प्रभाव पड़ेगा, लेकिन यह प्रभाव देश के स्तर पर और चीन के साथ निकटता के आधार पर अलग-अलग होगा। चीन की निवेश से दूरी ने वस्तुओं की माँग और कीमतों में कमी लाने में योगदान दिया। मजबूत व्यापार संपर्क और तेज गति से बढ़ते वित्तीय संपर्क से चीन से वित्तीय अधिप्लवन बढ़ रहा है।

## रेनमिनबी का अंतरराष्ट्रीयकरण

2011 से, चीन ने रेनमिनबी के अंतरराष्ट्रीय उपयोग में क्रमिक वृद्धि की। यह कार्य 28 द्विपक्षीय मुद्रा विनिमय करारों पर हस्ताक्षर से द्विपक्षीय मौद्रिक सहयोग को बढ़ाकर, लगातार विकासशील अपतटीय आर.एम.बी. बाजार और 14 देशों और क्षेत्रों में आर.एम.बी. समाशोधन बैंकों से किया गया। हांगकांग एस.ए.आर. में रेनमिनबी निक्षेपों में वृद्धि की गई और रेनमिनबी अभिहित 'डिम-सम बॉण्ड' जारी करने में वृद्धि की गई। अपतटीय रेनमिनबी को चीन में आने की अनुमति देने के लिए पूँजी नियंत्रण को शिथिल भी किया गया। आर.एम.बी. का अंतरराष्ट्रीय उपयोग में विस्तार मुख्य रूप से हांगकांग एस.ए.आर. में हुआ जहाँ हांगकांग मौद्रिक अथॉरिटी द्वारा खुला पूँजी खाता, कानूनी प्रणाली को उच्च सम्मान और मजबूत विनियामक पर्यवेक्षण दिया गया था। बैंक ऑफ चाइना समाशोधन बैंक के रूप में कार्य करता है और भुगतान अवसंरचना बनाई गई। अन्य वित्तीय केंद्रों के लिए अपतटीय रेनमिनबी व्यवसाय के विस्तार हेतु योजना के भाग के रूप में लंदन में रेनमिनबी वित्तीय उत्पादों की बिक्री भी की गई।

2013 में 18वीं सी.पी.सी. केंद्रीय समिति के तीसरे अधिवेशन में यह घोषणा की गई कि चीन 'पूँजी खाता परिवर्तनीयता के लिए प्रक्रिया तेज करना' चाहेगा। चीन ने आई.एम.एफ. के पूँजी खातों के वर्गीकरण में 40 मदों में से 35 मदों पर आंशिक या पूर्ण परिवर्तनीयता आरंभ की। जाऊ जियाओचुआन ने कहा कि चीन ने पूँजी खाता प्रबंधन को बनाए रखते हुए प्रबंधित परिवर्तनीयता की संकल्पना को अपनाया, जिसे कई देशों द्वारा व्यापक रूप से अपनाया गया है।

1 अक्तूबर, 2016 को आर.एम.बी. को आधिकारिक रूप से एस.डी.आर. मुद्रा समूह में शामिल किया गया। चीन के अधिकारियों ने महसूस किया कि आर.एम.बी. अंतरराष्ट्रीयकरण की प्रक्रिया में यह महत्त्वपूर्ण उपलब्धि है और चीन की आर्थिक विकास में प्रगति, सुधार और खुलेपन को स्वीकारना है। यह महसूस किया गया कि इन कदमों से एस.डी.आर. की प्रतिनिधित्वता, स्थिरता और आकर्षण बढ़ाने एवं अंतरराष्ट्रीय मौद्रिक

प्रणाली में सुधार लाने में सहायता करेगा। चीन ने यू.एस. डॉलर में और एस.डी.आर. संदर्भ में विदेशी मुद्रा, अंतरराष्ट्रीय भुगतान संतुलन और अंतरराष्ट्रीय निवेश स्थितियाँ प्रकाशित की तथा चीन में एस.डी.आर. नामित बॉण्ड जारी किया।

22 दिसंबर, 2017 को जापान और चीन के मौद्रिक प्राधिकारियों ने चीन में आर.एम.बी. आधारित बॉण्ड—पंडा बॉण्डों को जारी करने के लिए जापानी कॉरपोरेशन को अनुमति देने का अनुमोदन कर दिया। अर्थात् जापान को आर.एम.बी. अंतरराष्ट्रीयकरण को अग्रिम देने के लिए कोई 4 पहलों पर अभी हस्ताक्षर करने हैं। ये चार पहल द्विपक्षीय मुद्रा विनिमय करार, आर.एम.बी. अर्हविदेशी संस्थागत निवेशक स्थिति, आर.एम.बी. भुगतान निपटान प्रणाली और एशियन अवसंरचना निवेश बैंक हैं।

आर.एम.बी. के अंतरराष्ट्रीयकरण के लिए चीन के प्रयासों के बावजूद, कदाचित् डॉलर प्रमुख वैश्विक आरक्षित मुद्रा बना रहा। राजनीतिक और विधिक संस्थानों की संरचना और वित्तीय बाजार के सीमित विकास से आर.एम.बी. को प्रमुख आरक्षित परिसंपत्ति बनने में मुश्किल रही। चीन के प्रयासों के बावजूद अंतरराष्ट्रीय संव्यवहारों में आर.एम.बी. के उपयोग में 2015 और 2016 के बीच लगभग 30 प्रतिशत की गिरावट रही।

## आई.एम.एफ. में कोटा और संचालन संबंधी सुधार

18 दिसंबर, 2015 को यूनाइटेड स्टेट्स कांग्रेस ने आई.एम.एफ. के 2010 कोटा और संचालन संबंधी सुधार को अनुमोदित किया। आई.एम.एफ. के प्रबंध निदेशक ने कहा—

> "यूनाइटेड स्टेट्स कांग्रेस का इन सुधारों का अनुमोदन करना स्वागत योग्य और महत्त्वपूर्ण सहायता है, जिससे आई.एम.एफ. वैश्विक वित्तीय स्थायित्व में अपनी भूमिका को मजबूत करेगा। इन सुधारों से आई.एम.एफ. मुख्य संसाधनों को काफी बढ़ाता है, हमें संकट के समय ज्यादा प्रभावी ढंग से प्रतिक्रिया करने में सक्षम बनाता है और साथ ही वैश्विक अर्थव्यवस्था में गतिशील उभरते और विकासशील देशों की भूमिका को बढ़ाकर बेहतर ढंग से प्रत्यावर्तित करके आई.एम.एफ. शासन में सुधार करता है।"

कोटा और संचालन संबंधी सुधारों का अनुसरण करके, कोष का कोटा संसाधन एस.डी.आर. 238.5 बिलियन से बढ़कर लगभग एस.डी.आर. 477 बिलियन हो गया। 6 प्रतिशत से ज्यादा कोटा शेयर गतिज उभरते बाजार और ज्यादा प्रतिनिधित्व सदस्य देशों से विकासशील देशों को चला गया, तथापि चीन प्राधिकारियों को यह लगता रहा कि 2010 कोटा और संचालन संबंधी सुधार ने परिकलित कोटा शेयर और वैश्विक अर्थव्यवस्था में

वास्तविक भार के मध्य अंतराल को पर्याप्त रूप से पाटा नहीं है। इसलिए चीन सहमत समय के अंदर कोटे की 15वीं आम समीक्षा पूरी करने के लिए सतत सुधार हेतु जोर देता रहा।

## आई.एम.एफ. में चीन का प्रभाव

2015 में कार्यान्वित आई.एम.एफ. कोटा और संचालन संबंधी सुधार के बाद चीन का आई.एम.एफ. में काफी नीतिगत प्रभाव रहा। आई.एम.एफ. कार्यकारी बोर्ड पर चीन का प्रभाव काफी बढ़ गया और चीन की सहमति के बिना कार्यकारी बोर्ड में कोई महत्त्वपूर्ण निर्णय नहीं लिया जा सका। चीन ने कार्यकारी बोर्ड के समक्ष आनेवाले लगभग सभी विषयों पर संदेहास्पद वक्तव्य, दिए। इसका आई.एम.एफ. प्रबंधन में प्रभाव है। जू मिन को 3 मई, 2010 से 25 जुलाई, 2011 तक प्रबंध निदेशक के विशेष सलाहकार के रूप में नियुक्त किया गया और इसके बाद उन्हें चौथा उप-प्रबंध निदेशक नियुक्त किया गया।

ताओ झांग को 22 अगस्त, 2016 को अंतरराष्ट्रीय मुद्रा कोष के चौथे उप-प्रबंध निदेशक के रूप में नियुक्त किया गया, जिन्होंने 2011 से 2015 तक आई.एम.एफ. के कार्यकारी निदेशक के रूप में कार्य किया। ताओ झांग ने उस कुलीन चीनी नौकरशाही का प्रतिनिधित्व किया, जो कोष के कार्यक्रम डिजाइन, समीक्षा और कार्यकरण से सुविज्ञ थे। उप-प्रबंध निदेशक के रूप में ताओ झांग के पास आई.एम.एफ. के निर्णयों को प्रभावित करने के लिए संस्थागत सहायता, महत्ता और विश्वसनीयता है।

कार्यकारी अध्यक्ष और उप-प्रबंध निदेशक के रूप में ताओ झांग का निम्न आयवाले देशों के प्रति उच्च सहयोगात्मक रवैया रहा। पोर्ट ऑफ स्पेन सम्मेलन में उन्होंने कैरेबियाई देशों के प्रधानमंत्रियों को तेल के निम्न मूल्य की चुनौतियों से निपटने के लिए कैरेबियाई देशों को सहायता करने हेतु आई.एम.एफ. के दृढ़ संकल्प का आश्वासन दिया। इसके अतिरिक्त उन्होंने अंतरराष्ट्रीय समुदाय और आई.एम.एफ. को सहायता देने के लिए समर्थन किया और आई.एम.एफ. स्टाफ को एल.आई.सी. की विकासात्मक जरूरतों को पूरा करने के लिए ज्यादा प्रभावी नीति बनाने हेतु अपनी सिफारिशें देने के लिए प्रोत्साहित किया।

ताओ झांग ने कई अफ्रीकी देशों नामत : चाड, मोजांबिक, कांगो गणराज्य : घाना और मोरिटानिया की पहचान वैसे देशों के रूप में की, जो अत्यधिक ऋणग्रस्त थे और उन्हें मजबूत आर्थिक निष्पादन के लिए राजकोषीय समायोजन कार्यक्रम शुरू करने की सलाह दी। उन्होंने निम्न आयवाले देशों को यह सलाह देते हुए आई.एम.एफ. की सहायता का आश्वासन दिया कि वित्त विकास के लिए उधार का सर्वोत्तम संतुलन और ऋण संबंधित जोखिमों का प्रबंधन, संशोधित निम्न आय ऋण संधारणीयता ढाँचा शुरू करने और सार्वजनिक ऋण रिपोर्टिंग और प्रबंधन जैसे महत्त्वपूर्ण क्षेत्रों में तकनीकी सहायता मजबूत

कैसे की जाए। कार्यकारी अध्यक्ष और उप-प्रबंध निदेशक के रूप में ताओ झांग ने समीक्षा और संवितरण को समय पर पूरा करने के लिए जोर दिया।

## अंतरराष्ट्रीय संस्थानों में चीन की उपस्थिति

चीन की अंतरराष्ट्रीय संस्थानों में प्रभाव सबसे उच्चतम है। नई अंतरराष्ट्रीय संस्थान स्थापित करने के लिए उसने अपने-आप को रणनीतिक रूप से इस तरह स्थापित कर लिया है कि उसका काफी प्रभाव है। चीन का अंतरराष्ट्रीय मुद्रा कोष में 6.09 प्रतिशत और एशियन विकास बैंक में 5.5 प्रतिशत मत शेयर है। इन दोनों संस्थानों में वह तीसरा सबसे बड़ा सदस्य है। इसके अतिरिक्त, चीन अफ्रीकी विकास बैंक, कैरीबियाई विकास बैंक, इंटर-अमेरिका विकास बैंक और यूरोपीय पुनर्निर्माण और विकास बैंक का सदस्य है। चीन ने वैकल्पिक अंतरराष्ट्रीय संस्थान बनाने का भी प्रयास किया है—जिन लिक्वीन की अध्यक्षता में एशियन अवसंरचना निवेश बैंक (ए.आई.आई.बी.) का गठन 2014 में किया गया, जिसमें एशिया के 21 देश सदस्य हैं। अप्रैल 2015 तक ए.आई.आई.बी. की सदस्य संख्या बढ़कर 57 सदस्य देश हो गई। चीन ने जुलाई 2015 में ब्रिक्स नई विकास बैंक की भी स्थापना की और भुगतान संकट के अल्पकालिक संतुलन को दूर करने के लिए आकस्मिक आरक्षित व्यवस्था स्थापित की। जी20 नेताओं के हांगजू शिखर सम्मेलन 2016 की चीन ने सफलतापूर्वक मेजबानी की। जी20 के नेताओं की हांगजू सर्वसम्मति इस दृष्टिकोण पर आधारित थी कि राजकोषीय, मौद्रिक और संरचनात्मक नीतियों में तालमेल बनाते; अधिक खुलापन और समावेशी विकास के माध्यम से वैश्विक व्यापार को बढ़ावा देते हुए जी20 विकास एजेंडे को मजबूत बनाया जाए।

## निष्कर्ष

अंतरराष्ट्रीय मौद्रिक प्रणाली में चीन की अप्रत्याशित वित्तीय छाप दृष्टिगोचर है। इसकी यात्रा उल्लेखनीय है और मुद्राओं के एस.डी.आर. समूह में आर.एम.बी. का समावेशन अंतरराष्ट्रीय मौद्रिक प्रणाली में चीन के उदय का प्रतिनिधि है। आई.एम.एफ. के विभिन्न नीतिगत उपायों का केवल समर्थन करने से चीन की आई.एम.एफ. कोटा और संचालन सुधार के बाद स्थिति बहुत मजबूत हो गई है। 2017 में इसे आई.एम.एफ. को अपने कोटा और संचालन संबंधी सुधार यह सुनिश्चित करने के लिए जारी रखने के लिए कहा कि आई.एम.एफ. मजबूत, कोटा आधारित और सुसंसाधित है। उसने यह भी कहा कि आई.एम.एफ. को अपनी निगरानी क्षमता का सुधार जारी रखना चाहिए। चीन ने कहा कि आई.एम.एफ. को अपने अनुसंधान को बढ़ाना चाहिए और सदस्य देशों को हो रही मुख्य

और सामान्य चुनौतियों पर सुझाव देना एवं समय पूर्व चेतावनी देनी चाहिए। चीन ने यह भी कहा कि आई.एम.एफ. को अंतरराष्ट्रीय मौद्रिक प्रणाली में कमियों को दूर करने के लिए अंतरराष्ट्रीय मौद्रिक प्रणाली में सुधारों को आगे बढ़ाना चाहिए। घरेलू आर्थिक एजेंडा बड़ा है, जिस पर चीन को कार्य करने की जरूरत है और इसके नीतिगत निर्णयों के निहितार्थ का वैश्विक अर्थव्यवस्था पर बहुत ज्यादा प्रभाव पड़ेगा।

## संदर्भ—


1. ईश्वर एस. प्रसाद, 'गेनिंग करेंसी : द राइज ऑफ रेनमिनबी', ऑक्सफोर्ड विश्वविद्यालय प्रेस, 2017।
2. ब्लाइथ मार्क और मैक्सफील्ड सिलविया, 'एक नई वित्तीय भौगोलिक राजनीति ?. विप्लवकारी समय में अमेरिका के नेतृत्ववाली मौद्रिक व्यवस्था, विदेशी मामले, जनवरी, 2018।
3. लाम राफेल, राडलौर मार्क्स, शिपके अलफ्रैड, 'चीन का आधुनिकीकरण., अंतरराष्ट्रीय मौद्रिक कोष, 2017।
4. मिलर केन, 'चीन की वित्तीय शक्ति से निपटना : बीजिंग की वित्तीय विदेश नीति' विदेशी मामले, खंड 39, 4 जुलाई/अगस्त, 2010 पृष्ठ 96–109।
5. पोसन एडम एस, 'द पोस्ट अमेरिकन वर्ल्ड इकोनॉमी : ग्लोबलाइजेशन इन द ट्रंप इरा', विदेशी मामले खंड 97, 2 मार्च/अप्रैल, 2018, पृष्ठ–28–38।
6. केनिबल, बार्बर बी जूनियर, लैंपस डेविड एम "चाइना : द कमिंग पावर" विदेशी मामले खंड 71, 5 सितंबर, 1992/93 पृष्ठ 133–149।
7. लार्डी निकोलस आर, 'चाइना एंड द एशियन कंटेजियन', विदेशी मामले, खंड 77, 4 जुलाई/अगस्त, 1998, पृष्ठ 78–88।
8. आईचेन ग्रीन बैरी, 'द डॉलर डिलेमा : द वर्ल्ड टॉप करेंसी, फेसेस कंपटीशन' विदेशी मामले, खंड 88, 5 सितंबर/अक्तूबर, 2009, पृष्ठ 53–68।
9. इकोनॉमी, एलिजाबेथ सी द गेम चेंजर : कापिंग विद चाइनाज फोरेन पॉलिसी रिवोल्यूशन", विदेशी मामले, खंड 89, 6 नवंबर/दिसंबर, 2010 पृष्ठ 142–150।
10. जाऊ जियाओचुआन, गवर्नर, पीपुल्स बैंक ऑफ चाइना द्वारा 12 सितंबर, 2003 को दुबई में अंतरराष्ट्रीय मौद्रिक और वित्तीय समिति पर दिया गया वक्तव्य, www.imf.org.
11. जियाओचुआन, गवर्नर, पीपुल्स बैंक ऑफ चाइना द्वारा 24 अप्रैल, 2004 को वाशिंगटन डी.सी. में अंतरराष्ट्रीय मौद्रिक और वित्तीय समिति की 9वीं बैठक के अवसर पर दिया गया वक्तव्य, www.imf.org.
12. जियाओचुआन, गवर्नर, पीपुल्स बैंक ऑफ चाइना द्वारा 3 अक्तूबर, 2004 को आई.एम.एफ. और विश्व बैंक की वार्षिक बैठकों में दिया गया वक्तव्य, www.imf.org.
13. पीपुल्स बैंक ऑफ चाइना के गवर्नर जियाओचुआन द्वारा 24 सितंबर, 2005 को वाशिंगटन डी.सी. में अंतरराष्ट्रीय मौद्रिक और वित्तीय समिति की 12वीं बैठक में दिया गया वक्तव्य, www.imf.org.

14. पीपुल्स बैंक ऑफ चाइना के गवर्नर जियाओचुआन द्वारा 17 सितंबर, 2006 को सिंगापुर में अंतरराष्ट्रीय मौद्रिक और वित्तीय समिति की 13वीं बैठक में दिया गया वक्तव्य, www.imf.org.
15. पीपुल्स बैंक ऑफ चाइना के गवर्नर जियाओचुआन द्वारा 17 सितंबर, 2006 को वाशिंगटन डी.सी. में अंतरराष्ट्रीय मौद्रिक और वित्तीय समिति की बैठक में दिया गया वक्तव्य, www.imf.org.
16. पीपुल्स बैंक ऑफ चाइना के गवर्नर जियाओचुआन द्वारा 12 अप्रैल, 2008 को वाशिंगटन डी.सी. में अंतरराष्ट्रीय मौद्रिक और वित्तीय समिति की 21वीं बैठक में दिया गया वक्तव्य, www.imf.org.
17. पीपुल्स बैंक ऑफ चाइना के गवर्नर जियाओचुआन द्वारा 24 अप्रैल, 2010 को वाशिंगटन डी.सी. में अंतरराष्ट्रीय मौद्रिक और वित्तीय समिति की 21वीं बैठक में दिया गया वक्तव्य, www.imf.org.
18. पीपुल्स बैंक ऑफ चाइना के गवर्नर जियाओचुआन द्वारा 9 अक्तूबर, 2010 को वाशिंगटन डी.सी. में अंतरराष्ट्रीय मौद्रिक और वित्तीय समिति की 22वीं बैठक में दिया गया वक्तव्य, www.imf.org.
19. पीपुल्स बैंक ऑफ चाइना के गवर्नर जियाओचुआन द्वारा 20 अप्रैल, 2019 को वाशिंगटन डी.सी. में अंतरराष्ट्रीय मौद्रिक और वित्तीय समिति की 27वीं बैठक में दिया गया वक्तव्य, www.imf.org.
20. पीपुल्स बैंक ऑफ चाइना के गवर्नर जियाओचुआन द्वारा 11 अक्तूबर, 2014 को वाशिंगटन डी.सी. में अंतरराष्ट्रीय मौद्रिक और वित्तीय समिति की 30वीं बैठक में दिया गया वक्तव्य, www.imf.org.
21. पीपुल्स बैंक ऑफ चाइना के गवर्नर जियाओचुआन द्वारा 18 अप्रैल, 2015 को वाशिंगटन डी.सी. में अंतरराष्ट्रीय मौद्रिक और वित्तीय समिति की 31वीं बैठक में दिया गया वक्तव्य, www.imf.org.
22. पीपुल्स बैंक ऑफ चाइना के गवर्नर जियाओचुआन द्वारा 16 अप्रैल, 2016 को वाशिंगटन डी.सी. में अंतरराष्ट्रीय मौद्रिक और वित्तीय समिति की 33वीं बैठक में दिया गया वक्तव्य, www.imf.org.
23. पीपुल्स बैंक ऑफ चाइना के गवर्नर जियाओचुआन द्वारा 22 अप्रैल, 2017 को वाशिंगटन डी.सी. में अंतरराष्ट्रीय मौद्रिक और वित्तीय समिति की 34वीं बैठक में दिया गया वक्तव्य, www.imf.org.
24. पीपुल्स बैंक ऑफ चाइना के गवर्नर जियाओचुआन द्वारा 22 अप्रैल, 2017 को वाशिंगटन डी.सी. में अंतरराष्ट्रीय मौद्रिक और वित्तीय समिति की 34वीं बैठक में दिया गया वक्तव्य, www.imf.org.
25. पीपुल्स बैंक ऑफ चाइना के गवर्नर जियाओचुआन द्वारा 22 अप्रैल, 2017 को वाशिंगटन डी.सी. में अंतरराष्ट्रीय मौद्रिक और वित्तीय समिति की 35वीं बैठक में दिया गया वक्तव्य, www.imf.org.
26. पीपुल्स बैंक ऑफ चाइना के गवर्नर जियाओचुआन द्वारा 14 अक्तूबर, 2017 को वाशिंगटन

डी.सी. में अंतरराष्ट्रीय मौद्रिक और वित्तीय समिति की 36वीं बैठक में दिया गया वक्तव्य, www.imf.org.

27. बी लियांग, 'चीन : वैश्वीकरण और नई यथास्थिति शक्ति का उद्‌भव?' एशियन पर्सपेक्टिव, खंड 31, 'द ब्रिक्स कंट्रीज इन द ग्लोबल सिस्टम' (2007) विषय पर चौथा विशेष अंक, पृष्ठ 125-149, www.jstor.org.
28. सियोरसियारी जोन डी, 'चाइनाज स्ट्रक्चरल पावर डिफिसिट और इन्फ्लूएंस गैप इन द मॉनेटरी पॉलिसी एरिना', एशियाई सर्वेक्षण, खंड 54, संख्या 5 (सितंबर/अक्तूबर 2014), पृष्ठ 869-893 www.jstor.org.
29. पीपुल्स रिपब्लिक ऑफ चाइना : 2004 आर्टीकल-IV कंसल्टेशन-स्टाफ रिपोर्ट; स्टाफ स्टेटमेंट; और कार्यकारी बोर्ड परिचर्चा पर सार्वजनिक सूचना नोटिस, नवंबर 2004, आई.एम.एफ. कंट्री रिपोर्ट, 04/351, www.imf.org.
30. पीपुल्स रिपब्लिक ऑफ चाइना : 2005 आर्टीकल-IV कंसल्टेशन-स्टाफ रिपोर्ट; स्टाफ स्टेटमेंट; और कार्यकारी बोर्ड परिचर्चा पर सार्वजनिक सूचना नोटिस, नवंबर 2005, आई.एम.एफ. कंट्री रिपोर्ट, 05/411, www.imf.org.
31. पीपुल्स रिपब्लिक ऑफ चाइना : 2006 आर्टीकल-IV कंसल्टेशन-स्टाफ रिपोर्ट; स्टाफ स्टेटमेंट; और कार्यकारी बोर्ड परिचर्चा पर सार्वजनिक सूचना नोटिस, अक्तूबर 2006, आई.एम.एफ. कंट्री रिपोर्ट, 6/394, www.imf.org.
32. पीपुल्स रिपब्लिक ऑफ चाइना : 2006 आर्टीकल-IV कंसल्टेशन-स्टाफ रिपोर्ट; स्टाफ स्टेटमेंट; और कार्यकारी बोर्ड परिचर्चा पर सार्वजनिक सूचना नोटिस, अक्तूबर 2006, आई.एम.एफ. कंट्री रिपोर्ट, 6/394, www.imf.org.
33. पीपुल्स रिपब्लिक ऑफ चाइना : 2010 आर्टीकल-IV कंसल्टेशन-स्टाफ रिपोर्ट; स्टाफ स्टेटमेंट; और कार्यकारी बोर्ड परिचर्चा पर सार्वजनिक सूचना नोटिस, जुलाई 2010, आई.एम.एफ. कंट्री रिपोर्ट, 10/238, www.imf.org.
34. पीपुल्स रिपब्लिक ऑफ चाइना : 2012 आर्टीकल-IV कंसल्टेशन-स्टाफ रिपोर्ट; स्टाफ स्टेटमेंट; और कार्यकारी बोर्ड परिचर्चा पर सार्वजनिक सूचना नोटिस, जुलाई 2012, आई.एम.एफ. कंट्री रिपोर्ट, 12/195, www.imf.org.
35. पीपुल्स रिपब्लिक ऑफ चाइना : 2014 आर्टीकल-IV कंसल्टेशन-स्टाफ रिपोर्ट; स्टाफ स्टेटमेंट; और कार्यकारी बोर्ड परिचर्चा पर सार्वजनिक सूचना नोटिस, अगस्त 2015, आई.एम.एफ. कंट्री रिपोर्ट, 14/235, www.imf.org.
36. पीपुल्स रिपब्लिक ऑफ चाइना : 2015 आर्टीकल-IV कंसल्टेशन-स्टाफ रिपोर्ट; स्टाफ स्टेटमेंट; और कार्यकारी बोर्ड परिचर्चा पर सार्वजनिक सूचना नोटिस, अगस्त 2015, आई.एम.एफ. कंट्री रिपोर्ट, 15/234, www.imf.org.
37. पीपुल्स रिपब्लिक ऑफ चाइना: 2016 आर्टीकल-IV कंसल्टेशन-स्टाफ रिपोर्ट; स्टाफ स्टेटमेंट; और कार्यकारी बोर्ड परिचर्चा पर सार्वजनिक सूचना नोटिस, अगस्त 2016, आई.एम.एफ. कंट्री रिपोर्ट, 16/270, www.imf.org.
38. पीपुल्स रिपब्लिक ऑफ चाइना: 2017 आर्टीकल-IV कंसल्टेशन-स्टाफ रिपोर्ट; स्टाफ

स्टेटमेंट; और कार्यकारी बोर्ड परिचर्चा पर सार्वजनिक सूचना नोटिस, अगस्त 2017, आई.एम. एफ. कंट्री रिपोर्ट, 17/247, www.imf.org.

39. हाँगझोऊ कार्ययोजना, 4–5 सितंबर, 2016, हाँगझोऊ चीन, www.g20.org.

40. जियाओचुआन : अंतरराष्ट्रीय मौद्रिक प्रणाली में सुधार, दिनांक 23.03.2009 www.pbc.gov.cn.

41. पीपुल्स बैंक ऑफ चाइना के उप–गवर्नर डॉ. यी. गांग द्वारा 06.10.2009 को आई.एम. एफ.सी. इस्तांबुल की 12वीं बैठक में दिया गया वक्तव्य, www.pbc.gov.cn.

42. पीपुल्स बैंक ऑफ चाइना के उप–गवर्नर डाई ज्यांग लांग द्वारा 6 अक्तूबर, 1998 को वाशिंगटन डी.सी. में अंतरराष्ट्रीय मौद्रिक कोष और विश्व बैंक की वार्षिक बैठक में दिया गया वक्तव्य।

43. डाई ज्यांगलांग द्वारा 26 सितंबर, 1999 को वाशिंगटन डी.सी. में अंतरराष्ट्रीय मौद्रिक व्यवस्था से संबंधित गवर्नरों के बोर्ड की अंतरिम समिति की 53वीं बैठक में दिया गया वक्तव्य, www.imf.org.

44. द पीपुल्स रिपब्लिक ऑफ चाइना, चयनित मुद्दे, आई.एम.एफ. कंट्री रिपोर्ट सं. 17/248, अगस्त 2017, www.imf.org.

45. द पीपुल्स रिपब्लिक ऑफ चाइना, चयनित मुद्दे, आई.एम.एफ. कंट्री रिपोर्ट सं. 16/271, अगस्त 2017, www.imf.org.

46. द पीपुल्स रिपब्लिक ऑफ चाइना, चयनित मुद्दे, आई.एम.एफ. कंट्री रिपोर्ट 2011, अनुच्छेद–IV परामर्श 27 जून, 2011, www.imf.org.

□

*अध्याय-13*

# निष्कर्ष

अब समय है कि इस पुस्तक में उठाए गए विभिन्न अनुसंधान संबंधी प्रश्नों का सिंहावलोकन करें और निधि संबंधी नीति के मुख्य मुद्दों यथा निधि निगरानी की निष्पक्षता और व्यवस्थित रूप से महत्त्वपूर्ण अर्थव्यवस्थाओं की प्लवन रिपोर्टें, यूरोप और एशिया में संकट से निपटने में आई.एम.एफ. की असममिति, पूँजी खाता परिवर्तनीयता के संबंध में कोष की विकास संबंधी स्थिति, नागरिक समाज के साथ कोष का अनुबंध और भारत की तुलना में आई.एम.एफ. की स्थिति के निष्कर्ष को प्रस्तुत करें।

## पूँजी संबंधी निगरानी और निष्पक्षता

वर्ष 2008 के वैश्विक वित्तीय संकट ने पूँजी संबंधी निगरानी की निष्पक्षता में सुधार करने में बड़े पैमाने पर परिवर्तन करने की आवश्यकता पैदा कर दी। पूँजी ने निगरानी हेतु विधिक ढाँचे के आधुनिकीकरण के लिए वर्ष 2012 का समेकित निगरानी निर्णय तथा वर्ष 2014 की त्रैवार्षिक निगरानी समीक्षा को अपनाकर इस संबंध में काररवाई की। जो व्यापक निर्णय लिये गए, उनमें द्विपक्षीय और बहुपक्षीय निगरानी का समेकन, जोखिमों तथा प्लवन, सूक्ष्म वित्तीय निगरानी जाँच तथा ढाँचागत नीतियों का समेकन और अंतत: संसक्त विशेषज्ञ नीतिगत परामर्श शामिल हैं, जो मौद्रिक नीति, विकास तथा धारणीय निहितार्थ पर बल देती हो। कोष ने वर्ष 2012 के व्यापार उदारीकरण तथा पूँजीगत प्रवाह के प्रावधान पर संस्थागत दृष्टिकोण को भी अंगीकार किया। आज सदृश रूप से निधि निगरानी के दृष्टिकोण से और भी अधिक निष्पक्षता है, तथापि और भी उन्नत होती अर्थव्यवस्थाओं में निधियों के उपयोग के स्वरूप के तथा नीतिगत परामर्श के माध्यम से निधियों को प्रभावित करने के संबंध में गंभीर चिंताएँ व्याप्त हैं।

पारंपरिक रूप से सदस्य देश अपनी अधिक नीतियों की पूँजी निगरानी को पर्याप्त महत्त्व देते हैं। आई.एम.एफ. द्वारा अनुच्छेद-IV परामर्श संबंधी रिपोर्टों में की गई सिफारिशें महत्त्वपूर्ण नीतिगत जानकारियाँ प्रदान करती हैं। पूँजी निगरानी, विनिमय दर संबंधी नीति के

मुख्य क्षेत्र को कवर करती है तथा सूक्ष्म आर्थिक नीतियों से सीधे जुड़ी हुई हैं। ऐसा भी समय था जब अनुच्छेद-IV की रिपोर्ट में आर्थिक नीतियों के अतिरिक्त ढाँचागत तथा सामाजिक नीतियों पर भी काररवाई की गई है। आई.एम.एफ. द्वारा सदस्य देशों की आर्थिक नीतियों पर विवरण का अधिकांश अर्थव्यवस्थाओं में बाजार निष्पादन पर व्यापक प्रभाव पड़ सकता है। आई.एम.एफ.सी. ने यह भी माना कि संपूर्ण सदस्यों की 'प्रभावी तथा निष्पक्ष आई.एम. एफ. निगरानी का उद्‌देश्य सदस्य देशों में उच्च तथा धारणीय विकास को बढ़ावा देना तथा संकट से बचाना है।' आई.एम.एफ. की विश्वसनीयता तथा वैधता को बनाए रखने के लिए सदस्य देशों से निष्पक्षतापूर्ण तथा एक समान व्यवहार अनिवार्य है।

वर्ष 2014 त्रैवार्षिक निगरानी समीक्षा में निधि निगरानी संबंधी निष्पक्षता की समीक्षा अंतर्विष्ट है। दिशानिर्देशों के अनुसार पूँजी सर्वेक्षण निष्पक्ष होना चाहिए, चाहे वह व्यापक स्तर पर हो अथवा छोटे स्तर पर, विकसित अथवा विकासशील का हो तथा उसमें देश की विशिष्ट परिस्थितियों को पूरी अहमियत दी गई हो। काफी समय से यह धारणा बनी हुई है कि पूँजी निगरानी बड़ी विकसित अर्थव्यवस्थाओं के पक्ष में पक्षपातपूर्ण है। विकसित अर्थव्यवस्थाओं में कोष को प्राधिकरणों की नीतियों का पालन करता हुआ पाया गया। सामान्यत: यह महसूस किया गया कि कोष विकसित अर्थव्यवस्थाओं में मौद्रिक समेकन के लिए पर्याप्त बल नहीं देता था और एफ.एस.ए.पी. विकसित अर्थव्यवस्थाओं में समान रूप से महत्त्वपूर्ण नहीं थे। यह महत्त्वपूर्ण है कि विकसित अर्थव्यवस्थाओं के 60 प्रतिशत मिशन प्रमुखों ने यह महसूस किया कि वे देशों के प्राधिकरणों को शर्मिंदा होने से बचाने के लिए कर्मचारी द्वारा तैयार की गई रिपोर्ट में स्पष्ट उल्लेखों को शिथिल करने के दबाव में थे। कोष परामर्श में संगतता के मुद्दे को मौद्रिक नीति, राजकोषीय नीति, वित्तीय क्षेत्र संबंधी मुद्दों, बाह्य क्षेत्र संबंधी मुद्दों तथा यहाँ तक की ढाँचागत मुद्दों पर काररवाई करते हुए उठाया गया था।

परंतु छोटी अर्थव्यवस्थाओं में पूँजी निगरानी की निष्पक्षता की सीमाएँ एक चूक है, जो कि पूर्णत: केवल पूँजी के बूते की बात नहीं है। पूँजी की साधारण रूप से विकसित अर्थव्यवस्थाओं में समान रूप से मौजूदगी नहीं है, जैसा कि उभरती बाजार अर्थव्यवस्थाओं में है। यह कोष सटीक पक्ष रखता है, परंतु उसे सुननेवाले बहुत कम हैं।

अमेरिका के साथ कोष के वर्ष 2018 के अनुच्छेद-IV परामर्श में कोष ने हाल के व्यापार के नीतिगत प्रस्तावों पर गंभीर चिंता व्यक्त की, जिसका की अर्थव्यवस्था से इतर भी काफी व्यापक क्षतिकारक प्रभाव पड़ सकता था, जिससे प्रतिकारक प्रतिक्रिया आरंभ हो सकती है, तथा यह मुक्त, निष्पक्ष एवं नियम आधारित बहुपक्षीय व्यापारिक प्रणाली को कमजोर कर सकता है। इस कोष ने अमेरिकी प्राधिकारियों से यह अनुरोध

किया कि वे व्यापारिक अवरोधों को कम करने तथा क्षतिकारी एकपक्षीय काररवाई किए बिना व्यापार तथा निवेश संबंधी असहमतियों का समाधान करने के लिए अपने व्यापारिक साझेदारों के साथ मिलकर रचनात्मक रूप से कार्य करें। अमेरिका ने इस कोष के परामर्श की अनदेखी की।

कोष के वर्ष 2018 के अनुच्छेद-IV चीन के साथ परामर्श में कोष ने इस बात पर बल दिया कि व्यापार संबंधी तनावों को इस तरीके से सुलझाया जाना चाहिए, जिससे अंतरराष्ट्रीय व्यापारिक प्रणाली तथा वैश्विक अर्थव्यवस्था को बल मिले तथा सुदृढ़ हो। कोष ने यह भी सिफारिश की थी कि चालू खाते को पुनर्संतुलित करने की प्रगति अधिक निर्णायात्मक ढाँचागत सुधारों द्वारा गति दी जानी चाहिए ताकि उपयोग बदला जा सके, असमानता तथा प्रदूषण को कम किया जा सके। कोष ने चीन से समग्र नीतिगत ढाँचे को तैयार करने की सिफारिश की ताकि पुनर्संतुलन के आयामों में तनाव को कम किया जा सके। चीन ने भी कोष के परामर्श की अनदेखी की।

अमेरिका ने चीन से 50 बिलियन अमेरिकी डॉलर की वस्तुओं की एक सूची प्रकाशित की, जो 25 प्रतिशत प्रशुल्क द्वारा प्रभावित होगी। चीन ने 50 बिलियन डॉलर मूल्य की अमेरिकी वस्तुओं की सूची के साथ प्रतिकार किया, जिनमें शुल्क में बढ़ोतरी की जानी है, इससे अमेरिका के भीतर एक प्रौद्योगिकी विवाद पैदा हो गया। चीन की प्रतिकारात्मक काररवाई से प्रत्युत्तर में अमेरिका ने 200 बिलियन डॉलर के चीनी समान पर 10 प्रतिशत प्रशुल्क बढ़ाया। व्यापारिक शत्रुता बढ़ती गई चूँकि अमेरिका ने चीन के साथ अपने व्यापारिक असंतुलन का समाधान करना चाहा, जो कि वर्तमान में 372.5 बिलियन अमेरिकी डॉलर का है। कोष व्यापार विवाद में एक दर्शक की भूमिका में ही रहा है, जिससे दशकों की सहमति के परिणामस्वरूप विकसित अंतरराष्ट्रीय व्यापारिक प्रणाली पर खतरा मँडराने लगा है।

जापान तथा यूरो क्षेत्र के सदस्य देशों के साथ अनुच्छेद-IV में परामर्श की जाँच कोष की अंतरराष्ट्रीय मौद्रिक प्रणाली के सीमित पर्यवेक्षण तथा निगरानी की निष्पक्षता सुनिश्चित करने में समस्याओं को दरशाता है।

वर्ष 2018 में जापान के साथ अनुच्छेद-IV परामर्श में कोष ने जापानी प्राधिकारियों को वित्तीय स्थिरता जोखिम को सीमित करने तथा वित्तीय क्षेत्र मूल्यांकन कार्यक्रम की सिफारिशों के अनुरूप वित्तीय क्षेत्र के पर्यवेक्षण को सुदृढ़ किए जाने को प्रोत्साहित किया। कोष ने जापानी प्राधिकारियों को पूर्ण जोखिम आधारित दूरदर्शी पर्यवेक्षण की दिशा में कार्य करने तथा संपूर्ण बैंकिंग एवं बीमा क्षेत्र में कॉरपोरेट अभिशासन को सुदृढ़ करने के लिए प्रोत्साहित किया। जापानी प्राधिकरियों की प्रतिक्रिया थी कि उन्हें इस समय वित्तीय स्थायित्व ढाँचे पर सहयोग हेतु परिषद् में कोई परिवर्तन करने की आवश्यकता नहीं है, चूँकि यह

जापान के पिछले अनुभवों तथा प्रमुख विशेषताओं पर तैयार की गई थी।

वर्ष 2018 में यूरो क्षेत्रगत नीतियों पर परामर्श के संबंध में अनुच्छेद-IV में कोष ने यह माना कि ब्रेक्जिट से किसी को भी लाभ नहीं होगा, चूँकि यूरोपीय संघ तथा यूनाइटेड किंगडम के बीच समेकन विगत में पर्याप्त रूप से सुदृढ़ हुआ है, जो यूरोपीय संघ के सकल बाजार से सहभागितापूर्ण लाभ को इंगित करता है। कोष ने माना कि यूरोपीय संघ से यूनाइटेड किंगडम का बाहर होना न केवल यूनाइटेड किंगडम, बल्कि यूरोपीय संघ-27 के लिए भी क्षतिकारक होगा, चूँकि इससे व्यापार पर अधिक अवरोध, पूँजी तथा श्रमिकों के आने-जाने पर उच्च अवरोध लगाए जाएँगे और इससे संपूर्ण क्षेत्र में परिणामों और नौकरियों पर एक दीर्घकालिक प्रभाव पड़ेगा। इसे इन शब्दों में व्यक्त किया जा सकता है कि न्यूनतम आर्थिक वास्तविकताएँ, राजनीतिक वास्तविकताओं से अत्यंत भिन्न है। कोष ने यूरोपीय संघ के सदस्य देशों को राजकोषीय नियमों का बेहतर अनुपालन तथा प्रवर्तन करने का परामर्श दिया है ताकि एकल राजकोषीय सिद्धांत पर बल दिया जा सके। यूरोपीय संघ मौद्रिक संघ ने नुकसान को अवशोषित करनेवाले कारक के रूप में विनिमय दर को हटा दिया और मात्र राष्ट्रीय राजकोषीय नीतियाँ ही जोखिमों के विरुद्ध सहारा प्रदान नहीं कर सकती हैं। इसका अभिप्राय, राष्ट्रीय राजकोषीय नीतियाँ खिसक रही हैं तथा यूरोपीय संघ के सदस्य देशों की संख्या में अति न्यून अथवा कोई राजकोषीय समायोजन नहीं हुआ है।

इसके विपरित, भारत में कोष संबंधी परामर्श ने अगस्त 2018 में भारतीय कार्यकारी बोर्ड मूल्यांकन अनुच्छेद-IV परामर्श हमेशा ही मीडिया चर्चाओं के मुख्य पृष्ठ पर आते रहे हैं। द टाइम्स ऑफ इंडिया तथा अनेक दैनिक समाचार-पत्रों में आई.एम.एफ. के विवरण को प्रमुखता के साथ उद्धृत किया है "भारत की अर्थव्यवस्था एक ऐसी हाथी है, जिसने भागना शुरू किया है।" भारतीय समष्टि अर्थव्यवस्था निष्पादन पर आई.एम.एफ. का अनुमोदन मीडिया तथा सरकार दोंनो का ध्यान आकर्षित करता रहा है।

कोष की पूँजी संबंधी निगरानी करने हेतु निष्पक्षता के संबंध में स्पष्ट वचनबद्धता के बावजूद गहरी जड़े जमाए हुई इस धारणा से बचना मुश्किल है कि कोष निष्पक्ष नहीं है। कोष के कर्मचारी वृंदों को विकसित अर्थव्यवस्थाओं में अधिक कठोर स्थिति अपनाना लगभग असंभव है और यहाँ तक कि इस बात की संभावना बहुत कम है कि विकसित अर्थव्यवस्थाएँ कोष के परामर्श पर उतना ही ध्यान देंगे। संभवत: आनेवाले समय में कोटा का पुनर्निर्धारण तथा उभरते हुए बाजारों के लिए बढ़ती आवाज से इस धारणा से पार पाने में मदद मिलेगी। व्यवस्था का क्रम भंग करते हुए कोष ने पारदर्शी तथा सुप्रमाजित तरीके से निष्पक्षता के मुद्दे का समाधान करने हेतु प्रणाली सृजित की है।

## वित्तीय क्षेत्र विनियमन में कोष का कार्य

वर्ष 2008 के वैश्विक वित्तीय संकट में 24 देशों में बैंकिंग संकट आया था। वर्ष 2009 में जी20 ने वित्तीय स्थायित्व बोर्ड (एफ.एस.बी.) द्वारा कार्यान्वित किए जानेवाले एक विनियामक सुधार एजेंडे तथा बैंकिंग पर्यवेक्षण हेतु बासिल समिति (बी.सी.बी.एस.) को अंगीकार किया। जी20 ने यह संकल्प लिया कि सभी वित्तीय बाजारों, उत्पादों और भागीदारों पर विनियामक पर्यवेक्षण किया जाएगा। समष्टि वित्तीय निगरानी के संबंध में आई.एम.एफ. के कार्य को वित्तीय स्थायित्व बोर्ड तथा वित्तीय स्थायित्व मंच के साथ समेकित किया जाना था। वित्तीय स्थायित्व बोर्ड ने वर्ष 2011 से वैश्विक प्रणालीगत महत्त्वपूर्ण वित्तीय संस्थान (जी.-एस.आई.एफ.आई.) की सूची को प्रकाशित करना और जी20 के वित्तीय विनिमय एजेंडे को समन्वित और विनियमित करना आरंभ कर दिया है।

कोष ने टिप्पणी की थी कि वर्ष 1990 के वित्तीय संकट के परिणामस्वरूप वित्तीय क्षेत्र मूल्यांकन कार्यक्रम (एफ.एस.ए.पी.) को वित्तीय स्थायित्व तथा विकासात्मक आवश्यकताओं का मूल्यांकन करने के लिए महत्त्वपूर्ण साधन के रूप में आरंभ किया था। एफ.एस.ए.पी. भागीदारी स्वैच्छिक है, मूल्यांकन में व्यापकता तथा विस्तार पर बल दिया गया है और देश के अनुरोधों को देश के प्रणालीगत महत्त्व के अनुसार प्राथमिकता दी जाती है। वर्ष 2009 में विनियामक सुधार एजेंडे के अनुरूप, जी2C ने एफ.एस.ए.पी. में भागीदारी करने का निर्णय लिया, जो कि अब तक स्वैच्छिक था। एफ.एस.ए.पी. मूल्यांकन को पंचवर्षीय चरण में प्रणालीगत रूप से महत्त्वपूर्ण देशों तक विस्तार दिया गया था। उभरती हुई बाजार अर्थव्यवस्थाओं में विनियामक सुधारों के प्रभाव की जाँच करने के लिए आई.एम.एफ. ने वित्तीय स्थायित्व बोर्ड के साथ समन्वय किया था। आई.एम.एफ. बहुपक्षीय नीतिगत मुद्दों से संबंधित रिपोर्ट एवं समेकित प्लवन रिपोर्ट को भी प्रकाशित करता रहा है।

विनियामक सुधार एजेंडे की मुख्य विशेषताएँ क्या हैं? कदम यह उठाया गया है कि अधिक लचीली बैंकिंग तथा बैंकिंग प्रणाली हेतु वैश्विक ढाँचे को तैयार किया जाए, जिससे कि पोषण संबंधी बेमेल तथा मुद्रा जोखिमों का समाधान किया गया हो, बड़े अंतर्संबद्ध संस्थानों का व्यापक विनियमन विनियामक दायरे में विस्तार कर जटिल वित्तीय प्रणाली का बेहतर पर्यवेक्षण करना तथा प्रणालीगत वित्तीय संस्थाओं के समाधान संबंधी ढाँचे की ओवर हॉलिंग करना अंतर्विष्ट है।

विनियामक सुधार एजेंडे के कतिपय ऐसे पहलू बचते हैं, जिन्हें पूरा किए जाने की आवश्यकता है। इनमें बीमांकिकों हेतु शोध्यकारी ढाँचा, प्रणालीगत संस्थानों के पर्यवेक्षण को और गहन बनाना, आँकड़ों को साझा करने तथा प्रणालीगत जोखिमों के पर्यवेक्षण में अन्य देशों के साथ सहयोग तथा कॉरपोरेटों द्वारा अधिक जोखिम उठाने संबंधी ढाँचों पर

नियंत्रण करना शामिल है। आभासी बैंकिंग पद्धति, जिसका वर्ष 2008 के वैश्विक वित्तीय संकट में बड़ा योगदान था, उसके परिणामस्वरूप अब कोई वित्तीय जोखिम नहीं होता है। आई.एम.एफ. स्वीकार करता है कि उभरती हुई अर्थव्यवस्थाओं में आभासी बैंकिंग की पद्धति एक छोटे से आधार से तेजी से बढ़ी है, जिससे बार-बार प्लवन प्रभाव दृष्टिगोचर होते रहेंगे।

कोष ने नए अंतरराष्ट्रीय मानक मार्गदर्शन तथा सर्वोत्तम पद्धतियों को स्थापित कर वैश्विक विनियामक सुधार एजेंडे में पर्याप्त प्रगति दर्ज की है। प्रणालीगत पर्यवेक्षण में वृद्धि हुई है तथा एफ.एस.ए.पी. में संपूर्ण वित्तीय क्षेत्र की कवरेज से एफ.एस.बी. तथा गैर-एफ. एस.बी. दोनों देशों में सुधारों के कार्यान्वयन की स्थिति पर समय से मूल्यांकन करवाता है। आनेवाले वर्षों के दौरान नकारात्मक जोखिम में वित्तीय समावेशन हेतु बहुपक्षता का समाप्त होना विनियामक संबंधी विफलता और वित्तीय समेकन के लिए बढ़ते हुए साइबर सुरक्षा जोखिम शामिल है। क्या यह कहा जा सकता है कि संकट की संभावना समाप्त हो गई है? जबकि अनेकानेक कमियों को दूर किया गया है, कोष स्वयं इस बात को स्वीकार करता है कि कोई भी विनियामक ढाँचा किसी संकट की संभावना को कम करके शून्य नहीं कर सकता है।

## भारत के वर्ष 2007 के एफ.एस.एस.ए.

नवंबर 2017 में आई.एम.एफ. ने देश के वर्ष 2017 के वित्तीय प्रणालीगत स्थायित्व मूल्यांकन (एफ.एस.एस.ए.) को अनुमोदित कर दिया था। 2017 एफ.एस.ए.पी. यह दरशाते हैं कि वर्ष 2011 एफ.एस.ए.पी. से भारत ने वित्तीय क्षेत्र में व्यापक सुधार आरंभ किए हैं। व्यापक सुधारों में वित्तीय क्षेत्र के पर्यवेक्षण को सुदृढ़ करना, बाजारों को व्यापक बनाना तथा वित्तीय समावेशन को बल दिया जाना शामिल है। अतः एजेंसी सहयोग में सुधार करने के लिए एक वित्तीय स्थायित्व तथा विकास परिषद् को अधिसूचित किया गया था। एफ.एस.एस.ए. ने उल्लेख किया कि सभी वस्तु बाजारों के पर्यवेक्षण को एक साथ लाए जाने से कुशल बाजार कार्यकरण तथा क्षेत्र के आधुनिकीकरण को बढ़ावा मिलेगा। कोष ने उल्लेख किया कि भारतीय वित्तीय क्षेत्र उच्च गैर-निष्पादनकारी आस्तियों की व्यापक चुनौतियों का सामना कर रहा है। भारत के मुख्य बैंक में लोच दिखाई देती है, परंतु परिसंपत्तियों की गुणवत्ता में और कमी तथा उच्च व्यवस्था किए जाने की आवश्यकता और दबाव परीक्षण को दरशाता है कि सार्वजनिक क्षेत्र के बैंकों के एक समूह में परिसंपत्तियों की गुणवत्ता काफी सुभेद्य है। वर्ष 2016 की अशोधन क्षमता तथा दिवालिया संहिता के माध्यम से एन.पी.ए. समाधान में प्रगति करने के लिए आधुनिक ढाँचा लाया गया। सरकार ने

पी.एस.बी. के लिए पुनर्पूंजीकृत करने की योजना की घोषणा की तथा अनेक पी.एस.बी. का समेकन करना चाहा। कोष ने बैंकों को पुनर्पूंजीकृत करने हेतु भारतीय नीतिगत पहल के साथ ही बैंकिंग संहिता ने भी वित्तीय क्षेत्र विनियामक एजेंसियों के बीच वृहद् नीतिगत समन्वय का समर्थन किया, इसने बैंकिंग पर्यवेक्षण में भारतीय रिजर्व बैंक को अधिक विनियामक स्वायतत्ता प्रदान करने पर बल दिया।

## प्लवन रिपोर्ट

जी20 आपसी बातचीत प्रक्रिया के भाग के रूप में तथा वर्ल्ड इकोनॉमिक आउटलुक (डब्ल्यू.ई.ओ.), ग्लोबल फाइनेंशियल स्टेब्लिटी रिपोर्ट (जी.एफ.एस.आर.) तथा न्यू कंसोलिडेटेड मल्टीलेटरल रिपोर्ट में बहुपक्षीय निगरानी को सुदृढ़ करने हेतु कोष ने 2011 में प्लवन रिपोर्ट तैयार की। प्लवन पाँच प्रणालीगत अर्थव्यवस्थाओं : चीन यूरो क्षेत्र, जापान, यूनाइटेड किंगडम तथा अमेरिका में नीतियों के बाह्य प्रभावों का पता लगाती है। प्लवन अनुच्छेद-IV परामर्शों में किसी देश के घरेलू क्षेत्र पर ध्यान दिए जाने तथा डब्ल्यू.ई.ओ.-जी.एफ.एस.आर. में बहुपक्षीय निगरानी के बीच अंतर को कम करती है। कोष ने स्पष्ट किया है कि प्लवन का स्वरूप बहुपक्षीय परामर्श का नहीं है और कोष ने वैश्विक असंतुलनों का समाधान करने के लिए नीतिगत सहमति पर पहुँचने के लिए 2006 परामर्श आयोजित किए थे।

कोष ने कहा था कि कर राजस्व उपायों विशेषकर लंबी समयावधि की तुलना में सरकारी व्यय का वृहद् तथा अधिक सतत प्लवन है। इसके अलावा अमेरिका से उभरनेवाले राजकोषीय नीति के आघातों का वैश्विक प्रभाव हो सकता है, जिसमें कनाडा और लैटिन अमेरिका पर फ्रांस और जर्मनी से होनेवाले आघातों की तुलना में कम प्रभाव पड़ा, जो कि विशेष रूप से यूरोप के लिए संगत है। प्लवन के प्रभाव प्राप्तकर्ता देशों के लिए बढ़ गए थे, जिनकी मुद्रा की स्रोत देश की मुद्रा से तुलना की गई थी। विकसित अर्थव्यवस्थाओं में सुलभ मौद्रिक नीतिगत कारग़वाइयों से अनेक उभरती हुई अर्थव्यवस्थाओं के लिए सकारात्मक प्लवन सृजित हुए। इसके साथ-साथ वर्ष 2014-2018 के बीच गिरते तेल के मूल्यों से प्लवन संपन्न परिवेश तैयार हुआ जिससे उभरते हुए बाजारों के निर्यात को बढ़ावा मिला।

अमेरिकी डॉलर के प्लवन का बढ़ना एक चिंताजनक क्षेत्र है। 1980 से लगातार बढ़ती अमेरिकी डॉलर की कीमत सामान्यत: उभरती अर्थव्यवस्थाओं के संकट से जुड़ी थी, साथ ही यह यूरोप तथा जापान की तुलना में सख्त अमेरिकी मौद्रिक नीति से भी संबद्ध थी। अमेरिकी डॉलर की कीमत में वृद्धि की तुलना में देश की सुभेद्यता विदेशी मुद्रा कर्ज

की मौद्रिक संरचना पर निर्भर करती है। उभरती हुई अर्थव्यवस्थाओं में कॉरपोरेट ऋण की स्थिति में पर्याप्त बढ़ोतरी हुई है तथा अनेक कॉरपोरेटों का विदेशी मुद्रा में कारोबार था। प्लवन यह सुझाव देती है कि कॉरपोरेट क्षेत्र का जोखिम कम रहा है और अब तक देश के तुलनपत्र में अमेरिकी डॉलर में बढ़ोतरी के परिणामस्वरूप कोई बड़ी समस्याएँ उत्पन्न नहीं हुई हैं।

## पूँजी लेखा प्रबंधन तथा विनिमय दर प्रबंधन

लंबे समय तक आई.एम.एफ. का परंपरागत दृष्टिकोण रहा कि विश्व भर में पूँजी के मुक्त प्रवाह से देशों तथा वैश्विक अर्थव्यवस्था के लिए महत्त्वपूर्ण लाभ हो सकते हैं। पूँजीगत प्रवाह से देश के वित्तीय क्षेत्र को अधिक प्रतिस्पर्धी तथा उन्नत बनने में मदद मिलती है। वर्ष 2008 के वैश्विक आर्थिक संकट से पूँजी प्रवाह द्वारा पैदा किए बड़े जोखिम सामने आए और बड़े पैमाने पर निगरानी करने की जरूरत पैदा हुई। आई.एम.एफ. एक अधिक सुदृढ़ संस्थागत दृष्टिकोण लेकर सामने आया, जिसमें पूँजीगत लेखा प्रबंधन के क्षेत्र में व्यापक परिवर्तन हुआ।

आई.एम.एफ. की नई संस्थागत मुख्य विशेषता के अनुसार पूँजी प्रवाह में उदारीकरण को अधिक सुनियोजित, समयबद्ध और क्रमबद्ध बनाने की जरूरत है, ताकि यह सुनिश्चित किया जा सके कि लागत की तुलना में अधिक लाभ प्राप्त हो। पूँजी प्रवाह को सीमित करने के लिए व्यापक तथा दीर्घकालिक उपाय करनेवाले देशों के सुव्यवस्थित तरीके से उदारीकरण के लाभान्वित होने की संभावना है। कोष ने इस बात को दुहराया कि पूँजी प्रवाह का ऐसे देशों को पर्याप्त लाभ प्राप्त होगा, परंतु वहीं उसमें जोखिम भी होगा। यदि देश वित्तीय तथा संस्थागत विकास के लिए कतिपय सीमा को प्राप्त कर ले तो पूँजी प्रवाह के उदारीकरण सामान्यत: अधिक लाभप्रद एवं कम जोखिम भरा होगा।

भारत, चीन और अनेक उभरती हुई अर्थव्यवस्थाओं का घोषित उद्देश्य यह होना चाहिए कि एक पूर्णत: मुक्त पूँजीगत खाता अंतिम लक्ष्य हो। भारत और चीन दोनों के आगे का मार्ग सतर्क आधार पर अंशशोधित किया गया है, जिसमें उभरती हुई घरेलू नीति पर सहमति बनाई जानी चाहिए। चीन ने आर.एम.बी. अंतरराष्ट्रीयकरण को एक व्यापक नीतिगत हस्तक्षेप के रूप में अपनाया है तथा विनिमय दर के उदारीकरण से भी अधिक इस पहल को सबसे अधिक प्राथमिकता प्रदान की है। कोष का संस्थागत नजरिया बड़ी एशियाई अर्थव्यवस्थाओं द्वारा अपनाई जा रही राष्ट्रीय नीति के अनुरूप है।

वर्ष 2008 के वैश्विक आर्थिक संकट के पश्चात् पूँजीगत प्रवाह, विनिमय दर प्रबंधन एवं पूँजीगत नियंत्रण को समझना महत्त्वपूर्ण है। वर्ष 2008 के वैश्विक आर्थिक संकट के

परिणामस्वरूप, विकसित अर्थव्यवस्थाओं के केंद्रीय बैंकों ने फेडरल रिजर्व तत्पश्चात् बैंक ऑफ इंग्लैंड, बैंक ऑफ जापान एवं यूरोपीय केंद्रीय बैंक का अनुसरण करते हुए अप्रत्याशित विस्तारवादी गैर-परंपरागत राजकोषीय नीतियों का पालन किया ताकि विकास और रोजगार को बढ़ाया जा सके। परिणामी सहजता नीतियों को समाप्त करने का अभिप्राय है कि उभरती हुई बाजारों की अर्थव्यवस्थाओं में केंद्रीय बैंकों को अपनी नीतिगत दरों को बढ़ाना पड़ेगा। विकसित अर्थव्यवस्थाओं के राजकोषीय नीतिगत निर्णयों का उभरती हुई बाजार अर्थव्यवस्थाओं पर एक व्यापक प्लवन प्रभाव पड़ा।

आई.एम.एफ. ने नीतिगत सहयोग में वृद्धि करने, पूँजीगत प्रवाह की निगरानी तथा प्रबंधन करने तथा वित्तीय सुरक्षा दायरे को व्यापक बनाने के लिए वृद्धिशील कदम उठाए हैं। इसका अभिप्राय, आरक्षित संचित निधि संभावित उतार-चढ़ाव के समक्ष विनिमय दर से प्रतिरक्षा करने के लिए उभरती हुई बाजार अर्थव्यवस्थाओं के लिए वैश्विक वित्त सुरक्षा नेट का स्वरूप है। आई.एम.एफ. ने निवारक ऋण सीमा जैसे नए लिखत आरंभ कर वैश्विक वित्तीय सुरक्षा नेट को सुदृढ़ करने का प्रयास किया है, जहाँ आवश्यकता होने पर किया जा सकता है। कोष सुव्यवस्थित वित्तीय सेवाएँ तथा मुख्य उभरती हुई बाजार अर्थव्यवस्थाओं को खोलने की सिफारिश करता आ रहा है। बेहतर घरेलू बाजार तथा परिसंपत्ति विविधीकरण के माध्यम से ई.एम.ई. को सक्षम बनाए जाने की आशा है, ताकि पूँजी प्रवाह उतार-चढ़ाव के साथ बेहतर तरीके से निपटा जा सके।

आई.एम.एफ. को सतत नीतिगत वार्त्ता को बढ़ावा देने तथा बेहतर पूँजी लेखा प्रबंधन के संबंध में सहयोग तैयार करने के लिए आनेवाले वर्षों में वैश्विक अभिशासन ढाँचों में उभरती हुई बाजार की अर्थव्यवस्थाओं के लिए एक वृहदतर भूमिका प्रदान किए जाने की आवश्यकता है।

## भारत के संदर्भ में आई.एम.एफ. की स्थिति

मेरे 16 माह के शोध कार्य का निष्कर्ष आई.एम.एफ. के प्रबंधन द्वारा भारत को दिए जानेवाले सम्मान को इंगित करता है। हाल के वर्षों में कोष प्रबंधन, राजकोषीय समेकन तथा मुद्रास्फीतिरोधी आर्थिक नीति सहित भारत की सशक्त नीतिगत काररवाइयों का हिमायती रहा है। भारत के शीर्ष नीति-निर्माताओं तथा आई.एम.एफ. के वरिष्ठ प्रबंधन के दृष्टिकोण के बीच तालमेल से यह सुनिश्चित हुआ कि भारत की 3 अतिरिक्त व्यवस्था सफलतापूर्वक समाप्त हुई तथा पुनर्भुगतान हमेशा समय पर किया गया। डॉ. एम. नरसिम्हा और जैक्वेश डि लार्सेरी के बीच में घनिष्ठ संबंध, आई.एम.एफ. प्रबंधन द्वारा जोर-शोर से भारत के कार्यक्रमों का समर्थन किए जाने के पीछे बड़ा कारण था। उत्तरवर्ती प्रबंध निदेशकों नामत:

माइकल कैमडेसस, डोमनिक स्ट्रास-काह्न और क्रिस्टीन लागार्डे के कार्यकाल में उच्च स्तर का समर्थन प्राप्त हुआ।

भारत की समष्टि आर्थिक निष्पादन पिछले 25 वर्षों के दौरान उत्कृष्ट रहा। वर्ष 1991 के संकट के पश्चात् तथा आई.एम.एफ. के साथ अतिरिक्त व्यवस्थित कार्यक्रम, जहाँ वृहद् ढाँचागत सुधार देखे गए, वहाँ भारत ने चीन तथा पूर्वी एशियाई देशों के बाद उच्च वृद्धि दर हासिल की। वर्ष 2000 में भारत की विकास दर 6 प्रतिशत पहुँच गई तथा वर्ष 2007 तक 9 प्रतिशत। व्यापार संबंधी विश्वास काफी अधिक था, चालू खाता घाटा प्रबंधन योग्य दायरे में रहा और आर्थिक समेकन, आर्थिक उत्तरदायित्व विधान के अनुरूप चला। मुद्रास्फीति संबंधी दबाव को उपर्युक्त राजकोषीय नीतिगत काररवाई तथा आपूर्ति पक्ष के उपायों द्वारा नियंत्रित किया गया। भारत के विदेशी मुद्रा भंडार अपने सर्वाधिक उच्च स्तर पर पहुँच गया, अल्पकालिक ऋण, जो कि देश की बाह्य देयताओं का अत्यंत न्यून भाग था, में तेजी से कमी आई। पूँजी प्रवाह बेहतरीन रहा और वित्तीय बाजार स्थिर रहे। वर्ष 2016 तक भारत विश्व की सबसे तेजी से बढ़नेवाली बड़ी अर्थव्यवस्था बन गया। ऋण लेनेवाले देश से इतर आई.एम.एफ. को ऋण प्रदाता देश के रूप में भारत का उदय तथा उसमें मतदाता अधिकार में पर्याप्त वृद्धि, जो कि अधिक कोटे के रूप में परिलक्षित होता है, एक उल्लेखनीय सफलता की गाथा का प्रतिनिधित्व करती है। वार्षिक चक्र के संबंध में आई.एम.एफ. का अनुच्छेद-IV का परामर्श पिछले 25 वर्षों के दौरान भारतीय अर्थव्यवस्था के लचीलेपन तथा विकास को दरशाता है।

## क्या भारत ने आई.एम.एफ. की कार्यपद्धति को प्रभावित किया है

वर्ष 2009-10 में भारत ने आई.एम.एफ. की कठोर सीमित स्वर्ण बिक्री का समर्थन किया। आई.एम.एफ. के विशिष्ट ऑफ-मार्केट लेन-देन के प्रथम चरण में इच्छुक केंद्रीय बैंकों तथा अन्य आधिकारिक दावेदारों में कोष ने बाजार मूल्य पर 200 मीट्रिक टन सोना भारतीय रिजर्व बैंक को विक्रय किया। देश की विशिष्ट परिस्थितियों को ध्यान में रखते हुए पूँजीगत प्रवाह के उदारीकरण तथा प्रबंधन के मद्देनजर कोष के लचीले दृष्टिकोण में भी भारत के प्रभाव की झलक मिलती है। एशियाई संकट के पश्चात् भारत ने प्रतिकूल घरेलू परिस्थितियों को कम करने के लिए सुनियोजित तथा क्रमबद्ध पूँजी प्रवाह का आह्वान किया। वर्ष 2008 के संकट के उपरांत जी20 पर देश की मजबूती से मौजूदगी के परिणामस्वरूप वह आई.एम.एफ. में कड़ाई से कोटा सुधार लागू करवा पाने में सक्षम हुआ। अफ्रीकी देशों में लगातार पी.आर.जी.एफ. कार्यक्रमों का समर्थन देने के बारे में तथ्य भली-भाँति दस्तावेजों में दर्ज हैं। भारत ने आई.एम.एफ. की अधिक तकनीकी सहायता के माध्यम से

सदस्य देशों के साथ समन्वय का समर्थन किया है। भारत तथा आई.एम.एफ. के बीच दक्षिण एशिया क्षेत्रीय प्रशिक्षण केंद्र स्थापित करने के लिए समझौता किया गया, जो कि सहयोग की दिशा में एक बड़ा कदम है।

## कोष के लिए नई प्राथमिकताएँ और नीतियाँ

वर्ष 2018 के लिए आई.एम.एफ. की मुख्य नीतिगत प्राथमिकताएँ लचीलेपन में वृद्धि करना, नीतिगत स्थल का पुनर्निर्माण करना तथा विकास में उन्नति को जारी रखने के लिए सुधारों को लागू करना, बहुपक्षीय प्रणाली के भीतर समन्वय करना, साधनों को उन्नत बनाना ताकि तैयार किए गए नीतिगत समाधानों को विकसित किया जा सके और अभिशासन में सुधार किया जा सके। बहुपक्षीय सर्वेक्षण के भाग के रूप में आई.एम.एफ. नियमित प्रकाशनों के अतिरिक्त वैश्विक आर्थिक संकट के 10 वर्ष के पश्चात् सीखे गए सबक का विश्लेषण करते हुए अपनी प्रमुख रिपोर्टें प्रकाशित करेगा। विकसित अर्थव्यवस्थाओं में धीरे-धीरे राजकोय नीति उत्प्रेरक को वापस लिये जाने के परिदृश्य में वित्तीय स्थिति को सुगठित करने के उद्देश्य से उभरती हुई बाजार अर्थव्यवस्थाओं के लचीलेपन के संबंध में विश्लेषणात्मक कार्य आरंभ किया जा रहा है। ढाँचागत मुद्दों पर आई.एम.एफ डिजिटलाइजेशन पर व्यापक कार्यक्रम विकसित करने तथा सामाजिक व्यय पर राजनीतिक ढाँचे को तैयार करने का इच्छुक है। डिजिटलीकरण के संबंध में कोष के कार्य में फिनटेक, बिग डाटा, साइबर जोखिमों तथा जी.डी.पी. मापन सहित डिजिटल क्षेत्रों में नीतिगत परामर्श तथा क्षमता विकास शामिल होंगे, चूँकि यह आर्थिक डाटा प्रबंधन पर आंतरिक पद्धतियों में सुधार करना चाहता है।

अंतरराष्ट्रीय वित्तीय ढाँचे के क्षेत्र में आई.एम.एफ. व्यावहारिक रूप से पूँजीगत प्रवाह पर आई.एम.एफ. के संस्थागत दृष्टिकोण और आई.एम.एफ. के पूँजीगत प्रवाह प्रबंधन उपायों के वर्गीकरण को प्रस्तुत करते हुए जी20 के साथ सहयोग करेगा। आई.एम.एफ. ने उल्लेख किया है कि वह वित्तीय विनियामक कार्य सुधारों पर नवीनतम विकास तथा ए.एम.एल./सी.एफ.टी. समिति को जी20 के समक्ष प्रस्तुत करेगा।

इसके अलावा, कोष तथा विश्व बैंक संयुक्त रूप से बाजार पहुँचवाले देशों के लिए ऋण संवहनीयता ढाँचा तैयार करेंगे। आई.एम.एफ जी20 के साथ सहयोग से सार्वजनिक तथा निजी क्षेत्रों में सुलभ वित्तीय स्थितियों के लंबे काल के पश्चात् ऋण में वृद्धि के मुद्दों पर कार्य करेगा।

आई.एम.एफ. ने उल्लेख किया है कि वह वर्ष 2019 तक वैश्विक क्रियाकलापों के केंद्र में सुदृढ़ कोटा आधारित तथा पर्याप्त रूप से संसाधित निधियों को बनाए रखने के लिए

15वें सामान्य कोटा सुधार को पूर्ण करने के प्रयास जारी रखेगा। कोष प्रबंधन ने कहा है कि सुदृढ़, अधिक प्रतिनिधिक, अधिक जवाबदेह, प्रभावी तथा कुशल कोष हेतु स्वतंत्र मूल्यांकन कार्यालय की सिफारिशों पर आगे बातचीत किया जाना अनिवार्य है।

इस बात को समाप्त करते हुए यह नोट करना महत्त्वपूर्ण है कि अवनतिकारक जोखिमों के रहते व्यापार जोखिमों तथा वित्तीय बाजारों में उतार-चढ़ाव के बावजूद वैश्विक विस्तार के पीछे एक पुख्ता बल मौजूद है। विकास को बनाए रखने के लिए देशों को मुक्त तथा नियम आधारित बहुपक्षीय व्यापार प्रणालियों को अपनाना होगा, जो सभी के लिए कार्य करें तथा स्थायी रूप से वैश्विक असंतुलनों को कम करें। भारत आई.एम.एफ. को अपने नीतिगत साधनों में और सुधार करने में एक अहम भूमिका अदा करेगा, ताकि वह आर्थिक परिवेश में परिवर्तन के साथ उभर सके और अपने वैश्विक अधिदेश एवं सदस्य देशें की आवश्यकताओं को समर्थन प्रदान कर सकें।

## संदर्भ—


1. 2014-त्रिवार्षिक निगरानी समीक्षा बाह्य अध्ययन-कोष की निष्पक्ष निगरानी www.imf.org.
2. आई.एम.एफ. के चयनित निर्णय और चयनित दस्तावेज, 39वाँ अंक-कार्यकारी अध्यक्ष द्वारा निष्कर्ष भाषण-कोष की निष्पक्ष निगरानी-समस्याओं के समाधान हेतु प्रतिपादित सिद्धांत और कार्यतंत्र, कार्यकारी बोर्ड का निर्णय 16/16, 22 फरवरी, 2016, www.imf.org.
3. संयुक्त राज्य अमेरिका : 2018 अनुच्छेद-IV परामर्श-प्रेस विज्ञप्ति; संयुक्त राज्य अमेरिका के लिए कार्यकारी निदेशक द्वारा प्रस्तुत की गई स्टाफ रिपोर्ट और दिया गया वक्तव्य, 3 जुलाई, 2018, www.imf.org.
4. चीन गणराज्य : 2018 अनुच्छेद-IV परामर्श-प्रेस विज्ञप्ति; चीन गणराज्य के लिए कार्यकारी निदेशक द्वारा प्रस्तुत की गई स्टाफ रिपोर्ट और दिया गया वक्तव्य, 26 जुलाई, 2018, www.imf.org.
5. जापान : 2017 अनुच्छेद-IV परामर्श-प्रेस विज्ञप्ति; जापान के लिए कार्यकारी निदेशक द्वारा प्रस्तुत की गई स्टाफ रिपोर्ट और दिया गया वक्तव्य, 31 जुलाई, 2017, www.imf.org.
6. यूरो क्षेत्र राजनीति पर 2018 अनुच्छेद-IV परामर्श, 18 जुलाई, 2018 www.imf.org.
7. वैश्विक वित्तीय स्थिरता रिपोर्ट-वैश्विक वित्तीय संकट के बाद का एक दशक : क्या हम सुरक्षित हैं ? अंतरराष्ट्रीय मौद्रिक कोष, अक्तूबर 2018, www.imf.org.
8. वित्तीय क्षेत्र मूल्यांकन कार्यक्रम की समीक्षा : संकट काल के बाद और अधिक अनुकूलता, अंतरराष्ट्रीय मौद्रिक कोष, सितंबर 2014, www.imf.org.
9. भारत : वित्तीय प्रणाली स्थिरता मूल्यांकन भारत के लिए कार्यकारी निदेशक द्वारा जारी प्रेस विज्ञप्ति और दिया गया वक्तव्य, अंतरराष्ट्रीय मौद्रिक कोष, दिसंबर 2017, www.imf.org.
10. स्पिलओवर टिप्पणियाँ राजकोषीय स्पिलओवर : अंतरण, विशेष कार्यबल में वृहद् आर्थिक

और नीतिगत शर्तों का महत्त्व, अंतरराष्ट्रीय मौद्रिक कोष, अक्तूबर 2017, www.imf.org.

11. 2015 स्पिलओवर रिपोर्ट, अंतरराष्ट्रीय मुद्रा कोष, 23 जुलाई, 2015, www.imf.org.
12. 2015 स्पिलओवर रिपोर्ट, अंतरराष्ट्रीय मुद्रा कोष, दिनांक 23 जुलाई, 2018. www.imf.org.
13. आई.एम.एफ. बहुपक्षीय नीति मुद्दे रिपोर्ट, 2014 स्पिलओवर रिपोर्ट, दिनांक 29 जुलाई, 2014 www.imf.org.
14. 2014 स्पिलओवर रिपोर्ट, अंतरराष्ट्रीय मुद्रा कोष, दिनांक 25 जून, 2014, www.imf.org.
15. 2013 स्पिलओवर रिपोर्ट–विश्लेषणात्मक आधार और अन्य पृष्ठभूमि, दिनांक 3 जुलाई, 2013, www.ft.com.
16. यूरो ट्रेजेडी : अ ड्रामा इन नाइन एक्ट्स, अशोक मोदी द्वारा www.ft.com.
17. कार्यवाहक अध्यक्ष के संक्षिप्त विवरण–द लिबराइजेशन एंड मैनेजमेंट ऑफ कैपिटल 3 जुलाई, 2013, www.imf.org.
18. आई.एम.एफ. सर्वेक्षण : आई.एम.एफ. पूँजी प्रवाह पर संस्थागत दृष्टिकोण अपनाता है। 3 दिसंबर, 2012 www.imf.org.
19. द आई.एम.एफ. एंड रिसेंट कैपिटल अकाउंट क्राइसिस : इंडोनेशिया, कोरिया, ब्राजील, आई.ई.ओ. पब्लिकेशंस, अंतरराष्ट्रीय मुद्रा कोष, 12 सितंबर, 2003, www.imf.org.
20. आसियान देशों द्वारा सामना किए जा रहे वृहद् आर्थिक मुद्दे, 'एक्सचेंज रेट पॉलिसी एंड मैक्रोइकोनॉमिक मैनेजमेंट इन आसियान कंट्रीज', द इंटरनेशनल मॉनिटरी फंड, 18 जुलाई, 1997, www.elibrary.imf.org.
21. अंतरराष्ट्रीय मुद्रा की समस्याएँ 1972–85 'एक्सचेंज रेट मैनेजमेंट एंड सर्वाइलेंस सिन्स 1972', द इंटरनेशनल मॉनिटरी फंड, 9 अगस्त, 1996, www.elibrary.imf.org.
22. ब्लैंचर्ड ओलिवियर, रोगॉफ केनेथ और राजन रघुराम, 'प्रोग्रेस एंड कन्फ्यूजन : द स्टेट ऑफ मैक्रोइकोनॉमिक पॉलिसी' द एम.आई.टी. प्रेस, अप्रैल 2016, www.elibrary.imf.org.
23. अंतरराष्ट्रीय मौद्रिक और वित्तीय समिति की सैंतीसवीं बैठक की आधिकारिक सूचना, दिनांक 21 अप्रैल, 2018, www.imf.org.
24. अंतरराष्ट्रीय मौद्रिक और वित्तीय समिति की छत्तीसवीं बैठक की आधिकारिक सूचना, दिनांक 14 अक्तूबर, 2017, www.imf.org.
25. अंतरराष्ट्रीय मौद्रिक और वित्तीय समिति की पैंतीसवीं बैठक की आधिकारिक सूचना, दिनांक 2 अप्रैल, 2017, www.imf.org.
26. क्रिस्टीन लागार्ड, प्रबंध निदेशक, 'बूस्टिंग ग्रोथ एंड एडजस्टिंग टू चेंज, नॉर्थ–वेस्टर्न यूनिवर्सिटी' में टिप्पणी 28 सितंबर, 2016, www.imf.org.
27. क्रिस्टीन लागार्ड, प्रबंध निदेशक, 'स्टेटमेंट ऑफ द मैनेजिंग डायरेक्टर ऑन द वर्क प्रोग्राम ऑफ द एक्जीक्यूटिव बोर्ड' कार्यकारी बोर्ड की बैठक, 18 जून, 2018, www.imf.org.
28. क्रिस्टीन लागार्ड, प्रबंध निदेशक, 'स्टेटमेंट ऑफ द मैनेजिंग डायरेक्टर आन अर्जेंटीना., 29 अगस्त, 2018, www.imf.org.

29. क्रिस्टीन लागार्ड, प्रबंध निदेशक, 'द विंडो ऑफ अपॉर्चुनिटी रिमेन्स ओपेन : द मैनेजिंग डायरेक्टर्स ग्लोबल पॉलिसी एजेंडा अपडेट', 19 अगस्त, 2018, www.imf.org.

30. क्रिस्टीन लागार्ड, प्रबंध निदेशक, 'स्टेटमेंट ऑफ द मैनेजिंग डायरेक्टर ऑन द इंडिपेंडेंट इवोल्यूशन ऑफिस रिपोर्ट ऑन गवर्नेंस ऑफ द आई.एम.एफ. : इवोल्यूशन अपडेट, 27 सितंबर, 2018 www.imf.org.

31. प्रेस विज्ञप्ति सं.: 18/96 'द आई.एम.एफ. मैनेजिंग डायरेक्टर क्रिस्टीन लोगार्ड काल्स फॉर जी20 पॉलिसिज टू मेक ग्रोथ मोर रेजीलेंट एंड मोर वाइडली शेयर्ड, 20 मार्च, 2018, www.imf.org.

32. 20 का समूह, 'द आई.एम.एफ. इंस्टीट्च्यूशनल फ्लोज इन प्रैक्टिस', 30 जुलाई, 2018, www.imf.org.

33. अंतरराष्ट्रीय मुद्रा कोष, 'इंफॉर्मेशन नोट ऑन मोडिफिकेशन्स टू द फंड्स डेबिट सस्टेनबिलिटी असेसमेंट फ्रेमवर्क फॉर मार्केट एक्सेस कंट्रीज', नीति विकास और समीक्षा विभाग द्वारा तैयार, 1 जुलाई, 2005, www.imf.org.

□□□